U0164758

茶　館

本書的魅力在於從小的城市空間展示出大的政治變遷，這樣，成都茶館成為了一個微觀世界，由此可觀察毛澤東時代的中國社會以及改革開放後的公共生活和經濟發展。……本書以多學科交叉的研究取向，採用人類學和社會學研究的方法和理論，挖掘各種歷史文獻，包括報紙、日記、個人記錄，以及茶館文化的口述資料，使這個研究非常深入。總之，本書不僅對中國和全球城市史的研究作出重要貢獻，而且有助於我們進一步理解非西方語境下的市民社會和公共領域這樣的重大問題。

——美國城市史學會 (The Urban History Association)
「最佳著作獎」(2018–2019) 頒獎詞

王笛令人信服地證明，在成都，茶館是一個開展各種形式公共生活的場所 (儘管不是唯一的場所)，這些活動包括經濟、社會、文化和政治。因此，對成都茶館的研究揭示了20世紀中國動盪的歷史。……王笛在其敘述中，巧妙地將一系列論證融入到各種史學辯論中，敦促讀者思考中國在 1949 年前後連續性的存在，並主張用連續性重新定義中國的歷史。與任何優秀的微觀歷史一樣，這些論點通過一系列針對具體問題的分析展示出來，引人入勝而且令人回味。

——《美國歷史評論》(American Historical Review)

本書呈現了作者王笛作為新一代中國城市研究者的全部特徵。如同他的其他幾本專著一樣，本書展示了敏銳的思想、廣博的知識，以及把抽象觀念 (公共領域和市民社會) 與檔案和文化資料 (報紙、照片和繪畫、實地考察和電視節目等) 高超地結合在一起的能力。因此，如果要理解毛澤東時代以及改革開放後的中國政治和文化變遷，本書將是必讀之作。

——《歷史新書評論》
(History: Reviews of New Books)

本書展示了1950年以後成都公共生活的變化，為讀者提供大量生動的細節，描述了茶館業主、顧客、藝人、算命先生、掏耳匠等不同人群

與國家權力的關係。作為他上一本茶館專著的延續，本書仍然把茶館視為城市的微觀世界，不僅描述社會主義下公共生活的衰落和復興，而且將其與民國時期進行比較，揭示了在整個20世紀的文化變遷以及國家對茶館生活的不斷干預。⋯⋯本書的寫作清楚明晰，適合任何對中國城市文化感興趣的讀者。這部精細的研究著作，為現代中國史、城市研究、文化人類學和休閒社會學的學者們提供了新的材料和見解。

——《跨學科歷史雜誌》(*Journal of Interdisciplinary History*)

王笛通過考察20世紀下半葉成都的茶館、大眾文化以及公共生活的興衰起伏，重新發現中華人民共和國的歷史。⋯⋯作者將歷史人類學和社會人類學的方法、對新發現檔案的深入分析以及對各種茶館的田野考察，成功地結合起來。⋯⋯任何對中華人民共和國歷史或中國近代社會有興趣的讀者，都應該閱讀這本書。

——《中國評論》(*The China Review*)

本書令人非常陶醉，王笛把傳統中國茶館文化、大眾娛樂和社會主義國家進入日常生活空間的複雜關係交織在一起，為我們提供了這部有關社會主義時期成都茶館的傑出研究。本書的寫作非常清晰，敘事手法生動，不但是對中國社會史有興趣的人的必讀之書，對那些希望了解公共空間、日常社會和文化的一般讀者也是非常適合的。⋯⋯王笛的中心論題再次證明，像成都茶館這樣的小的城市空間，也能提供了一個「理想的窗口」去觀察中國社會的轉型。

——《中國研究書評》(*China Review International*)

王笛兩本有關茶館的專著，展示了茶館作為20世紀成都公共空間的重要性，分析了茶館在過去的幾十年中為城市居民服務的多種方式。⋯⋯正如王笛所觀察，今天的成都茶館已成為一種休閒生活的象徵，對當代中國人具有極大的吸引力。

——《中國季刊》(*China Quarterly*)

王笛對20世紀下半葉成都茶館的精心研究表明，政府如何能夠極大地影響城市居民的日常生活。……這是有關茶館在成都城市文化中所起作用的最好的敘事。如果結合王笛上一部關於1949年之前茶館的研究一起閱讀，可以看到社會主義時期國家與社會之間的相互作用，其實可以追溯到20世紀初。現時對中國城市變遷的研究仍舊側重於沿海大城市，但王笛的研究則回顧了成都百年的歷史，這對中國城市變遷的研究是必不可少的。

——《中華人民共和國歷史評論》(*The PRC History Review*)

茶 館

成都公共生活的衰落與復興，1950–2000

王 笛 著

香港中文大學出版社

《茶館：成都公共生活的衰落與復興，1950–2000》
　　王　笛　著

中文版 © 香港中文大學 2022

本書版權為香港中文大學所有。除獲香港中文大學書面允許外，
不得在任何地區，以任何方式，任何文字翻印、仿製或轉載本書文字或圖表。

國際統一書號（ISBN）：978-988-237-251-1

2022年第一版
2023年第二次印刷

出版：香港中文大學出版社
　　　香港　新界　沙田 · 香港中文大學
　　　傳真：+852 2603 7355
　　　電郵：cup@cuhk.edu.hk
　　　網址：cup.cuhk.edu.hk

*The Teahouse under Socialism: The Decline and Renewal of Public Life in Chengdu,
1950–2000* (in Chinese)
　　By Di Wang

Chinese edition © The Chinese University of Hong Kong 2022
All Rights Reserved.

First edition　　2022
Second printing　　2023

ISBN: 978-988-237-251-1

Published by The Chinese University of Hong Kong Press
　　　The Chinese University of Hong Kong
　　　Sha Tin, N.T., Hong Kong
　　　Fax: +852 2603 7355
　　　Email: cup@cuhk.edu.hk
　　　Website: cup.cuhk.edu.hk

Printed in Hong Kong

目　錄

中文版序

我在茶館系列研究的上一部著作《茶館：成都的公共生活和微觀世界，1900–1950》(社會科學文獻出版社，2010年；北京大學出版社，2021年) 裏，寫下了下面一段話作為全書的結束：

> 幾個小時以後，他們儘管仍然會像五十年前世紀開始的第一天那樣，把茶館的門板一塊塊卸下，但他們不知道，他們和這個城市一起，已經踏入雖然轟轟烈烈但是已不再屬於茶館和茶客們的另一個完全不同的時代。熙熙攘攘的日常生活空間將不復存在，人們到哪裏去尋回老成都和老茶館的舊夢？

那麼，現在讀者手中的這本書，就是講述茶館和茶客們在那個「轟轟烈烈」的「完全不同的時代」的經歷。茶館是節奏緩慢的日常生活空間，本身就與「轟轟烈烈」是不相容的。通過對一百年成都茶館的研究，我或許可以得出下面的結論：在轟轟烈烈的時代，茶館會衰落；但是當人們生活趨於平常和安寧，茶館就會復興。轟轟烈烈不可能持久，平平淡淡才是人們生活的本身。

改革開放使中國政治和社會告別了轟轟烈烈的時代，這給予了茶館復興的空間。到了21世紀，茶館發展到前所未有的程度，

幾乎沒有人——無論是茶館的反對者或是支持者——會預見到這個結果。

抗戰時期，許多外省人來到成都 (四川人習慣稱他們為下江人)，對成都人坐茶鋪的習慣非常不理解，特別是在民族處於危亡之時，人們居然還在茶館清談，不是正應了「清談誤國」那句老話嗎？一個叫「老鄉」的人，在1942年12月26至28日《華西晚報》上，發表了題為〈談成都人吃茶〉的系列文章，旗幟鮮明地為茶館和茶館生活辯護。但是有趣的是，他在該文章的最後說道：

> 如果今後新的公共場所建設，會人約朋，也可以少在茶館裏。我們不主張喊成都茶館萬歲……只消社會進步，有代替茶館的所在出現，它定要衰落，甚至於不存在。不過，在今天，就是這個時候，還沒有代替茶館的地方出現，我們還是只好進茶館，喝香片，休息，談天，辦事，會友，等等……一切的一切，按成都的老話，「口子上吃茶」。

可見，即使這個茶館最堅定的支持者和辯護者，對於茶館的未來也是抱著悲觀的態度，也相信茶館必將隨著社會的發展而被淘汰。然而，老鄉和當時的人們做夢也想不到的是，即便在今天高度現代化的成都，各種不同類型和檔次的公共娛樂空間令人目不暇接，但茶館不僅沒有衰落，反而達到了前所未有的繁榮。

如果說晚清民國時期，成都茶館生意的興隆是由於缺乏其他公共場所的競爭，是由於飲水、燃料、信息傳播、娛樂、休閒、社會交往等一系列的需要；當今這個城市已有各種公共場所供人們選擇，過去家庭飲茶和使用熱水等困難，皆已不復存在，那麼為什麼茶館在數量上，會從民國時期的六百多家發展到世紀之交

的三、四千家，甚至在今天，成都的茶館已經近萬家了？這固然有成都地域擴大和人口增多的因素，但是一個不爭的事實是，在今天的中國，成都茶館可謂是一騎絕塵，任何城市都不能望其項背。為什麼仍然有許多人選擇去茶館喝茶？對這個問題，本書做出了回答並解釋了其內在的動力。

這本關於社會主義時期茶館的研究，涉及「國家」（或者「國家政權」、「國家權力」、「國家機器」）與地方社會、地方文化的關係問題。正如我在《茶館：成都的公共生活和微觀世界，1900–1950》的前言中指出的，書中所使用的「國家」一詞，乃是指國家政權：

> 在英文中，與中文「國家」一詞有關的詞至少有三個是常用的，即：「country」、「nation」和「state」。但這三個詞在英語中有明顯區別，country是從地緣的角度講「國家」，nation是從民族的角度講「國家」，而state是從國家體制和國家機器角度講「國家」。在本書中，我所講的「國家」是state，因此經常又是政府的同義詞。作為state的「國家」在本書中有時也具有不同的含義，當相對人民而言，其是「政府」，可以是中央政府，也可以是地方政府……當相對地方而言，其是「中央政府」，具有state和「全國的」（national）的雙重含義。

因此，讀者最好把本書和上面提到的茶館研究的第一部結合來讀，兩者合為成都茶館的一部完整的百年史。這個百年史，雖然主題是茶館，但是也是從茶館這個微觀世界所看到的一部中國城市的百年經濟史、百年社會史、百年文化史、百年大眾史、百年日常生活史，乃至百年中國人的心性史。

　　這本專著是我寫得最困難的書，在我的全部著述中，本書花的時間最長，付出的精力最多。本書的文獻收集和田野調查是在1997至2003年間完成的，到2017年我把英文版終稿交給康乃爾大學出版社並完成本書的中文版，以及寫下這篇序言的最初版本的時候，已經過去整整20年了。我在當時無比輕鬆地寫道，這個課題「現在終於要畫上一個句號了」。但是沒有想到的是，本書中文版的出版波折重重，其間的坎坷在我的出版經驗中屬僅見。從中文稿完成到修改這篇序言的第三稿，已經四年有餘。需要說明，中文版的坎坷，與本書的學術性和寫作無關，而與本書所涉及的內容和時間段有關。

　　2006年《茶館：成都的公共生活和微觀世界，1900–1950》完成後，我便將主要精力都投放到了這部書的寫作上，而且在2006至2007年度作為美國全國人文中心 (National Humanities Center) 的研究基金獲得者，在那裏待了一學年，全部心思都放在本書的寫作上。當時想，有整整一年寫作的墊底，這個寫作計劃應該是很順利的。但是英文版初稿到2013年才完成，修改更是艱苦，花了幾乎四年的時間。

　　然而，所有的這些付出都是值得的。本書英文版出版以後，受到學術界的極大關注，《美國歷史評論》(*American Historical Review*)、《中國季刊》(*China Quarterly*)、《跨學科歷史雜誌》(*Journal of Interdisciplinary History*)、《中華人民共和國歷史評論》(*The PRC History Review*)、《中國評論》(*The China Review*)、《歷史新書評論》(*History: Reviews of New Books*)、《中國研究書評》(*China Review International*) 等西方學術期刊發表了書評，給予了充分的肯定。特別是《中國研究書評》發表的長篇專題評述，對本書的學術貢獻進行了詳細的討論。

　　更加令人欣慰的是，本書獲得美國城市史學會 (The Urban History Association) 頒發兩年一度的「最佳著作獎」(2018–2019)，這是繼《街頭文化：成都公共空間、下層民眾與地方政治，1870–1930》(*Street Culture in Chengdu: Public Space, Urban Commoners, and Local Politics, 1870–1930*) 於 2005 年獲頒此獎的 15 年後，我第二次獲獎。頒獎詞稱：

> 本書的魅力在於從小的城市空間展示出大的政治變遷，這樣，成都茶館成為了一個微觀世界，由此可觀察毛澤東時代的中國社會以及改革開放後的公共生活和經濟發展。……本書以多學科交叉的研究取向，採用人類學和社會學研究的方法和理論，並挖掘各種歷史文獻，包括報紙、日記、個人記錄，以及茶館文化的口述資料，使這個研究非常深入。總之，本書不僅對中國和全球城市史的研究作出重要貢獻，而且有助於我們進一步理解非西方語境下的市民社會和公共領域這樣的重大問題。

　　以上提到的書評以及美國城市史學會的頒獎詞，對本書的學術貢獻進行了概括和評述，主要是如下幾方面：第一，從小的城市空間展示了大的政治變遷，微觀史的方法將我們對中國城市的觀察引導深入到社會的最基層；第二，對社會主義時期公共生活的探索，展示了公共生活的變化，給讀者提供大量生動的細節；第三，以多學科交叉的研究取向，採用歷史學、人類學和社會學的方法和理論，把公共領域等問題的討論與檔案等文獻的使用有機結合在一起；第四，發現和挖掘了豐富的資料，甚至有論者指出，僅就目前社會主義時期檔案利用存在著的極大困難，這本書都有其特殊的價值；第五，進一步理解不同人群與國家權力的關

係這樣的重大問題;第六,寫作風格適合一般讀者,不僅分析和論述嚴密,而且有大量的有趣故事和描述,等等。

但是,也有西方學者就我對公共領域和公民社會的發展過於樂觀提出商榷,在此我也利用這個機會進行回應。在本書的結論中,我討論了改革開放以後公共領域的發展,將互聯網視為一個可能的替代選項:由於互聯網的普及和發展,任何對言論和輿論的控制都會非常困難;二是因為人們能夠接觸到各方面的信息,言論表達不僅僅只有官方的渠道,公共領域將不可避免地持續發展。

實事求是地說,最近一些年,在中國發表公共言論,的確面臨越來越多的挑戰,但是這些挑戰,並不足以讓我變得對未來更加悲觀,讓我改變對未來的看法。我仍然相信,雖然由於高科技的發展,對言論和輿論的控制更加精準,但是無論如何比起紙媒時代,人們的表達管道還是更多元化了。特別是對於一些突發事件和災害,過去如果官媒不報道,我們便不得而知,也沒有任何地方可對這些問題進行公開討論,但是現在信息和觀點可以迅速擴散,大眾有了傳播和發表意見的機會。

而且,疫情以後,由於網路會議和講座的廣泛使用,民眾能夠更直接地與學者進行對話,知識分子思想的傳播,哪怕是經過了過濾和監控,也超過以往的任何時期。以我自己的經歷為例,2020年12月,我在北京大學的博雅講壇以「公共領域與當代中國的城市管理:疫情期間的歷史思考」為題的講座,據組織者所得到的資料,共有32萬人在線上收看。如此龐大的聽眾群體,是過去紙媒時代無論如何也不敢想像的。我與國內同仁的幾次線上對話節目,聽眾也在幾萬乃至十幾萬。

當然,網上講座的言論並不是可以隨自己意願任意地進行表達,但還是能夠發出理性的聲音。例如我在上面提到的博雅講壇

的講座，主題是公共領域與中國城市管理，而在1990年代，國內歷史學界對公共領域的討論，還是一個禁忌的話題。記得我在1996年第一期《歷史研究》發表了〈晚清長江上游地區公共領域的發展〉一文，接著該刊第二期發表了一篇與我這篇論文進行對話的文章，雜誌便收到了「上邊」不能討論這個問題的指示。

不少學者懷念1980年代的言論空間，認為1979至1989年是改革開放後最自由的年代，我自己經歷過那個時代，現在都還能回想到當時能夠自由呼吸的暢快。但是當我今天細緻梳理那個十年，越來越感到所謂「最自由的十年」其實是一個錯覺，不過是由於人們剛剛從文革十年的噩夢中醒來，那怕是一絲絲鬆動也是刻骨銘心的，更不要說所面臨的是一場歡欣鼓舞的改革開放了。人們之所以懷念改革開放第一個十年，是因為它和之前的文革十年對比太強烈了。

人們懷念1980年代，是因為現在國家政策層面上，並沒有對言論越來越開放，甚至過去已有的空間也似乎在縮小。這實際上也涉及兩個問題：一是在改革開放的初期，個人幾乎沒有自由發表言論的渠道，一切都必須經過紙媒，而紙媒又是由國家牢牢管控的。且不說第一個十年國家所發動的幾次政治運動（在1990年代開始，這種政治運動就完全消失了），其實學術研究在那十年的禁忌也非常多。我現在還記得，有一次在四川大學召開的關於中國秘密會社的學術討論會上，一位代表的發言涉及當今的秘密會社問題，雖然也不過是學術探討，但竟然要把會議現場的外國留學生都請出場才繼續進行。像這樣的操作，恐怕今天都不會發生。

二是雖然現在國家的言論自由度收緊了，然而隨著互聯網的興起、傳播手段的改變，言論的表達實際上已經遠遠超過了1980年代。這不是國家權力的恩賜，而是科學技術發展所帶來的結果。哪怕國家權力試圖採取各種手段來達到控制的目的，但要達

到紙媒時代的那種程度，還是不可能的。也就是說，互聯網的出現對我們接受和發佈信息的模式和管道、獲得信息的真假和多少，比國家政策是否改變的影響要大得多。

為什麼我要花筆墨講這個問題？我要再次強調在書中所討論的兩種持續性，即1949年之前和之後以及改革開放之前和之後，並不存在截然的分離。哪怕我們看到了國家政策的巨大改變，其實許多基本政策和執政理念，都是一脈相承的。改革開放對中國帶來的變化，也是我在本書後半部所詳細討論的。雖然政策有時激進、有時漸進，有時左、有時右，與西方關係有時緊張、有時緩和，但對意識形態的控制，對西方三權分立制度的警惕，對執政基礎的擔憂，是一以貫之的。在這個時期最高領導人於執政風格上各有不同，但是許多基本政策都是堅定不移地執行的，特別是關於意識形態、言論、出版和宣傳，基本上沒有什麼巨大的起伏和變化。

不過，我不得不承認，現實狀況已經表明中國的公共領域並沒有按照我所預測的第二點方向發展，而且恰恰是相反。我在早些時候，已經對此表達過我的擔憂。我在前面提到的博雅論壇的講座上，便對政府全方位的介入和公共領域的萎縮表達了下面的態度：

> 公共領域還有一個重要內容，就是「公論」，也就是公眾輿論。就是說，不能只有官方的聲音，得有社會、民間的聲音，就是過去我們經常說的什麼事情的評價都是「自有公論」，其實也就是今天我們經常說的「輿論監督」。要讓公眾去對一些重要事情發表看法，做出評判。讓人民參與城市管理的決策，是有益無害的事情，可以讓政府看到民意、民情。……

歷史發展到了今天，一切資源基本上都在政府手中，政府負責管理城市的一切事務，這也導致了政府的不斷擴大，權力的不斷集中。我們人民也習慣於集中力量辦大事，認為這是一個制度優勢。其實，政府太強大，控制一切資源，攬權太多，反而不利於治理。……

中國經濟最穩定而又迅速地發展，人們收入增加，市場和貿易空前繁榮的時期，恰好是政府的作為相對比較少的時代。政府放鬆哪個領域，哪個領域就發展，無數例子證明了這一點。歷史常常是這樣：政府不強力進入，很可能就是它對社會的最大貢獻。我這裏不是要低估國家的作用，政府的作用應該是在法律、安全、保證公平等方面，保障人民的權利，保障公平競爭，而不是決定經濟怎麼發展，社會怎麼管理。我們經常聽見有人說，中國人太多，地域太大，所以事情難辦。但是人們似乎不懂得，中國的事情難辦，經常就是因為政府介入太多。

不過，我現在還不打算修正我在本書中關於公共領域的結論，因為歷史的發展不是直線的，而是曲折的，事物總是在不斷的變化之中。這種國進民退的狀況，也可能只是歷史長時段的一個彎曲，中國的公共領域 —— 包括公共領域中十分重要的「公論」—— 的發展也不會是一帆風順的。我對未來仍然抱持一個比較樂觀的態度，仍然相信無論一個人或是機構，試圖在言論、思想和組織上一統天下，幾乎不再可能，這是不以人們的意志為轉移的一個必然趨勢。

在互聯網時代，人們的聯繫通過虛擬空間連接起來，海量的信息交換，令對於信息的全方位監控變得越來越困難。可以這樣

說，我對未來的樂觀看法，是建立在技術進步的基礎之上。當然，悲觀論者也可以這樣認為，技術進步也造成了對控制網路言論技術的進步。但是，我還是堅信，在信息自由與信息管控的技術賽跑中，前者的勝利是毫無懸念的，因為在當今世界上，更多人追求前者，而後者多半是國家的行為。當然，中間的道路有多漫長和曲折，我們今天的確沒有辦法預測。

談到公共領域的問題，我想順便提一下香港和澳門。這兩個城市的公共領域一直比較穩定，那裏自發的社會組織沒有被政府有組織地禁止過，符合哈貝馬斯 (Jürgen Habermas) 所說的「公共領域」幾乎全部的特徵。我說的「公共領域」，包括各種社會團體，這種團體可能是政治的、慈善的、教育的、文化的、社會階層的，以及行業的。並不是說他們不和政府發生關係，或者一定和政府發生對抗，甚至許多社會團體還接受政府的財政資助；但是他們能夠保持相對的獨立性，並在自己組織所代表的範圍內提供服務或者爭取自己的利益。從相當的程度上來講，香港和澳門的公共領域，比改革開放以後在內地出現的公共領域要更為成熟，在城市中扮演著更重要的角色。

香港和澳門還有另一個特點，即沒有經歷過像內地城市那樣劇烈的起伏波動。兩個城市都具有殖民地的歷史，這是和近代中國慘痛的歷史分不開的。但是任何歷史都有不同的面相，正是這個殖民的過程，造就了香港和澳門獨特的城市發展路徑，成為中西方交流的橋樑，也都逃脫了內地城市曾經遭遇的肆意毀壞，如讓梁思成痛心疾首的北京城樓、城牆、四合院的大規模拆除。也就是說它們的社會和城市發展在相對穩定的情況下，基本上是處於一個自然的發展狀態。例如在香港，哪怕房價已經非常高，但並沒有出現房地產的瘋狂開發，大量綠地和山地仍被保留下來。而在澳門，為了建立大規模的娛樂設施，即使填海，也沒有對老

城進行大規模的清拆，它的老街區、廟宇、教堂、家庭作坊、老商鋪等基本上都能夠倖存下來。如果對照著名美國城市研究者雅各布斯 (Jane Jacobs)《美國大城市的死與生》中的觀點，一個城市是否適合居住，並不見於它有多少新的設施或者公園，而在於人們是否能夠在走路的範圍之內，得到比較完整的日常生活服務，包括商店、餐館、咖啡館、理髮店等等設施。那麼，就此而論，澳門也算是一個比較理想的地方。對香港、澳門的城市史研究，大可選擇它們自己的「微觀世界」，如茶餐廳、教堂、街市甚至郊野公園，必能揭示全新的歷史圖景，豐富我們對「城市」的認識。

最後，需要說明的是，中國學者對中華人民共和國的歷史研究已經取得了不少新成果，雖然本書也涉及一些有代表性的中文著述，但由於內容以英文寫成，主要是針對西方學術界的觀點進行討論和對話，因此引用的英文文獻要多於中文文獻。不過這也有一個好處，中國讀者可以就此了解西方有關中華人民共和國的研究，特別是關於城市研究的一些代表性觀點和成果。

細心的讀者或許可以發現，中文版和英文原版有許多不同的地方，這是因為中文版並沒有完全根據英文版直譯，我儘量按照中文寫作的習慣進行了調整，例如不少引文，英文版只是點到為止，而中文的引述則儘量完整，這也是作者自己翻譯的一種特權吧。另外，本書採用章節附註而非腳註，主要是為了照顧「非專家」讀者的閱讀習慣，以免打斷他們的閱讀。

王笛

2017年5月28日初稿於澳門大學

2017年7月22日二稿於沿長江的旅途中

2021年10月18日三稿於澳門大學

英文版序

　　這本書的寫作經歷了一個漫長的過程。我研究成都茶館的興趣開始於 1980 年代。當時我正進行長江上游區域社會研究,由於資料的限制,這項研究是非常困難的。1990 年代,我在為關於成都街頭文化的博士論文收集材料時,發現了不少茶館的資料,便初步打算寫一部 20 世紀成都茶館的百年史。但是,當我在成都市檔案館中陸陸續續收集到了大量關於茶館的原始資料後,我決定把 20 世紀成都茶館的歷史,以 1950 年為界,分成兩段來寫。2006 年,我完成晚清和民國時期的茶館研究後,便開始了本書——社會主義時期成都茶館的寫作。難以置信的是,一晃 11 年過去了,這是我所有書中花時間最長的一本。在本書快要出版之際,我感到一股極大的輕鬆感。

　　我特別要感謝羅威廉(William Rowe)。把茶館作為一個課題來研究,開始於我在約翰斯霍普金斯大學攻讀博士之時,當時我在他的指導下學習。他也是第一位讀到本書全稿的學者,給了我許多有建設性的意見。我還要感謝葛凱(Karl Gerth),他仔細通讀了全稿,對本書的修改提出了綜合性的意見。我非常感謝 H·古德曼(Howard Goodman),他不僅對本書的文字進行了全面的梳理,而且還在許多方面對本書稿的改進有所幫助。感謝曾小萍(Madeleine Zelin)、司馬富(Richard Smith),還有羅威廉,他們為我的這項研究申請有關研究

基金時寫了推薦信。感謝康奈爾大學出版社的高級編輯 E．安德魯 (Emily Andrew) 對本書出版的熱情支持，她在本書出版過程中的各個階段進行了非常專業的指導。感謝康奈爾大學出版社所邀請的兩位匿名評審人，他們對本書的評論和修改意見，使我獲益匪淺。

　　我還要感謝美國全國人文中心和美國國家人文基金 (National Endowment for Humanities)，給我提供了全年的資助，使我於 2006 至 2007 學年能夠全身心地投入這個計劃的寫作。作為美國全國人文中心該年度的研究員，與其他來自不同學校和學科的學者們的交流，使我得到了不少的啟發。感謝澳門大學在本書寫作的最後階段所提供的研究經費 (SRG)。本研究還得到德克薩斯農工大學若干項研究支持，包括國際旅行研究資助 (International Research Travel Assistance Grant, 2007)、學術推進和創造活動資助 (Program to Enhance Scholarly and Creative Activities, 2007)、人文中心和孔子學院資助 (Stipendiary Fellowship, The Glasscock Center for Humanities Research and the Confucius Institute, 2009) 等。在本書的寫作過程中，我還得到新加坡國立大學東亞研究所 (The East Asian Institute of the National University of Singapore, 2010) 的資助，以支持我在那裏以一個學期的時間專心從事寫作。法國社會科學高等研究院 (L'École des hautes études en sciences sociales, 2011) 資助了我在巴黎關於這個專題進行一個月講學活動。我還得到上海師範大學都市文化研究中心的研究資助 (2012)。我還要感謝成都市檔案館允許我使用它的館藏，1997 至 2003 年間，我在那裏查詢有關這個課題的各種檔案資料，如果沒有這些檔案資料，這個課題不可能完成。感謝德克薩斯農工大學的 S．C．伊文斯圖書館 (Sterling C. Evans Library) 對本研究的資料的長期支持。

在本書的寫作過程中，我還在美國亞洲研究協會（Association for Asian Studies）年會和其他學術會議上，發表根據本研究所寫的若干論文，我感謝會議的組織者、評論者和其他參加者對我論文的評論和建議。我還在一些大學和研究機構就這個研究進行演講，包括新加坡國立大學、德國伊蘭根紐倫堡大學（University of Erlangen-Nuremberg）、德國自由大學（Free University）、法國社會科學高等研究院、巴黎狄德羅大學（Université Paris-Diderot）、南京大學、上海師範大學、武漢大學、華中師範大學、復旦大學、北京大學、中國人民大學等，參與演講的老師和同學們都提出了非常有啟發性的問題和建議。另外，本書的第一章（即中文版第二章）和第六章（即中文版第七章）的早期版本曾分別發表在《中國歷史學前沿》（*Frontiers of History in China*）和《國際亞洲研究期刊》（*International Journal of Asian Studies*）上，英文版第四章和第五章的部分內容（即中文版的第五章和第六章），發表在意大利《歷史筆記》（*Quaderni storici*）上，感謝主編和出版社允許我再次使用這些資料。

在 1997 至 2003 年間，許多人為我考察成都茶館提供了幫助，我向他們表示感謝，包括王晶、賴軍、姜夢弼、楊天宏、侯德礎、李旭東等。最後，我感謝我的家人，在本書的研究和寫作過程中，是他們給了我最有力的支持。我把本書獻給他們。

第一章

導言：社會主義體制下的城市政治轉型

　　我之所以選擇社會主義制度下的成都茶館作為探索公共生活的對象，是因為茶館也如社會學家W‧H‧懷特(William H. Whyte)在討論咖啡館時指出的，是一個「小的城市空間」。[1]我在2008年出版的《茶館：成都的公共生活和微觀世界，1900–1950》一書中強調過：「在20世紀上半葉的成都，很少有其他公共設施像茶館一樣，對人們的日常生活那麼重要，也沒有其他的中國城市像成都一樣有那麼多的茶館。」[2]在那本書中，我探索了晚清和民國時期發生在茶館中的經濟、社會、政治和文化轉變，提供了一幅作為公共生活最基本單位的茶館的日常文化全景圖。那本書的主題是：經久不衰的地方文化不斷地對抗著無情的西化大潮、現代化的轉型、國家在公眾生活的控制，以及文化日趨的同一性。也就是說，國家權力的上升與地方文化的衰弱這兩個趨勢，與城市改革與現代化是並存的，而這兩種趨勢都在茶館中顯示出來。

　　儘管本書繼續關注成都的茶館，但它要回答的問題和上一本《茶館》是不一樣的，因為本書所涉及的是新的政治和社會背景。今天成都仍然擁有超過任何其他中國城市的茶館數量。在20世紀下半葉，茶館在城市中的角色和重要性發生了明顯的變化，與晚

清和民國時期相比，現在中國城市裏有著更多的公共空間。今天的茶館不得不與其他公共場所爭奪顧客，室外的公共空間如街道、廣場、人行道、自由市場、購物中心、公園等，室內的公共空間如劇院、電影院、畫廊、博物館、展覽館、拱廊、餐館、咖啡館等。然而，就像前現代時期中國社會中的大多數公共空間一樣，茶館仍然是中國大眾文化的一個持久性象徵，它在深遠的政治變革、現代化以及全球化之中繼續發展。因此，茶館仍然是一個非常有價值的歷史研究課題，深入地了解茶館的社會、文化和政治的角色，能進一步幫助我們理解的不僅是成都，而且是整個中國城市社會，以及中國城市社會與社會主義政治演變之間的廣泛聯繫。此外，對茶館和社會主義下公共生活的研究，有助於我們了解這種微小的城市空間和公共生活，在整個20世紀下半葉是怎樣轉化的。（圖1-1）

圖 1-1　一個露天茶館。該照片由李約瑟（Joseph Needham）攝於1943至1946年。感謝英國劍橋大學李約瑟研究所（Needham Research Institute, Cambridge University）提供並允許我在書中使用這幅照片。

社會主義國家和公共生活

本書從中華人民共和國的建立開始，按照研究中國的歷史學家和社會學家的分期法：毛澤東時代的中國（1949–1976），西方有些學者稱之為社會主義早期階段；毛澤東去世後的改革開放時代（1977–2000），西方有些學者稱之為社會主義後期階段。這個研究聚焦於社會主義時期成都茶館的微觀歷史，觀察這個城市公共生活的進程，探索其中的故事以及變化的程度。從人民解放軍接管成都開始，成都經歷了 1949 至 1976 年間疾風暴雨般的政治運動，這些運動影響了人們的日常生活，我們將看到公共生活是如何走向衰落的。這個研究的後半部分，聚焦於毛澤東之後的改革開放時代，我們觀察到了公共生活令人振奮的復興。

茶館生活是成都公共生活的一部分，但並不是全部，與這個國家的其他組成部分一樣，它也在不斷地變化之中。在這個研究中，我們將會看到茶館在日常生活中的重要性，以及為什麼這種傳統的、最基層的文化單位，在飛速發展的現代化過程中，以及面臨其他各種公共空間挑戰的情況下，繼續煥發著活力，甚至日趨興旺發達。此外，以茶館生活作為著眼點，觀察政治和社會的變化，我們將看到改革開放給公共生活的復興提供了一個重要的機會，創造並促進了公共領域的發展。J·加德納（John Gardner）在其對 1950 年代早期「五反」運動的研究中指出：「對這個政權來說，那時中國的資本家似乎並不是真正的問題，儘管沒有關於他們態度的實際分析，但資本家們似乎對在社會主義經濟體制框架裏的運作頗為滿意。」[3] 但是，他們和新政權合作的願望很快就遭遇波折。他們沒有想到，包括早期研究那個時代的學者們也沒有能預測到的是，中國在毛澤東時代後會轉向市場經濟。中共現在面臨著如何運用政治的力量，把市場經濟植根於社會主義體制之

中的問題。改革開放後的中國，雖然仍然保持社會主義制度，但在經濟上實際已經容納了多種複雜的成分。我們看到私營企業的發展、日益擴大的貧富差距，按照正統的經典馬克思主義理論，已經很難解釋中國經濟體制的性質。所以西方的一些學者，不再使用「社會主義」這個詞，而更多地用「晚期社會主義」(late socialism) 或「後社會主義」(post-socialism) 來描述現代的中國。[4]改革開放以後，社會主義的意識形態隨著時代的發展，不再像過去那麼重要。一方面，黨和政府密切關注著一些重要的部門，如媒體、教育、出版物等；另一方面，他們放鬆了對一些領域如小商業、大眾娛樂，和商業文化的直接控制，留給茶館更多的空間以供人們公共生活與社會活動之需。

本書通過考察20世紀下半葉的成都茶館，試圖去回答如下問題：國家權力怎樣介入小商業的經營之中？社會主義娛樂是怎樣在地方社會中建立起來？傳統行會發生了怎樣的變化，最後怎樣走向死亡？政治運動怎樣改變了茶館和公共生活？在改革開放時期，茶館是如何走向復興的？公共生活是怎樣影響城市形象，國家和人民又是如何看待這一問題的？等等。通過回答這些問題，我們可以加深對國家機器下的成都公共生活和政治文化的理解，並從對成都的歷史考察，折射出其他中國城市的一些共同經歷。

四個核心論點貫穿本書。第一，在社會主義初期，國家對社會進行了嚴密的控制，在中國歷史上，還沒有其他政權能像社會主義國家那樣，掌握了幾乎所有的資源，控制了城市公共生活的場所以及休閒活動的各種形式與內容。當共產黨進入成都後，雖然百廢待興，但新政權立即採取行動，開始對日常生活與大眾娛樂進行改造。在晚清至民國期間，大眾文化一直抵制精英和國家的控制。在1949年以後，我們仍然可以看到這種抵制，但是當與

最強大的國家機器進行對抗時，這種抵制的結果是十分有限的，許多娛樂與大眾文化的傳統形式逐漸消失了，因為它們不為「革命文化」與社會主義宣傳所認同。不過，我們應該認識到，雖然毛澤東時代在政策上對茶館以及其他公共空間實行嚴格限制，但是公共空間、日常生活和大眾文化卻有著頑強的張力，它們不斷地與國家機器較量，並利用國家不可能控制一切的空隙，仍然喘息生存，一旦有了機會，便會復蘇發展。雖然國家權力和社會之間的衝突日益加劇，但是現實要複雜得多，它們並不總是對立的兩端，到處都存在灰色的地帶。另外，國家的政策也不總是一成不變的，隨著政治運動的起落，國家對公共空間和日常生活的控制也時鬆時緊。

第二，改革開放是公共生活的一個轉折點，因為國家把重心放到了發展經濟，弱化了對人們的控制，減少了對日常生活的介入。在經濟和社會發展的同時，公共生活也逐漸復蘇並變得越來越自由。雖然仍然在社會主義政治體制下，但日常生活更多的是被開放的市場和經濟改革所支配。很大程度上來說，公共生活逐漸脫離了我們過去熟知的社會主義的軌道。復蘇後的公共生活與之前有了很大的區別，新興的商業文化對茶館和茶館生活產生了重要的影響。作為本土文化的代表，茶館在面臨全球化的進程中，也需要去尋找一條適應自身發展的道路。

第三，毛澤東時代和改革開放時代也並不是截然分離的，而是作為一個政治體系的兩個階段，這兩個時代體現了社會主義國家政策的延續性，並影響到現今中國社會的各個方面。周傑榮（Jeremy Brown）和畢克偉（Paul Pickowicz）在他們對1950年代中國的研究中指出，在改革開放後，也有人開始讚頌1950年代，並提供了關於那個時代的美好記憶：

改革開放時代的出版物對20世紀50年代早期有著積極的記
憶，這兩個時期有驚人的相似之處，但並不只是巧合。中
華人民共和國在1949年10月成立之後——20世紀70年代
毛澤東逝世之後——農民進城大潮，私營工廠與國營大公
司和平共存，教會和非政府的組織在共產黨領導下運作，
資本家和其他無黨派人員支持共產黨政權並參與國家政策
的制定。[5]

儘管有這些相似之處，我要指出的是，1950年代和改革開放時代
是朝兩個不同的方向發展的。前者是從很少國家干預的自由市場
經濟，轉向國家控制加強的計劃經濟的一個時期。儘管1950年代
農民還能進城務工，但國家已經開始強制把一些城市居民送到農
村（詳見第二章與第三章），後來又設立了戶口登記制度，來防止
農民遷入城市。改革開放時代的發展方向與1950年代是相反的，
即從國家緊密控制的計劃經濟，逐漸轉向減少了國家干預的市場
經濟。

　　第四，改革開放後的時代，社會主義國家也從未完全置身於
社會和文化生活之外，它仍然力圖施加影響。所以張鸝（Li Zhang）
在研究「後社會主義」轉型中的城市外來工時，提出人們認為市場
經濟的發展是「國家的退出」和「市場與資本主義的勝利」，是一種
錯誤的設想。[6]王瑾（Jing Wang）也持有相似的概念，指出在1989
年之後，國家也積極參與到消費和經濟文化之中。她試圖去解
釋，「在20世紀90年代，文化作為一種政治和經濟資本的積累形
式，是怎樣被重新建構的」。她發現「後社會主義」（post-socialism）
運用了不同的策略去維持它的影響力，「國家不僅參與到了文化建
設之中，還通過市場提高了其影響大眾文化的能力，特別是在話
語層面」。因此，「國家重新發現，它能夠像運用新興的科技到經

濟之中一樣，也同時可以把其作為治國策略之一，這是從中華人
民共和國創立以來最富創造性的手段之一」。[7]

　　但是我認為，國家在毛澤東時代以後不過是找到了一種新的
更微妙的方式去影響文化與娛樂。儘管新的消費文化無疑比之前
更加多樣化，但地方文化的特質越來越弱，更多的是呈現出千篇
一律的同一性，而非充滿生氣的豐富多彩，這反映了統一的國家
文化的勝利。這種國家文化可能被現代化、商業化以及政府行為
所驅動。國家的現代化發展政策有利於統一文化的形成，但同時
地方文化的生存面臨挑戰，並不斷地被削弱。雖然自從改革開放
以來，相較而言國家的參與已經減少很多，但這不過是管理國家
的策略與方式的改變，政權的影響力仍然是十分巨大的。雖然人
們有更多的自由前往公共空間並享受公共生活，但是國家其實也
積極參與到大眾文化的創造之中。

公眾、公共生活與政治文化

　　前近代中國存在著一種「公」的概念，它涉及官與私之間的領
域，儘管人們利用公共場所進行活動，但學者們還幾乎沒有進行
過關於中國社會的「公共生活」的學術討論。[8]本書中的「公」總是
與「公共空間」聯繫在一起。在晚清，人們經常討論「公眾」（或者
「公共」）的問題，這與自發組織和「公共輿論」聯繫在一起，正如
冉枚爍（Mary Rankin）、羅威廉等美國學者在1990年代已經討論
過的。[9]在辛亥革命、軍閥混戰和國民政府時期，「公眾」在國家和
地方政治中扮演了重要角色。這時的「公眾」可能有若干意思，諸
如媒體、知識精英、地方民眾、各種社會組織等，它們經常與政
府和官員相區別。1949年以後，隨著黨和國家對政治、經濟和文

化的嚴密控制，以及日趨激進的意識形態和政策，「公眾」這個詞
變得越來越敏感。到「文化大革命」，「公眾」幾乎不再存在，取而
代之的是「群眾」或者「革命群眾」，它們的反義詞便是「反革命」
或者「反動分子」。從一定程度上看，在革命的話語中，「群眾」
（或者「革命群眾」）即是積極跟隨黨和政府、參與各種政治鬥爭的
大眾。雖然「革命群眾」在公共空間也會有他們的「生活」，但是都
不是自發的，而是黨和國家組織者推動的。在這個時期，只有
「官」和「私」的領域，在這兩極之間，並沒有「公」的空間。這種
狀況在改革開放後極大地改變了，國家的控制在許多方面都大大
削弱，人們在政治和公共生活等方面，有了越來越多的自由。隨
著改革開放和思想解放，人們有了更多機會參與國家和地方政
治，並形成了公眾輿論，這種輿論甚至經常可以影響到國家和地
方政治。這樣，「公眾」返回到公共的事務，在政治生活和政治文
化中起著重要的作用。（圖1-2）

在中國研究領域，對公共生活的探討甚少，但在西方，關於
公共生活的研究已經有了深厚的基礎。R‧桑內特（Richard
Sennett）在其極有影響的《公共人的衰落》(1977) 一書中便指出，
如今的「公共生活已經成為一項正式的職責」。[10]這裏，他把作為
現代概念的「公共生活」視為一個人的政治生活，在某種意義上指
公共服務、政治上的地位以及選舉等。但是在前現代的歐洲城市
中，桑內特認為公共生活是發生在公共場合的，即「家庭和密友
之外」的「公共領域」，即其他人所能看到的生活，而在家庭和密
友領域中的私人生活則是外人所看不到的。他還指出要研究「公
共生活」，人們得找到誰是「公眾」，他們身處何時何地。在18世
紀早期的倫敦與巴黎，資產階級日趨「較少去掩飾他們的社會
身分」，城市也變成了「一個不同社會群體開始互相接觸的世
界」。[11]R‧特雷克斯勒（Richard Trexler）在他的《文藝復興時期佛

圖1-2 一家中產階級喜歡光顧的茶館。該照片由李約瑟攝於1943至
1946年。感謝英國劍橋大學李約瑟研究所提供並允許我在書
中使用這幅照片。

羅倫薩的公共生活》（1980）一書有不同的著眼點，他考察了「古典
的公共儀式」。他關於「公共儀式生活」的概念包括「邊緣群體」的
鬥爭，以及他們對「傳統社會與儀式組織」的挑戰。他的研究與桑
內特所提出的「公共人衰落」的觀點是不相符合的。[12]

簡而言之，桑內特和特雷克斯勒對公共生活的限定可以視為
是狹義的，而另一些學者採取的是更廣泛的定義。例如，J·福雷
斯特（John Forster）在他所編輯的《批判理論與公共生活》（1988）一
書中，把「公共生活」一詞置於J·哈貝馬斯的社會批判傳播理論
（critical communications theory of society）之下，並把其定義為「在
工作場所、在學校、在城市規劃過程以及更廣闊的社會、政治與
文化背景之下的日常生活與社交行為」。[13]不過，Y·那瓦若－雅
辛（Yael Navaro-Yashin）給予了公共生活最廣義的描述。在其《國家
的面孔：土耳其的世俗主義與公共生活》（2002）一書中，她把「公

共生活」分析為「公共領域」、「公共文化」、「公民社會」，以及「國家」，然後討論這些領域中的「權力」與「抵抗」。她根據這種公共生活的概念，認為「人民和國家並不是相反的範疇，而是在同一個領域」。[14]

在我的這項研究中，我所稱的公共生活更接近桑內特的定義，即指人們在家庭和密友以外的生活。[15] 與那瓦若－雅辛不同，我認為個人和國家是對立的範疇，特別是在中國，在社會主義體制之下，公共生活與國家權力朝相反的方向發展。國家機器越強大，公共生活就越衰落，反之亦然。相對於發生在家中和其他隱匿於公眾視野的私人生活而言，我把公共生活看作是每天在公共空間中發生的社交、休閒與經濟活動。我所討論的公共生活的概念包含以下幾個方面：(1) 人們在共享的公共空間中的活動；(2) 在這些地方，人們對隱私沒有期待；(3) 人們的活動可由社會、休閒或政治原因所驅動；(4) 公共生活中的活動可被政治形勢和政治文化所影響；(5) 自發日常的公共生活，而非由國家主導的各種活動 (例如國家組織的遊行、集會、慶典等)。

人類學家閻雲翔指出，「改革開放時代的公共生活有一個巨大的轉變，即群眾集會、志願工作 (voluntary work)、集體聚會等其他『有組織的社會活動』的消失，而這些活動在毛澤東時代扮演著中心角色。現在取而代之的是新形式的私人聚會」。在毛澤東時代，公共生活被高度控制，是「有組織的社會性」活動，強調「以國家為中心和官方意識形態」，強調「個人服從集體」。[16] 雖然我不同意閻所稱的毛澤東時代有所謂真正「自願工作」的廣泛存在 (那時候在「自願」的旗幟下的活動，多是官方組織、認可或支持的，否則便很難發生)，但是他對改革開放公共生活從集體到個人的轉變，是一個準確的觀察。一些學者或許會指出，我們也必須考察 1949 至 1976 年間由國家主導的公共活動，這也是公共空

間的生活之一部分。但是我想強調的是，這種官方組織的活動，缺乏自發性和獨立意識的表達。在1949年之後直至「文化大革命」，自發的活動和不同的聲音受到限制，而組織和宣傳的活動處於統治地位。[17]改革開放以後，「在非官方的社會和空間領域，新的社會交往注重個性化和個人願望」。公共生活和社會化的中心，從大規模國家控制的公共空間（諸如城市廣場、體育館、工人俱樂部等），轉移到空間較小、商業化的區域。[18]近幾十年來，除了劇院、電影院、公園、廣場、飯店、購物中心等，我們可以看到酒吧、咖啡館、網吧、私人俱樂部、舞廳、保齡球館等這些公共空間的興起，但是在成都，茶館仍然處於中心的地位，茶館為各種人群提供各種服務，是都市文化的一個重要組成部分，也是都市變遷的見證。

　　通過對20世紀下半葉成都茶館所展示的政治文化（political culture）的研究，本書討論了中國的經濟、社會、文化和政治環境的轉變。G·阿爾蒙德（Gabriel Almond）與G·B·鮑威爾（G. Bingham Powell）把「政治文化」定義為「在一定時期內，對一個國家現有政治的一系列態度、信仰與感受」。[19]1971年，政治學家R·H·所羅門（Richard H. Solomon）出版了《毛澤東的革命與中國政治文化》，他以「政治文化」這個術語去探求「影響政治行為的中國人的社會態度、情感關注與道德規範」。他對政治文化這一概念進行了政治學的解釋，即「關於社會與文化體系的學說」。[20]按照所羅門的定義，「政治文化」無處不在，例如，它出現於一個社會的「社會化實踐」、「父母教育孩子的方式」、「教師對於學生如何處理他們將會步入的成人世界的指導」等之中。[21]與所羅門相似，L·W·派恩（Lucian W. Pye）在其文章〈文化與政治科學：政治文化概念的評價問題〉（1972）中，把「政治文化」定義為態度、信仰、情感、政治進程、管理行為、政治理想、公眾觀點、政治意

識形態、基本共識、價值觀以及政治情感等。[22]這些研究廣泛
地描述了什麼是政治文化，從「感受」到「道德規範」直至「意識
形態」。

　　大概自1980年代，「政治文化」的概念開始被歷史學家所採
用，例如L‧亨特 (Lynn Hunt) 的法國史研究。不同於政治學家比
較廣義的理解，亨特的政治文化概念相對狹義。她在早期的《法
國大革命中的政治、文化和階級》一書中，考察了「革命中的政治
文化」，並揭示了「政治行為的規則」，包括「表達和塑造了集體意
圖與行動」的價值觀、期望與潛在的規則。亨特認為，政治文化
吸收了「革命政治行為的邏輯」與「實踐的標誌」，如語言、想像與
姿態等。[23]P‧伯克 (Peter Burke) 也看到了政治文化運作的不同範
圍。他指出這個概念涉及兩個範疇：一是「政治態度或不同群體
的理念」；二是「表達這些態度或理念的方式」。[24]而在我的這項研
究中，我將增加一個領域，即社會主義國家機器，它運作於具有
各種理念的集團之上，並可直接利用其權力把政治文化植入人們
的日常生活之中。這項研究以茶館作為切入點，對1949年以後的
中國公共生活進行研究，我們將會對那個激進的、意識形態化的
時代有更深入的觀察。

　　在這項公共生活的研究中，我或多或少地採取了亨特對政治
文化比較狹義的取向，並沒有使用政治學家們那種廣義的概念。
亨特發展了「政治文化」這個工具概念，去研究法國大革命中的
「革命的政治文化」，而我用它去研究社會主義中國的日常生活，
特別是從1950到1977年以及隨後的改革開放時代，觀察公共生
活是如何被政治所塑造的。通過茶館這個微觀世界，去考察社會
主義國家的政治文化，探索國家機器是如何利用政治權力管控中
國社會的方方面面，政治權力是怎樣決定了人們的日常生活與文

化生活，以及社會主義政治與文化是如何滲入到廣闊的公共生活之中的。我們還將看到革命和其他政治運動在多大程度上影響了人們之間的關係，以及個人與國家之間的關係。到目前為止的許多關於中國政治文化的研究，關注的是國家政治、政策制定、國家意識形態以及政治精英的活動，但本書將進入政治與文化的最底層，去觀察在最基本的社會單位上，政治與文化的交互作用。

1949年以後的中國城市：國家與文化

西方研究1949年以後的中國城市有三種取向，這三種取向基本上是按時間順序發展的。第一種，在1980年代之前，有少量的關於1949年以後的中國城市的研究，主要是政治學家和社會學家所完成的，他們討論各種與城市政治和社會相關的問題，更多地強調政府政策而不是社會本身，提供觀察中國城市的一個宏觀視角。政治學家 J · W · 劉易斯 (John Wilson Lewis) 在1971年編輯出版了關於1949年到當時中國城市的管理與轉變的論文集，這本論文集涵蓋了公安局、城市幹部、工會、商業、教育、人力資源管理等問題。這本書從政治學的角度考察了社會主義城市的管理，使我們理解中國政府是怎樣獲得對城市及基層的控制，並把城市居民都置於監管的網絡之下。[25]

1984年，社會學家懷默霆 (Martin King Whyte) 與白威廉 (William L. Parish) 出版了第一本關於社會主義中國城市生活的專題著作《當代中國的城市生活》，它旨在回答政治、經濟、安全、服務、婚姻、家庭結構、婦女地位、城市組織、犯罪、社會控制、政治控制、宗教、社會價值觀和人際關係等一系列問題。[26]幾年後，懷默霆為《劍橋中國史》的第15卷寫了題為〈共和國的城

市生活〉一章。在這一章中，他分別描述了中國在1949至1956年、1957至1966年、1967至1976年、1977至1980年間的城市生活。從懷默霆的研究中，我們可以看到人們對共產黨接管城市的回應、蘇聯模式與城市發展、城市精英與普通群眾的關係、城市組織與政治運動如「大躍進」與「文化大革命」引起城市生活的混亂等問題。懷默霆也涉及了改革開放初期的城市問題，包括重新恢復高考制度、實行獨生子女政策、控制犯罪等。總之，他並不認為新政府成功解決了一系列的城市問題。他指出，「1949年以後，當局在相當大的程度上，認為依靠緊密的組織系統與堅定的意識形態，將成功解決城市問題。這種假設忽略了大眾價值觀與期望對當局政治的影響」。[27] 懷默霆是迄今為止第一個系統地考察中華人民共和國城市生活的學者，其有關1949年以後中國城市生活的研究，迄今為止仍然是最全面的。

第二種取向則通過實證的、檔案資料的分析，更多是關注社會主義時期的個人經歷。持這個取向的學者幾乎都是歷史學家，他們的研究著述幾乎都是在2000年以後出版的。其中重要的成果之一是由周傑榮與畢克偉編輯的《勝利的困境：中華人民共和國的最初歲月》。[28] 歷史學家與政治學家、社會學家以及人類學家不同（後面我將討論這個問題），他們在研究1949年以後的中國城市時，使用的主要是檔案資料。在周傑榮與畢克偉的導言中，他們討論了研究1949年以後中國城市的困難性：「直至中國大陸對外國研究者的開放，對20世紀50年代早期的研究資料只限於報紙和海外人員的口述。這種情況在毛澤東去世後改變了，對新材料的發掘徹底改變了對毛澤東時代的看法。」改革開放後，隨著收集檔案渠道的逐漸開放，更多的歷史細節被揭示出來，所以我們對共和國史有了一個更深入的了解。「儘管各地接觸檔案的

渠道和館藏都不盡相同，一般來說，對1950年代早期的中文檔案與文件、報告等，比以後的時期要更容易看到。」這些地方檔案能為「研究共產黨接管城市機構與重組城市社會提供多得多的細節」。[29]

關於人民共和國歷史的最新研究，還有周傑榮和蔣邁（Matthew D. Johnson）主編的《草根階層的毛主義：早期社會主義時期的日常生活》（2015），其中有三篇文章涉及京、津、滬三個城市。正如編者所指出的，過去的研究「主要是從上到下，集中在國家」，但是這個論文集關注的是「村莊、工廠、鄰里、縣級、少數民族地區，從下往上，日常生活的語境」。他們還發現，「國家和社會是不可能截然分開的」。[30]像西方的歷史學家一樣，中國的學者基本是從2000年以後才開始研究社會主義時期的城市。儘管存在各種政治因素的限制，在過去的十餘年裏，仍然出現了一些重要且值得引起我們關注的中文成果，特別是新材料的發現和新主題的開拓。但是，大部分新出版的作品都是政治史，很少研究城市史。當然，上海是一個例外。[31]

第三種取向代表了近年來關於改革開放以後城市和城市生活的研究，多是由人類學家、政治學家和社會學家所完成的。他們考察了城市人口的變化、從計劃經濟到市場經濟的轉型，以及從社會主義的理想主義到社會契約關係。他們關注工人、公務員、知識分子和女性，探索女性的工作、生活經歷與她們對經濟、性別不平等的回應，以及勞資關係、政治參與、公眾對變化的反應、女性的工作機會與女性在城市與農村家庭中的地位等。[32]此種取向的另一個重要的主題是：他們發現改革開放後的中國最突出的變化是大量的流動人口與城市的拆遷和重建。[33]他們用「商業革命」（commercial revolution）與「城市革命」（urban revolution）來

描述改革時代的中國，這可以從社會學家戴慧思 (Deborah Davis)
所編輯的論文集《中國城市的消費革命》中清楚看到。中國的消費
革命和快速的商業化發生了巨大的衝擊，這些結果都影響了經濟
的發展、私有成分的增長、傳統生活的改變、婚姻和家庭的構造
以及個人主義與集體主義衝突的出現。[34]

　　在以上所討論的研究中，有一些觀點值得我們的關注。首
先，中國政府建立了一個高效，甚至可以觸及城市社會最底層的
管控機器。其次，改革開放之後，大量的「流動人口」弱化了國家
對城市社會的控制。再者，自 20 世紀末以來，中國經歷了城市與
商業革命，這不可避免地改變了城市的公共生活。最後，從以上
這些研究中我們可以發現研究方法的改變：1970 和 1980 年代的研
究一般是為政治體系、政策、控制和管理提供一個全國層面上的
視角；而在世紀之交，關注點轉向了城市生活與具體的城市問
題，並著重研究人們在城市中的經歷。

　　我們還可以看到，關於中國社會主義時期城市史的研究存在
如下一些局限：研究文化生活者很少，更多是研究政治、政策和
機構，而且大都集中在 1950 年代，因為相對而言，這段時期有更
多的資料。新開放的檔案資料，大大提升了我們對共和國歷史及
其城市的了解。他們研究的主題，主要是共產黨從暴力革命到城
市管理的轉型，考察這種轉型是怎麼發生的、其機制是什麼，等
等。另外，大部分的研究都集中於上海，因此，研究中國城市的
史學者面臨著一個挑戰，那就是要對上海以外的城市進行個案研
究，這些研究將幫助我們建構中國城市的完整圖像。

　　本書是一部城市的微觀史，結合了第二種與第三種研究取
向。依賴檔案資料和作者本人的田野調查，以進入一個內地城
市 —— 比較典型的「中國城市」—— 更微觀的層面。儘管之前的

研究為考察城市公共生活提供了基礎，但我的這項研究試圖從以
下三個方面將中國城市史的研究引向新的層面思考。

首先，中國在1949年以後經歷了許多社會與文化轉型，我們
已經看到不少關於中國社會變化的研究，特別是對沿海地區，但
歷史學家相對來說較少考察社會與文化的延續性。過去關於中國
近代史的研究，把民國和中華人民共和國視為截然分離的兩個時
代，當然這沒有錯，因為無論在政治體制、統治方法、經濟文化
政策等方面，這兩個政權的確有非常明顯的不同。但是最近關於
人民共和國歷史的研究中，學者們看到民國與人民共和國在許多
方面的聯繫，二者在某些方面存在著政治、經濟、政策的持續
性，也發現共產黨的政策，並非我們過去所理解的那樣與國民黨
時代截然分離。例如葉文心在研究民國時期上海中國銀行的空
間、時間和日常生活時，發現「近代都市資本主義工商企業的產
物跟社會主義之下孕育的若干制度並不是全然背道而馳的，兩者
之間在威權結構及大家長式管理哲學上頗有相通之處，與資本主
義及社會主義的對立無關」。[35]

2013年，哈佛燕京學社組織了一個「再思1949年分水嶺：政
治學與歷史學的對話」(Rethinking the 1949 Division: Dialogue
between Political Science and History) 工作坊，參加者包括中國和美
國研究中華人民共和國時期的歷史學家和政治學家，如裴宜理
(Elizabeth Perry)、柯偉林 (William Kirby)、柯麗薩 (Elisabeth
Koll)、楊奎松、張濟順、李里峰等。我也參加了這個工作坊，所
提交的論文是本書的第三章。這次工作坊涉及的問題包括國家經
濟政策、鐵路交通、社會主義娛樂的興起、對「一貫道」的打擊、
1954年憲法草案、1911年和1949年革命的比較、美國大學在上
海、社會福利制度以及群眾運動等。參與工作坊的學者幾乎都同

意（雖然程度不同），國共兩黨在許多方面都有著連帶關係，不少觀念、習慣、經濟政策方面，兩黨並沒有不可跨越的鴻溝。[36]而本書的研究則同時關注了公共生活的改變與延續，以及兩者的互動。我用具體的證據去判斷在中國的一個內陸城市中，其公共空間、公共生活、大眾文化，哪些發生了改變，哪些仍保持了原狀，或者變化非常之小。

其次，通過考察1949年以來的公共生活，揭示革命以及各種政治運動，是怎樣影響普通人民、黨和國家機器之間的關係的。這本書描述了空前歷史劇變時期的公共生活，從社會主義早期開始，經歷了激進的「大躍進」、「文化大革命」到改革開放，茶館一直是街坊交流與社會互動的中心，是社會各階層的人們施加影響和竭力佔領的公共空間。這個研究也同時指出，雖然我們看到國家權力擴張與社會的矛盾，但是實際的情況卻複雜得多，並不總是二元對立，灰色地帶無處不在。國家的政策也並不都是一成不變的，隨著政治運動的節奏，對公共空間和日常生活的控制也是時鬆時緊。

最後，我關注的是茶館在日常生活中的重要性。茶館一直都是街坊鄰里社交的中心，因此是一個觀察政治權力怎樣發揮作用的絕佳地點。作為一個微觀世界的茶館，給我們提供了一個理想的視角，去觀察社會、文化和政治的轉型。因此，想要完全了解一個城市，需要我們深入它的最底層，去考察城市社會生活最基本單位。茶館就是最重要的公共空間之一，為社會經濟活動提供了一個極為方便的場所。隨著1949年社會主義制度的建立，中國的日常生活經歷了一個根本的變革。儘管我們知道這場變革的重要性，但我們對具體的細節，尤其是關於城市社會底層的生活卻知之甚少。這項研究便提供了關於日常社會生活最基本的層面的深刻理解。

資料的評價與利用

研究1949年以後中國所面臨的重大挑戰,是新資料的發現與分析。在1969年,M・奧克森伯格 (Michel Oksenberg) 列舉出五種研究人民共和國的主要資料:內地出版物,例如書籍、雜誌、報紙等;移居國外人士的訪談錄;來華人員的紀錄;小說;中文文書和其他材料。奧克森伯格並沒有提及檔案,因為在那個時期,學者還不能接觸到中國的檔案資料。與1950和1960年代的學者相比,我們現在從事共和國史研究的條件要有利得多。儘管仍然有所限制,但現在我們能夠接觸到一些檔案材料了。然而,資料的分佈是不均勻的。例如,我們可以看到1950與1960年代的檔案,但1970年代及以後的檔案文獻卻很難接觸到。因此,正如奧克森伯格所指出的,「研究中國必須在面對著明顯的資料中斷的情況下進行」。[37]

在本書中,讀者會發現當我在討論1950與1960年代早期的公共生活時,主要依靠的是檔案資料。在1960與1970年代,因為茶館的數量大量地減少,茶館在日常生活中不再像過去那樣重要。這個時期檔案中關於茶館的資料非常有限。不過,成都茶館倖存下來,我仍然能夠從其他官方和私人紀錄中,得到關於茶館生活的大量線索,甚至包括一些檔案資料中所難以看到的細節。1950年代關於茶館的資料反映出,從國民黨政府到共產黨政府的政權轉移,對茶館生活與商業運營產生的方方面面的影響,涉及國家控制、僱傭、薪資以及茶館衰落的原因。茶館在「文化大革命」時期處於最低谷,基本沒有什麼東西可供我們研究,更為不利的是,「這個時期國家的出版物更多的是宣傳而非信息」。[38]

本書大量依賴成都市檔案館的資料,這些資料的來源和具體情況,我都列於徵引資料之中。1990年代後期,我從成都市檔案

館所收藏、零散地分佈在公安局、各種行業組織、工商局、商業
登記、工商聯、商會、文化局以及統戰部的檔案中，收集到豐富
的資料，這些資料很少被歷史學家所使用。1990年代，檔案資料
更為開放，所以我可以接觸到的不僅是1950年代，還有1960年
代前期的資料，儘管其數量和質量皆不如以往。

　　本書除了大量使用成都市檔案館的資料，還利用了報紙、日
記、個人紀錄以及我自己的實地調查。報紙資料如《成都日報》、
《人民日報》等，都是黨和政府的官方日報，前者是城市層面，而
後者則屬國家層面。雖然這些報紙很少提到茶館，它們的功能主
要是宣傳，但也並非毫無用處。我從歷史學與人類學的角度利用
這些資料，去考察茶館、茶館文化和社會主義下的公共生活。
1950年代茶館的資料相對豐富，為研究從國民政府到共產黨政權
的轉移對茶館和茶館生活所產生的影響，提供了詳細的紀錄。檔
案資料清晰地呈現了茶館的許多方面，包括國家控制的手段、就
業以及它們衰落的原因。從1950到1970年代，地方報紙很少有
關於茶館的報道，與民國時期豐富多彩的信息形成了鮮明的對
比，因為從1949年開始，媒體被嚴格管理，地方報紙的政治色彩
越發濃重，而與人們的日常生活並沒有太直接的關係。儘管茶館
仍然被許可存在，但是卻被認為是「落後的」，不能被包括在「積
極的公共場合」裏面。此外，政府加強了現代工業城市的建設，
而休閒活動卻被認為與這樣的目標格格不入，所以人們大大減少
了對茶館的光顧。因此，在本書中，對「文化大革命」時期的茶館
與茶館生活，只是作為一個過渡時期進行簡單的概括。

　　本書的另外一個關注點，是1970年代後期改革開放之後茶館
的復蘇與轉型。研究改革開放時代的茶館與公共生活有有利也有
不利的因素。不利的是檔案資料的缺乏，例如連最基本的關於茶
館的數量都不能確切地得知。而且目前在中國查閱檔案資料有越

來越困難的趨勢，經常遇到的情況是，有關歷史檔案不是作為機密，就是以其他各種原因不對公眾開放。不過有利的因素是，改革開放後茶館的復蘇和媒體的活躍，地方報紙大大增加了對茶館的報道。加上我對茶館進行的實地調查，得到了許多第一手資料。從1990年代後期以來，我目睹了這個城市的外貌、文化以及日常生活的巨大變化。但是我也看到這個城市在十餘年中，舊城被新城所取代，歷史的面貌已經不在。過去中國古代城市獨特的魅力與民俗文化，正在以前所未有的速度消失，中國城市變得越來越千篇一律。因此，重構中國城市的歷史，是研究社會史、文化史和城市史的歷史學家們所面臨的重要任務。

　　此外，我們面臨著怎樣使用社會主義時期文獻資料的挑戰，因為無論是檔案還是媒體報道，它們本身是服務於政治、政治運動以及意識形態的。特別是在改革開放前的中國，那些通過報紙保存和傳播的信息，由於目的主要是思想政治宣傳，使我們不得不疑慮內容的可信度，儘管不同時期材料的真實程度有所區別。從1950到1970年代，黨與政府緊密控制著信息的傳播，這造成利用這個時期的材料面臨相當的困難。例如，我們必須把那些報紙的報道，放到大的政治環境中去進行分析。有時我並不把那些新聞報道當作是對事實的描述，而是去探明它是怎樣並且為什麼要以這樣的形式進行報道，然後從字裏行間中篩選出事實。

　　改革開放後的新聞報道有很大的不同。雖然黨和政府仍然控制著媒體，但是許多非黨報的報紙（例如晚報、早報、商報、都市報等）的出版，給媒體帶來了某些自由，只要它們不去報道一些敏感的政治話題，其版面還是相當活躍的，基本能夠對日常生活進行及時的反映，它們對休閒生活也有著特殊的關注。因此，報紙對茶館與公共生活的報道頻繁了許多，為我們提供了更多有價值的資料。當然，這些新聞報道與民國時期有一些類似之處，

即經常從精英的角度對茶館進行批評，也不可避免地對大眾文化懷有偏見。因此，我們在運用這些材料的時候，應當持有分析的眼光。但是，這些報道依然為我們通過茶館去了解城市公共生活，提供了相當豐富和有價值的信息。

除了檔案資料和報紙媒體，本書第二部分很大程度上依賴於實地考察。從20世紀90年代後期到21世紀第一個十年初，我在成都茶館中開展大量調查，也目睹了成都城市的面貌、文化和日常生活的巨大變化。我考察了不同類型的茶館，從氣派非凡的、多層的、可容納上千人的茶樓，到簡陋的、只有幾張桌子的街角茶鋪，都在我的調查範圍之內。我與茶館中形形色色的人進行了交流，有顧客、老闆、員工，以及服務員、算命先生、擦鞋匠、掏耳朵匠、小販等等。當我考察茶館時，我並沒有分發調查問卷、做筆記或記錄對話，我更傾向於隨意的交談，並沒有一個預先設定的主題。這樣，我力圖得到被調查對象最真實的表達，去傾聽他們的聲音。每天的考察結束後，我把自己當天的所見所聞寫入調查的筆記中。

因此，這種沒有預設的調查，使我更容易從平常的對話而非標準化的問卷中，收集到現實的故事與真實的信息。在傳統的街角茶館，顧客們並沒有什麼隱私意識，這對我的考察是有幫助的。但另一方面，對某些問題，我卻不能得到系統的資料，因為我所獲得的信息經常是隨機的。再者，在使用這類調查紀錄的時候，我盡力去保持資料的最初風格，希望我講述的故事，不要太受到我主觀意識的干擾，而保存其中最自然的東西。應該指出的是，儘管我像人類學家一樣進行田野考察，但我是從歷史學的視角去對待我所收集的資料，即不試圖去建立一種人們行為的一般分析模式，而是去回答在經濟與政治變化過程中，公共生活是怎樣改變的等相關的歷史問題。

在我對成都進行考察後，不到十年之內，舊的城市幾乎從我們眼前消失，至少這個城市的外觀已經被一個嶄新的面貌所取代。在當今中國，古代城市中富有特色的大眾文化和地方文化正在快速地消失，城市變得越來越同一化。因此，恢復與重建中國城市的歷史，對社會史、文化史和城市史學家來說，將是一項重要而艱巨的任務。

* * *

本書第一章是導言，第八章是結論，主體內容包括六章，分為兩大部分。第一部「公共生活的衰落，1950–1976」，這部分包括第二、三、四章，主要討論毛澤東時代國家對茶館業的管控、大眾娛樂改造，以及公共生活的衰落。

第二章探索1950年代早期地方經濟組織的命運。通過考察茶社業公會的改造與終結，揭示了國家是怎樣操縱傳統的經濟組織來達到全面控制城市小商業的目的。一旦國家重組並利用這些組織得到了對某一個行業的全方位控制，也就很容易取消這個組織，猶如她摧毀其他獨立於國家之外的社會和經濟組織一樣。在這種過程中，我們可以看出國家權力的擴張，伴隨的是社會的一步步萎縮。通過削弱行會的影響，國家防止了任何可能挑戰國家權力的社會組織的形成。成都茶社業公會1949年以後的命運就是「社會」衰亡的一個反映，公共領域在1950年代以後也被摒棄了。在城市中，所有層面的組織，從街道到單位，都成為國家管理的一個部分，社會生活的方方面面被任命的各級官員所控制。從1950到1970年代，中國幾乎不存在真正的社會組織，僅存的若干組織也只是徒有虛名罷了。通過1950年代初期的集體化運動，私有的茶館被納入集體所有制之中。這一章還探索了小商業的經營主是怎樣回應這些國家政策的，觀察小商業所有權的轉變在多大

程度上影響了每一個社會階層，並改變了整個經濟與社會結構，以及是怎樣反映了國家的未來走向的。

　　第三章描述的是當人民解放軍進入成都後，管理文化生活的組織是怎樣被建立起來的，這些組織在一段時間內，改造了一些大的茶館戲園以及所屬的演出班子，其目的是使「社會主義娛樂」代替傳統演藝活動。這一章還討論1950年代中期為了削弱各種形式的傳統娛樂和減少民間藝人的演出，地方政府進行了一項關於曲藝的綜合調查，作為限制和控制的基礎。這一章還揭示，新政府是怎樣試圖利用這些傳統的公共空間為政治宣傳服務的，茶館是怎樣變成了一個政治舞台，一種新的城市政治文化是怎樣形成的。從1950到1956年，中國經歷了從「新民主主義」到社會主義的重要轉型。最初，傳統與革命的娛樂形式並存，但隨著時間的推移，前者遭到了越來越多的攻擊、控制與改造，直到社會主義娛樂佔據了統治地位。這個過程反映了傳統娛樂形式與社會主義娛樂之間的矛盾，而前者在國家主導的革命文化和娛樂全面政治化的趨勢下，日漸衰落下去。

　　第四章關注的是茶館的微觀世界，描述了1950至1970年代人們在茶館的日常生活，其中包括人們在何種程度上進行公共生活，社會主義背景下的政治與政治運動在何種程度上介入到公共生活之中。公共場所的言論和活動，在政治上變得越來越敏感，從而使茶館的顧客、僱工以及其他相關人員，在政治運動來臨時，都噤若寒蟬。即使是日常的談話，也會產生嚴重的後果。但茶館生活有時也能處於政府的控制範圍之外，人們還是像之前那樣在茶館裏閒聊，茶館提供給人們一個日常辛勞之外的暫時鬆弛的空間，讓他們回味一點先前的生活方式，哪怕只是短暫的一會兒。「文化大革命」進一步剝奪了茶館的生存空間，在「破四舊」

(舊思想、舊文化、舊風俗、舊習慣)的大規模群眾運動後,那些曾經星羅棋布在街道和小巷裏的茶館都徹底關閉了。成都的茶館與公共生活,像整個中國的其他地區一樣,到達了它們的最低谷。

第二部「公共生活的恢復,1977–2000」,包括第五、六、七章,展示成都茶館從臨近消失到改革開放後空前發展的歷程。政治上的風雲突變,劇烈影響了經濟與公共生活,國家開始放鬆對私有經濟的控制,由此導致包括茶館這樣的私營小商業,像雨後春筍般地開始出現,極大地改變了公共生活的深度與廣度。

第五章展示的是「文化大革命」後期的茶館並沒有完全滅絕,但是卻遭受了嚴重的打擊,對日常生活失去了影響。就像「文化大革命」時期,成都的最後一部分老城牆被拆毀了,許多傳統的文化藝術形式,包括傳統的大眾空間和一些民間娛樂,都永遠地消失了。這剝奪了人們所珍惜的傳統以及他們的文化認同。但如果我們認為茶館也遭受了相似的被毀滅的命運,那就完全錯了。茶館走向低谷,但並未消亡,而且一旦條件具備,它們就迅速復蘇,街角茶館再度流行,與高檔茶樓共存。從1970年代末到1980年代初,茶館重新出現在城市的各個角落,並且發展到了前所未有的繁榮,繼續服務社會各個階層的人們。

第六章討論茶館裏的各種顧客,從在茶館中謀生的人們,到在茶館裏活動的各種人群,關注他們從年齡、性別到職業的各種信息,特別是從鄉村來的農民工。改革開放減少了國家對茶館的控制,它們可以在一個相對自由的環境中生存和發展。茶館為有共同愛好的人們、日常社交提供了一個聚集的場所,無論社會地位、階層、性別和年齡,都可以在茶館中活動,這裏也成為退休者和老年人的天堂。實際上,這種社交互動與娛樂活動的公共空

間的確是不可取代的，沒有它們的社會幾乎是不可想像的，茶館作為商業和文化都達到了前所未有的成功，它們再次為這裏許許多多的人提供了謀生的機會。

第七章考察茶館中最流行的娛樂活動 —— 麻將，從街坊之間由於打麻將發生的衝突開始，探討居民委員會在鄰里中扮演的角色，觀察市政府與官方媒體對城市形象的回應，揭示國家由於打麻將所帶來的一系列問題。本章以麻將為例，展示了世紀之交日常生活和大眾文化的變化，即日常生活怎樣逐漸遠離「社會主義道德」的限制，發展出涉及大大小小賭博的全民娛樂活動。這些改變也反映了更廣泛的政治、經濟、社會與文化轉型，在此過程中，個人權利與集體利益的衝突變得越來越突出。通過對打麻將的討論，我們可以看到當今中國的市場經濟是怎樣與傳統生活方式共存的。

第八章是結論，把社會轉型、文化延續性與間斷性、國家文化與地方文化的衝突、國家權力與公共生活，以及公共領域和現代性等這些大的主題交織在一起。茶館作為中國傳統文化與日常生活的一部分，已經存在了許多個世紀，但是卻從未經歷過像20世紀下半葉時那樣的劇烈變遷，但它們終究倖存下來並得以復興，促進了城市公共生活的發展。觀察茶館從1950到2000年的變化，我們可以看到20世紀下半葉的一個明顯趨勢，就是強國家與弱社會的對立。透過茶館這個窗戶，我們可以了解社會主義國家機器對娛樂的控制、傳統文化與生活方式的連續性與斷裂性、社會主義娛樂的興起、國家與地方文化的衝突、公共生活的復蘇與公共領域的擴展，以及以茶館為代表的地方文化所展示的生命力。

註釋

1   William H. Whyte, *The Social Life of Small Urban Spaces* (New York: Project for Public Spaces, 1980).

2   Di Wang, *The Teahouse: Small Business, Everyday Culture, and Public Politics in Chengdu, 1900–1950* (Stanford: Stanford University Press, 2008), p. 1.

3   John Gardner, "The Wu-fan Campaign in Shanghai", in *Chinese Communist Politics in Action*, ed. Doak A. Barnett (Seattle and London: University of Washington Press, 1969), p. 539.

4   Marlene R. Wittman, "Shanghai in Transition? Implications of the Capitalist Intrusion," *Issues and Studies* 19, no. 6 (June 1983), pp. 66–79; Dorothy J. Solinger, "Capitalist Measures with Chinese Characteristics," *Problems of Communism* 38, no. 1 (January–February 1989), pp. 19–33; Lance Gore, "Dream On: Communists of the Dengist Brand in Capitalistic China," in *The Nanxun Legacy and China's Development in the Post-Deng Era*, eds. John Wang and Zheng Yongnian (Singapore: Singapore University Press and World Scientific Publishing, 2001), pp. 197–219; An Chen, "Capitalist Development, Entrepreneurial Class, and Democratization in China," *Political Science Quarterly* 117, no. 3 (Fall 2002), pp. 401–422; Christopher A. McNally, "Sichuan: Driving Capitalist Development Westward," *China Quarterly* 178 (June 2004), pp. 426–447; Li Zhang, *Strangers in the City: Reconfigurations of Space, Power, and Social Networks within China's Floating Population* (Stanford: Stanford University Press, 2001), p. 2; Nina Bandelj and Dorothy J. Solinger, eds., *Socialism Vanquished, Socialism Challenged: Eastern Europe and China, 1989–2009* (New York: Oxford University Press, 2012).

5   Jeremy Brown and Paul G. Pickowicz, "The Early Years of the People's Republic of China: An Introduction," in *Dilemmas of Victory: The Early Years of the People's Republic of China*, eds. Jeremy Brown and Paul G. Pickowicz (Cambridge: Harvard University Press, 2007), pp. 1–18.

6   Zhang, *Strangers in the City*, p. 11.

7   Jing Wang, "Culture as Leisure and Culture as Capital," in *Chinese Popular Culture and the State: A Special Issue of Positions: East Asia Cultures Critique* 9, no.1 (Durham: Duke University Press, 2001), p. 71. 也可參見Jing Wang, "The State Question in Chinese Popular Cultural Studies," *Inter-Asia Cultural Studies* 2, no. 1 (2001), pp. 35–52。

8   William T. Rowe, "The Public Sphere in Modern China," *Modern China* 16, no. 3 (July 1990), pp. 309–329.

9   Mary B. Rankin, *Elite Activism and Political Transformation in China: Zhejiang Province, 1865–1911* (Stanford: Stanford University Press, 1986); Mary B. Rankin, "The Origins of a Chinese Public Sphere: Local Elites and Community Affairs in the Late Imperial Period," *Etudes Chinoises* 9, no. 2 (1990), pp. 14–60; Mary B. Rankin, "Some Observations on a Chinese Public Sphere," *Modern China* 19, no. 2 (April 1993), pp. 158–182; William T. Rowe, *Hankow: Conflict and Community in a Chinese City, 1796–1895* (Stanford: Stanford University Press, 1896); Rowe, "The Public Sphere in Modern China"; William T. Rowe, "The Problem of 'Civil Society' in Late Imperial China," *Modern China* 19, no. 2 (April 1993), pp. 139–157.

10 Richard Sennett, *The Fall of Public Man: On the Social Psychology of Capitalism* (New York: Vintage Books, 1977), p. 3.

11 Sennett, *The Fall of Public Man*, p. 17.

12 Richard C. Trexler, *Public Life in Renaissance Florence* (Ithaca: Cornell University Press, 1980), p. 23.

13 John F. Forester, "Introduction: The Applied Turn in Contemporary Critical Theory," in *Critical Theory and Public Life*, ed. John F. Forester (Cambridge: MIT Press, 1987), p. 9.

14 Yael Navaro-Yashin, *Faces of the State: Secularism and Public Life in Turkey* (Princeton: Princeton University Press, 2002), p. 2.

15 其他關於公共生活的研究，見 John Keane, *Public Life and Late Capitalism: Toward a Socialist Theory of Democracy* (Cambridge: Cambridge University Press, 1984); Stephen D. Reese, Oscar H. Gandy and August E. Grant, eds., *Framing Public Life: Perspectives on Media and Our Understanding of the Social World* (Mahwah: Lawrence Erlbaum Associates, 2001); Hwa Yol Jung, ed., *Comparative Political Culture in the Age of Globalization: An Introductory Anthology* (Lanham: Lexington Books, 2002)。

16 Yunxiang Yan, "Of Hamburger and Social Space: Consuming McDonalds in Beijing," in *The Consumer Revolution in Urban China*, ed. Deborah Davis (Berkeley: University of California Press, 2000), p. 224.

17 關於毛澤東的個人崇拜以及各種相關儀式就是一個極好的例子。見 Daniel Leese, *Mao Cult: Rhetoric and Ritual in China's Cultural Revolution* (Cambridge: Cambridge University Press, 2011)。

18 Yan, "Of Hamburger and Social Space," p. 224.

19 Gabriel Almond, "Comparative Political Systems," *Journal of Politics* 18, no. 3 (August 1956), pp. 391–409; Gabriel Almond and G. Bingham Powell, *Comparative Politics: System, Process, and Policy* (Boston: Little, Brown, 1978), p. 25.

20 Richard H. Solomon, *Mao's Revolution and the Chinese Political Culture* (Berkeley: University of California Press, 1971), p. 2.

21 Solomon, *Mao's Revolution and the Chinese Political Culture*, p. 13.

22 Lucian W. Pye, "Culture and Political Science: Problems in the Evaluation of the Concept of Political Culture," *Social Science Quarterly* 53, no. 4 (September 1972), pp. 285–296.

23 Lynn A. Hunt, *Politics, Culture, and Class in the French Revolution* (Berkeley and Los Angles: University of California Press, 1984), pp. 10–13. 關於法國革命中的政治文化，見Keith Michael Baker, ed., *The Political Culture of the Old Regime* (Oxford: Pergamon Press, 1987)。關於一般的政治文化，見Lucian W. Pye and Verba Sidney, *Political Culture and Political Development* (Princeton: Princeton University Press, 1965)；Archie Brown and Jack Gray, eds., *Political Culture and Political Change in Communist States* (London: Macmillan, 1979)；Edward Weisband and Courtney I. P. Thomas, *Political Culture and the Making of Modern Nation-States* (Boulder: Paradigm Publishers, 2015)。關於中國政治文化的研究，見Thomas A. Metzger, "Chinese Communism and the Evolution of China's Political Culture: A Preliminary Analysis," *Issues and Studies* 15, no. 8 (August 1979), pp. 51–63；Jonathan R. Adelman, "The Impact of Civil Wars on Communist Political Culture: The Chinese and Russian Cases," *Studies in Comparative Communism* 16, no. 1–2 (Spring–Summer 1983), pp. 25–48；Peter Zarrow, *Anarchism and Chinese Political Culture* (New York: Columbia University Press, 1990)；Guantao Jin, "Socialism and Tradition: The Formation and Development of Modern Chinese Political Culture," *Journal of Contemporary China* 2 , no. 3 (Summer 1993), pp. 3–17；Jeffrey N. Wasserstrom and Elizabeth J. Perry, eds., *Popular Protest and Political Culture in Modern China* (Boulder: Westview Press, 1994)；Peter R. Moody, Jr., "Trends in the Study of Chinese Political Culture," *China Quarterly* 139 (September 1994), pp. 731–740；Howard L. Goodman, *Ts'ao P'i Transcendent: The Political Culture of Dynasty-founding in China at the End of the Han* (London: Routledge, 1998)；Shiping Hua, ed.,

Chinese Political Culture, 1989–2000 (Armonk: M. E. Sharpe, 2001)；Aihe Wang, *Cosmology and Political Culture in Early China* (Cambridge: Cambridge University Press, 2006)；Zhong Yang, *Political Culture and Participation in Rural China* (New York: Routledge, 2012)。

24 Peter Burke, *What Is Cultural History?*, 2nd edition (Cambridge: Polity, 2008), pp. 105–106.

25 John Wilson Lewis, ed., *The City in Communist China* (Stanford: Stanford University Press, 1971). 這部論文集中的大部分論文都從全國視角進行研究，但是也有幾篇研究城市，不過都聚焦於上海。其中應該特別注意的論文有：孔傑榮 (Jerome Alan Cohen) 的〈草擬人民調解法規〉，討論了「人民調解系統」的建立；J‧W‧沙拉夫 (Janet Weitzner Salaff) 的〈伴隨「文化大革命」而來的城市居民社區〉可能是最早對中國社會主義城市基層社會的研究 (Jerome Alan Cohen, "Drafting Peoples Mediation Rules," in *The City in Communist China*, ed. Lewis, pp. 29–50; Janet Weitzner Salaff, "Urban Residential Communities in the Wake of the Cultural Revolution," in *The City in Communist China*, ed. Lewis, pp. 289–323)。1979 年，薛鳳旋 (Victor Fung-shuen Sit) 出版了〈社會主義改造過程中中國城市的街鄰店鋪〉，從全國的角度第一次以社區層面考察了城市小商店 (Victor Sit, "Neighbourhood Workshops in the Socialist Transformation of Chinese Cities," *Modernization in China* 3 [1979], pp. 91–101)。

26 他們所依據的大部分資料，來自於中國內地 50 個城市中 133 人的採訪記錄，多數是 1977 至 1978 年間從嶺南地區來到香港的人，當時他們還不能接觸到中國內地的資料 (Martin King Whyte and William L. Parish, *Urban Life in Contemporary China* [Chicago: University of Chicago Press, 1984], p. 5)。

27 Martin King Whyte, "Urban life in the People's Republic," in *The Cambridge History of China*, *Vol. 15*, eds. Roderick MacFarquhar and John King Fairbank (Cambridge: Cambridge University Press, 1991), p. 740. 關於這個時期城市經濟的研究，可參見 Dorothy J. Solinger, *Chinese Business under Socialism: The Politics of Domestic Commerce in Contemporary China* (Berkeley: University of California Press, 1984) 和 Arlen V. Meliksetov, "'New Democracy' and China's Search for Socio-Economic Development Routes, 1949–1953," *Far Eastern Affairs* 1 (1996), pp. 75–92。一些中國史學家寫的人民共和國史也採取這種取向。迄今為止最系統、最全面研究 1950 年代中國的著作，

是楊奎松的《中華人民共和國建國史研究》（南昌：江西人民出版社，2009），涉及1949年以後主要的政治與管理問題，例如土地革命、鎮壓反革命運動、「三反」、「五反」運動、幹部任命政策、工資制度、對民族資產階級的政策等。這本書主要是從全國的角度出發，雖然也用兩章描述了上海的鎮反與「三反」、「五反」運動。金觀濤主編了十卷六百萬字的《中華人民共和國史，1949–1981》（香港：香港中文大學出版社，2009），以編年的形式敘述了主要的政治運動、經濟和外交史。然而，這兩部書都沒有討論城市生活、休閒和娛樂。關於成都的研究，何一民主編的《變革與發展：中國內陸城市成都現代化研究》（成都：四川大學出版社，2002），對成都歷史，特別是近代歷史做了系統研究，但1949到1976年的歷史卻完全被忽略了。這本書分為兩部分，第一部分寫從古代到1949年前後，但第二部分便直接寫改革開放後的成都了。為什麼要跳過1949到1976年的階段呢？缺乏資料和對這個時期缺乏研究，應該是當中主要的原因。

28　這本書分為四部分，「城市接管」部分的三篇文章是魏斐德（Frederic Wakeman）研究的上海新秩序、裴宜理（Elizabeth Perry）研究的工人階層，溫奈良（Nara Dillon）研究的私人慈善事業（Frederic Wakeman, Jr., "'Cleanup': The New Order in Shanghai," pp. 21–58; Elizabeth J. Perry, "Masters of the Country? Shanghai Workers in Early People's Republic," pp. 59–79; Nara Dillon, "New Democracy and the Demise of Private Charity in Shanghai," pp. 80–102）。在「佔領邊緣」部分，兩篇文章討論了毛澤東時代的娛樂。林培瑞（Perry Link）指出相聲是具諷刺性的，這種藝術形式比其他形式更容易觸及紅線。相聲演員積極參與到革命文化的建設之中，卻仍然與新政權的理念發生衝突。畢克偉在考察石輝的命運時，展示了一位著名的電影演員試圖參演革命電影，結果卻在反右運動中自殺了。周錫瑞（Joseph Esherick）與高加龍（Sherman Cochran）揭示了1949年以後的知識分子與資本家的命運。周錫瑞講述了北京葉氏兄弟的故事，指出「對於葉家兄弟來說，人民共和國早期是在戰爭與革命之後，姍姍來遲的、最難得的正常生活」；但是，「政治逐漸滲入，就像逐漸擴大的陰影，結果使未來的歲月變得灰暗」（Joseph W. Esherick, "The Ye Family in New China," p. 336）。在高加龍的研究中，我們看到資本家劉鴻生與共產黨的合作，「不僅沒有使他遭受損失反而受益良多」。高加龍總結道：「劉鴻生關於社會主義與資本主義能在中國並存的信仰可能是正確的。」（Sherman Cochran, "Capitalists Choosing

Communist China: The Liu Family of Shanghai, 1968–56," pp. 380, 385）以上文章的頁碼，都來自 Brown and Pickowicz, eds., *Dilemmas of Victory*。

29　Brown and Pickowicz, eds., "The Early Years of the Peoples Republic of China: An Introduction," pp. 5–6。例如高崢（James Gao）關於共產黨接管杭州的著作，便是以市政檔案中的資料為基礎，通過考察諸如城市政策的發展、幹部、朝鮮戰爭、「三反」、「五反」運動等問題，來探索從國民黨政府到社會主義國家的轉變（James Z. Gao, *The Communist Takeover of Hangzhou: The Transformation of City and Cadre, 1949–1954* [Honolulu: University of Hawai'i Press, 2004]）。2012年，《中國歷史學前沿》（*Frontiers of History in China*）出版了一期專輯：〈重塑中國社會：1950和1960年代的人民、幹部，以及群眾運動〉，其中大多數文章都是基於檔案資料的研究。除了我自己關於成都茶社業公會的文章，其他文章涉及上海貧民區、宗教組織、古董收藏者等。（Christian Henriot, "Slums, Squats, or Hutments? Constructing and Deconstructing an In-Between Space in Modern Shanghai [1926–65]," pp. 499–528; Di Wang, "Reorganization of Guilds and State Control of Small Business: A Case Study of the Teahouse Guild in Early 1950s Chengdu," pp. 529–550; J. Brooks Jessup, "Beyond Ideological Conflict: Political Incorporation of Buddhist Youth in the Early PRC," pp. 551–581; Joseph Tse-Hei Lee, "Co-Optation and Its Discontents: Seventh-Day Adventism in 1950s China," pp. 582–607; Denise Y. Ho, "Reforming Connoisseurship: State and Collectors in Shanghai in the 1950s and 1960s," pp. 608–637. 以上文章都發表在 *Frontiers of History in China* 7, no. 4 [December 2012]。）在 2011 年，這本刊物還發表了安東籬（Antonia Finnane）關於1950年代早期北京裁縫的文章（Antonia Finnane, "Tailors in 1950s Beijing: Private Enterprise, Career Trajectories, and Historical Turning Points in the Early PRC," *Frontiers of History in China* 6, no. 1 [2011], pp. 117–137）。此外，還有兩本關於社會主義城市文化生活的專著，但主要還是關注上海。如姜進（Jin Jiang）關於社會主義初期的文化轉型的開拓性研究《女扮男妝》，通過越劇探索共產黨政權對藝術表演與大眾娛樂的影響（Jin Jiang, *Women Playing Men: Yue Opera and Social Change in Twentieth-Century Shanghai* [Seattle: University of Washington Press, 2009]）。何其亮（Qiliang He）最近一本關於江南地區（主要是上海和蘇州）的評彈的著作，從中我們可以看到更多關於社會主義國家影響表演藝術的細節（Qiliang He, *Gilded Voices: Economics, Politics, and Storytelling in the Yangzi Delta since 1949* [Leiden: Brill, 2012]）。

30 Jeremy Brown and Matthew Johnson, eds., *Maoism at the Grassroots: Everyday Life in China's Era of High Socialism* (Cambridge: Harvard University Press, 2015), p. 1.

31 由華東師範大學中國當代史研究中心編輯的《當代中國史研究》，已經出版了三輯，其中有若干關於城市社會和文化的文章，代表了人民共和國時期的城市史研究領域的最新成果。第1輯（2009）中的文章包括：楊奎松〈建國初期中共幹部任用政策考察〉、楊奎松〈新中國新聞報刊統制機制的形成經過——以建國前後王芸生的「投降」與《大公報》改造為例〉、張濟順〈從民辦到黨管：上海私營報業體制變革中的思想改造運動〉、王笛〈國家控制與社會主義娛樂的形成——1950年代前期對成都茶館中的曲藝和曲藝藝人的改造和處理〉、阮清華〈「割瘤」：1950年代初期上海都市基層社會的清理與改造〉等。第2輯（2011）的有關文章有：王海光〈從政治控制到社會控制：中國城鄉二元戶籍制度的建立〉、馮筱才〈政治生存與經濟生存：上海商人如何走上公私合營之路？〉等。第3輯（2011）有關文章包括：馮筱才〈「社會主義」的邊緣人：1956年前後的小商小販改造問題〉、林超超：〈中共對城市的接管和改造：一個初步的研究回顧與思考〉等。此外，張濟順對1950年代上海居民社區的研究，讓我們看到了國家對城市控制力的延伸（張濟順：〈上海里弄：基層政治動員與國家社會一體化走向，1950–1955〉，《中國社會科學》，2004年第2期，頁178–188）。還有一本關於1950年代成都城市基層政權的建立的書已經出版，討論的問題包括例如共產黨接管、改造、單位制度的形成、居委會等問題（高中偉：《新中國成立初期城市基層社會組織的重構研究：以成都為中心的考察，1949–1957》[成都：四川大學出版社，2011]）。

32 Wenfang Tang and William Parish, *Chinese Urban Life under Reform: The Changing Social Contract* (Cambridge: Cambridge University Press, 2000).

33 張鸝考察了改革開放後大量人口流動與移民社區的形成，北京的「浙江村」便是一個極好的例子。每年一億多的「流動人口」，加上經濟文化與社會網絡的飛速發展，以及「私有化」空間的擴張，都造成了國家的控制力被逐漸削弱（Zhang, *Strangers in the City*）。關於流動人口，還可以參見Michael Robert Dutton, *Street life China* (New York: Cambridge University Press, 1998); John Friedmann, *China's Urban Transition* (New York: Cambridge University Press, 1998)。邵勤（Qin Shao）的《上海的消失》便是關於上海拆遷和重建的最新研究成果，這本書探索了上海拆遷運動

中的個人經歷（Qin Shao, *Shanghai Gone: Domicide and Defiance in a Chinese Megacity* [Lanham: Rowman & Littlefield, 2013]）。

34 Davis, ed., *The Consumer Revolution in Urban China*。戴慧思在一篇文章中指出，城市居民經歷了一個「多層次的消費革命」，因為城市消費文化與居民生活水平的提高，引起了更多的物質需求。然而，因為貧富差距的擴大，一些人把這種新的消費文化視為一種資本主義滲透社會主義國家的策略，或是改革開放時代城市生活消極面的反映（Deborah Davis, "Urban Consumer Culture," *China Quarterly* 183 [September 2005], pp. 692–709）。吳凱堂（Thomas J. Campanella）把現在的中國定義為一條「鋼筋水泥龍」，整個中國城市的大規模重建和房地產業，導致了「中國的城市革命」（Thomas J. Campanella, *The Concrete Dragon: China's Urban Revolution and What It Means for the World* [New York: Princeton Architectural Press, 2008]）。同時，快餐店與連鎖零售店的出現，對中國的城市生活與消費文化產生了重要影響（Judith Farquhar, *Appetites: Food and Sex in Postsocialist China* [Durham: Duke University Press, 2002]）。閻雲翔對北京麥當勞的研究，則探索了西方快餐是怎樣使中國城市的消費文化擴大化，以及為適應中國人的口味，麥當勞是怎樣在「麥當勞化」與本地化中，自我調整以獲得平衡的（Yunxiang Yan, "McDonalds in Beijing: The Localization of Americana," in *Golden Arches East: McDonalds in East Asia*, ed. James L. Watson [Stanford: Stanford University Press, 2006], pp. 39–76）。

35 Wen-Hsin Yeh, "Corporate Space, Communal Time: Everyday Life in Shanghai's Bank of China," *American Historical Review* 100, no. 1 (February 1995), pp. 97–122.

36 關於這個工作坊的討論記錄，請見裴宜理、李里峰等：〈再思 1949 年分水嶺：政治學與歷史學的對話〉，《學海》，2015 年第 1 期，頁 5–49。

37 Michel Oksenberg, "Sources and Methodological Problems in the Study of Contemporary China," in *Chinese Communist Politics in Action*, ed. A. Doak Barnett (Seattle: University of Washington Press, 1969), p. 580.

38 Oksenberg, "Sources and Methodological Problems in the Study of Contemporary China," p. 581.

第一部

公共生活的衰落
1950–1976

第二章

同業公會的終結與小商業的困境

　　1950至1953年是中共和新政府逐步控制城市工商業的關鍵時期，其最重要的措施之一便是對同業公會的改造。雖然對私營工商業的社會主義改造從1954年開始，但在這之前，國家動用政權的力量逐步削弱所有制中的私有成分，從而為隨後大規模的社會主義改造運動奠定了基礎。學術界一般都認為，中共從1953年開始放棄過去所制定的「新民主主義」的政策；但其實從新政權成立伊始，政府便開始了社會主義的改造過程，無非是步伐比較漸進而已，我對成都市茶社業公會的個案研究將充分展示這個過程。本章將以成都市茶社業公會的重組為焦點，討論政府對這個具有長期歷史的傳統社會經濟組織的改造過程，從中考察國家怎樣逐步達到控制城市工商業的目的。茶館作為與人們日常生活密切相關的小商業，受到國家日益嚴密的控制；同時作為這個行業代表的同業公會，也幾乎成為政府在行業的代言人，已不再具有過去一般意義上行業公會的性質，可以說行業公會在1950年代早期的改組中已經名存實亡。

　　西方關於中華人民共和國早期經濟問題的考察，多集中在整個國家的經濟政策以及與政治的關係等問題上，對1950年代基層社會經濟組織的演化幾乎沒有關注。[1]西方研究中國行會的成果主

要集中在中華帝國晚期，對民國時期同業公會的研究也不多，而
對1949年後同業工會的轉化和消亡的考察更是被忽視。[2] 在中國，
最近已有若干關於1950年代早期同業公會的研究發表，使我們對
這個問題有了一個初步的認識。這些最新的研究表明，1949年後
同業公會作為專業性經濟組織而繼續存在，是「為承擔有重要統
戰工作的工商聯提供組織基礎及制度補充」。同業公會在「社會主
義改造」過程中，實際上「是不斷消解自身生存的社會基礎」，而
且「原有的職能被其他組織所侵蝕、代替」。[3] 本章將以成都市茶社
業公會為個案，通過對一個城市的某一具體行會的分析，來考察
1950年代初中國同業公會的改組、演變和衰落，即從微觀的角度
來觀察國家控制這個宏觀的問題。

　　本章主要集中四個方面的問題進行討論：首先，考察傳統的
茶社業公會是怎樣重組的，成都市茶社業同業公會籌備委員會如
何取代了舊公會；其次，分析新茶社業公會的性質和組織結構；
再者，揭示新茶社業公會在社會和經濟生活中的角色，它怎樣演
變成為單純執行政府政策法令、實際上的國家政權的下屬機構。
最後，討論茶社業公會在「三反」、「五反」運動的作用和表現。對
這些問題的探討，將有利於我們認識新政府對傳統行業組織的態
度，即從早期的利用，到逐步引導其退出歷史舞台。這個過程是
漸進的，與整個國家私營工商業的衰落同步。本章認為，同業公
會的消亡，是國家權力強化而「公」領域衰落的一個具體表現。考
察中國傳統經濟組織在新政權下的消亡過程，亦具有社會史上的
意義，我們可以看到政治的變化是怎樣改變中國經濟生活和社會
生活的。

民國時期的茶社業公會

　　雖然行會有很長的歷史，但是成都茶社業同業公會的歷史並不是很長。在晚清成都，各業商人共組成51個商幫，「茶葉幫」屬其中之一，下屬54個茶葉店，但並沒有包括茶館，也不存在茶館幫。1905年在清政府推動下，成都總商會成立。到1909年，當時成都的69個商幫組成其69個商務分會，這時「茶社業」才第一次在文獻中出現，與餐館同歸於「飲食業」，而沒有與茶葉店同類。從資料看，這時茶社業才第一次形成了自己的職業團體。在民初和軍閥混戰時期，茶社業與澡堂一起隸屬於「水幫」。但水幫似乎對行業的控制力十分有限，所以1914和1929年當地方政府進行行業調查和登記時，水幫並沒有起什麼作用，而是由警察直接進行的。實際上在1918年，北洋政府農商部便頒佈了《工商同業公會規則》，這是中國歷史上第一個關於同業組織的法規。次年，雖然成都總商會仍然存在，政府令各商務分會改回原商幫名。1929年，南京政府頒佈《工商同業公會法》，把參加同業公會變成為一個強制性規定，不入同業公會者將受懲罰，甚至勒令關閉。1928年新成立的成都市政府也令各商幫設立行業公會。截至1931年4月，已有84個行業公會成立，都是由過去的商幫轉化而來，其中也包括茶社業公會。1936年，新的成都總商會建立後，茶社業同業公會重組並在政府註冊，儘管它仍然代表整個行業的利益，並不斷抵制國家的控制，但它已經從獨立組織逐步演變成與地方政府合作的組織。[4]

　　在民國時期，特別是國民黨政府統治後期，雖然公會逐漸對國家權力有所依賴，然而在相當程度上，仍發揮著傳統行會的功能，如制定行規、統一價格、商業註冊、限制茶館數量以及調解公會成員之間的矛盾等。與此同時，茶社業公會也扮演著茶館經

營者與當地政府之間中介的角色。因此，通過觀察茶社業公會的組織結構、領導層、會員、功能以及活動，我們可以看到在國民黨政府統治下的茶館，仍然能夠保護其成員的利益，並抵抗日益強化的政府控制。[5]

在國民黨統治時期，成都的茶社業公會經常配合國民黨政府處理行業事務，但當行業的利益受到威脅或損害時，它卻從未放棄過抗爭。儘管在大多數情況下，政府是勝利者，但公會有時可以迫使政府收回成命。例如1940年8月，當政府強徵新稅時，茶社業公會號召成員拒絕承認，如果有任何成員因此進監獄，就進行罷市。政府面臨罷市的威脅，不得不延緩新稅的徵收。[6]這個例子告訴我們，公會既是連接茶館業與政府之間的橋梁，也可能是一個挑戰國家權力的機構。它代表茶館發出自己的聲音，迫使政府考慮整個行業的需求。公會往往與政府在價格及稅收問題上產生衝突，但它又不得不與政府保持良好的關係，因為它需要依靠當地政府的支持和授權來限制茶館的數量。[7]相比晚清時期的行會，國民政府時期的茶社業公會日趨被國家權力所控制，但它們仍然能夠為行業的利益與國家權力進行鬥爭。

同業公會的轉型

也可能正是因為同業公會能夠與國家權力進行對抗的這個特點，對其進行改造便成為新政權的當務之急。1950年1月8日，即解放軍進入成都的第13天，市軍管會便召開市商會、工業協會、各同業公會的理事及監事會議，川西北臨時軍政委員會副主任「到會宣講新民主主義的經濟方針和中國共產黨保護民族工商業不受侵犯的政策」。次日，市軍管會、市人民政府、市工會工

圖 2-1　成都郊區一家擁擠的老茶館。作者攝於 2015 年秋。

作團召開全市工人代表座談會,號召「發展生產,繁榮經濟,公私兼顧,勞資兩利,城鄉互助,內外交流」。接著,軍管會根據「凡屬國民黨偽政府的公營事業、官僚資本與戰爭罪犯財產,均應收歸國有」的政策,對這類財產進行接管,同時也將一些企業改組為國營或公私合營。[8] 不過對於小商業,新政府並沒有大的觸動。雖然茶館像其他行業一樣被納入政府的管理之下,但這時其經營幾乎沒有受到太大的影響。(圖 2-1)

　　茶社業公會的重組,不過是國家把傳統經濟組織,變為控制各行各業工具的一項措施。1949 年 8 月,在取得全面勝利之前,中共中央便發佈了〈關於組織工商業聯合會的指示〉,命令將所有舊商會改為工商聯合會。1950 年 3 月,中共中央統戰部部長李維漢在闡述「人民民主統一戰線」時,指出工商聯是「私營工商業中

進行統一戰線工作的重要環節之一」，「黨和政府要通過它團結教育工商業者執行共同綱領和人民政府的政策、法令」。這便意味著同業公會的改造將在工商聯領導之下進行。在全國及各省市的工商聯籌備會陸續組建的過程中，不少地方的同業公會改組也開始進行。如北京市從1949年下半年起開始，對原有的150多個同業公會進行了改造，到1952年年底，共整理與組建了132個同業公會的籌備委員會。[9]

　　在當時的成都，對茶館的管理有若干層次。最高為市工商局，其次是成都市工商業聯合會籌備委員會，再下為成都市茶社業同業公會籌備委員會。1950年3月，成都市第一屆各界人民代表會議決定，將原成都市商會和工業協會合併，改組為成都市工商業聯合會籌備委員會，「負責團結教育全市工商業者，貫徹執行國家的政策法規，並帶領他們接受改造，恢復生產，改善經營，完成各項任務」。4月，成都市工商業聯合會籌備委員會成立，按市人民政府指示，首先進行行業整頓、改組同業公會及組成行業普查工作組。從5月起，分三期對全市工商行業進行調查，然後根據普查資料擬訂整頓行業、改組公會方案。到12月底，全市同業公會改組完畢，原151個同業公會和無同業公會的24個行業，改組為81個同業公會籌備委員會，並宣稱「工商聯籌委會和同業公會籌委會的成立，解除了舊封建幫會對工商業者的束縛」。1953年5月，又將81個同業公會籌委會改組為56個同業公會委員會。茶社業公會先是與旅館業合併，稱「成都市工商業聯合會旅棧茶社業同業委員會」。在1954至1956年的社會主義改造運動中，又改稱「成都市工商業聯合會服務業同業委員會」，茶社之名也從同業公會中消失了。[10]茶社業同業公會的消亡，與當時國家限制茶館業發展，縮小自由的公共生活空間的總體政策傾向相吻

合，隨之而來的茶館數量的逐漸減少和茶館業的日趨蕭條，便是
這種政策的邏輯結果。

　　削弱行會的影響力，是國家力圖消弭過去遺留的社會和經濟
組織挑戰國家權威的可能性。中央人民政府指出，儘管行會有著
處理勞資關係的悠久歷史，但過去的行會是由小部分人所控制，
壓制中小商人；雖然行會不應該被禁止，但是必須被完全改
造。[11]同業公會中的確會出現中小商人受壓制的情況，但這個問
題在很大程度上被誇大了。例如，下面要提到的在民國時期長期
擔任茶社業公會理事長的王秀山，不過是一個規模不大的茶館的
老闆，顯然屬「中小商人」之列。然而，新政府意識到同業公會存
在著一種反國家權威的傳統，既然它可以抵制國民黨政府，那麼
也存在與現存政府對抗的可能。

　　在新的制度下，地方政府竭力控制茶館以及其他小商業，但
效果並非立竿見影。實際上，控制和改造小商業及其從業者是一
個漸進的過程，首先是進行商業註冊，1950年6月，政府要求街
頭小販的攤位進行登記。總共有7,136個攤位申請登記，政府只
批准了2,481個長期和1,681個短期執照，有2,974個被否決。所
有街頭小販必須攜帶政府頒發的營業執照，並且只許銷售執照上
允許的商品，他們被禁止在交通要道擺攤設點。[12]

　　作為經濟政策的一部分，新政府甫經成立，便採取了對小商
業進行控制的政策。除上面提到的要求進行商業登記，各商鋪還
必須簽署營業保證書。在成都市檔案館目前仍然可以見到各個茶
館的〈工商業戶申請營業保證書〉，如達觀茶社的保證書是1951年
2月簽署的：

　　茲保證蘇××在三橋北街二四號開設達觀茶樓，經營茶社
　　業務。在經營期中恪遵政府法令，經營正當工商業，填報申

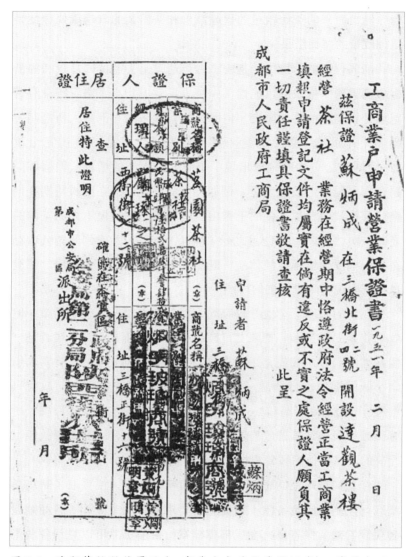

圖 2-2　達觀茶社所簽署的〈工商業戶申請營業保證書〉。資料來源：
　　　　《成都市工商行政登記檔案》，40-65-13。

請登記文件均屬實在。倘有違反或不實之處，保證人願負其一切責任。謹填具保證書，敬請查核。此呈，成都市人民政府工商局。申請者：蘇××，住址：三橋正街十八號。

每個茶館還必須有兩家保證人，如達觀茶樓的保證人一家是茗園茶社經理嚴××，資本額4,603,349元（舊幣，下同），住西御街72號。另一個保證人是炯明玻璃商號的經理人黃××，資本1,000萬元，住址為三橋正街16號。另外保證書上還有公安局第二分局陝西街派出所的證明：「查確係在本管區居住」。[13]（圖2-2）

成都市政府聯合工商局、公安局、稅務局、衛生局、文化局等機構，幾乎控制了茶館經營的方方面面，包括價格管制、禁止茶館裏的小商小販、處罰顧客的「違法」行為、限制桌椅佔用人行道、男女茶房管理、監督表演內容、禁止賭博與黃金交易、衛生檢查，等等。[14]雖然國民政府也實施過類似的措施，但是新政府執行得有效得多。在1950年代中期，在公私合營的過程中，地方政府實施了「平衡預算」政策，要求各個茶館承諾，「要堅定地跟隨社會主義道路」，保證每月「有平衡預算並有一些盈利」。那些改為公私合營的茶館，要首先解決債務，「改善經營，積累資本」。而且任何的債務「都只是經理的責任」。[15]儘管地方政府做出了許多努力，但是面臨多變的政治經濟環境，嚴密的國家控制，茶館陷於十分困難的處境，因而其衰落也是在所難免的。

茶社業公會的重組

在成都被解放軍接管之後，成都原來的茶社業公會大概繼續管理茶社業約八、九個月時間，根據1950年9月〈成都市茶社業同業公會職員名冊〉，華華茶廳的老闆廖文長依舊是理事長，前

理事長錦春茶社的老闆王秀山也仍然是常務理事。[16]但9月情況開始改變，該月工商聯籌委會整理小組接受整理茶社業同業公會任務，「按照程序」通知「舊公會」理事、監事及各組組長攜帶會員及職員名冊，在工商聯籌委會座談，「交換改組整理意見」。幾天後召開茶社業會員大會，有408家茶館參加，由廖文長主席報告開會理由，然後由工商聯籌委會整理小組報告。全部與會者分成五組，「醞釀產生籌委候選人」，計外東區6人，其餘東南西北四區各8人，共38人。然後由整理小組「分工了解」，決定25位作為候選人，經工商聯籌委會常務委員會通過，報請工商局，於10月發出聘書。新籌委會開會產生常委及正副主任與各組組長，「醞釀」13人為常委，常委「醞釀」王次光為主任委員，陳文郁為副主任委員，然後由主任委員提名正副秘書，提名組織組、總務組、文教組組長，「常委會一致通過」。[17]

1950年10月20日成都市茶社業同業公會籌備委員會成立，成立大會在東丁字街華瀛大舞台舉行，被邀請的單位包括川西稅務局、市稅務局、工商局、公商廳、民主建國會、文藝處曲藝組、《川西日報》、《工商導報》、《晚報》、《說唱報》等。被邀的政府機構多少與公會職權有關。[18]在成立大會上，先由工商聯籌委會報告籌備過程，然後是茶社業公會籌委會主任委員王次光做簡短報告，明確宣稱「今後我們決定是要達到新的任務，就是要了解政府的政策，完成政府的一切法令」。這實際上規定了公會作為政府在茶社業代表的宗旨，而隻字未提過去公會保護同業利益這一最基本功能。然後由秘書宣讀組織章程。廖文長也作了簡短講話祝賀新公會成立，表示「舊公會沒有很好的為同業辦事，非常抱歉」。[19]廖作這番自我批評，大概也是出於無奈。因為事實上即使是在抗戰時期，及以後國民黨加強了對同業公會的控制，茶社業公會仍然能夠組織各茶館為同業的利益向政府抗爭。[20]可能

這時的廖的確期望新政權下的同業公會能真正「很好的為同業辦事」，但他無論如何都無法預見到，有長期歷史的行會（民國時期的同業公會），在新政權下竟然在幾年內如此迅速地退出了歷史舞台。

工商局的代表在成立會上的講話強調了三點。首先，籌委的責任和義務。他指出籌委會是「經過大家選出來的」，並且選出來的成員是工商局「鄭重考慮和了解過的」。雖然這裏他很勉強地稱「過去的舊公會雖然理事長和常委們也有很好的」，但話鋒一轉便批評其是「為少數人把持操縱的公會」，希望新籌委們能把「大家團結起來，把自己的事情放在後面，大眾的事情放在前面」。而這裏所講「大眾的事情」，就是「要將政府的政策和法令傳達到各個會員，將大家的意見反應[映]給政府」。其次，對新公會的態度。他顯然竭力貶低舊公會，稱「過去的會員對公會是沒[漠]不相關的」。這顯然與事實不符，民國時期茶社業公會在保護同業利益問題上，經常與政府抗爭，而這種情況則是新政府所不願看到的。按照該工商局官員的說法，雖然新公會是由「各個會員選舉出來的」，是「我們大家會員的」，但亦是由「工商聯籌會領導組織的」，他希望會員「必須愛護自己的公會」。最後，新公會成立後最重要的任務。這點是問題的關鍵，公會要「有組織、有訓練的加強各個會員的學習，提高政治認識，把思想搞通」。關於減租退押的問題，要廣泛了解對於工商業發展的「重大的連帶關係」。[21] 雖然新公會已經被限制在新政府所規定的框架內，但從另一方面看，公會的一些傳統功能仍然存在，如「團結」同業、「傳達」政府法令和把同業意見反映給政府。從這個講話還可以看出，雖然「減租退押」主要是在農村開展，但實際上對城市工商業也有影響，而且社會中存在著抵觸情緒，所以才有力圖把人們「思想搞通」之問題。

　　店員公會文教組長在會上的講話也涉及「清匪反霸、減租退押」運動：「我們成都市才解放不到一年，農村的土地改革還沒有完成。我們目前還在土改的第一步驟，就是今冬明春的清匪反霸、減租退押的工作。」成都的一些茶館由居城地主所開，當土改運動中命令地主「減租退押」時，不少佃戶所交的押金已投資到城市的商業中，由此造成了「有些地主在城市繁榮工商業的老闆籍顧 [藉故] 退押，抽走資金，出賣房屋鋪面，停止營業，並以此解僱工人，造成工人失業的不法活動」。文教組長還舉了若干例子，如青龍街錦江茶社，「未經政府批准，地主老闆們便私自停止營業」，這對工商業「有多大的害處」。他希望公會會員們「在勞資兩利的原則下加緊團結起來，共同 (渡) 過難關。」[22] 其實那些「藉故退押，抽走資金」的茶館老闆，恐怕也是不得已而為之。押金既然已作他用，要退還給佃戶，不得不從生意中抽走資金，甚至停業。這種做法在當時被稱之為「不法行為」，但不退押則會招致更嚴重的後果。如果我們了解土改那種疾風暴雨式衝擊，「減租退押」是與更為嚴峻的「清匪反霸」聯繫在一起的，在當時要保命的情況下，當然也就顧不得城內的生意了。

　　有意思的是該組長還提到當時成都小商業所面臨的經濟危機：「在國民黨反動派統治的時候，那時工商業和我們的茶社業非常繁榮的。到解放之後，生意就非常消 [蕭] 條。」這番話雖然有給新政權抹黑的嫌疑，但他對其原因也有所解釋：這是由於生活方式的轉變，比如綢緞鋪的細料呢絨、百貨業的化妝品等「今天已吃不香了」，甚至「有百分之六十的貨賣不掉」。因為在過去「一批官僚資本和地主，他們剝削勞苦大眾，做投機生意來操縱市場」，因此這種繁榮是「虛假繁榮」。如果説過去成都商業都是「官僚資本」和地主「操縱」市場的結果，這個解釋似乎很難自圓其

説，因為直到1950年，成都商業都是以小商業為主，並不見任何力量對市場的壟斷和操縱。其實任何改朝換代對市場和經濟都會帶來一定的震動，新政權建立後人們對消費缺乏信心，必須等待一段時間，社會和經濟才能穩定。他所舉的綢緞和化妝品等應該説是受到政治變遷的影響，使用這些商品的人都是中上層階級，以農村和農民階級為基礎的革命襲來，即使革命還沒有直接觸及他們，但已不可避免地影響到他們對所謂「奢侈品」的消費，因此才出現了「今天已吃不香了」的現象。怎樣解決這個經濟上出現的困難呢？政府提出了要把成都「由一個消費的城市，轉變到一個生產（城）市」。[23] 在這個轉變過程中，採取輕商重工的政策也就不奇怪了。另外，在革命的話語中，「消費」是一個消極的詞彙，因此把成都變成生產城市成為一個長期的既定方針。直至鄧小平改革開放時代，重新認識城市的多功能後，才又開始提倡消費。茶館作為一個典型的消費行業，在這樣一個政治經濟的大環境下，自然面臨生存的危機。

該店員公會文教組長的講話還涉及勞資關係，指出「今天的新社會」的勞資關係與「過去的工商業和行業中」的勞資關係，「顯然不同」。他希望同業公會各會員們，如果有勞資糾紛問題，多和工人商量，「共同研究去克服目前困難」。他批評了一些茶館因生意不好便解僱工人的做法，説是「有少數資方老闆們為了稅的問題，故意開始解僱工人，這一種是不合理的。現在大多數老闆有一種顧慮，就是説我們的茶社業要淘汰了，一見生意不好，便無故傳起謠來」。這個批評也透露了茶社業的危機感，對新政權關於茶社業的政策缺乏信心。顯然這種擔心並非空穴來風，隨後茶社業的衰落，也正好印證了人們的這種擔心。這位組長提出，有問題應該「和勞方研究，來共同克服，度 [渡] 過難關」。根

據他的說法，經常出現勞資糾紛是因為「我們勞苦大眾和工商業的老闆們在舊社會受的惡習太深，一時轉變不過來」。由於茶社業勞資糾紛經常發生，新政府成立伊始，和「勞資雙方共同商議，便成立了勞資協商會員」，許多問題得到解決，勞資糾紛遂減少了。他批評目前「有一些老闆們不耐心去克服困難」，希望同業公會的會員們不要有「顧慮」，應相信「工商業是要好轉的」。[24]（圖2-3）

　　公安處也派代表在成立大會上講話，如果說其他部門都是講政府與公會關係以及稅務和經濟等問題，那麼公安處關心的是安全問題。他先批評「前兩月我們公安處公佈的茶社業管理辦法，大家還沒有切實持[執]行」，然後希望在新公會成立後，大家必須「負起責任」。他亦要求特別注意在茶館內，「如有土匪特務的活動，一定要向公安處報告，不要因礙情面，不向公安處秘報」。[25]既然是土匪、特務，為什麼會礙於情面？這裏也可能涉及

圖2-3　人民公園鶴鳴茶社的摻茶工人。作者攝於2003年夏。

熟人、街坊鄰居或常客。過去茶館都是廣納四方客人，管他三教
九流，一律熱情接待，儘量不得罪任何人。其實，公安處要求報
告這類人員在茶館的活動，對茶館來說也並不是什麼新政策。自
晚清改良以來，從北洋軍閥到國民黨時期，政府便不斷提出這類
要求，但茶館經常是敷衍對待。作為小生意，茶館是得罪不起地
方豪強的。即使是新政權也未能打消茶館的顧慮，所以才出現
「沒有切實執行」公安處所制定的茶社業管理辦法的情況。

　　我們看到，政府派來的這些代表在成立大會上的講話，實際
上已經為公會所能扮演的角色草擬好劇本。政府給公會的空間是
相當有限的，它必須處於工商聯的指導之下，還將受到政府各個
機構的監視，其所作所為不過是貫徹政府之政策，很難像過去舊
公會那樣代表行業利益向政府抗爭。「在人民政府領導下」，便是
當時所有同業公會的必經之路。[26]

獨立性的消失

　　在成都市茶社業同業公會籌備委員會成立大會的會場裏，牆
上所貼標語也揭示了政府和當時政治對公會之影響，例如稱「新
公會是具有發動群眾及政治教育兩大意義」，要求「提高會員政治
覺悟」，呼籲「除舊佈新團結起來」、「打破一切封建派系」和「樹立
新的觀念新的作風」，提出「配合政府經建計劃指導」，以「發展經
濟，繁榮市場」；要會員們改變觀念，做到「學習第一，勞動第
一」，還要「打倒不聞不問的惡習慣」，以及「除掉在商言商的觀
念」。不過這時也並非把舊公會說得一無是處，如要會員們「批判
接受舊公會的優點」，至少得承認舊公會還有「優點」。當然這些
標語中還有更宏大的號召，如「從思想上行動上徹底改造來執行

新的任務」，還有「擁護毛主席勞資兩利政策」，甚至「擁護世界和平」、「打倒侵略東亞的美帝國主義」等。[27]

新公會制定了《成都市工商業聯合籌備會茶社同業公會籌備委員會簡章》十八條，簡章稱該公會「在人民政府領導下受工商聯籌委員會之指導」。新公會成立之時，舊成都市茶社業公會「即行停止活動」，其組織「移交本會接管」，在新公會「正式成立時即行結束」。但問題在於，直至1953年成都茶社業同業公會與旅館業合併時，新公會也未能正式成立。也即是說，所謂茶社同業公會籌備委員會不過是在其消亡前的一個短暫過渡罷了。《簡章》規定新公會的任務有八條，即：向各會員闡明政府政策法令並協助工商業聯合會籌委會推行之；將本業實際情況提供給工商聯籌委會參考；協助並指導各會員加強政治思想學習，樹立新經營觀點；協助並指導各會員研究業務及技術，以提高生產及促進經營；推行工商聯籌委會各種決議事項及委辦事項；接管茶社業公會原有各項產業器具檔案文具現金帳目表冊等，並進行清理審查；說服未入公會的茶館參加公會，「並清查漏戶，以健全本會組織」；根據會員居住地區分區或根據內部業務性質，進行分組。[28]

籌備委員會委員定為25人，由會員「分區醞釀協商」，提出名單，然後由工商聯籌委會審查；設常務委員13人，由全體籌委「協商推選」；設正副主任委員各1人，由常委「協商互推」；設正副秘書各1人，組織、文教、總務三組組長各1人，由正副主任提名，由常務委員擔任；規定籌委會每半月、常務委員會每週舉行一次會議，必要時正副主任可舉行臨時會議。[29]根據1950年11月的〈成都市茶社業同業公會籌備委員會籌委姓名簡歷表〉，舊工會理事長廖文長已經不在名單之上，新的領導頭銜為「主任委員」，由王次光擔任。不過廖文長的前任王秀山仍榜上有名，但只是一般委員。這個新機構比舊公會大一倍有餘，過去理事長、

常務理事、理事、常務監事、監事，全部加在一起共12人，而新
機構有正副主任委員、正副秘書長，又有組織組、總務組、文教
組正副組長，外加常務委員、委員等，共25人。[30]

　　但籌備委員會很快便進行了大換班，甚至各負責人名頭也改
變了。按照1950年12月〈成都市茶社業同業公會籌備委員會在職
人員姓名冊〉，主要負責人稱「主任秘書」，下有副主任秘書，組
織組、總務組、文教組、書場茶座組正副組長，外加幹事、東南
西北外東五區的「勞資協商會」的代表及副代表、五區各主任及副
主任，共35人。籌備委員會下又分為若干個區，各區亦有相應的
下屬組織，也有正副組長，如東區便有區幹事、正副組長14人，
南區19人，西區17人，北區19人，共達69人。[31]因此，如果把
公會和各區負責人加在一起，總共達99人（這裏還沒有計算外東
區在內）。這時全成都大約有550家茶館，也即是説，大約五分之
一的茶館經理人在公會擔任一定的職務，雖然這個職務並非是國
家僱員。[32]僅半年以後，據1951年6月〈成都市工商業聯合籌備會
茶社同業公會籌備委員會去職籌委姓名冊〉，上面提到的籌委會
名單上的領導成員有10名去職，包括副主任委員、正副秘書等，
加上8月主任委員王次光的「辭職」，實際上籌委會的主要領導幾
乎都換了。[33]公會領導層的不穩定，可能從一個側面反映了公會
的衰落。委員頻繁更迭，一般都是由於上級領導的不信任，這種
不信任更多是由於他們內部不少人的複雜背景和個人原因，但也
可能是由於上級對他們工作態度不滿意；而貫徹上級指示不力，
也可能是因為工作能力有限等等。

　　如上述1950年12月到1951年6月間去職的10名籌委會成員
中，因為「茶社歇業」者3人，「因案被捕」1人（副主任委員陳某
某），「管訓」2人，「私務太多」2人，因病1人，遷移1人。[34]可見
由「選舉」產生的委員背景太複雜，難以擔當領導全業貫徹上級指

示的重任。在1951年7月的新名單中，除簡歷外，還新增了「負責了解人意見」和「公籌會負責考語」。在前項中，有5人註明是「哥老會分子」，4人註明「政治清白」，1人為「正當商人，歷史清白」。有趣的是，有1人在「哥老會分子」後面，仍然註明「歷史清白」。在「公籌會負責考語」中，都註明「歷史清白，擬予聘用」，有的還加有其他評語，如「作事認真」、「工作能力強」、「老成幹練」、「服務熱心」、「思想純潔」、「工作積極」等。[35]因此至少在1951年，一般哥老會成員似乎還沒有成為政治上的大問題。

關於上級組織的不信任問題，從1951年10月成都工商聯關於茶社同業公會籌委會組織組副組長傅某某問題的信函，便可見一斑。該函稱他「自任職以來，工作鬆懈，思想落伍，在新民主主義經濟革命陣營中不足以領導群眾，除予以撤職處分外，應深自檢討與批評，並將經過情形報我會備查」。據10月26日茶社同業公會籌備委員會回覆，表示：「特召開籌委會檢討與批評，籍[藉]以教育，大家一致認為，你會處理完全正確。經過檢討，各籌委在思想上進一步提高警惕，表示今後決定努力工作」。[36]12月，組織組副組長張某也被撤職，這是由於1951年11月公安局給工商聯發函，稱張為「我管自新人員」，過去為三青團分隊長，「現任茶社業公籌會籌委，並有伙食待遇」，因而造成張某「忽視管制，自高自大，群眾反映不良」。12月工商聯發函，查張某「自新後仍輕視群眾，玩忽管制，應即日起撤銷其一切待遇，並飭老老實實工作，立功贖罪」。[37]看來進入公會領導層還可享受「伙食待遇」，但具體待遇細節並不十分清楚。這即是說，從新政權一開始，這種社會組織就開始被納入體制之中，而一旦進入到這個體制，就能得到相應的好處。另外，從這些撤換公會籌委會成員的過程，我們可以進一步看到國家對公會的管制。

　　從檔案中，我們可以看到1951年籌委會25個委員的簡歷，由此知道一些稍詳細的情況。25人都是茶館經營者，其中僅1名女性。最年輕者21歲，最年長者72歲。[38]關於「學歷」一欄，只有1人未填，其中上過「私學」者9人，小學5人，中學7人，大學1人，專科學校1人，文盲1人；[39]文盲者即唯一的那位女性。在「經歷」一欄，我們可以看到更多的背景資料，他們多是在從事其他職業多年後，才轉入茶館業的。如有原為「絲織業店員等」，1943年轉入茶館業；有「印刷工人、會計員等」，1948年轉入本業；有「曾任郵電工人，七年川陝鄂邊署糧秣科長」，抗戰後退役轉入本業；有「曾任稅局會計五年」，1947年轉入本業；有「曾作店員、偽政府辦事員、軍需書記等職」，1946年轉入本業；有「曾作店員工人」，1931年轉入本業；有「曾任會計、軍需等職」，1949年轉入本業；有「曾任偽政府幹事」，1945年轉入本業；有「原飯菜麵食業」，1928年轉入本業；有「曾作廚工」，1940年轉入本業；有「學徒二年，農業八年，工人二年，中藥六年」，1949年轉入本業；有「曾作機械工業卅餘年」，1947年轉入本業；有「原幫工及小商」，1925年轉入本業；等等。還有「離校後即經營本業」，或「一九四九年即經營本業」，甚至早到1927年便「經營茶社本業」。在「是否加入黨派」一欄，19人空白，其他6人分別為：2人「曾集體參加國民黨」，1人「曾集體參加三青團、國民黨」，1人「曾參加三青團、集體入國民黨」，1人「曾參加新南門後新社」（即袍哥的支社），1人「未入黨團」。[40]抗戰時期，「集體參加」三青團、國民黨十分普遍，特別是在學校中，但1949年後便成為一種「歷史問題」。不過，這些人能夠進入公會籌委會，至少說明當時這還沒有成為十分嚴重的問題。

　　為了更有效地管理茶館的演出，在成都市茶社業同業公會籌備委員會下，還另外成立「書場茶座組」。1950年9月成都市工商

聯籌委會在批准成立書場茶座組所發文件中稱，經工商聯籌委會報工商局批准，同意成立書場茶座組，所有書茶工商業稅「仍照前例在茶社業完納」；監督各書場茶座「依法向政府按時完清娛樂稅及印花稅」；辦理附營書場茶社登記，敦促未入會者加入；「執行政府有關文教治安指示」。[41] 從現存的檔案中，可以見到1950年《成都市茶社業同業公會籌備委員會書場茶座組簡則草案》的三種不同版本，估計經過了不斷的修改。根據1950年11月最後修改完善的版本，凡取得茶社業同業公會籌委會會員資格「並附設書場茶座者」，皆可成為會員。申請成為會員者先向書場茶座組申請，經「組務會議」討論通過後，「經文藝處和文教局批准」，方正式成為組員。本組每月開例會一次，有特殊事情需開臨時會，則每週舉行。按照《草案》，經常經費由各書場每月繳納「書茶四杯」的價錢，如臨時有需要花銷較大時，則由組員「以娛樂稅多少攤派」。《草案》規定的權利和義務都很簡單，權利只有兩條：一是有資格被推選擔任正副組長、書記、幹事等職；二是對本組業務有「討論、批評、選舉、罷免」之權利。義務也只有兩條：一是向本組建議業務改進，二是繳納組費。茶座組宗旨是：「在人民政府領導下團結一切曲藝工作者，追隨新的文藝運動，宣傳廣大人民在革命鬥爭中與生產建設中的英雄事跡。」[42] 允許成立書場茶座組，顯然是政府意識到它們與一般的茶館不同，因為書場是提供娛樂的地方，關係到社會主義娛樂和宣傳陣地的建立這樣的重要問題。從其宗旨看，像新茶社業公會一樣，傳統公會中保護同業利益的主要功能已不復存在。

　　1950至1953年的幾年至關重要：新政府逐漸取得了對城市工商業的控制權。茶館這種與人們日常生活緊密相連的小商業，日益被國家權力所限制，新的茶社業同業公會在某種意義上已成為

政府的行業代表，不再是保護茶館利益的傳統公會。其實，這並非只是一個城市，或者一個行業的變化，而是全國的、各行業的普遍情況。無論是茶社業公會還是其他行業公會，無論是成都還是其他城市，行業公會都不再是獨立的了。沒有證據表明1949年以後的公會為其行業的利益而與國家抗爭過。政府迫使新的茶社業同業公會執行各項國家政策，即使這些政策不符合各茶館的利益。因此，同業公會其實是名存實亡，這也是1950年代中國政治大環境下的必然結果。

新公會與經濟生活

雖然新茶社業公會的生命很短暫，但也為新政權改造控制茶社業發揮了很大作用。據1951年2月成都市茶社業同業公會籌備委員會的〈組織組一九五零年度工作報告〉，籌委會當時的具體任務有五方面：一，「整理舊公會」、「清理會員申請」（指申請減稅等）、「清理公債」（即幫助政府敦促各茶館買公債）；二，「整理改選各區組人事」，包括各區正副主任、小組正副組長等；三，「組織勞資協商會」，由「店員工會」推選，每區一人；四，1950年度稅務報告，但第一、二季度稅由「舊公會辦理」（由此可見頭兩季度舊公會仍然行使職責），第三、四季度由籌委會進行「催稅任務」；五，「寒衣捐款」，全業任務為47,700元。[43]

籌委會的〈組織組一九五一年工作計劃〉，透露了1951年的具體工作有七個方面。一，配合成都城區「行政區域整理」，重新劃分各區大組小組。由於成都將過去的五區劃分為八區，茶社業遂成立八個大組，每15至20家茶館為一小組。二，進行行業登記，在完成大組小組劃分後，開始登記正式會員，並編造成冊。

三，成立勞資協商會，其目的是「增進勞資情感，搞好業務」，在政府提倡的「勞資兩利」政策下，促進勞資「真誠合作」，引導會員「交換業務意見，徹底消滅勞資合作障礙」，就僱傭工人工資待遇等本著「公私兼顧原則」進行協作。四，調查會員營業情況，幫助克服困難。五，接受會員申請。六，辦理非會員入會申請。七，成立業務指導委員會。[44]看來這一年的工作重點是行業登記和促進勞資合作。

除此之外，籌委會還要執行許多上面下達的其他任務。1951年4月，成都工商聯致函茶社業公會籌委會，稱成都市第三區首屆「各界人民代表會議」即將召開，要求推選候選代表一名報工商聯，但選候選人時要考慮「是否清白及其代表性」。[45]同年7月，根據成都市人民政府指示，工商聯發〈緊要通知〉給各公會，要求填寫〈團體登記表〉，強調「事關爭取合法地位」。[46]這個登記表內容包括：名稱、地址、目的、業務範圍、活動地區、簡史、會員人數、經濟狀況、經費來源、現在業務計劃等。根據茶社業公會填表內容，其目的是「向我業各會員闡明政府政策法令，協助工商聯籌（委）會推行各種決議事項及委辦事項」，「加強會員政治思想之學習，樹立新的經營觀點」，「研究業務及技術之改造，以提高生產及加強業務經營」。至於業務範圍，則有八項：推行政府政策法令規章、辦理本業稅收、加強會員學習組織、抗美援朝捐獻運動、優軍擁屬工作、工商業兼地主賠償問題、會員開業歇業轉業解僱等申請事項，以及就「堅決鎮壓反革命任務配合我業店員工會進行檢查事宜」。會員數為556，說明當時有556家茶館。[47]從這八項業務看，除第二項和第七項真正與行業有關，其餘都屬當時的「政治任務」，但仍然沒有一條是關於保護行業利益的。這說明了公會雖然仍然存在，但其基本的功能逐步削弱。

　　解放婦女是黨的一貫主張，新政權建立伊始，茶社業中的婦女工作便提上議事日程。婦女是怎樣組織起來的？1951年7月成都市茶社業婦女座談會紀錄透露了一些信息。召開座談會的目的是由於成都市工商聯「已組織起了每一個工商業者，但新工商業之婦女界還未組織起來，故有急速組織起來之必要，希告各業響應這號召急速組織起來」。婦代會已於早些時候成立，工商聯指示推選代表6至15人到市工商聯學習，並在選出之代表中醞釀主席兩人。[48]8月選出了婦女代表10名，幾乎都在20至30歲之間，最年輕者18歲，最年長者40歲。除有兩人的「學歷」欄空白，其餘都受過小學以上教育，三人甚至受過中學教育。[49]從上報的名冊中，我們知道一些她們的背景：有的「解放前任偽建設廳檔案室僱員，現擔任街道衛生員、宣傳員」；有的是「國民黨員，解放前曾任偽簡陽縣事務員，及彭縣小學教員，解放後助家裏照料茶社，並在會計學校補習會計」；有的是「家庭婦女，並檢舉特務丈夫（已伏法）」；有的「丈夫係會門分子，常與臨近婦女來往交遊，解放後經營茶社，現擔任中山公園派出所軍屬組長及公籌會籌委常委」；有的「學生出身，結婚後協助家裏經營茶社」；有的「解放前後均經營茶社」；有的是「家庭婦女，現擔任街道婦聯小組長」；有的是「家庭婦女，現助家庭經營茶社」。[50]這些婦女代表，有的在舊政府任過職，有的加入過國民黨，有的丈夫被鎮壓⋯⋯顯然這時對「政治面貌」的要求，比後來要寬鬆得多。我們不知道茶社業婦代會的具體情況，但根據〈成都市工商界婦代會茶社業分會負責人名冊〉，我們可以知道婦代會茶社業分會負責人共14人，大多數都是前述婦女代表（只有3位不在負責人名單之內）。14人中，最年輕者18歲，最年長者54歲。文化水平「粗識」3人，小學5人，初中5人，高中1人。她們分別擔任正副主任委員、正副秘書和文教、宣傳、聯絡、組織、總務等組長。[51]

　　在現存的檔案中，有三份與前面提到的達觀茶樓有關的文獻，即〈達觀茶樓從業人員清冊〉、〈資本調查表〉和〈達觀茶社資產調查清冊〉，為我們了解這個茶館的一些細節提供了非常難得的資料。1951年9月23日，成都市茶社業同業公會籌備委員會稱，達觀茶社「因響應政府號召，拆修中心幹道」，另覓東華門正街23號地址營業。我們還知道該茶館有經理1人，店員2人，瓮工1人，堂工5人，拉水工2人，其他6人，雜工1人。在「每日工資」一欄，除經理蘇××外，「其他」欄中還有不領工資的6人，他們應該都是家庭成員（1男5女，男3歲，女分別為30歲、26歲、12歲、10歲及5歲）。店員工資每人每日2,000元，瓮工6,400元；堂工除一人2,800元，其餘都是2,000元；拉水工各3,600元，雜工2,800元。可見，其中燒水的瓮工工資最高，是一般堂工的三倍。從〈達觀茶社資產調查清冊〉，我們知道該茶館有房產5間，江西瓷茶碗368套，銅茶船280個，瓮子1個，此外還有電燈、各種用具、原材料等雜七八雜的東西，其數量和價值等都非常具體地記錄在案。[52]

　　一些無法維持下去的茶館申請歇業，因此也留下了一些紀錄。據月寬茶社業主蘇某1951年3月8日所呈歇業〈申請書〉稱，1950年4月1日借貸開設月寬茶社，「企圖謀生」，但因「設備不全」，故「顧主稀少，每日只售二十餘座」。結果是入不敷出，「負債未還，工資未付」，造成「日暮途窮」，只好「商同勞方歇業」，「以便雙方各謀生計」。當時的政策十分注意保護勞工的利益，茶館歇業，由工會、同業公會、資方、工人四方簽署〈歇業解僱合同〉，按照這個合同，資方必須支付應付的工資，並有一定數量的賠償：

月寬茶社資方負責人蘇××，工方陳××、趙××，因茶社營業消[蕭]條，無法維持。於資方申請歇業後，至於解僱問題，經勞動局解決，按雙方自願原則，由資方將原欠工資及借貸款項，計人民幣陳××壹拾伍萬元，趙××貳拾柒萬元整，全部付清。二[兩]方了清一切手續，就此解決。特立解僱合同，各執一紙為據。工方工會負責人朱××、徐××，同業公會負責人羅××；月寬茶社工方陳××、趙××，資方蘇××，公元一九五一年四月十七日。[53]

1951年，位於莨泉街的利東茶社申請歇業。該茶館1943年集股開辦，1945年因各股東折本而退股，改為獨資，通過「旅棧收入支援茶社」。1951年8月，因欠房租只好停業。關於職工如何處理，「由勞資雙方代表」，「以民主的方式達成協議」。〈協議書〉透露，茶館「負債過巨」，共1,200餘萬元，但按照協議，應該給「各工友解僱費」。龔某於1947年6月到茶社工作，每天工資21碗茶計，每月25萬元，伙食每月5萬元，遣散費按三個月計，共90萬元。藍某1949年12月到茶館工作，每月工資米7斗5升，伙食每月5萬，共給米2石2斗5升，人民幣15萬元；又因欠薪米1石8斗，共給米4石5斗。李某於1948年7月到茶館工作，每天工資10碗茶，每月12萬，伙食每月5萬元，共51萬元。何某，1949年10月到茶館工作，每月工資5.5萬元，伙食5萬元，每月10.5萬元，共31.5萬元。劉某，1951年3月到茶館工作，每天工資12碗，每月14.4萬元，伙食每月5萬元，三個月共58.2萬元。[54]這些資料透露了當時茶館個人的工資狀況以及勞資關係、僱傭和解僱辦法等。通過這些信息，我們可以了解到茶館工人的日工資，基本上是以賣出茶的碗數來計算的，一天從10碗到21碗不等。實

際上他們的工資有些是以現金支付，有些是以大米支付。1950年代早期，一碗茶一般賣400元。

　　茶館僱傭也受到限制，1953年5月成都市勞動局派員到公會，指示「凡我業會員，從53年7月份起，事前未通過勞動局即自行僱用工人在店上工作者，應即查明會報」，上報內容包括被僱人姓名、成分、與資方間關係、何時僱用、何時辭退等。[55]公會隨即進行了調查，發現有五個茶社「自行僱用工人」。其中石莊茶社由於原擔水工人駱某足傷，由駱找一馬姓替工，駱足傷痊癒後，馬即離去。而長春茶社陳某「因病難於工作」，乃由資方找馬姓替工，「馬姓工作一天算一天，隨時可以歇工」。馬乃「農村中人，因田少」，故長在城內做工。綠蔭閣茶社臨時僱用岳某，「已呈勞動局介紹准僱」。芝蘭軒茶社僱用熊某「作臨時工作，二月上旬即離店，前後約半月時間」。好好茶社的情況則複雜一些：店主陳某有一萬姓友人，「因失業後時在該社進出，據陳稱是友好關係，未發生勞資關係，因偶爾有提壺現象，引起僱用嫌疑」；也即是說，這個萬姓友人有時在茶館提壺給人摻茶，但是否僱傭關係，恐怕很難說清。但有意思的是，政府對此類事情也要干涉，可謂是事無巨細都在掌控之中。店主也不得不表示這是「不好的現象」，保證「今後不再有此種情事發生」。公會還稱，將「全面調查有無自行僱用工人情事」，然後向上匯報。[56]

　　新政府通過茶社業公會進行行業控制，甚至深入到茶館的經營，這是過去任何政府所從未能達到也不敢想像的。如此嚴密的控制，與當時中國政治經濟的大環境相吻合，顯然不利於茶館的生意維持，更不用說發展了。政府嚴密控制的初衷，並非真正試圖干預茶館的經營，而在於監督茶館的收入，以增加稅收。然而，黨和政府很快便發現這些措施還遠遠不夠嚴厲和有效，所以

發動了「三反」、「五反」運動。這個運動在相當大程度上，便是針對這些私營小業主的。

新公會與「三反」、「五反」運動

　　這階段政府經濟政策可以說是處於一種悖論：一方面不讓私營小商業自由發展，這自然減少了稅源；但另一方面又試圖擴大稅收。既然用經濟手段難以達到這個目的，那麼祈求政治運動便是唯一的選擇了，這樣「三反」、「五反」運動便應運而生。[57] 在過去，小本生意總是不斷與政府鬥法，儘可能少交稅，以在商業競爭中生存。[58] 在新政權之下這個模式並未改變，據1950年8月稅務部門調查，在120戶私營商業中，「竟沒有一戶是真帳」，有的甚至「假帳做了兩三套」，這被稱為「舊社會遺留下來的投機之風」。[59]

　　但新政權對逃稅所採取的措施，卻比過去任何政權有力和有效得多。它利用開展群眾運動和強大的宣傳攻勢，成功地把交稅與「愛國」聯繫起來。政府制定了〈成都市稅務宣傳綱要〉，「利用各種形式廣泛宣傳」，使民眾受到「愛國守法的納稅教育」。據稱1950年年底便「湧現了不少協稅護稅的積極分子和納稅模範」。通過「查黑擠漏」，查獲共1,987宗「違章案件」，據稱「絕大多數」都是工人店員「檢舉」出來的。1951年4月，又組織了有80個行業參加的「集體納稅入庫的熱潮」，並把徵稅活動高度組織化，成立了稅務推進委員會、行業評議委員會、評議小組「三級評議」方式。第一步由「小組初評，確定各戶等級、分數或稅額」；第二步是「行業集中綜合平衡」，榜示通告，「複評決定稅額」；第三步是造冊送稅務推進委員會複審，再轉稅務局定案，填發納稅通知。[60] 新政

權在歷史上第一次真正能深入到小商業經營的內部，通過改變其經營方式來保證稅收。政府要求工商業者「訂立愛國公約」，保證「不虛報，不包庇，不偷漏，不拖欠」，推行「統一建帳」，要求一切費用有原始憑證，「依據憑證幫助私營工商業按照財務會計制度建立帳簿」。[61] 該年隨後開展的「三反」、「五反」運動，則採取了更為嚴厲的措施。

1951年11月底根據中央的統一部署，開始在黨政軍機關、人民團體和經濟部門進行反貪污、反浪費、反官僚主義的「三反」運動。1952年2月至6月，在私營企業中又開展了反行賄、反偷稅漏稅、反盜騙國家財產、反偷工減料、反盜竊國家經濟情報的「五反」運動。鬥爭發展到高潮時，「曾有極少數資本家自殺」。當時採取的方式是「職工檢舉，同行揭發，業主交待，工作組查證定案」等若干步驟。[62] 1952年1月，公會籌委會在悅來商場白玫瑰茶廳召開茶社業「三反」運動全體會員動員大會。2月公會又召開「五反」運動大會，出席會員526人，缺席76人。會上傳達了工商聯會議精神及決議，要求各籌委在2月17日前把本人「坦白書」交會匯報，會員都必須「坦白」並具結保證，各區組長要把經手帳目結清，各籌委在「五反」運動中「不能藉故請假」，否則請工商聯處理，實際上就是人人交待過關。會上由上面所派檢查組組長「解釋五反運動的意義及交待政策法令」，然後由籌委會主委周某帶頭「坦白」，接著第四區組長「坦白漏稅」，熊某「揭發人民茶社偷漏稅」，李某「坦白漏稅」，鍾某「坦白偷稅及偷工減料」，鄧某「檢舉」某人等。[63] 可以看到，這是疾風暴雨式的運動，人人都必須「坦白」，即是說人人都有「偷稅」的嫌疑，而且鼓勵相互檢舉。在茶社業內，民國時期便存在由於競爭而向政府告密以打擊對手的情況，那麼在「三反」、「五反」中這種情況更是屢見不鮮了。

在「三反」運動中，公會籌委會總務組組長宋某挪用公款事暴露。從1951年10月的〈成都市工商業聯合籌備會茶社同業公會籌備委員簡歷〉，我們可以看到關於宋某的一點信息：宋某，33歲，成都青龍街青龍茶社經理人，高小畢業，「曾任偽政府徵收局科員，總務組長」。[64] 從1952年4月法院的判決書中，我們知道一些他背景更多的情況，「係封建會門永成三支社及文武社分子」，即是說是袍哥的成員。他在舊政府中，還歷任「徵收局雜稅主官、催徵員、契稅股主管」。他過去便曾「利用職權貪污受賄」，但「解放後仍不悔改」。[65] 據1952年1月底茶社業公會籌委會的報告，宋於1951年6月至12月在任六個月，但他10月即請辭職，並負責結清該年經管全部賬項，次年1月初被批准辭職。宋承認「虧拉公款四百餘萬元，擬出售自有住房補償」，宋稱挪用公款的原因是「今年營業折本」。[66]

1952年1月13日公會召開第一次「三反」運動大會，公會稱宋「坦白不夠，虧拉數字亦甚含混」。該月24日茶社業「三反」運動正式開展，初步調查其挪用稅款一百多萬元，但他「並不老實坦白將虧拉動機及細節詳細說出」。根據公會的報告，「當場提出意見者計六十人」，並稱他「態度傲慢，拒不坦白，激起全場憤怒」，導致「一致決議」將宋某送司法機關處理。報告還表示，「我會平時監督未周，事前亦未發覺」，致使宋某「犯此嚴重罪行，我會自難辭咎」。由於宋「拒不坦白」，公會請「從嚴審訊」。但在這份原件上，不知誰在報告上作了一個批語：「全文很不踏實，其原因就在無詳細的虧拉帳目，不能完全坐實。」因為這個報告是寫給法院的，估計應是法院辦案人員所批。至少從這個批文來看，法院還是很認真的，要求具體查實。由於「虧挪數目有出入」，法院通知公會派員到法院「提取宋犯，核對帳目，徹底弄清其虧挪款額」。[67] 2月28日，公會發給法院另一報告，稱宋「虧拉公款書

目，業經我會徹底清理」，共計挪用「八百四十七萬零廿一元」，
並「詳細列表，隨文報請」。從附表所列，共18筆，包括會費、捐
款、救濟、繳費等項。[68]

　　4月26日，法院作出判決，稱宋利用職務上之便利貪污抗美
援朝愛國捐款6,311,451元，茶社失業工人救濟金、茶社業會員會
費及稅款等共2,287,250元，「供其揮霍浪費，情況惡劣」。但其在
「被捕後，尚能坦白悔過，並保證退還出全部贓款」，被判處十個
月徒刑。[69]另據1953年4月2日成都市人民法院致公會籌委會函，
共追繳回1,604,000元，但不知是何原因，顯然宋這時已死，因此
「至其餘款項，據宋×生前稱，經你會算明帳項，可抵八十餘萬
元，不足之數因該宋×業已死亡，據我院了解其家屬無力代其賠
出」。[70]但檔案資料未披露死亡的原因。800餘萬的款項，在1955
年換新版人民幣時，大約為800元，這在當時並非一個小數目。[71]

　　雖然貪污只是在有一定權力的人身上發生，但「五反」中涉及
的所謂「偷稅漏稅」則是非常普遍的，正如前面所提到的，這是小
商業的生存手段之一。晚清民國時期的地方政府對此也清楚得
很，但只是沒有精力與這些「小本生意」較真，只好得過且過。但
在黨和政府所領導的群眾運動之下，這一套不靈了。由各小組將
「偷稅漏稅」者上報，每個茶館都必須坦白是否偷稅漏稅，內容包
括「商號名稱及經理人姓名」、「違反五反事項」、「販毒金銀交易
及其他」等。如根據1952年3月第四區第五小組的報表，共有11
個茶館被報偷稅漏稅，而該小組總共不過17個茶館，這即是説大
多數茶館都有問題。其中松廷茶社，1950年「全年漏報營業額」
300萬元，漏報「理髮租屋」18萬元；在「備註」欄，稱1950年的漏
報營業額「上次坦白」144萬元，「補充坦白」156萬元。其他茶社
問題大同小異，只是項目和金額不同罷了。有的是漏報「廁所租
金」，有的是出售「零星雜品」偷稅，有的是漏報「鍋魁攤租金」

等。甚至榮華茶社「四九年接近解放時，拾得汽車上的鐵鏈條一節，重卅二斤，賣得價款六萬四千元，上年買空汽油桶一個，去大洋五元，係作裝米用」，也被揭發記錄在案。甚至還記有更瑣碎的事項，如正春茶社稱1950年4月「北區稅務局一位同志來我社查帳，吃了四碗茶兩支煙」。[72]當然我們現在無法對這些「漏報」的準確性進行核實，估計應該是有所根據的。令我們吃驚的是當時政府有能力把這些小細節挖掘出來，顯示了黨和國家機器無所不在的控制能力。

另據〈茶社業南二區三五兩小組各會員漏報營業額數目表〉（有的小組的報表則稱為〈五反運動坦白總結表〉），共有27家茶館記錄在案，1950年的「漏報茶水」和「其他漏稅」項中，三組為150,639,000元，五組為9,857,000元；1951年，三組為43,166,700元，五組為3,730,200元。以上總計207,392,900元。據表，「其他漏稅」項還包括紙煙稅及衣物、油桶、茶葉費用等。[73]在六區的報告中，稱會員共64家，收到「坦白書」58份，其中行賄的有4家，漏稅55家，偷工減料1家，有其他問題的8家，「無違反」僅1家。[74]公會的籌委會委員也不能倖免，據〈成都市茶社業同業公會籌備委員會籌委情況調查表〉，主任委員周某不僅「漏營業額」14,868,000元，還有「行賄」行為，「送稅局陳姓茶資每天約二千元」。不僅是會員自己「坦白」，還鼓勵相互揭發，據〈檢舉事項〉，有吳某借張某「銀元兩枚未還」，有劉某賣麻布與宋某「行賄二萬元」，有李某與「封建會門頭子販毒者」沈某往來，「並常提起肉到沈姓家吃」等，遠超出偷稅漏稅範疇。雖然有的揭發屬雞毛蒜皮的事，但有的則可能是非常嚴重的指控，例如與「封建會門頭子販毒者」往來顯然就可能惹大麻煩。茶館業者過去都是弱者，這時利用檢舉的機會，發洩他們所受的盤剝，有不少檢舉是針對稅務局的人員，包括公產私用、白吃白拿、借錢不還、濫用職權等。[75]

這些關於「三反」、「五反」坦白、調查、檢舉揭發的資料，牽涉到大多數茶館，保留在檔案裏的統計表羅列了1950和1951年的違規事項和漏稅金額多達百頁。雖然這些資料幫助我們了解茶館「偷稅漏稅」和「三反」、「五反」一些具體情況，但利用這些資料則存在一定的困難。例如各組上報似乎沒有一個統一的格式，項目也不盡相同，有的數字經過反覆修改，這些紀錄和數字的可信度是值得懷疑的。因為當時的政治高壓，鼓勵相互揭發，不排除各茶館間可能因為生意有矛盾，以揭發來打擊及報復競爭者；有的可能為了爭取積極表現，而對他人無中生有或誇大其詞；有的可能捕風捉影，道聽塗説；等等。因此上面所列的數字，雖然來自當時的坦白和揭發等，但是否準確也是很難確定的。其實，這些茶館到底是否偷稅漏稅，或者偷稅漏稅了多少，對我們今天研究茶館來説，已經是很次要的問題。這個運動對茶館的衝擊、對茶館經營的干涉、國家對它們的管控，以及它們未來的命運，才是這些檔案資料告訴我們的問題的實質。

茶館業的蕭條

雖然1950年後成都私營工商業的不景氣是由多方面原因造成的，但是政策和「三反」、「五反」運動這些巨大的內耗，對城市小商業顯然是損害甚多。1950年4月以後，市場出現了資金短缺、原料不足、商品滯銷、店鋪關門、工人失業等問題。雖然後來工商業可以恢復，但「1952年『五反』運動後，私營工商業的積極性一度受到較大影響」。從短時期看，「五反」運動增加了一些稅收，但打擊了工商業。經營者小心翼翼，唯恐越雷池一步，前景模糊不清，更缺乏發展企業的積極性。雖然經商的根本目的是盈

利，但與國家政治的大環境格格不入。由於「『五反』運動後，有
的行業、企業無法經營下去」，市工商局和市工商聯籌委會對那
些「經營典當、迷信品、賭博用品、金銀首飾、古玩玉器的作坊
和店鋪，逐步安排其轉業」。而對「市場上過多」的絲綢、呢絨、
西裝、參茸、中西餐館、裝裱字畫、香粉化妝、紙煙、照相館、
茶鋪等行業，「分別輔導」，讓一部分「轉向或轉業」。但對於擅自
歇業的店鋪，則採取相應措施。1952 年 8 月 23 日，市工商局、總
工會、工商聯籌委會、勞動局等單位組成「成都市私營工商企業
轉歇業研究委員會」，11 月 29 日工商局又提出〈關於目前部分商業
行業擅自停業的情況與我們的處理意見〉，「對擅自停歇業的 340
餘戶商家進行教育幫助，使多數復業經營，少數轉入生產行
業」。[76] 1950 年成都東、西兩城區「從事私營商業的職工有 35,000
多人」，但到 1954 年「商業職工只剩下 9,227 人」，特別是飲食服務
行業「大大減少，茶館由 500 多家，留下來的已寥寥無幾」。[77] 雖然
根據我掌握的統計資料，這個對茶館業衰落程度的描述未免言過
其實，但也的確反映了私營小商業走下坡路的大趨勢。

在多年以後，成都市稅務局研究人員在對「五反」工作進行總
結時，稱「稅收工作在對資改造過程中貫徹又團結又鬥爭的方
針，發揮了稅收應有的槓桿作用」，但是在執行政策過程中，有
的政府工作人員「表現了急躁、生硬、強迫命令，不顧政策等」。
特別是「五反」開始後，稅務幹部普遍是「寧左勿右」，採取「人人
交待，戶戶過關」的做法。在「清理欠稅」時，搞得「人人自危」。[78]
因此，無論是政治環境還是經濟環境，私營小商業都走到了盡
頭。從這裏可以看到，「五反」運動中及其以後私營工商業出現了
兩種情況：一是有些商鋪被認為是經營「封建」或「資本主義」的服
務或商品，包括茶館，被政府要求「轉向或轉業」；二是有些商鋪
由於經營不善、「減租退押」、「五反」運動，無法再維持，只好關

門大吉，但「擅自停業」卻也是違反當時政策的。當然，在1954至1956年的社會主義改造時期，茶館與其他私營商業將會面臨更迅速的衰落。

　　根據檔案記載，許多茶館在1950年代初開始倒閉。總府街的濯江茶社地處繁華的商業地帶，它於1940年代末開張，盈利良好，僱有17名員工，年銷售16萬多碗茶，成為新聞記者喜歡的聚會地。然而，在1950年代初，它卻負債120萬元，並拖欠大量的稅款。1951年6月，茶館所在房屋被售，又無法租賃其他場地，被迫關閉。[79]一些茶社因為搬遷而破產，如位於少城公園的枕流茶社，在民國時期便很有名氣，1950年僱用了近30位員工，盈利甚豐。但是1951年政府接管了茶館所租賃的房屋，茶館不得不搬到了長順街，而那附近區域已經有八個茶館，競爭激烈，不久枕流茶社只好歇業。[80]

　　許多茶館因政治問題而歇業。少城公園的鶴鳴茶社有著悠久的歷史，其為合資，在1951年有13位股東，有4,763萬多元固定資本，1,355萬多元的流動資本，平均每年售茶達18萬多碗。同年10月，茶館經理李某，以「反革命分子」的罪名被判處死刑，政府沒收了茶館所有的資產，包括房產、資金、原料、設施等等，並把茶館由私營變為國營，改名「人民茶社」，全部工人留用。[81]「三反」、「五反」運動也導致許多茶館倒閉。近聖茶社開業於1934年，有僱員16人，但在1951年，政府令其搬遷至一條僻靜街道，生意遂遭重創，負債百萬元。在「三反」、「五反」運動中，一位員工向當局舉報其老闆藏了4箱茶葉，150筐木炭，以及一些金銀，在隨之而來的清查中，茶館難以為繼，最終倒閉。[82]這個例子表明，在這場運動中，像庫存這樣的基本商業行為也被視為犯罪。這些激進的政策不可避免地影響到了整個城市的經濟。（圖2-4）

圖 2-4 人民公園的鶴鳴茶社今天仍然還在，圖為鶴鳴茶社大門。作者
攝於 2003 年夏。

　　許多茶館因多種因素而歇業，包括激烈的政治運動、經濟政
策、生活方式與社會潮流的改變等，特別是政府不鼓勵人們頻繁
地光顧茶館，因此顧客越來越少，使茶館生意日趨蕭條。當然，
茶館的衰落還有其他種種原因，一些茶館是由於無子嗣繼承家
業，一些則是未解決好產權糾紛，等等。不過，由於城市人口的
增長、城市範圍的擴張，也有一些新茶館的建立。[83]當一些著名
的茶館自 1950 年開始消失時，一些小的街角茶館卻倖存下來，其
原因可能是這些小茶館較少引起政府的注意和管控，也可能因為
規模小，可以更靈活地適應政治、經濟和社會的變化，從而在社
會的夾縫中生存下來。不過它們與晚清和民國時期的茶館已經大
不相同，茶館中的公共生活也變化甚巨。我沒有發現任何證據表

明，地方政府試圖拯救茶館及其業務。這些小商業之所以能繼續
運營，只是因為它們為不少人提供了生計，所以政府不能簡單地
讓它們關門大吉。另外，政府還開設了一些提供「社會主義娛樂」
的新茶館，這也可能使面臨困境的茶館業和人們坐茶館的日常生
活習慣看到了一線延續下去的希望（見第三章）。

小商業與國家控制

　　通過群眾運動進行政治控制，是新政權一開始便採用的策
略，正如朱莉（Julia Strauss）所指出的，「年輕的中華人民共和國鞏
固政權和建設社會主義的策略，首先是加強政黨和國家的控制力
與基礎建設，再者就是發動政治運動」。[84]「三反」、「五反」運動從
表面上來看似乎僅僅解決了經濟問題，但實質上也增強了黨的政
治控制。本章所舉例子不僅發生在成都，而是出現在整個中國。
一項關於上海「三反」、「五反」運動的研究表明，所謂的「打虎隊」
到各店查帳，召開會議，發動工人揭發僱主；然而這場運動迅速
擴大化，放任工人毆打店主，有的業主不堪折磨而自殺。這些行
為嚴重損害了上海及整個國家的經濟，許多私營業主破產。「從
一開始政府是為了節省開支，抑制通貨膨脹，但卻導致了急劇的
經濟衰退。」[85]一些研究認為，抗美援朝運動中，黨和國家執行了
沒收私人財產的政策，以鞏固政權；朝鮮戰爭的爆發，需要「國
家權力的高度集中」。[86]在黨和國家機器需要強化其政治權力之
時，犧牲私營工商業便是難以避免的了。

　　過去關於「三反」、「五反」運動的研究，主要集中於政府政策
與對資本家的措施和處理上。J·加德勒在其關於「五反」運動的
研究中說道：「最有諷刺意義的是，儘管資產階級的腐敗已被領

導者們消除，但是黨內的腐敗問題卻沒有解決。」[87]過去人們都以為「三反」、「五反」運動主要是針對資本家，這是一個極大的誤解。成都的例子告訴我們，小商業主也是清理的對象，並且受到了極大的打擊。顯然，黨有著非凡的動員群眾的能力，可以利用一切手段。從舊同業公會的重組與「三反」、「五反」運動來看，黨所依靠的是「積極分子」——接近黨的工人或店員——來挑戰公會的領導層與業主，這些積極分子也成為黨和政府進行社會主義改造的強大推動力。

控制同業公會以及其他的行業組織，是國民黨在1949年以前便開始採取的政策，不過共產黨對此類政策的執行無疑更加有效。正如溫奈良（Nara Dillion）所解釋的，「1949年革命所改變的和沒有改變的東西，變得非常複雜」。實際上，「許多由國民黨創立的機構繼續運行著」，這表明「共產黨比保守的國民黨更有效地獲得了城市精英的支持」。[88]然而，城市精英們很快發現自己身處困境，成了政府所打擊的目標。

在某種程度上，認為中共在1953年以後才改變允許資本主義存在的「新民主主義」政策，且開始進行「社會主義改造」，是一種誤解。我們可以看到在成都，消弭資本主義的政策在新政府於1950年成立伊始，便立即開始實施了，這至少表明，1950年代那十年的情況是異常複雜的。正如周傑榮與畢克偉在他們所編輯的關於1950年代初社會主義中國的論文集中所指出的：資本主義與社會主義的並存這種多樣性，「使得我們很難去回答20世紀50年代早期，究竟代表的是一個相對和平的『蜜月期』，還是災難來臨之前的階段，或者一個否定過去承諾、希望破滅的時期」，「這個時代在不同的地點、對不同的人來說，有著太多的不同」。[89]在成都，確實呈現了這種複雜性，但我們基本上沒有看到社會主義國

家和小商業之間的所謂「蜜月期」。在社會主義計劃經濟之下，政府更關注工業化，而非小商業。蘇黛瑞 (Dorothy Solinger) 就發現，「在計劃經濟下，資源配置主要是基於政治決策，而不是價格系統」。[90] 因此，資金總是首先流向國有企業，私營商業經常只能自生自滅。但是，由於小商業為城市中大量人群提供了生計，並和人們的日常生活密切相關，政府不得不允許他們繼續賴以為生。只是，承受著諸多限制的茶館和其他小商業，前景已經非常不妙。

過去，不少西方學者把 1950 年代下半期看作是中國的一個轉折點，認為是政府政策的改變才導致了一系列的經濟困難。李侃如 (Kenneth Lieberthal) 就寫到共產黨面臨了從「成功到災難」的轉變。[91] 然而，成都小商業主的經歷則表明，經濟困難到來得其實更早。從地方角度的考察，我們能夠看到新政權的城市經濟建設的種種失誤。當然，是成功還是失誤，可以說是因人而異的。從黨和社會主義國家的角度來看，這種轉型是成功的。在這裏，我並不認為政策的制訂者不關心民生與經濟發展，只是民生與經濟發展都從屬一個更高的政治議程。而對於許多普通的城市民眾，特別是那些小商業所有者或小生意人來說，受到了政府多方的限制，面臨生計的困難，而且處於不斷的政治壓力之下，因此他們在這種過渡時期的感受，常常是消極的。

註釋

1   如 Gyan Chand, *The New Economy of China: Factual Account, Analysis and Interpretation* (Bombay: Vora, 1958)；Ygael Gluckstein, *Mao's China: Economic and Political Survey* (London: George Allen & Unwin, 1957)；Choh-ming Li, *Economic Development of Communist China: An Appraisal of the First Five Years*

of Industrialization (Berkeley: University of California Press, 1959)；William Brugger, *Democracy and Organization in the Chinese Industrial Enterprise, 1948–1953* (New York: Cambridge University Press, 1976)；Meliksetov, "'New Democracy' and China's Search for Socio-Economic Development Routes, 1949–1953," pp. 75–92；Arlen V. Meliksetov and Alexander V. Pantsov, "Stalin, Mao, and the New Democracy in China," *Herald of Moscow State University* 2 (2001), pp. 24–39；Hua-yu Li, *Mao and the Economic Stalinization of China, 1948–1953* (Boulder: Rowman & Littlefield, 2006)。Joseph C. H. Chai 所編的 *The Economic Development of Modern China* (Northampton: Edward Elgar Publishing Limited, 2000)，將西方散見在各種學術雜誌中的一些關於近代中國經濟發展和變化的有代表性的論文重新編印，其第 2 卷 "Socialist Modernization, 1949–1978" 共收入 29 篇文章，研究土改、集體化、工業、金融、公社化、農業、技術、國際貿易、經濟結構、經濟發展、經濟政策、大躍進、三年大饑荒等，但沒有一篇涉及傳統經濟組織的轉化問題。另外，關於社會主義早期的城市控制和改造，見 Lewis, ed., *The City in Communist China*，該書所收集的文章涉及調解制度的建立、公安局、穩定秩序、幹部培養、工會、商業、建議、勞動力結構等問題，但沒有討論行會問題。

2　今堀誠二：《中國の社會構造：アンシャンレジームにおける「共同體」》（東京：有斐閣，1953）；Hosea Ballou Morse, *The Gilds of China, with an Account of the Gild Merchantor Co-hong of Canton*, 2nd edition (New York: Russell & Russell, 1967)；Ping-ti Ho, "The Geographic Distribution of Huikuan (Landsmannschaften) in Central and Upper Yangtze Provinces," *Tsinghua Journal of Chinese Studies* 5, no. 2 (1966), pp. 120–152；Peter J. Golas, "Early Ch'ing Guilds," in *The City in Late Imperial China*, ed. G. William Skinner (Stanford: Stanford University Press, 1977), pp. 555–580；Rowe, *Hankow*；Bryna Goodman, *Native Place, City, and Nation: Regional Networks and Identities in Shanghai, 1853–1937* (Berkeley: University of California Press, 1995)；邱澎生：《十八、十九世紀蘇州城的新興工商業團體》（台北：台灣大學出版委員會，1990）。朱英主編的《中國近代同業公會與當代行業協會》（北京：中國人民大學出版社，2004）一書，對晚清民國的同業公會和改革開放以後行業協會的興起有非常深入的考察，但沒有對 1950 年代初的轉化進行任何論述，中間出現了一個斷層，我們看不到在共產黨取得政權初期是怎樣逐步實施和完成對社會經濟和社會經濟組織的控制和改造。

3　魏文享：〈專業與統戰：建國初期中共對工商同業公會的改造策略〉，《安徽史學》，2008年第2期，頁88；崔躍峰：〈1949–1958年北京市同業公會組織的演變〉，《北京社會科學》，2005年第1期，頁111。西方關於社會主義改造的研究，見 Liu Jianhui and Wang Hongxu, "The Origins of the General Line for the Transition Period and of the Acceleration of the Chinese Socialist Transformation in Summer 1955," *China Quarterly* 187 (September 2006), pp. 724–731。

4　Wang, *The Teahouse, 1900–1950*, chap. 2.

5　Wang, *The Teahouse, 1900–1950*, chap. 2.

6　《成都市商會檔案》，104-1401。以下凡引檔案，皆藏成都市檔案館，第一組數字為全宗號，第二組為目錄號，第三組為案卷號。如果只有兩組數字，即第一組數字為全宗號，第二組為案卷號，沒有目錄號（如本註釋）。

7　Wang, *The Teahouse, 1900–1950*, chap. 2.

8　成都市地方志編纂委員會：《成都市志·工商行政管理志》（成都：四川辭書出版社，2000），頁96–97。

9　魏文享：〈專業與統戰〉，頁89；崔躍峰：〈1949–1958年北京市同業公會組織的演變〉，頁107。

10　成都市地方志編纂委員會：《成都市志·工商行政管理志》，頁98。

11　魏文享：〈專業與統戰〉，頁90。

12　成都市地方志編纂委員會：《成都市志·工商行政管理志》，頁106–107。改革街頭小販在那時是一項國家政策。1950年3月，中央財政部下達了《街頭小販許可證與稅務法規》，要求「任何在街上擺攤的人都需要申請營業執照並納稅」（《山東政報》，1950年第3期）。隨後，該法規在所有的主要城市實施，見中共北平市委：〈關於整理攤販工作的總結〉，《北京黨史》，2004年第2期，頁44–45；張辰：〈解放初期上海攤販的管理〉，《檔案與史學》，2003年第1期，頁68–70。關於晚清及民國時期的街頭小販，見 Di Wang, *Street Culture in Chengdu: Public Space, Urban Commoners, and Local Politics, 1870–1930* (Stanford: Stanford University Press, 2003), pp. 32–38, 132–134。關於現代中國城市小販的總體研究，見胡俊修、索宇：〈流動攤販與中國近代城市大眾文化〉，《甘肅社會科學》，2012年第6期，頁164–167。

13　《成都市工商行政登記檔案》，40-65-13。本章提到的金額，1955年2月以前皆為舊幣。根據1955年2月21日〈中華人民共和國國務院關於發

行新的人民幣和收回現行的人民幣的命令〉，新舊幣的折合比率為1：
10,000（《人民日報》，1955年2月21日，第1版）。本書中凡關於1950
年後檔案中的人名，為了保護所涉及人員的隱私，只留姓，名字以
××或「某」隱去。

14　《成都市政府工商檔案》，38-11-544；《成都市商業二局檔案》，117-2-
　　　1252；《成都市商會檔案》，104-2-1388；《成都省會警察局檔案》，93-2-
　　　1447。

15　《成都市工商聯檔案》，103-1-167。

16　《成都市各行各業同業公會檔案》，52-128-1。

17　《成都市各行各業同業公會檔案》，52-128-1。王次光於1951年8月「辭
　　　職」。據1951年10月5日〈成都市工商業聯合籌備會茶社同業公會籌
　　　備委員簡歷〉（《成都市各行各業同業公會檔案》，52-128-1），王已經
　　　不在名單之上。另據1951年8月7日函，「我會主任委員王次光辭職奉
　　　准」（《成都市各行各業同業公會檔案》，52-128-2）。王辭職原因不清
　　　楚，但在隨後的「五反」運動中，他被指責有「漏稅」行為（《成都市各
　　　行各業同業公會檔案》，52-128-12）。

18　《成都市各行各業同業公會檔案》，52-128-1。成立大會表演的節目有
　　　器樂，新蓉書場全體藝員演出的秧歌，歌曲有國歌、農業舞、你是燈
　　　塔，還有霸王鞭、腰鼓、金錢板、洋琴等（《成都市各行各業同業公會
　　　檔案》，52-128-1）。

19　《成都市各行各業同業公會檔案》，52-128-1。

20　見 Wang, *The Teahouse, 1900–1950*, chap. 2。

21　《成都市各行各業同業公會檔案》，52-128-1。

22　《成都市各行各業同業公會檔案》，52-128-1。

23　《成都市各行各業同業公會檔案》，52-128-1。

24　《成都市各行各業同業公會檔案》，52-128-1。

25　《成都市各行各業同業公會檔案》，52-128-1。

26　《成都市各行各業同業公會檔案》，52-128-1。

27　《成都市各行各業同業公會檔案》，52-128-1。

28　《成都市各行各業同業公會檔案》，52-128-1。

29　《成都市各行各業同業公會檔案》，52-128-1。

30　《成都市各行各業同業公會檔案》，52-128-1。下面我們將看到這個領
　　　導機構繼續擴大。

31　《成都市各行各業同業公會檔案》，52-128-1。

32　1951年11月統計有541個茶館，見《成都市各行各業同業公會檔案》，52-128-2。

33　《成都市各行各業同業公會檔案》，52-128-2。

34　《成都市各行各業同業公會檔案》，52-128-2。

35　《成都市各行各業同業公會檔案》，52-128-2。

36　《成都市各行各業同業公會檔案》，52-128-2。

37　《成都市各行各業同業公會檔案》，52-128-2。

38　其中20至29歲4人，30至39歲10人，40至49歲4人，50至59歲5人，60歲及以上2人。

39　上私學的9人中，上私學1年者2人，2年者2人，4年者2人，5年者2人，8年者1人。

40　《成都市各行各業同業公會檔案》，52-128-2。

41　《成都市各行各業同業公會檔案》，52-128-1。直至1953年茶社業公會登記時，一些影劇院仍然與茶社業一起，稱為「影劇院茶座」，當時有五家，即：總府街智育影院茶座、下順城街蓉光影院茶座、棉花街群眾劇院茶座、西御街人民劇場茶座、祠堂街川西劇院茶座（《成都市各行各業同業公會檔案》，52-128-11）。

42　但第一個文本中關於「義務」的則主要是政治事務，包括四條：為「政府宣揚政令」；「宣傳抗美援朝，保家衛國」；「宣傳清匪反霸，減租退押」；「參加政府規定之一切示威遊行」。但為什麼刪除了這些內容，原因不清楚，我估計是當時公會竭力在政治上表現自己，但上級領導認為這些口號式的內容不應出現在章程中（《成都市各行各業同業公會檔案》，52-128-1）。

43　《成都市各行各業同業公會檔案》，52-128-1。

44　《成都市各行各業同業公會檔案》，52-128-1。

45　《成都市各行各業同業公會檔案》，52-128-2。

46　《成都市各行各業同業公會檔案》，52-128-2。

47　《成都市各行各業同業公會檔案》，52-128-2。

48　《成都市各行各業同業公會檔案》，52-128-2。

49　《成都市各行各業同業公會檔案》，52-128-2。

50　《成都市各行各業同業公會檔案》，52-128-2。

51　《成都市各行各業同業公會檔案》，52-128-2。

52　《成都市工商行政登記檔案》，40-65-13。

53　《成都市工商行政登記檔案》，40-65-13。

54　《成都市工商行政登記檔案》，40-65-4。

55　《成都市各行各業同業公會檔案》，52-128-11。

56　《成都市各行各業同業公會檔案》，52-128-11。

57　關於「三反」、「五反」運動的研究，見 Brugger, *Democracy and Organization in the Chinese Industrial Enterprise*；Michael M. Sheng, "Mao Zedong and the Three-Anti Campaign (November 1951 to April 1952): A Revisionist Interpretation," *Twentieth-Century China* 32, no. 1 (November 2006), pp. 56–80。中國學者一般認為這些運動具有積極的意義，特別是在打擊腐敗方面，見張俊國：〈「三反」、「五反」運動研究述評〉，《湖北省社會主義學院學報》，2008年第2期，頁75–80頁；張悅：〈「三反」運動的意義及其對我國現階段反腐敗工作的啟示〉，《求實》，2004年第4期，頁126–127。但是也有學者開始重新審視這場運動，例如楊奎松：〈毛澤東與「三反」運動〉，《史林》，2006年第4期，頁51–69；劉德軍：〈「三反」、「五反」運動再考察〉，《天府新論》，2009年第3期，頁128–131；尚紅娟：〈試論建國初期中共的「運動治國」模式——以「三反運動」為例〉，《江淮論壇》，2008年第2期，頁99–105。一些學者明確指出這場運動在打擊工商業方面的消極後果，見張玉瑜：〈試論「五反」運動後我國私營工商業的生存狀況〉，《上海交通大學學報》，2011年第2期，頁82–88。

58　Wang, *The Teahouse, 1900–1950*, pp. 66–71.

59　吳永孝：〈成都市對資本主義工商業的社會主義改造中的稅務工作〉，《成都黨史通訊》，1989年第3期，頁11–13。

60　吳永孝：〈成都市對資本主義工商業的社會主義改造中的稅務工作〉，頁11–13。

61　吳永孝：〈成都市對資本主義工商業的社會主義改造中的稅務工作〉，頁13。

62　在31,609戶私營坐商中(不包括免稅小戶686戶)，有守法戶6,322戶，基本守法戶19,540戶，半守法半違法戶5,044戶，嚴重違法戶666戶，完全違法戶37戶。其違法總金額原供出為3,413萬元，後經核查，最後核定應退補金額為1,758萬元(成都市地方志編纂委員會：《成都市志・工商行政管理志》，頁101–102)。這是一個有趣的現象，就是說，原各茶館業主自己「坦白」的部分，竟然比最後核定查實的部分要大得多，說明當時人人自危，業主們寧願誇大，也不敢隱瞞。

63　《成都市各行各業同業公會檔案》，52-128-12。

64 《成都市各行各業同業公會檔案》，52-128-1。

65 《成都市各行各業同業公會檔案》，52-128-12。

66 《成都市各行各業同業公會檔案》，52-128-12。

67 《成都市各行各業同業公會檔案》，52-128-12。

68 《成都市各行各業同業公會檔案》，52-128-12。

69 《成都市各行各業同業公會檔案》，52-128-12。

70 《成都市各行各業同業公會檔案》，52-128-12。

71 前面已經提到，新舊幣的折合比率為1：10,000。

72 《成都市各行各業同業公會檔案》，52-128-2、52-128-12。

73 《成都市各行各業同業公會檔案》，52-128-12。

74 《成都市各行各業同業公會檔案》，52-128-12。

75 《成都市各行各業同業公會檔案》，52-128-12。

76 成都市地方志編纂委員會：《成都市志・工商行政管理志》，頁98–100。

77 吳永孝：〈成都市對資本主義工商業的社會主義改造中的稅務工作〉，頁11。

78 吳永孝：〈成都市對資本主義工商業的社會主義改造中的稅務工作〉，頁18。

79 《成都市工商行政登記檔案》，40-65-29、40-65-15、40-65-154。

80 《成都市工商行政登記檔案》，40-65-111、40-65-119、40-65-58。

81 《成都市工商行政登記檔案》，40-65-51。

82 《成都市工商行政登記檔案》，40-65-33。

83 張先德：《成都：近五十年的私人記憶》（成都：四川文藝出版社，1999），頁54。

84 Julia Strauss, "Morality, Coercion and State Building by Campaign in the Early PRC: Regime Consolidation and after, 1949–1956," *China Quarterly* 188 (December 2006), p. 896.

85 Dillon, "New Democracy and the Demise of Private Charity in Shanghai," p. 93.

86 Perry, "Masters of the Country? Shanghai Workers in Early Peoples Republic," p. 79. 也可參見 Jian Chen, *The Making of the Sino-American Confrontation* (New York: Columbia University Press, 1994)；Jian Chen, *Mao's China and the Cold War* (Chapel Hill: University of North Carolina Press, 2001)。

87 Gardner, "The Wu-fan Campaign in Shanghai," p. 539.

88 Dillon, "New Democracy and the Demise of Private Charity in Shanghai," p. 102.

89　Brown and Pickowicz, eds., *Dilemmas of Victory*, p. 8.

90　Solinger, *Chinese Business under Socialism*, p. 20.

91　Kenneth Lieberthal, *Governing China: From Revolution through Reform* (Stanford: Stanford University Press, 2004), p. 99.

第三章

國家控制與社會主義娛樂的興起

　　1949年12月27日，即中華人民共和國成立近三個月之後，成都由解放軍接管。雖然當時百廢待舉，但對大眾娛樂的控制立即被提上了議事日程，因為新政府認為這是人們日常生活的一個重要方面。[1]國家控制也並非是一蹴而就，而是經過了一系列措施和較長時期的努力。在城市管理和控制上中共也採取了與民國政府有著本質不同的方法與政策。從1950到1956年，國家逐漸利用其權力，用社會主義娛樂取代了傳統的大眾娛樂方式。[2]

　　在1950年代，儘管成都有了電影院、文化宮和其他同類的設施，但大多數成都居民的主要娛樂方式仍然是看地方戲曲。正如杜博妮（Bonnie McDougall）指出，在中國文化中「表演藝術相比較於書面文學也許有著更廣泛的受眾面」，因此它們成為「文化部門的重點關注對象」。[3]林培瑞還發現，「中國文學與表演藝術的主要功能是影響人們的態度和行為，以有益於社會」。[4]因此，新政府深知控制了大眾娛樂，就可以在很大程度上控制人們的思想。

　　我們對民間藝人在1949年以後的命運所知不多。杜博妮在1980年代指出，學術界此前的有關研究，「關注的是作家與演員的生平，他們對知識史的貢獻，作品的社會政治背景，以及對政策變化的研究」。[5]但最近有兩本關於社會主義城市文化生活的書

彌補了這個缺憾，儘管它們主要關注的是上海。姜進通過討論20世紀上海越劇，揭示毛澤東時代的文化轉型，探索了共產黨政權對表演藝術與大眾娛樂的影響。1949年以後，政府試圖把越劇轉變為社會主義娛樂的工具，姜進對國家的這種干預持比較樂觀的態度。她認為：「毫無疑問，中華人民共和國國家與共產革命，對把演員從社會底層轉變為有社會地位的人，發揮了積極的作用。」[6]

的確，當政府把一些戲班納入社會主義的宣傳系統之後，在相當程度上改善了它們的生存狀況，為演員們提供了工作和事業發展的機會。然而，我想指出的是，那些沒有被納入這個系統的演員或者藝術形式，卻付出了沉重的代價。民間藝人成為「為工農兵服務」的宣傳工具，所有的表演都要服務於政治。另外，即使國家保證了不少演員的生計，但那些被排除在宣傳工具之外的藝人卻很難生存。何其亮 (Qiliang He) 最近出版的一本關於評彈的書，便給我們展現了一幅不同於姜進的上海越劇的圖景。評彈是江南地區，特別是上海和蘇州一種很流行的說唱藝術形式。何描述了社會主義國家對大眾娛樂的影響，特別是評彈藝術家1949年以後有著艱難的經歷，這種經歷與成都的講評書和唱清音等曲藝藝人非常相似。何其亮認為，當黨和國家成為表演藝術的「唯一贊助者和仲裁人」時，它們便可以決定人們能夠看什麼娛樂表演。[7]而國家控制的表演，很難真正滿足人們對娛樂和藝術的追求。

新政府把全面控制城市文化、建立社會主義娛樂，作為建政之初的重要議題之一。中國歷史上第一次，國家權力可以把其影響延伸到人們日常生活中最細微之處，改變人們生活的內容和結構，決定藝人的生計和命運，塑造觀眾的思想與價值觀。在本章中，我主要討論1950至1956年間國家建立社會主義娛樂過程的三個方面。首先，考察新政權對成都戲曲場所和演出機構的「接

管」過程，以及怎樣把它們變成「革命的大眾娛樂」和「宣傳教育的場所」。[8]其次，揭示政府為什麼和怎樣對自發的「打圍鼓」(即「板橙戲」)實施控制的措施。打圍鼓是過去茶館顧客自娛自樂的傳統娛樂活動，不用化妝和服裝道具，只用簡單的樂器來唱地方戲，但是這種自發活動為政府所不容。最後，通過分析1955年政府所進行的民間劇團和曲藝藝人調查報告，來看政府所採取的控制措施。雖然打圍鼓活動並沒有被完全取締，但是由於一系列措施的實行，眾多藝人被迫離開了這項自發的娛樂活動。

新文化機構的建立

從解放軍進城軍管開始，政權對城市文化的管理便開始了。[9]1950年1月1日，即人民解放軍進駐成都三天之後，政府便成立了成都市軍事管制委員會文教接管委員會，下設文藝、教育、新聞、出版等處，而文藝處的主要任務是「宣傳中國共產黨方針政策，領導全市文化藝術工作」。[10]1950年5月17日，成都文化教育局成立，取代成都市軍事管制委員會文教接管委員會。[11]成都所有的書場(即演出曲藝節目的茶館)，包括其中演出清音、金錢板、竹琴、揚琴、荷葉、口技、皮影的藝人，「不論其經營性質、思想傾向如何」，一律實行「歸口管理」。[12]

1950年2月，中共川西黨委和文藝處設立軍事接管小組，派軍事代表對正聲京劇社進行接管，改名新聲京劇社。同月，成立軍事代管小組，派軍事代表對三益公大戲院進行「代管」，改三益公為公私合營。3月，文藝處和川西文學藝術界聯合會成立成都市戲曲改革工作委員會(簡稱戲改會)。戲改會把「三益公」(川戲)和「新聲」(京戲)作為戲曲改革重點試驗單位，先對已經接管的

劇團進行「正面教育」。所謂「正面教育」，即「以新民主主義革命基礎知識和為工農兵服務的文藝方向與推陳出新的方針為中心，組織演職員工進行學習」。另一方面，組織演出「老區劇目」（即解放區創作的戲曲），包括《三打祝家莊》、《北京四十天》、《魚腹山》、《逼上梁山》、《王貴與李香香》等，「不久前還佔統治地位的《青城十九俠》、《玉獅帶》等迷信怪誕的連台本戲被趕下了戲曲舞台」。[13]

三益公茶館是最早進行改造的，以「先走一步，取得經驗再廣為推廣」。先是「思想摸底」，然後每日兩小時「講解和討論」，接著是「大報告」。不久，三益公便上演了《小二黑結婚》。[14]從三益公開始，對劇團管理也進行了改革，由各方面人員成立代表小組。1950年12月，市政府撥款500萬元，以公私合營手段改三益公為成都市試驗川劇院，任命了正副院長，「從根本上改變了劇院的性質」。劇院不久便上演了《皇帝與妓女》、《太平天國》等戲，對「戲曲改革起到了推動作用」。[15]

1951年5月，政務院發佈〈關於戲曲改革工作的指示〉，提出了「改人、改戲、改制度」的「三改」政策，這很快在全國實施。[16]在「三改」過程中，藝人們發掘、整理、改編、移植一批劇目，還組織藝人下鄉演出，參加土改宣傳工作。調查了在市區145處演唱曲藝的500餘名藝人，「進行清理、登記，頒發了演唱證」。1950年成立曲改會籌備會，1952年正式建立了曲改會，所有曲藝從業人員都必須在會登記，成為會員。[17]這種要求藝人參加一個政府劃定的組織，與民國時期全部茶館都必須加入茶社業公會有異曲同工之妙。[18]這樣國家不用直接應對這個龐大和複雜的群體，而是更有效地利用專業組織對其進行控制，為下一步改造奠定了基礎。

　　中共戲曲改革的政策在延安時期便已經開始。其實，對戲劇的審查在中國有很長的歷史，至少可以追溯到明清兩代。[19] 在抗戰時期，茶館中表演的腳本必須先被國民政府審查批准，儘管很少有茶館遵循這條規定。[20] 但是，中共所實施的政策要嚴厲得多，藝人們「紛紛自動修改戲中的封建迷信部分」。[21] 實際上，這種「自動」並沒有反映真實的情況，藝人們其實是別無選擇。有研究指出，所謂的「戲曲改革」，基本上是執行審查。其結果是「毀滅性」的，因為審查影響了「全國受歡迎的上百種大眾戲曲中的節目」，當中最令人痛心的結果是，「大多數劇目不能通過審查」，它們甚至「沒有機會進行修改而永遠地消失了」。[22]

接管戲班和戲園

　　在民國時期，成都所有演出曲藝的茶館都稱為書場，包括講評書（當時稱「評話」）和各種曲藝表演的場所。1949年，在中國人民解放軍進入成都之前，四川省會警察局換發營業執照登記，當時成都共有24個茶社書場。[23] 1949年12月27日解放軍進入成都後，共產黨對都市文化施加影響的最早措施，便是由「川西地區一些地下黨人和進步人士」於1950年初成立的「五月文化服務社」，其目的是以「為群眾服務之精神」，「配合政府，推廣文化事業，提高人民文化水平」。該社由川西軍管會批准，成為成都「第一個發給許可證的社會群眾文化服務團體」。該社位於成都最繁華地區之一的總府街，將過去的漲秋飯店、滔江茶社、三新浴室、豫園茶號等商號的所有房地產連起來，合而為一。最初的經費是由川西軍管會、「社會進步人士」、有關商家三方面贊助的。[24] 1951年5月1日，五月文化服務社正式對外開放。這個文化服務

社的命名，便顯示了其政治的意義。據一個早期組建者回憶，當時人們習慣稱五月為「紅五月」，因為該月有不少政治紀念日，如五一國際勞動節、五四青年節、五五馬克思誕辰紀念日、五九國恥紀念日、五卅慘案紀念日等。第二個原因是「為了繼承解放前南京五月文藝社的傳統精神」。[25]

五月文化服務社雖然是民辦，但實際上從民間的角度，「急政府所急，配合政府抓文化普及」，提供「革命的大眾娛樂」。[26]該社最有影響的活動，便是1953年創辦的五月社第一實驗書場。成都曲藝界一些名家，如竹琴賈樹三、揚琴李德才、相聲曾炳昆、清音李月秋、金錢板鄒忠新、大鼓蓋蘭芳等，皆參與演出。節目既有民間傳統歷史故事，亦有反映現實的新內容，把民國時期老牌書場芙蓉亭、錦春樓的觀眾也吸引過來，「書場常常座無虛席，極一時之盛」。另外又開辦五月劇院，上演話劇、京劇、川劇，演出的節目有話劇《北京四十天》、《白求恩》等，京劇有《玉堂春》、《挑滑車》、《拾玉鐲》等。這些活動由官方支持，如該劇院是「與四川省文聯合作辦理」。該院的川劇演出也是由川西行署秘書長「從中支援促成」，甚至計劃辦大眾川劇院，「已請准行署，批了贊助費」，在總府街初步修建了磚房七幢，分別作演劇場、訓練場、辦公室、宿舍、小賣部等，但不久因「三反」、「五反」運動開始而停頓。同時創辦五月文娛茶園，把其作為「宣傳教育的場所」。該茶園由於茶好水好，每天可賣五千碗茶，進出一萬人次左右，為「當時最紅火的茶園」。同時，茶園內還設有書報閱覽亭，訂有各種報刊十餘份，以供閱覽。由於人們喜歡到茶園下棋，於是開辦五月業餘棋藝組，把其作為一種體育活動，強調「健身性，禁止暗中賭博」，舉辦表演賽，「轟動一時」。[27]

雖然五月文化服務社的設立是政治化的，但管理上還是作為一個經濟實體，以至當時便有人把它視為一個「生意集團」；也有

人主張更經濟化和娛樂化，按上海「大世界」或南京「夫子廟」的模式經營。[28] 然而，最後，還是決定結合成都實際，「突出地方特色」，著重在「文化服務」，經營上「以商養文，自負盈虧」。該社由社員大會推選出「社務委員會」，下分文教工作委員會、生產管理委員會、辦公室等。[29] 不過，在當時泛政治化的大氣候下，這種與國家全面控制宗旨背離的「以商養文，自負盈虧」模式顯然是難以持久的。1956年，成都市文化局「接收了」服務社，在其原址建立了成都市群眾藝術館，成為政府文化機構的一部分。五月文化服務社的經歷，實際上反映了當時整個中國社會主義文化事業發展的大趨勢，即地方文化日益失去其獨立性，民眾的娛樂文化逐漸被國家的政治文化所取代。按一個參與者以後來受革命話語影響所寫下的回憶的說法，五月文化服務社是在「為成都市的群眾文化藝術活動的廣泛開展作出了貢獻」、「完成了它的歷史任務」後退出歷史舞台的。[30]

除成都第一實驗書場外，當時另一新宣傳陣地是第二實驗書場。據《成都市志·文化藝術志》稱，1950年1月時：

> 部分曲藝藝人自願成立了新蓉書場，分別在春熙路北段三益公茶社及總府街濯江茶社演唱，1951年遷至華興街。11月經成都市人民政府批准，成立成都市實驗書場，地址在下西順城街人民商場內。同年劃歸東城區，1952年改為成都市第二實驗書場。[31]

關於第二實驗書場，所知不多，但我根據從成都市文化局檔案中發現的1956年〈新蓉評劇團普查情況〉，從新蓉評劇團的角度，對該書場有了進一步了解。新蓉評劇團前身為「書場」，1950年成立，經營性質為股東經理制。據調查稱，籌組的股東「全是解放前妓院的老闆」，成員主要是「改業的姐妹們」。顯然，按這

個調查的説法，演員多為1949年後「改業」（晚清民國時期稱「從良」）的妓女。名譽負責人是一個「封建會道門頭子」李鬍子，李後來被「鎮壓」。不過，該書場的實際負責人是高某，地點設在三益公茶社，名為凱歌書場，後轉移到華興街的頤之時茶社，又到總府街的濯江茶社等地演出，最終更名新蓉書場，經理由孔某擔任。演出形式以清唱為主，有時「彩排幾齣京戲」。書場營業情況不好，靠「點戲」增加收入，演職員「很少拿到工薪」。調查稱這段時間裏，新蓉的演唱是「非常落後低級的」，演員的生活也「極其自由散漫」。[32] 奇怪的是，這個〈新蓉評劇團普查情況〉完全沒有提到第二實驗書場，但其中所提到的新蓉評劇團的早期歷史，與《成都市志·文化藝術志》所述的第二實驗書場幾乎完全吻合，故兩者應該是同一機構。

1951年10月劇團遷到華興街新蓉茶社，但不久政府開始「強迫教養遊民、妓女」，書場的「姐妹們」，在政府的教育下，據稱是「初步認識到自己的前途，以及努力方向，都積極地加緊學習，鑽研業務，克服了以往許多不正確的思想意識」，「大大提高了思想覺悟」。1952年2月，由於評劇藝人加入，同時與新仙林書場合併，新蓉「呈現出一些新的現象」，取消了清唱形式，改演京劇和評劇。劇目方面也「較以往繁榮」，甚至還可以演出一些「大幕劇」，觀眾人數逐漸增加。1954年，新蓉書場在「政府扶持幫助下」，改為新蓉評劇團，並派幹部直接到劇團當領導，幫助劇團學習，提高業務水平，並貸款添置服裝道具等（但同一調查又稱是「由文化局購置」），和在人民商場改建劇場。由於政府「關懷」，派駐團幹部，劇團「調整了組織」，建立了必要的制度，作出演出計劃，保證工薪，劇團有了「顯著的改變」。這年，劇團在文化局幫助下，建立「團務委員會」，設立各業務部門，包括劇務股、總務股等，制定了工作制度和會議制度。但劇團沒有進行

「改選」，負責人仍然是孔某，調查說「此人無工作能力，不能很好的領導劇團工作」，因此「一切制度都流於形式」。每次開會都因「人事糾紛」，而不能順利進行，問題得不到解決。1955年10月，文化局派幹部駐團「協助工作」，改選了各部門負責人和正副團長，之後工作、學習均「較以往正常」。[33]

　　根據這個調查，劇團共63人，1949年前從藝者20人，其餘都是1949年後從業的。這63人中，藝人24%，學生16%，工人3%，自由職業4%，其他53%，在「其他」後面的括號稱「包括妓女、老板」。另外，從政治歷史背景看，有「封建會門清[青]幫」5人，袍哥2人，「偽軍人員」4人。該調查說該劇團情況「十分特殊」，演員90%以上是女性，與越劇類似，「各行角色都由女同志反串充當」。同時，調查稱觀眾對「反映現實劇中」的女扮男裝「頗有意見」，認為這是「劇團發展的嚴重問題」。全團共有「大幕戲」55齣，折子戲21齣；其中保留劇目9齣；經常上演的大幕戲36齣，折子戲5齣，「反映現實劇」13齣。古裝戲有《楊八姐遊春》、《西廂記》、《秦香蓮》、《人面桃花》、《紅葫蘆》等，現實劇有《祥林嫂》、《擦亮眼睛》、《劉巧兒》等，「較為群眾歡迎」。《祥林嫂》連續上演30場，《楊八姐遊春》先後上演50場。劇團自1955年演《擦亮眼睛》起，逐步建立「較正規的排練制度」，每一新劇上演前，都要經過「討論劇本、分析人物、對詞、對腔、練腔、練樂、坐排、正式排練、彩排」等階段。[34]從演出的劇目看，劇團處於新舊間雜的時代。應該說在傳統戲佔統治地位的情況下，現實劇為觀眾帶來了一些新奇東西，這裏「較為群眾歡迎」的說法應該有所根據。

　　政治、文化、業務學習是中共進行思想改造的重要工具。該調查認為，1954年前，新蓉劇團由於缺乏「學習領導」，所以未能很好開展學習。自從1955年文化局幹部進駐後，「由於忙於業

圖 3-1　武侯祠結義（茶）樓。作者攝於 2003 年夏。

務，政治學習仍未得到全面開展」。不過文化學習「開展較好」，
大多數成員有「顯著進步」，50% 以上都能讀報和寫簡單的便條與
書信。但是「業務學習」存在較大問題，首先是無人教學，學和練
沒有得到正常開展；其次是劇團演員出身大約三分之二是「翻身
姐妹」，因其「以往舊有習慣未得到很好的改變」，學習熱情不
高。[35] 在傳統的戲班子裏，學戲有一套長期形成的程序，可能就
是這裏所稱的「舊有習慣」，這種習慣當然不是一天兩天就可以徹
底改變的，而是與新的培訓體系並存。（圖 3-1）

　　據普查情況報告，1953 年前新蓉劇團財務管理「非常混亂」，
收支均未建立正式帳目，直到 1954 年，凡經手者都有「任意拉
[挪]用公款」現象。該年 10 月，文化局幫助該團建立帳目，「經濟
制度初步走上正軌」。但由於「業務不振，收入極不平衡」，不過
負債不多，經濟上「勉強能維持」，只是團員的生活「完全沒有保

障」。[36] 工薪採取的是「股帳制」和「撤份制」，也有拿月薪者。演員中最高工資為51.57元，最低16.71元；職員最高31.74元，最低16.71元；全團平均27元。1954年在人民商場改建的劇場，全部經費由文化局補助，劇場所有權屬文化局，使用權屬劇團，每天租金10元，每月300元。由於劇場條件差，無化妝室、觀眾休息室、廁所等，座位僅有577個，劇團申請減低房租為每月200元。[37]

　　這兩個試驗書場的確在成都的娛樂界起到了不小的影響，在從民間文化娛樂向革命文藝的轉化過程中，扮演了重要角色。政府的介入，使劇團從傳統的戲班子家族式經營，發展到現代的企業管理。當然經營方式的改變過程，也是國家深入管理的過程，1951到1956年間這個過程逐漸趨於完善。根據1956年〈成都市曲藝從業人員及演唱場所基本情況的調查報告〉，成都兩個試驗書場實際在「行政業務」上由文化局「直接管理領導」，據報告稱兩個書場在曲藝界都起了「良好的示範影響作用」。如清音藝人「在自願基礎上」，組合成三個與試驗書場類似的「書館」，與其他藝人合作，開始「試演曲藝劇」，改良過去「長期存在的不合理的點唱陋規」。[38] 根據上述1956年市文化局的調查報告，每個書場經常都有八種曲藝演唱，平時演一場，星期天演兩場。內容全都是「傳統的」和反映「現實生活與歌頌新人新事的節目」。在表演藝術方面有「比較顯著改進和提高」。幾年來共演唱了三百多個「新節目」，其中29個是「結合中心任務」，由藝人自己創作；有68個是「經過整理的傳統優秀節目」。演出的劇目有：《秋江》、《討學錢》、《祭塔》、《尼姑下山》、《一個青年》、《王三打鳥》、《報喜》、《男女一同前進》等。[39]

打擊業餘和自發的茶館娛樂

政府文化政策的重點，經常是針對傳統娛樂的。儘管新政權理解最底層的民眾，但事實上，其政策仍難以避免對大眾文化和民間藝人的歧視，因為大眾文化一直是舊精英與正統價值觀批評的對象，而現在則是「革命文化」旗幟之下被限制的目標。

在晚清民國的成都，業餘戲曲愛好者是茶館中的另一類活躍分子，他們定期到茶館聚會唱戲，俗謂「打圍鼓」，亦稱「板櫈戲」，以參加者圍坐打鼓唱戲而得名。參加者不用化妝，也不需行頭，自由隨意，既滿足了戲癮，也給茶客增添了樂趣，晚清出版的《成都通覽》裏便有一幅插圖具體描繪了這項活動。打圍鼓經常會吸引一大群圍觀者欣賞免費表演，一些參加圍鼓者後來甚至成為專業演員，這樣非正式的茶館練習，給他們的賣藝生涯奠定了基礎。[40]但是，成都解放後，新政府認為這項活動是「舊社會袍哥會門中川戲玩友借茶館場地清唱消遣的一種形式，實際等於幫會俱樂部的堂會」。這樣的定義，當然不由分說地將這種傳統娛樂活動判處了死刑，所以很快打圍鼓便「與袍哥活動同時絕跡」。[41]1950年曲改會籌備會成立時，由於圍鼓沒有得到政府承認，有一些「圍鼓玩友」便以木偶戲、燈影戲演員身分登記入會，當時並沒有以「圍鼓營業的情況」。[42]也即是說，沒有人以表演「圍鼓」作為一種職業，這時「打圍鼓」仍然只是一種業餘的娛樂活動。（圖3-2）

但1953年9月，這項活動首先在人民南路的茶館復蘇，不久又遷到純化街的茶館繼續演唱，政府對「竟有不經合法手續擅自聚眾」進行圍鼓活動十分關注。根據1954年1月成都市文化局的調查報告，最初有13人參加，但他們「成分極端複雜」，有曲藝藝人、小商店老闆、手工工人、「自新人員」、流氓、娼妓、「舊日川

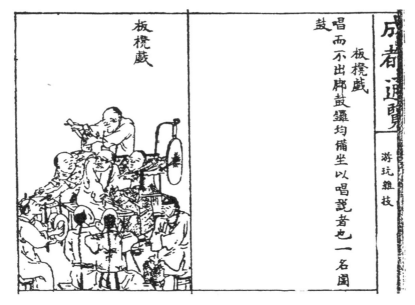

圖 3-2　「打圍鼓」（又叫「板櫈戲」）。資料來源：傅崇矩：《成都通覽》。

戲玩友」、川戲教師、「反動軍官家屬」等。[43]他們都「以演唱為副業，並非一貫職業藝人」。過去打圍鼓只是一種自娛自樂的方法，但根據這份報告，這次圍鼓的復興，卻成了一種謀生的職業。他們每晚七、八點鐘開始「營業」，「大鼓大鑼喧騰」，演唱「既不嚴肅，戲碼也極蕪亂」，以迎合「低級趣味，賣座賺錢」為目的，甚至演唱「誣衊歷史英雄」的戲目。[44]

　　據稱曲改會曾經出面勸阻，但未能奏效。「由於此處圍鼓沒有及時制止，各處袍哥玩友紛紛效尤」。他們「拉攏」曲改會中的「落後藝人」，到處設這類的「書館」，掛「曲改會××組藝員」招牌進行營業，甚至「變本加厲」，搞「客點客串」等花樣，唱「淫蕩猥褻」的唱詞。除娛閒茶社外，打圍鼓的茶館還有青石橋中街的青園、東二道街的錦江茶社、荔枝巷的春融茶社、西大街的變通

茶社等。一個開茶館的居民還聯絡七位居民通過派出所，「以居民川劇組」的名義，向文化局申請備案。[45]

由於階級鬥爭是1949年後中共不斷強調的主題，對這些新出現的問題，當然也是首先進行階級分析。據〈成都市圍鼓座唱情況調查報告〉稱，到1955年5月止，全市發展圍鼓12處，計有「從業者」86人，其中男60人，女26人，其成分大致分為五類：無業遊民及娼妓17人（佔19.8%），失業川劇藝人8人（9.3%），城市貧民（包括家庭婦女、店員、手工工人、小販、「迷信職業」者等）30人（34.9%），中小商人20人（23.3%），地主及「偽軍警職員」等11人（12.8%）。報告稱這些人的「歷史政治情況極複雜」，其中國民黨員2人，三青團員1人，撤管特務10人，現管特務2人，袍哥大爺4人，一般袍哥19人，一貫道1人，撤管煙毒犯1人，甲長3人。他們的演唱「也較一般曲藝書館混亂」，唱的內容都是「未經過整理的舊本」和「下流庸俗的表演」，說他們在群眾中「造成極不好的影響」。他們在茶館演唱時間的長短取決於生意的好壞，而各處的成員也不固定，中間也有一些是「搞耍」的玩友，「偶爾唱兩天」。[46]這個政治背景的分類法，很容易使執政者做出要打擊此活動的決定，因為我們可看到大多數參與者，都屬於被新政權打擊和控制的對象。[47]

調查報告將這12處演唱情況大概分三類。第一類「在群眾中反映最壞」，演唱內容、表演形象「極惡劣」，成員「成分複雜」。第二類是茶館中荷葉川劇座唱，不過據報告，整個成都只有青年路的龍翔茶社和東御街的百老匯茶社有這類演出，且都是在1954年出現的，共有成員23人，但都不是「藝人成分」。[48]他們都是川劇玩友的自動組合，其演唱在1955年前比較「混亂」，但在報章批評了某些地方的圍鼓後，「有了一些轉變」，其營業方式改為掛

牌。有些唱的內容「不健康」，「群眾」過去對此「很不滿意」，但最近「有些改進」。第三類屬掛牌演唱，派出所和「一般群眾」不滿的反映較少，共有4處茶館，演唱人員40人，[49]他們演唱時唱詞「很少亂加道白」。「據派出所所收集的群眾反映」，他們是「名副其實」的川劇座唱。每晚都是「大鑼大鼓的唱」，在「群眾」中未有壞的反映，但也「未有表示歡迎的意見」。調查報告的結論是：圍鼓「不應成為一種職業化的戲曲形式在茶社內公開營業」，因為這在「舊社會也是未有的現象」。而且大鑼大鼓地演唱，「影響公共秩序」，所唱的內容「對人民有嚴重毒害」。另外，現有的從業人員，其中34人有副業，生活主要不靠此維持，因此應該採取「妥善的積極措施，逐步予以取締」。[50]

　　但半年後，圍鼓似乎還在發展。根據文化局的另一個報告，說是雖然提出了處理意見，但未「及時進行處理」，川劇圍鼓從12處發展到14處，人員從95人（但根據上引調查報告為86人），增加到166人，「組織成員經常變動，演唱地點也不固定」。如過去的12處，有4處合併為2處，有2處自動解散，實際上只留下8處，也就是說近半年來新設了6處（但該報告誤為5處）。雖然仍然是座唱形式，但發展到化妝表演，內容「含有濃厚的封建毒素」，演唱時加了許多「淫穢下流的對話」。[51]報告指出「有些落後的觀眾說『解放後要看這樣的戲，只有到這些茶鋪才看得到，又相因，又安逸』」，這裏似乎透露出觀眾對圍鼓的歡迎。但另一份報告又稱這些圍鼓在「群眾中的影響極其惡劣」，附近居民「紛紛向派出所提出『趕他們走』，『不准這些烏七八糟的在這裏唱』」。這裏似乎有矛盾之處，當然這也可以解釋為觀眾對圍鼓的不同評價。據文化局調查，化妝圍鼓的發展也是由於不少外縣失業的川劇藝人「盲目流入城市」，如有參加川戲座唱者在「最近打擊流氓

盜匪運動中」被判處徒刑。調查稱他們的演出方式也是「極不合理」的，因為採用的是「點唱形式」，把戲折子送到聽眾面前，點一折戲收1至2角，送折子者「多是女的，她們就趁此機會給別人做怪像」，甚至還有「亂搞關係」的。報告稱東波茶社劉姓女演員「腐蝕」了一個唐姓建築工人，便是從點戲「搞起來的」，但報告並沒有說明「腐蝕」的具體情況。文化局還抱怨所在地派出所採取「放任不管」的態度。[52]

根據文化局的調查，這些從業者組成了自己的劇團，有的與地方政府還有一定的聯繫，如一個稱為「簡陽縣人民政府第四區工農劇團」(簡陽在成都遠郊)的班子，「農閒時拉人唱戲，農忙時解散」，通過區政府「濫發」所謂「離團證」，班子中大半是「一貫『跑灘』的舊藝人」。業主還以「收徒」的名義，「誘騙」失學青年，還被指責「引誘」農民脫離生產。其實，農忙時在地裏幹活，農閒時幹雜務，是四川農村長期形成的謀生方式。因此「農閒時拉人唱戲，農忙時解散」，無非是延續了多年來的生活方式。隨著政府對人們日常生活作出越來越多的干預，這些傳統的做法便成了罪過。[53]

這個報告承認，在劇團被解散或被處理離團時，許多參加此業的人「並沒有得到當地妥善有效的安排」，很多「不具備還鄉勞動」條件的人回家後無以為生，「實際成為遊民」，只好又回到成都，「繼續其非法劇團活動」。因此許多人加入圍鼓活動，看來也是無可奈何。他們以所謂「採[彩]排川劇書場」的形式以吸引觀眾，如張姓業主先在外北城隍巷小西天茶館彩排，又「廣闢財源」，利用「原係妓女」而被收容過的女人到牛市口詩清閣茶館，「招納來自各縣的藝人」，組成「聯藝書場」，出租服裝道具，收取「高額」租金。如一件「素女折子」，每晚收取租金8角。一些茶館也「紛起效尤」，有的從外縣拉角色擺書場，又「引誘」人投資買服

裝來「變相出租」，把這些「股東」分別以守門、售牌、管箱等職務，安置在書場「分帳」，本人則以「經辦人」、「代表」身分「袖手坐食其間」。由於彩排能夠吸引「落後群眾」，所以茶館老闆「樂於接納，並給予補貼」。這樣租服裝者可以「大賺其錢」，一般演唱者平均每天能掙8角至1元，以「維持比較優裕的生活」。這樣外縣大批藝人和玩友「向成都集中」，從而「加重了圍鼓處理工作的困難」。[54] 從這個指責中我們可以看到，即使在政府的嚴密控制下，這些人仍然試圖尋求謀生途徑。從他們的經營方式來看，並不存在多少違法或對社會有害的成分，但在當時的政治環境下卻是不允許的。

取締打圍鼓

　　1954年1月28日，文化局在〈成都市人民政府文化局報告稿——為報告「圍鼓」滋生情況請示處理〉中，提出處理圍鼓的意見。稿中表示圍鼓從其來源、性質、演唱方式、內容、營業情況等看，「可以認定這種形式既不是正當曲藝，沒有發展前途，更不能作為向人民進行宣傳教育的工具」。由於當時不承認純粹的「娛樂」，如果不能作為宣傳教育的工具，便被視為「不是正當曲藝」，因此當局以消極的眼光來看待圍鼓就不奇怪了。文化局認為這種形式逐漸向職業化發展，「如果聽其流行，將會成為戲改政策推行的障礙，影響正當曲藝的演唱，並給以前搞過玩友的地主袍哥造成躲避勞動的機會」。其實，從後面的調查看，很多人都不是袍哥，但由於有舊袍哥身分者參加，導致這項活動遭受當局的打擊。當局認為，這些人應該參加體力勞動進行改造，不該讓他們有機會「躲避勞動」。根據四川省文化事業管理局「制止圍鼓

發展」的指示，成都市文化局提出兩條辦法：第一，由市政府通知純化街及其他茶館所屬區人民政府，「制止該處圍鼓演唱」，對其他圍鼓性質的藝人，在文化局和公安局進行「藝人登記時予以限制」；第二，通知各公會，不得在茶館及其他公共場所演唱圍鼓，並「不得有營業行為」。[55]

在1955年5月8日的〈成都市圍鼓座唱情況調查報告〉中，文化局提出了三條更具體的處理意見：第一，市政府責成區委、街道辦事處、派出所各有關部門，制止圍鼓發展。第二，對現有的演唱人員，根據情況分別處理。失業藝人只准唱「好本」，一般失業人員無其他手段謀生者，暫時准唱，逐步讓其「轉業」，但如果家庭有副業和其他收入的「良家女子」，予以勸說「脫離此業，另就他業」；那些以圍鼓作「掩護」，實際上「賣淫、敲詐或作其他不正當活動者，堅決予以取締」。第三，加強對現有12處圍鼓參加者的「正面教育」，召開一次各圍鼓「經辦人」的會議，指出演唱中的問題，積極改進，同時「發動社會輿論」，對「亂唱亂演」的行為進行批評。[56]

但直至半年以後的1956年2月7日，市政府才開始了實際的行動，拖延行動的原因並不清楚。成都市人民委員會對各區人民委員會、市文化局、公安局、民政局、工商行政管理局發佈〈對現有川劇圍鼓的處理意見〉，根據文化局所提出的三條處理辦法，指出：「為了迅速制止目前川劇圍鼓中不良現象的繼續發展，文化局應即會同公安局、民政局及東城、西城區人民委員會，分別指派專人抓緊時間共同辦理，並於辦理完結後，將辦理情況匯報本會核備。」[57]

處理圍鼓工作分三階段進行。第一階段，2月7日召開「圍鼓經辦人會」，對全體經辦人「進行教育」，指出目前圍鼓發展的「盲目性」，以及「亂說亂唱」在群眾中造成的「惡劣影響」。而且，要

求他們立即停止繼續發展，將現有人員資料填報，改善演唱，「首先放棄化裝 [妝]」。圍鼓由傳統較為隨意的形式，發展到有化妝和服裝等比較正規的表演，表明了活動由業餘愛好到職業謀生的轉化，由此可吸引更多觀眾。政府要求首先放棄化妝，實際上即阻止圍鼓往專業化方向的發展。據報告稱，以上決定公佈後，曾經遇到「普遍的抵觸」。書場的經辦人當時即「藉口有種種困難」，要求「暫緩執行」。報告稱其目的在於「混過春節以後，分散轉移到郊區或外縣繼續活動」。但政府「態度堅決」，當天即到各書場了解其執行情況，使大部分人「感到混不下去」，不得不「重新考慮自己的生活出路」。2月9日，文化局又會同工商行政管理局召集「茶館經理會」，宣佈今後未經許可，不得任意接納圍鼓，對現有圍鼓，在統一處理之前，暫時維持現狀。但報告透露，由於不准再化妝，茶館感到「無利可圖」，反而希望「及早結束處理」。[58]

工作組對演唱者進行「分類排隊」，以採取不同的處理辦法，共分為六類。一，留唱33人，皆為「一貫藝人」，而非新入業者，是有相當演唱水平，無其他謀生手段，未犯過嚴重過失者。他們目前准許繼續演唱，以後視各地劇團需要「酌情予以介紹」。二，暫唱43人，包括失業藝人、一般失業人員、目前無法還鄉或從事其他職業者，准暫時演唱，材料轉住地辦事處掌握，逐步讓其轉業。三，暫唱轉業24人，為原戲班的學員、年輕失業有勞力者，准暫時演唱，材料轉住地辦事處掌握，「優先協助就業勞動」。四，停唱61人，凡有其他經濟收入的家庭婦女以演唱圍鼓為副業者，通過「個別說服」動員其放棄演唱。五，還鄉43人，為在家鄉有土地有親人者，發給「處理還鄉通知單」，「說服」其回鄉生產或從事其他勞動，如果有困難，由民政局補助旅費。六，收容21人，為年老殘廢無生活能力者，予以「收容救濟」和「改造」。另外，情況不明、尚需調查者17人。[59]

　　第二階段，於2月18日召集部分圍鼓演唱者和經理人三十餘人開會，在「較大範圍內對他們進行教育」，即結合國家的「發展形勢」，從圍鼓演唱者的來源、演唱能力、節目內容各方面「分析圍鼓的前途」。會中指明了演唱圍鼓「不是一種正當的生活出路」，然後提出對圍鼓人員的處理辦法，「組織他們討論」，據稱「得到了一致擁護」。另從這些與會者中吸收了八人成立「整頓小組」，佈置他們立即開始在各書場動員說服能還鄉者還鄉，能停唱者停唱，並「逐日匯報工作情況」。他們在推動處理工作中「起了很大作用」，一些人開始還鄉。2月20日，召開「全體圍鼓人員大會」，提出了各項處理辦法，由「整頓小組」領導討論，「收效很好」，當時即有人「認清前途」，表示「願意放棄此業」，如有人說「我們仍舊願意回去做家庭婦女」。另有婦女說：「以前參加書場，只當是找到了工作，免得在家受閒氣，現在才曉得打錯了主意。」從2月21日起，整頓小組通知還鄉者辦理手續，並持續說服不願還鄉或停唱者。2月23日至26日，整頓小組再度審查演唱者材料，對名單作補充修改。2月24日，全市已經有五處圍鼓「無法營業」，「採〔彩〕排書場」還鄉人員不斷增加，留下演唱者不斷減少。[60]當強大的國家機器動員起來時，無論他們是否「一致擁護」，均不能改變被改造的結局。政府把這一系列的運動命名為「社會主義轉型」：在這場運動中，成都的民間藝人逐漸消失了。

民間藝人的結局

　　第三階段是確保圍鼓書場「逐步縮小」。工作組於1956年2月28日將全部已處理的停唱、暫唱、轉業人員的材料，通過各區人民委員會轉給街道辦事處，「結合社會救濟，儘可能協助他們轉業

勞動」。3月1日，召集處理停唱人員，進行最後動員。對於以演唱圍鼓為副業、「一直抱觀望態度」者予以「揭露批評」；對一般家庭婦女，則向其指出演唱的「壞處」，「委婉加以說服」。據稱，「大會收到了如期的效果，順利地結束了全部處理工作」。3月4日，整頓小組對留唱和暫唱者進行調整，分成「三大」（圍鼓）和「三小」（荷葉）六個組，選擇牛市口的詩清閣、東御街的百老匯、南打金街的寶林軒、鼓樓北一街的芙蓉亭、天涯石東街的四明、上南大街的東波等茶館，作為演唱場地。當天，文化局工作組通過市公安局各有關派出所「停止了全市圍鼓演唱」，宣佈成立的六個組自3月5日起開始演出。往後如果人員減少，不能開鑼演唱時，應通知文化局撤銷書場，剩餘人員重新編組。[61] 這也即是說，雖然打圍鼓不能立即全面禁止，但可利用政策限制讓其自生自滅。[62]

　　文化局報告總結道：「這次處理圍鼓工作，由於上級指示明確，各有關部門取得配合，並由於處理工作與正面教育相結合，工作中充分發動和依靠群眾，因此進行得比較順利，基本上完成了規定的任務。」從1956年2月7日到3月4日，所有被政府稱為「非法組織」、「臨時性質」的「流動劇團」都被解散。對於分佈在全市17家茶館內的圍鼓演唱者242人，「按其各個不同的情況」，分別給予「適當的處理」，計「停唱」74人，「還鄉」50人，「收容」1人，以上三類共125人，佔總數51.7%；「留唱」36人，「暫唱」55人，「暫唱轉業」26人，以上三類共117人，佔總數48.3%。以上這些數字與上面提到的工作組分類的數字有差異，說明「分類排隊」後進行具體處理時，有根據實際情況進行了調整，其中「留唱」、「暫唱」、「暫唱轉業」、「停唱」、「還鄉」各類都有所增加，只有「收容」一項由原來的21人，減為僅1人。文化局撤銷了11處「圍鼓書場」，把繼續演唱的117人分為六個組，「安置在指定地點座唱」。[63]

　　不過，文化局認為情況在整頓後仍存在若干問題。首先，為了達到縮減演唱人數的目的，在分組時有意採取「唱角好壞兼搭的辦法，使演唱者得不到豐厚的收入，從而刺激他們漸次轉向正當勞動」；另把材料轉到有關街道辦事處，儘可能協助他們轉業。但首先，各街道辦事處對圍鼓演唱是否「正當職業」，與文化局「未取得一致認識」，有的對此事「不重視」，有的「置之不理」，因此有十餘人「自行離開本市」，到外縣成立劇團。其次，由於就業困難，所以對「暫唱」和「暫唱轉業」的都沒有規定具體期限，「形成了圍鼓演唱的穩定局面，使處理工作不能一氣進行」。再者，處理圍鼓時，曾經「考慮到如何使圍鼓演唱轉化為業餘性質」，但由於上述兩項的問題，「無法作出具體安排」。最後，處理圍鼓工作結束後，各有關部門對圍鼓演唱活動如何進行管理沒有一致意見，最近發現在下北打金街又有一批「群眾自發組織的業餘圍鼓」，同樣「未能有效制止」。針對上述情況，文化局提出三個辦法：首先，請省文化局通知各縣文教部門，「有效地限制非法劇團的活動」，就地解決演唱人員的生活問題，「避免他們外流」；其次，請市人民委員會通知各區人民委員會，「繼續貫徹限制圍鼓發展的決定」，協助現有演唱者「參加勞動」；最後，加強對群眾業餘圍鼓的「管理輔導」，保證其「演唱內容的健康」，在職業圍鼓逐步縮小以後，將其中優秀的唱角，介紹任業餘圍鼓教師，由聘請單位發給津貼和生活費用。[64]

　　從改造圍鼓後存在的問題和文化局提出的進一步建議看，政府發現群眾自發組織的業餘圍鼓很難被完全禁止。政府所特別關注的主要是那些以此為生者，所以退而求其次，力圖對群眾業餘圍鼓進行「管理輔導」，以保證其「演唱內容的健康」。這可以算是國家權力面對傳統娛樂的反抗，最終妥協的結果。不少人進行圍鼓活動，生計問題是主要因素。政府撤銷許多劇團，使很多人失

業，才促成圍鼓發展。雖然政府不願承認這點，但報告中仍然暴露了這個問題。如第一類多是「脫離劇團」者，第三類多是「原經動員轉業的(劇團)學生」，所以即使在處理圍鼓後，甚至許多人被送到鄉下，但由於不能解決藝人的生計問題，不少人只好返回城市，重操舊業。這種反覆相當程度上固然是由於生活所迫，但也可以說是當時「弱者的反抗」的一種形式。

即使是那些被允許繼續演出的藝人，情況也並不樂觀，他們像中國其他城市中的藝人一樣，為生存而掙扎。1956年，官方的《戲劇報》發表了由演員黃振元所寫題為〈請聽我們的呼籲〉的文章，文中反映的這種情況，可以說是代表整個中國藝人面臨的困境。黃呼籲政府和地方領導關心藝人的生活並尊重他們的工作。根據黃的陳述，大部分藝人都從屬某個小戲班子，工作十分辛苦，為觀眾提供娛樂，在社會中發揮積極的作用。但是近些年商業不景氣，他們的生活面臨著困難，著名的演員每月可以賺大約30元，大多數演員則每月賺17、18元，其中很多只能賺10元，而且是家裏唯一的經濟來源。劇團中尚有一些老藝人，「年老力衰」，不能參加演出，劇團也無力贍養他們，使他們感到「徬徨無依」。許多人都隨著劇團四處演出，只能住在後台，條件惡劣。地方政府則對這些數量巨大的藝人的處境不聞不問。[65]

黃還抱怨道，戲班子的演出經常受到地方官員的不合理干擾。官員們不尊重演員，「不僅各地方的文化機關可以隨便指揮他們，稅務機關、公安機關、糧食機關以至民兵都可以看白戲或隨便來干涉劇團和藝人」，甚至任意取消他們的演出。儘管每年戲班表演四、五百場，但1952至1956年間，演員每年實際只能得到三、四個月的工資。黃舉例稱：他所在戲班子已經租好一個場地，原本準備在陰曆正月 —— 這是演出的旺季 —— 進行演出，不料場地被地方政府臨時佔用，演出不得不推遲十天。沒有

圖3-3　在大慈寺文博大茶園的業餘演出。作者攝於2003年夏。

場地但是又必須生存，戲班子被迫去鄉村和山區巡迴演出。戲班如果因任何事情得罪了地方官員，「稍為做得不周到馬上就要橫禍飛來」。黃認為這就像舊社會人們對藝人的歧視。「這種舊社會遺留下來的統治階級對待藝人的態度，到現在居然還相當普遍存在，這的確是令人不能容忍的。」

《戲劇報》對這封信加了編者按，指出「應該教育所有幹部都認識到應該尊重藝人的勞動，應該正確地對待藝人，總之，我們必須關懷數十萬藝人的生活，必須改變目前存在的各種不合理現象，應該使全國所有的戲劇工作者都有溫飽的生活，並且在藝術上也能得到提高與發展」。編者按還指出文化部近期在關注這些問題，也在積極採取措施，由當地政府的文化機構來實施。編者按還強調，一些戲班和劇團也需要改革，以提高演員的表演和素質。[66]（圖3-3）

　　這樣一封信之所以能夠發表，是由於當時正執行「百花齊放，百家爭鳴」的方針。1957年5月，中共成都市委舉辦了一次座談會，由黨外演員代表發表他們對一些政策的看法。有民間曲藝藝人提出，他們「無固定演出場所，到茶館等公共場所演出，又往往遭到拒絕和排擠，影響了他們的生活」。市長聽到這一情況後，即指示有關部門，會同藝人代表開會研究解決。[67]藝人們的抱怨能夠被當政者聽到，是因為此時中共正在徵集和鼓勵人們對黨發表批評與提意見。然而不幸的是，隨後的反右運動壓制了所有不滿的聲音，之前受邀發表批評意見的人，許多被戴上了「右派分子」的帽子，甚至被開除公職，或是送去勞改。儘管有一些演員仍能夠通過他們的表演藝術而謀生，但在此種嚴酷的政治環境中，自我保護意識使他們保持了沉默。[68]

大眾娛樂的社會主義改造

　　社會主義國家致力於把公共空間的日常文化轉變為革命宣傳的工具。1955年，文化部發佈〈關於加強對民間職業劇團的領導和管理的指示〉，根據中央「全面規劃，加強領導」的總方針，以及四川省文化局〈1955年文化工作計劃要點〉，成都市文化局從8月到11月的四個月間，對全市民間職業劇團和曲藝藝人進行了一次全面的調查。調查目的是在普查的基礎上作出規劃，以便進一步「加強其政治思想領導」，可以有計劃、有步驟地「完成對民間職業劇團和曲藝藝人社會主義改造工作」，使他們發揮「在社會主義建設事業中應有的作用」。這次調查也是為了「掌握本市曲藝從業人員和演唱場所的基本情況」，以便於文化局「進一步加強領導管理」，而且「遏制曲藝從業人員中之演唱混亂與盲目發展現

圖3-4 「唱道琴」。資料來源：傅崇矩：《成都通覽》。

象」。這次調查範圍包括全市民間職業劇團，如戲曲、雜技、木偶、皮影劇團及書場等；還包括全部藝人，即清音、揚琴、荷葉、評書、金錢板、大鼓、竹琴、相聲、花鼓、口技、幻術、猴戲藝人等。[69]（圖3-4）

　　這次調查由文化局戲曲科幹部為主，抽調區文化科幹部以及一些劇團幹部，組成「民間職業劇團和曲藝藝人普查工作組」，由戲曲科負責人擔任組長。在工作組下到劇團後，吸收該團「積極可靠」的負責人三至五人參加工作。「為了更深入了解各劇團工作人員的政治歷史情況」，還請市公安局派兩、三人參加調查。參加調查的幹部先集中學習四天，明確普查的目的、方法、黨和政府「對戲改良與民間職業劇團的方針政策」。調查者應儘量避免影

響劇團和曲藝藝人的正常演出；如果「發現有潛藏的反革命分子，或其他壞分子」，則會同有關機關處理。調查過程中「貫徹群眾路線的工作方法」，團結劇團幹部，依靠積極分子和老藝人，採取各種方式深入調查，防止「走馬觀花、簡單急躁、包辦代替」等問題。另外，對於藝人的「思想作風」問題，不得開展「群眾性的批評或自我批評」，不得「形成鬥爭」，而應該「積極熱情的進行正面教育」。強調集中領導，如要求嚴格執行「請示匯報制度」，重大問題的處理決定，必須事先請示，並定期匯報研究工作。[70]這裏所謂的「思想作風」，實際上應該是指「思想」和「生活作風」。當時共產黨對藝人的基本估計是思想落後、生活作風不好，但這時政府避免激進政策，對這類問題不進行「鬥爭」，而是採取「正面教育」，較之以後的政策要溫和得多。

調查分三個步驟進行。第一步是宣傳動員，通過文化局負責人進行普查工作的動員報告，學習文化部的指示，採取小型座談會、個別訪問等形式，「交待普查意義，消除顧慮，發動群眾」，使多數藝人能積極參加這個活動。另外，還要發現和培養積極分子作為普查和今後工作的依靠，「抓緊對落後藝人的教育」。同時還進行「摸底排隊」，即「摸出劇團歷史、業務、組織主要情況、主要問題，積極、中間、落後人數等」，然後進行研究。第二步是普查，即在工作組的具體領導下，每個劇團成立業務和財務兩組，另外組織人員了解藝人歷史、政治情況和學習情況，研究和總結1953年以來劇團的工作及目前存在的主要問題。第三步是工作規劃，即在調查結束後，各種調查表格和文字材料一式三份，分別存於區、市、省文化局。凡經過調查的民間職業劇團由市文化局報請省文化局發給「演出證」，職業曲藝藝人由市文化局制發演唱證，並報省文化局備查。這樣，一旦工作計劃到位，地方政府便可直接監管各個劇團及表演藝人了。[71]

　　從成都市文化局的工作大綱中，我們可以看到政府想挖掘出關於劇團生活的方方面面，主要有沿革、組織、人員、演出、學習、經濟、劇場、環境八大內容，每項下面還有具體要求。(1) 劇團沿革：何時何地成立，經哪級政府批准？是否經過整頓，整頓後有哪些變化和改進？(2) 劇團組織：組織形式怎樣，設立了哪些機構，各部門如何分工？有無一定的工作制度和會議制度，劇團內是否建立了黨團組織，黨團員是多少？(3) 人員情況：劇團組成人員的成分、出身、政治情況如何？原藝人多少，1949 年後新參加的多少？現有人員中演員、音樂、舞台、職員、學徒人數，各佔全團人數比例如何？各行角色有多少，哪些是主要演員？文化程度如何？專長哪幾齣戲？人員是否固定，近兩年變動情況，是否報當地文教科批准，有無亂拉演員或變相收留其他劇團演員現象？(4) 演出情況：經常上演的大幕戲、折子戲有多少？劇目自己整理、改編或創作多少，有多少保留劇目？劇團或團內演職員有收藏哪些傳統劇目的原本，上演過哪些表現現代生活的劇本？劇目上演計劃和送審制度建立和執行情況如何？哪幾齣戲最受歡迎，連續上演次數最多是多少場？有無導演制度，如何排演？演出所需的服裝、道具等狀況如何？1955 年度在劇場及農村巡迴演出的日期、場次和觀眾數情況如何？(5) 學習情況：政治學習是否經常進行？學過哪些文件，現在學習什麼文件？是否進行過掃盲工作，現在有多少文盲？業務學習 (練身段、嗓子、武功、業務理論等) 如何組織進行？學生家庭出身工農成分佔多大比重？教學內容方式方法如何？(6) 經濟情況：經濟上如何管理，是否建立財務制度及執行情況如何？1953 至 1956 年三年的收支情況，能否到達平衡？有無公積金？1955 年全年支出有哪些項目，各佔比例多少？演職員工薪分配方式，工資是否固定，最高最低是多少，平均多少？(7) 劇場情況：有無固定劇

場？劇場何年修建，有無培修或改建，以及經費來源如何？如果
劇場屬政府或團體，月租金是多少？(8) 地方環境：經濟條件及
交通情況如何？本城市有無其他文娛場所？等等。[72]

　　〈成都市曲藝從業人員及演唱場所基本情況的調查報告〉告訴
我們，在成都的東城、西城和望江三區總共有405名民間藝人，
105處表演場所，全市有13種曲藝形式，即金錢板、荷葉、花
鼓、評書、竹琴、揚琴、大鼓、相聲、口技、清音、京戲清唱、
木偶戲（調查中稱「木人戲」）、皮影戲等。[73]這與之前成都市文教
局於1950年3月17日給出的報告如出一轍，這也許說明了五年之
後，儘管一些大眾文化形式在政府的不斷控制之下，仍繼續頑強
地生存著。該報告詳細給出了這些人的政治背景，政治上「有問
題」的人比例很高。這405人中，有219人為1949年前的「職業說
唱者」，186人是之後進入本行的。這些新入行的186人分三類：
第一類88人，曾有謀生困難，包括失業的「城市貧民」、手工工
人、店員、自由職業者、學生；第二類61人，是1949年後「被鬥
爭、被管制和失去地位的地主、偽軍警、舊職員及反動黨團分子
等」；第三類37人，是「舊有的社會渣滓、迷信職業者、遊民、娼
妓等」，其中一些人有「相當業務水平，並以此為生」。顯然，第
二類和第三類都屬有「政治問題」的人，在此後的政治運動中是被
視為「階級敵人」來對待。按照這個統計，他們所佔的比例在行業
中甚高，兩類相加近百人，佔總數的二分之一。

　　根據這份報告，總數405人中，有171人（即42%）有「政治問
題」，其中有國民黨、三青團「骨幹分子」9人，「撤管特務」17人，
國民黨校級軍官6人，「封建會道門頭子」9人，「煙毒犯」13人，
「參加過暴亂組織的政治土匪分子」3人，「偽保長」1人，還有身兼
若干身分的「一般黨團分子」24人，「封建會道門分子」89人等。
所以報告的總體估計是：「這些人大部分是解放後經過自新撤管

圖 3-5 「說評書」。資料來源：傅崇矩：《成都通覽》。

的分子，混進曲藝界的，少部分是解放前的職業藝人。思想作風
一般的不好和比較惡劣。他們從事曲藝演唱一般是為了維持生
活，對人民的曲藝事業缺乏認識。個別人對黨和政府心懷不滿，
有意借曲藝演唱散播不滿情緒和進行隱蔽活動。」報告中舉了一個
張姓相聲演員的例子，說他係「偽職員出身」，1949年前與國民黨

高級軍官「有密切聯繫」，利用軍用飛機來往香港做走私生意，1952年「混進曲改會，偽裝進步」，但1954年因「政治問題」被捕。[74]很明顯，這個例子說明這位相聲演員的主要麻煩是他的「歷史問題」，而非他在當時有什麼違法行為。1949年以後，「歷史問題」對個人命運影響甚巨。

在405名從業人員中，以說評書者最多，計117人，佔總數的28.9%，其中只有43人為1949年以後從業者；其次是清音藝人（包括京戲清唱），共115人，幾乎都是女性，佔總數28.4%，且多是1949年後入業的。報告稱「部分人生活作風惡劣，往往以演唱作掩護，進行賣淫詐騙等不正當的勾當」。他們收入情況不等，一般「可以維持生活」。在113個清音藝人中，有18人曾經是娼妓。1950年當局對娼妓進行改造時，她們是作為受害的姐妹被解放轉入這個行業的；但在對曲藝進行改造時，她們又成了一個「壞因素」，真可以說是歷史的誤會。我們有理由懷疑，這些關於清音藝人「生活作風惡劣」、「賣淫詐騙」等，到底有多少是事實，有多少是基於社會上的行業歧視、偏見或流言蜚語？[75]（圖3-5）

再次為竹琴、揚琴藝人，共73人，佔總數18%，他們以盲人為主，藝齡年齡均較長，但「文化程度低」，生活比較困難，「部分人有時還不能維持生活」。第四為木偶和燈影戲，共46人，佔總數11.4%，其中多為1949年前的「玩友」，藝齡不長，但年齡較長，均可「勉強維持生活」。第五為金錢板、荷葉和花鼓藝人，共43人，佔總數10.6%，其中1949年前的「舊藝人」佔多數，「形式簡單，收入較多，生活不困難」。第六為大鼓、相聲和口技藝人，共11人，佔總數2.7%，多為1949年前藝人，「收入情況較好，可以維持生活」。[76]從這個調查看出，除評書和清音外，其餘曲藝藝人的人數在1949年以後幾乎沒有什麼發展，藝人們也面臨著謀生的困難。

為這些民間表演提供場地的共計145個茶館，可分為三類。第一類比較正規，即「帶示範性質」的、前面所提到的兩處「試驗書場」；第二類是供各種曲藝形式表演的茶館132處（未包括郊區）；第三類是「書棚」11處。[77] 全市三個區每天演出總計達165場。可以看到，1950年代中期曲藝的演出場次還是很可觀的。我們並不清楚每場一般有多少觀眾，但考慮到當時在茶館觀看曲藝幾乎是一般市民唯一的娛樂，所以可以估計數目應該不少。

通過這次調查，文化局認為這個行業主要存在三個問題。第一是「組織混亂」。由於曲藝藝人分散，流動性大，加上「我局幾年來對曲藝藝人放鬆了管理與教育」，因此造成了「盲目發展與組織混亂」的情況。報告稱，全市藝人人數從1950年前的219人升至當時的405人，幾乎增加了一倍，「但未引起我們及早注意而採取有效辦法加以適當限制」，對他們也未進行過「深入細緻的了解與審查」。雖然1952年建立了曲改會，但「機構不健全」，不能起到「協助政府團結教育」藝人，以及「改正曲藝業務」的作用。在曲改會之下，全市曲藝藝人分編為六個大組，但缺少「按地區建立統一領導的組織」進行有效管理和教育，缺乏全面、系統的戲曲業務政策學習，僅限於作「大報告」，未能聯繫和解決實際問題。1956年4月文化局召開了第一次全市曲藝從業人員會議，進行比較系統的集中學習，「扭轉了演唱中的混亂現象」，但對這兩年發展的從業人員則未進行過管理教育。[78]

這裏報告所說的藝人人數「增加一倍」是缺乏根據的，不能因為有219人是1950年前從業的，便稱1949年時全成都只有219人從事曲藝演唱。實際上，許多藝人在1949年後改行，由1950年劇團重組，無數茶館歇業開始，許多人都離開了這個行業。所以曲藝從業人員的數目應該這樣理解：到1956年，大量在1950年之前從事這個行業的人員，只剩下了219人。根據成都市檔案館

所藏檔案，1950年僅僅悦來茶園就有各類僱員126名，其中演員藝人佔相當大的比例。[79] 從1950到1956年的六、七年間，偌大一個城市，居然只有186人加入到這個行業，這恰恰是演藝業走向衰落的表現，但在市文化局看來，卻是「盲目發展」。這個例子説明，在使用官方文件和數字的時候，根據當時語境進行具體分析是多麼重要。

第二是「亂説亂唱」與「下流表演」。調查報告認為藝人「成分複雜」，對「人民曲藝事業缺乏認識」，加上「未抓緊管理教育」，出現了全市曲藝演唱中的「嚴重混亂現象」，説唱中有不少「淫亂、神怪、迷信」的內容，以評書、清音、金錢板三種曲藝形式最為嚴重。表演者們被指控用了「淫詞」，如清音説唱的《十八摸》。[80] 如在唱《斷橋》時，故意把原詞中的「一把手拉官人橋上坐」，唱成「一把手拉奴的嫩東東的官人夫 [扶] 在懷中坐」，有些人還故意做出「種種醜惡表情」和「下流動作」來逗人嬉笑。[81] 報告認為這對群眾，特別是青少年的「危害」極大。報告中舉了一名小學生的例子，他每晚到雙柵子街的「上天梯茶樓」聽「劍俠書」，「聽迷了心」。一天他在街上見一輛汽車迎面開來，他不慌不忙臥倒在街心，嘴裏念道：「我有金鐘罩，鐵布衫，刀槍不入，汽車也輾不死。」另一例子説由於人們到茶館聽「神怪迷信」故事，影響了「晚上開會學習」。[82] 實際上關於「淫詞」的指控，主要是指一些帶有性暗示或者調情的語言。至於説人們晚上去茶館聽故事而不去開會學習，則間接透露了大眾文化對人們的魅力。小學生聽了書而誤以為「刀槍不入」，此類例子從義和團以來便屢見不鮮，「迷信」這一指控，從晚清以來便是精英和國家打擊大眾文化的最好藉口。

第三是「不良作風」。報告稱少數藝人「生活作風惡劣」，具體的例子有「強迫觀眾點戲給錢」、「亂搞男女關係」、「敲詐別人錢財」等，還有個別藝人因為「侮辱婦女、強姦幼女、販毒、詐騙、

腐蝕幹部青年」等行為而受到「法律制裁」。一個金錢板藝人因「先後侮辱婦女三十餘人」，在1956年的「打擊流氓盜匪運動」中被判處死刑。一個清音藝人唱「淫蕩詞調」和進行「不良表演」，曾與三人「發生不正當關係」，一旦發現「某觀眾有錢」，便勾搭別人去吃館子，開旅館，直到把別人的錢弄光為止」。[83] 這些違法行為，再加上執政者的偏見，會毀了整個行業的聲譽。不過，這些「非法」行為也經常被誇大。

　　針對調查中發現的情況，市文化局的結論是，成都曲藝藝人「在組織和演唱上的混亂現象是很嚴重的」，同時提出了改變這種狀況的三項措施。首先是「整頓組織」，先以市人民委員會的名義通知各區人民委員會，市公安局責成各區街道辦事處、派出所，嚴格控制成都曲藝從業人員，不再「繼續盲目發展」。對「個別」符合具體條件申請從事曲藝演唱者，必須經過區人民委員會「審查批准」，並報文化局備查；對有業務水平、有本市戶口者，發給「曲藝演唱證」，准予進行演唱。兩者均「分別勸說其轉業」。如果生活有困難者，可允許繼續演唱，但發給「臨時演唱證」。對那些以演唱曲藝為「掩護」，實際上「賣淫」、「乞討」或從事其他「不正當」活動者，進行驅逐處理。[84]

　　其次是「改進和豐富說唱內容」，停止說唱那些所謂「含毒最重」的「壞（評）書」。什麼是「含毒最重」的呢？文化局指出，即那些「十分色情淫穢」、「神怪迷信」以及「侮辱勞動人民」的節目和唱詞，包括《濟公傳》、《十美圖》、《思秀才》、《十八摸》等；[85] 有些節目「含有毒素」，但「危害不大」，則允許繼續演唱，不過得「邊唱邊改」。文化局還要求對節目進行登記，通過「集體討論，初步排隊」，然後由「曲藝藝人編寫組」會同有關部門和政府幹部「進行審查，決定取捨」；對決定停止的節目經「領導批准」後，將「正式宣佈取締」。報告稱「此項工作現已進行」。同時推廣說唱新書新

詞，發揮兩個試驗書場的「示範」作用，要求它們每月作一場小型、每季作一場大型的「示範演出」，組織全市曲藝藝人進行「觀摩」。[86]另外，整頓「曲藝編寫小組」，發動藝人挖掘整理傳統節目和結合「中心任務」節目，由兩個新書場上演。

最後是「加強曲藝藝人的政治和業務學習」。文化局會組織「中心學習組」，每週進行一次政治時事學習及一次業務政策學習，由中心學習組輔導各小組學習。政治學習按全市「戲曲藝人學習計劃」統一安排；業務學習則包括「有關文藝理論的初步知識」和戲曲改革的政策。[87]政治學習是共產黨進行思想改造的一個重要方式，曲藝藝人由於其工作性質，是一個非常散漫的群體，政治學習無疑有助當局管理和控制他們。

社會主義國家與文化轉型

1949年以後，社會主義國家對人們的娛樂活動以及日常生活等各個方面，施加了前所未有的影響。過去，大眾總是抵制精英與國家對他們的控制，這種抵制一直持續到了1950年代。在社會主義體制下，當面對中國歷史上最強大的國家機器，這些抵制是徒勞無功的。打圍鼓活動在1950年之後消失了，雖然在1954至1956年間短暫地復興，但很快又被壓制下去。各種形式的民間娛樂也面臨著國家的各種打擊，許多沒有納入「革命文藝」的藝人以及表演形式，也逐漸消失了。

1949年之後，黨與政府大力推進及開展代表著革命意識的群眾文化運動，以便引導和動員大眾。而傳統的娛樂活動，特別是那些出現在街頭巷尾以及茶館裏的娛樂，則經歷各種各樣的打壓。黨的革命文化生根於農村地區，特別是解放區，在那裏，人

們的生活被高度組織起來，文娛活動也經常被用到群眾動員之中，這類活動經常吸引數百人參加。賀大衛（David Holm）關於「秧歌」的研究發現，早在1942年，秧歌就被共產黨用作宣傳手段，將黨的影響力延伸到基層，甚至是最小、最偏僻的村莊。秧歌最初只是中國北方鄉村集體唱歌跳舞的表演和娛樂形式，在革命運動中，通過公共慶祝活動與群眾動員，秧歌成為建立革命文化的一個標誌。在解放區，秧歌「迅速發展」，「隨著黨不斷深入到鄉村社會中，黨舉行了一系列的新儀式以及類似的活動，使群眾通過參加公共生活，表達自己的新民主主義價值觀」。[88] J·加德納在對1950年代起早期上海的研究中指出，共產黨具有一種「在農業環境中的高度組織的能力，直到1949年，在中國農村獲得了相當廣泛的合法性的支持」，但他仍然懷疑「共產黨能否控制相對複雜以及功能分散的城市社會」。[89]

對於加德納的疑問，我的回答應該是肯定的。隨著共產主義革命的勝利，「紅色」的革命文化從鄉村轉移到城市，而這種文化在城市中缺乏根基。中共對革命文化在城市的生根和發展的努力，是非常成功的；但是這種成功，是以犧牲過去豐富多樣的城市文化和風俗習慣作為代價的。在新政權成立的初期，社會主義國家積極尋求改造傳統文化的方法，但文化管理者對於如何把傳統城市文化轉變為社會主義文化，沒有一個很清晰的路線圖，他們一直在尋求解決之道。他們更多依靠農村文化改造與宣傳的經驗，而不是遵循城市中傳統文化娛樂以及表演藝術的發展軌跡。他們優先考慮的，是怎樣把地方傳統文化轉變為社會主義宣傳的工具，並以此控制人們的娛樂生活。

更為複雜的是，所謂的革命文化固然是革命政治運動的產物，但實際也有中國傳統文化的根基。把這些傳統的文化轉變為革命新文化，實際上是一個全國範圍內的運動，陸惠風（Wai-fong

Loh）關於電影《劉三姐》的研究便是一個極好的例子。劉三姐的故事可追溯至明代，學者們收集了豐富的關於劉三姐生平的口述資料。1950年以後，中國電影充斥著階級鬥爭的主題，劉三姐的故事也不例外：「劉三姐通過她的歌聲點燃了反對地主的火苗。」[90]塑造這樣一個喜聞樂見的形象，反映了傳統故事是怎樣服務於革命文藝和意識形態的。

根據黃瓊潘（Isabel Wong）對「革命的歌曲」的研究，「音樂作為一種社會、政治，以及教育的工具，被中國的馬克思主義者所利用，對中國人來說不是什麼新鮮事了」。自西漢以來，音樂就被政府所關注，也可能共產黨吸收了古代精英的治國經驗，因為他們認為這樣可以教育及啟迪民眾。最重要的是，之前的中國從未有一個政權能像共產黨那樣，對民眾的影響和日常生活的干預達到如此的深度與廣度。有趣的是，基於黃的研究，革命歌曲與非正統或叛亂運動有聯繫，她比較了太平天國運動中的歌謠與革命歌曲，認為兩者「在內容、語言風格、標題、隱喻等方面，都有異曲同工之妙」。[91]可見，中國在1949至1976年間的文化政策，並非單純起源於革命運動，而是有著複雜且悠久的起源，並被社會主義國家所巧妙地改造和利用。

實際上，1950至1960年代前半期，是革命文化與傳統文化並存的時期。對此，杜博妮認為，「文化的多樣性削弱了國家一統大眾文化的目標」。然而，傳統娛樂「在不同層次的觀眾中，都十分流行，對革命現代化有著強烈的抵制」。例如話劇的觀眾「幾乎都是城市知識分子，很顯然現代革命內容只是在他們中間傳播」。[92]在成都，我們所看到的不是「文化的多樣性削弱了國家一統大眾文化的目標」；現實是恰恰相反，文化日趨走向同一，多樣性不斷地被削弱。這一現象反映了從1950年代早期到1960年代中期，傳統文化的衰落與激進革命文化滲透的過程。

　　當然，一些學者可能會認為社會主義國家並沒有足夠的力量去控制所有的娛樂，人們依然有空間自行開展娛樂活動。確實，即使是最強大的國家機器，中國有如此遼闊的領土，豐富和複雜的地方社會、經濟和文化，國家不可避免會留下一些權力的空白，在一些角落與縫隙之間，還有某些自由空間。本章所討論的打圍鼓就是一個例子，儘管政府做了許多努力，但也不可能將這種活動完全消除。不過，我們也不能低估執政黨和國家在社會控制方面的巨大能力，這種控制達至最底層，甚至經常能夠把影響延伸到社會中最私密的地方，這是其他任何政權所無法企及的。從杜博妮所編關於中華人民共和國早期文學和表演藝術的論文集，我們看到這段時期的文化轉型以三種方式進行，即「控制作者，控制他們的作品，控制他們的受眾」。這樣，「作者和表演者都處於政權的控制之下，文學和文藝作品都可能是出自政治的需要」。[93]這些研究給我們提供了研究毛澤東時代的知識分子、作家，以及表演藝術家們經歷的資料。不過，這本論文集沒有研究那些在街頭巷尾或者鄰里間進行表演的下層藝人，而這正是本章所詳細講述的故事。

註釋

1　喬曾希、李參化、白兆渝：〈成都市政沿革概述〉，《成都文史資料選輯》(成都：中國人民政協會議四川省成都市委員會文史資料研究委員會，1983)，第5輯，頁9–11。

2　關於1949至1976年間文化藝術政策的研究成果較少，但洪長泰(Chang-tai Hung)研究了革命性舞蹈「秧歌」(Chang-tai Hung, "The Dance of Revolution: Yangge in Beijing in the Early 1950s," *China Quarterly* 181 [March 2005], pp. 82–99)；余偉康(Eddy U)研究了思想改造(Eddy

U, "The Making of Chinese Intellectuals: Representations and Organization in the Thought Reform Campaign," *China Quarterly* 192 [December 2007], pp. 971–989)。中國學者基本都關注上海，見 Jishun Zhang, "Thought Reform and Press Nationalization in Shanghai: The Wenhui Newspaper in the Early 1950s," *Twentieth-Century China* 35, no. 2 (2010), pp. 52–80；Jiang, *Women Playing Men*, pp. 181–190；姜進：〈斷裂與延續：1950年代上海的文化改造〉，收入姜進主編：《都市文化中的現代中國》（上海：華東師範大學出版社，2007），頁 481–497；張濟順：〈社會文化史的檢視：1950年代上海研究的再思考〉，《華東師範大學學報》，2012年第2期，頁 1–7；孫曉忠：〈1950年代的上海改造與文化治理〉，《中國現代文學研究叢刊》，2012年第1期，頁 95–105；肖文明：〈國家觸角的限度之再考察：以新中國成立初期上海的文化改造為個案〉，《開放時代》，2013年第3期，頁 130–152。不過閻鋒從全國的角度考察了從國民黨到共產黨的文化轉型（閻鋒：〈試論我國建國初期的文化過渡〉，《廣西社會科學》，2007年第2期，頁 185–189）。

3　Bonnie S. McDougall, ed., *Popular Chinese Literature and Performing Arts in the People's Republic of China, 1949–1979* (Berkeley: University of California Press, 1984), p. 8.

4　Perry Link, "The Genie and the Lamp: Revolutionary Xiangsheng," in *Popular Chinese Literature and Performing Arts in the People's Republic of China, 1949–1979*, ed. McDougall, p. 83.

5　McDougall, ed., *Popular Chinese Literature and Performing Arts in the People's Republic of China, 1949–1979*, p. 12.

6　Jiang, *Women Playing Men*, p. 257.

7　He, *Gilded Voices*, pp. 14–15.

8　關於文化和藝術如何成為革命教育的工具，可以參考胡嘉明（Ka-ming Wu）關於延安時期講革命故事的研究（Ka-ming Wu, "Tradition Revival with Socialist Characteristics: Propaganda Storytelling Turned Spiritual Service in Rural Yan'an," *China Journal* 66 [2011], pp. 101–117）。

9　大部分關於中共接管城市的研究都集中於上海，例如龐松：〈略論解放戰爭時期中共對上海的接管〉，《近代史研究》，1997年第2期，頁 284–312；吳景平、張徐樂：〈接管上海官僚資本金融機構述論〉，《近代史研究》，2003年第4期，頁 113–139；張頤：〈解放戰爭時期中共對上海接管的歷史經驗〉，《中南民族大學學報》，2006年第S1期，頁

108–112；楊麗萍：〈新中國成立初期的上海里弄整頓〉，《當代中國史研究》，2010年第5期，頁50–57。關於中共1950年代早期對杭州的控制，見Gao, *The Communist Takeover of Hangzhou*。從全國角度看共產黨接管的論著，有李文芳：〈中共接管城市的成功實踐〉，《北京黨史》，2000年第6期，頁15–18；李良玉：〈建國前後接管城市的政策〉，《江蘇大學學報》，2002年第3期，第1–10頁；何立波：〈新中國成立前後的軍管制度〉，《黨史縱覽》，2009年第5期，頁11–17；王飛：〈新中國成立前後的城市軍事管制制度〉，《檔案天地》，2012年第2期，頁42–48。關於社會主義早期成都的建政和政府結構，見吳珂：〈中共對成都接管中的政治動員及其效力〉，《當代中國史研究》，2010年第5期，頁125–126；高中偉：《新中國成立初期城市基層社會組織的重構研究》。

10 成都市地方志編纂委員會：《成都市志·文化藝術志》（成都：四川辭書出版社，1999），頁400。文藝處內設宣傳、戲劇、電影、出版、總務五科和秘書室，附設文工隊、電影隊各一。戲劇科下設戲劇組、話劇組、曲藝組。

11 1953年1月，這個機構被拆分為文化局與教育局兩大部門。

12 康明玉、李青：〈建國初期成都市文化團體被接管與改造的經過〉，《成都文史資料》（成都：四川大學出版社，2002），第32輯，頁146。

13 康明玉、李青：〈建國初期成都市文化團體被接管與改造的經過〉，頁147–150；成都市地方志編纂委員會：《成都市志·文化藝術志》，頁400–401。

14 該劇基於趙樹理的短篇小説，講的是一位年輕的農民二黑，與他的女友小琴追求婚姻自由的故事，背景是抗日戰爭時期的華北農村。關於該劇在革命和革命文化的影響與地位，見傅修海：〈趙樹理的革命敘事與鄉土經驗：以《小二黑結婚》的再解讀為中心〉，《文學評論》，2012年第2期，頁72–80。近年來，一些學者重新審視「革命文學」，揭示了這些故事在革命浪潮中的消極面。見謝泳：〈百年中國文學中的「趙樹理悲劇」——從《小二黑結婚》的一個細節説起〉，《開放時代》，2008年第6期，頁158–162；翟業軍：〈從《小二黑結婚》看阿Q革命〉，《上海文化》，2013年第1期，頁36–43。

15 康明玉、李青：〈建國初期成都市文化團體被接管與改造的經過〉，頁147–150頁；成都市地方志編纂委員會：《成都市志·文化藝術志》，頁400–401。《皇帝與妓女》是著名劇作家宋之的於1950年所寫的戲劇，

講述北宋皇帝徽宗與名妓李師師的故事。關於1950年代大眾娛樂的研究，見姜進對越劇的分析，以及林培瑞關於相聲和相聲在抗美援朝運動中是如何被作為宣傳工具的研究（Jiang, *Women Playing Men*; Perry Link, "The Crocodile Bird: Xiangsheng in the Early 1950s," in *Dilemmas of Victory*, eds. Brown and Pickowicz, pp. 207–231）。何其亮在他關於評彈的新書中，描述了1951至1953年上海民間藝人中的「剪辮子」運動，該運動即「剪掉封建」的辮子，從封建思想中解放出來（He, *Gilded Voices*, chap. 2）。

16　關於三改政策及其影響，見劉乃崇：〈「改戲、改人、改制」給我們的啟示〉，《中國戲劇》，1990年第1期，頁38–41；劉遺倫：〈建國初期戲曲界「三改」的社會影響〉，《新東方》，2007年第10期，頁42–46；姜進：〈斷裂與延續〉；劉德軍：〈「三反」、「五反」運動再考察〉；張煉紅：〈再論新中國戲曲改革運動的歷史坐標〉，《上海戲劇》，2010年第12期，頁20–22。

17　成都市地方志編纂委員會：《成都市志·文化藝術志》，頁400–401；《成都市文化局檔案》，124-1-39、124-1-83。

18　Wang, *The Teahouse, 1900–1950*, chap. 2.

19　Siyuan Liu, "Theatre Reform as Censorship: Censoring Traditional Theatre in China in the Early 1950s," *Theatre Journal* 61 (2009), p. 389.

20　Wang, *The Teahouse, 1900–1950*, chap. 5.

21　康明玉、李青：〈建國初期成都市文化團體被接管與改造的經過〉，頁151。

22　Liu, "Theatre Reform as Censorship," p. 405.

23　即東大街留芳書場：竹琴；湖廣館街聚聖書場：音樂、滑稽、清唱；長勝街集賢書場：清唱、竹琴；下東大街正義書場：洋［揚］琴、竹琴、口技、雙簧；交通路交通書場：竹琴、相書、洋琴；署襪北一街雲龍協記書場：洋琴、竹琴、口技；春熙路北段三益書場：竹琴、口技、雙簧、魔術；春熙路北段凱歌書場：洋琴、竹琴、清音；轉輪街新新書場：清音；城守東大街淘春書場：竹琴；東城根上街錦春茶樓書場：竹琴；西御街安瀾書場：洋琴；長順下街竹園書場：洋琴、竹琴；長順中街六也茶社書場：洋琴、竹琴，雙簧、口技；城隍廟門口德雲書場：評話；東打銅街芳蓉書場：評話；城隍巷炳榮書場及爽一書場：評話；德盛書場：荷葉、金錢板；升平書場：評話（以上亦在城隍巷）；禪鶴書場：評話；清真茶社書場：口技；光餘茶社書場：琴書。見成都市地方志編纂委員會：《成都市志·文化藝術志》，頁

324–325。應為24家，但該資料僅列出22家。實際數字應該比這個多得多，因為許多沒有在警察局登記為書場的茶館，亦都提供評書等娛樂活動。另據1950年8月4日的〈成都市茶社業同業公會籌備委員會附營書場茶座組調查表〉，當時成都有茶館書場20家，其中1949年12月之前設立者10家，1950年設立8家，設立時間不詳2家。其中演「平劇清唱」者4家，燈影3家，竹琴洋琴9家（其中1家也演燈影，兼演金錢板、相聲等），京劇清唱2家，木偶（傀儡戲）1家，音樂歌舞1家。最大者可容240人，最小僅70人。全部20個書場的座位加在一起共有2,470個（《成都市各行各業同業公會檔案》，52-128-1）。其實可提供的座位應該超過此數，因為按照慣例，當觀眾多時，茶館經常加位。

24 該社聘請熊倬雲為經理。熊經營過有名的鶴鳴茶館，與「袍哥、黨、政、軍」等重要人物都有關係，人脈甚廣，人稱「熊半城」。作者對熊倬雲的採訪，88歲，於熊家，2001年8月9日。

25 南京五月文藝社是1936年5月1日各省流亡南京的一些中共地下黨人，「配合黨中央抗戰救亡的政策」，採取以文會友的形式籌組建立的。文藝社以「團結同好，聯絡友誼，學習寫作」為宗旨，參加者有金陵大學、中央大學、國立劇專、匯文中學、南京女中、男中等校讀書會的「進步青年」，出版有《激流》雜誌。見鄒趣濤：〈成都五月文化服務社〉，收入成都市群眾藝術館編：《成都掌故》（成都：四川大學出版社，1998），第2輯，頁201–202。

26 還開辦了一所不收任何學雜費的「第一工農文化補習學校」。一批義務服務的教師分別擔任語文、歷史、會計、珠算等課程的教學。學員多是城市店員青年、郊區農民青年，每期300人，每班50人左右，前後接受補習的共有1,800餘人。見鄒趣濤：〈成都五月文化服務社〉，頁203–204。

27 鄒趣濤：〈成都五月文化服務社〉，頁203–207。1955年，成都市第一實驗書場改為成都市曲藝場。見成都市地方志編纂委員會：《成都市志・文化藝術志》，頁325；《成都市各行各業同業公會檔案》，52-128-1。

28 上海大世界建於1917年，之前是中國最具吸引力的娛樂場所，有許多劇院提供各種戲劇、歌舞、雜耍及其他民間娛樂，還有電影院、商店、餐廳。南京夫子廟之所以很重要，是因為它的廟會從明清到民國時期一直很繁榮，包括在秦淮河上放河燈的流行，也是由它引領的。

29 此外還辦了大眾招待所、五月圖書體育用品社及理髮社等。見鄒趣濤：〈成都五月文化服務社〉，頁202–203、207–208。

30　鄒趣濤：〈成都五月文化服務社〉，頁208。

31　成都市地方志編纂委員會：《成都市志・文化藝術志》，頁325；《成都市各行各業同業公會檔案》，52-128-1。

32　《成都市文化局檔案》，124-1-83。

33　《成都市文化局檔案》，124-1-83。

34　《成都市文化局檔案》，124-1-83。

35　《成都市文化局檔案》，124-1-83。關於1950年代的婦女解放，見Gail Hershatter, "The Gender of Memory: Rural Chinese Women and the 1950s," *Journal of Women in Culture and Society* 28, no. 1 (2012), pp. 43–70；Tina Mai Chen, "Female Icons, Feminist Iconography? Socialist Rhetoric and Women's Agency in 1950s China," *Gender and History* 15, no. 2 (2003), pp. 268–295；Zheng Wang, "Dilemmas of Inside Agitators: Chinese State Feminists in 1957," *China Quarterly* 188 (December 2006), pp. 913–932。

36　據〈新蓉評劇團普查情況〉，1955年支出：稅金，1,268.52元，佔支出5.07%；工薪，13,819.56元，55.18%；水電，1,866.19元，7.45%；房租，2,490.77元，9.95%；宣傳費，1,076.59元，4.30%；演出費，575.31元，2.30%；購置，640.15元，2.56%；福利，71.84元，0.29%；折舊，1,693.24元，6.76%；其他，1,540.27元，6.15%（《成都市文化局檔案》，124-1-83）。

37　《成都市文化局檔案》，124-1-83。

38　《成都市文化局檔案》，124-1-83。

39　《成都市文化局檔案》，124-1-83。

40　傅崇矩：《成都通覽》（成都：通俗報社，1910），上冊，頁297；文聞子編：《四川風物志》（成都：四川人民出版社，1990），頁455；靜環、曾榮華：〈錦城藝苑話天籟〉，《成都文史資料選輯》，第3輯，頁133。

41　這是1954年1月28日〈成都市人民政府文化局報告稿——為報告「圍鼓」滋生情況請示處理〉（《成都市文化局檔案》，124-1-39）中的描述，較之1955年5月〈成都市圍鼓座唱情況調查報告〉（《成都市文化局檔案》，124-1-39），基本觀點和情況差不多，但有些描述更具體。不過，後者對圍鼓的定義要稍微客觀一些，「圍鼓即清唱，是四川流行的一種群眾業餘娛樂形式」。原稿上還有「不屬於曲藝範圍內」一句，但用筆刪去。該報告對圍鼓背景的解釋也與上一份報告有所不同，「由於演唱圍鼓專人較多，包括生、旦、淨、末、醜各類角色，並且所用的全套樂器一般與戲班相同，個別愛好者往往無力購置，因此解放前圍鼓組

織大半附屬於封建會門碼頭」，但不以營業為目的。然而1950年代初
出現的圍鼓，企圖與曲藝的荷葉相「混淆」，以便取得「曲藝從業人員
的身分」。荷葉座唱川戲為主，常唱七字句或十字句的韻文故事，使用
銅荷葉子一片，板一副，竹簽一根，單人演唱，因此圍鼓與之「毫無
共同之處」。其實，這些業餘愛好者對四川戲曲的發展起了重要作用，
見曾祥裕、鍾稚如：〈玩友對川劇唱腔改革的貢獻〉，《四川戲劇》，
1990年第4期，頁39–40；于映時：〈川劇玩友：振興川劇不可忽視
的力量〉，《四川戲劇》，1990年第2期，頁7–8。關於袍哥的研究，見
Kristin Stapleton, "Urban Politics in an Age of 'Secret Societies': The Cases of
Shanghai and Chengdu," *Republican China* 22, no. 1 (1996), pp. 23–64；Lee
McIsaac, "'Righteous Fraternities' and Honorable Men: Sworn Brotherhoods
in Wartime Chongqing," *American Historical Review* 105, no. 5 (2000), pp.
1641–1655；Di Wang, "Mysterious Communication: The Secret Language
of the Gowned Brotherhood in Nineteenth-Century Sichuan," *Late Imperial
China* 29, no. 1 (2008), pp. 77–103。

42 《成都市文化局檔案》，124-1-39。

43 《成都市文化局檔案》，124-1-39。這份報告具體列出了參加者的姓名
和職業（這裏只給出姓氏）：嚴（負責人）：男，過去為燈影戲藝人；
楊：男，手工業者；鄭：男，小旅店主；許：男，自新人員，做臨時
工；羅：男，過去為燈影戲藝人；高：男，鞋業工人；何：男，川戲
教師；楊：男，過去為木偶藝人；劉：男，小商店主；劉：男，川戲
玩友；李：男，川戲玩友；陳：女，燙髮工人；林：女，「反動軍官家
屬，私生活極惡劣」。

44 「低級趣味」是國家與精英從晚清到現在經常用來指責大眾文化的
詞彙。關於大眾趣味的研究，見Pierre Bourdieu, *Distinction: A Social
Critique of the Judgment of Taste* (Cambridge: Harvard University Press)。

45 《成都市文化局檔案》，124-1-39。

46 《成都市文化局檔案》，124-1-39。

47 中共執政之後，這些人受到全國範圍內的打擊。關於妓女改造，見
Gail Hershatter, *Dangerous Pleasures: Prostitution and Modernity in Twentieth-
Century Shanghai* (Berkeley: University of California Press, 1997), chap. 10；
黃金平：〈淨化社會環境、促進社會和諧——上海解放初期的妓女改
造〉，《上海黨史與黨建》，2005年第3期，頁40–41；馬慧芳、高延
春：〈新中國初期廢除娼妓制度的措施及現實啟示〉，《黨史文苑》，
2008年第4期，頁11–12；董麗敏：〈身體、歷史與想像的政治：作為

文學事件的50年代妓女改造〉,《文學評論》,2010年第1期,頁113–
121。關於中共針對政治、宗教、社會組織問題的研究,見李路:〈三
民主義青年團的創立與消亡〉,《黨史研究與教學》,1989年第2期,頁
48–54;賈維:〈三青團的成立與中共的對策〉,《近代史研究》,1995
年第2期,頁222–242;商進明、貝光生:〈取締一貫道,鞏固新生的
人民政權〉,《北京黨史研究》,1996年第3期,頁41–43;呂晨曦:〈略
論建國初期的城市社會問題〉,《四川大學學報》,2004年第S1期,頁
113–116;孫惠強:〈1950,北京剷除一貫道邪教〉,《檔案春秋》,2009
年第9期,頁12–16。

48　報告說其中官僚地主2人,現管特務1人,撤管特務4人,袍哥4人,
　　商人4人,失業藝人1人,失業工人2人,家庭婦女4人(其中1人是
　　「反動軍閥」的姨太太),舊職員1人。

49　即義學巷的裕記茶社、暑襪北一街的隨園茶社、鼓樓街的芙蓉亭茶社
　　和人民南路茶社。這些人中有現管特務1人,撤管特務1人,國民黨員
　　1人,袍哥大爺3人,一般袍哥8人,失業藝人4人,「偽甲長」1人,
　　「偽職員」2人,遊民5人,商人5人,一貫道1人,家庭婦女7人。

50　《成都市文化局檔案》,124-1-39。

51　《成都市文化局檔案》,124-1-39。〈成都市圍鼓座唱情況調查報告〉還
　　舉例說:南門外西巷子大茶鋪演《青梅配》,男人對他老婆說:「哈,
　　看不出哩你土窰子還出廣貨啊!」他指著一個男人對老婆說:「你怎不
　　借根線,把褲襠給他補好啊!」老婆回答:「那是一塊臘肉在那裏掉
　　著……」表演得「極其醜惡下流」。報告提到在芙蓉亭演《歡娛樓》的一
　　個藝人時,後面括弧加註「男妓」,說他故意做「淫蕩醜惡的動作和聲
　　調」,以迎合觀眾的「低級趣味」。另外的例子還有「穿起短衣亂扭」,
　　包括表演1949年後從未唱過的本子如《調叔》和《龔裁縫裁衣》等。還
　　把「比較好」的劇本「亂加亂唱」,使其變成了「壞劇本」。如外北小西
　　天茶社唱《二堂釋放》時,原詞是「惟願他夫妻二人百[白]頭到老」,卻
　　被唱成「惟願他兩口子親親熱熱抱倒一頭睡」。據稱表演「更是醜惡下
　　流」,舉的例子無非是「擠眉弄眼」,觀眾稱之為「眉毛跳舞」(《成都市
　　文化局檔案》:124-1-39)。

52　《成都市文化局檔案》,124-1-39。

53　《成都市文化局檔案》,124-1-83。關於過去的這種生活方式,見王
　　笛:《跨出封閉的世界:長江上游區域社會研究,1644–1911》(北京:
　　中華書局,1993),第4章。

54　《成都市文化局檔案》,124-1-83。

55　《成都市文化局檔案》，124-1-39。

56　《成都市文化局檔案》，124-1-39。文化局在1955年年底的〈圍鼓現在的分佈情況〉中，重申了這三條處理意見（《成都市文化局檔案》，124-1-39）。

57　《成都市文化局檔案》，124-1-83。

58　《成都市文化局檔案》，124-1-83。

59　《成都市文化局檔案》，124-1-83。

60　《成都市文化局檔案》，124-1-83。

61　《成都市文化局檔案》，124-1-83。

62　《成都市文化局檔案》，124-1-83。

63　《成都市文化局檔案》，124-1-83。1949年後，在「收容」政策之下，政府要求許多無家可歸者、遊民以及在外務工者返鄉，這個問題一度成為社會關注的焦點。2003年孫志剛案發生之後，由於社會反響強烈，導致了收容政策的終止。孫來自於湖北省，在廣州一家公司工作，他被收容是因為沒有暫住證，卻在收容期間被毆打致死。關於孫志剛案，詳見唐杏湘、李志剛、匡映彤：〈從遣送到救助：從孫志剛案看收容制度的變遷〉，《政府法制》，2003年第17期，頁14–15。關於「收容」政策，見朱文軼：〈我國收容制度始末〉，《政府法制》，2003年第17期，頁15；王行健：〈社會救助制度的異化和變革：從收容遣送到救助管理〉，《天府新論》，2004年第6期，頁87–90。

64　《成都市文化局檔案》，124-1-83。

65　黃振元：〈請聽我們的呼籲〉，《戲劇報》，1956年第9期，頁4–5。

66　黃振元：〈請聽我們的呼籲〉，頁4–5。

67　《人民日報》，1957年5月28日。

68　關於反右運動，見Chun Wong, "From 'Anti-Rightist Struggle' to Taking off Rightists Hat," *Asian Outlook* 13, no. 7 (1978), pp. 28–32；Chen-pang Chang, "Anti-Rightist in Politics, Anti-Leftist in Economics," *Issues and Studies* 23, no. 8 (1987), pp. 5–8；Yen-lin Chung, "The Witch-hunting Vanguard: The Central Secretariat's Roles and Activities in the Anti-Rightist Campaign," *China Quarterly* 206 (2011), pp. 391–411；Zhihua Shen, "Mao Zedong and the Origins of the Anti-Rightist Rectification Campaign," in *The Peoples Republic of China at 60: An International Assessment*, ed. William C. Kirby (Cambridge: Harvard University Asia Center, 2011), pp. 25–40。

69　《成都市文化局檔案》，124-1-83。

70　《成都市文化局檔案》，124-1-83。

71　《成都市文化局檔案》，124-1-83。

72　《成都市文化局檔案》，124-1-83。

73　值得注意的是，這份報告並未提到有三百多年歷史的「講聖諭」，1950
年還有二十多個講聖諭者，顯然這時已經消失了（石友山、方崇實：
《聖諭簡史》，《金牛文史資料選輯》[成都：成都市金牛區委員會文
史資料委員會，1982]，第3期，頁183）。關於地方娛樂的研究，見
Barbara E. Ward, "Regional Operas and Their Audiences: Evidence from Hong
Kong," in *Popular Culture in Late Imperial China*, eds. David Johnson, Andrew
J. Nathan and Evelyn S. Rawski (Berkeley: University of California Press,
1985), pp. 161–187。對藝人、特別是女演員的研究，見Weikun Cheng,
"The Challenge of the Actresses: Female Performers and Cultural Alternatives
in Early Twentieth Century Beijing and Tianjin," *Modern China* 22, no. 2
(1996), pp. 197–233；Suwen Luo, "Gender on Stage: Actresses in an Actors'
World, 1895–1930," in *Gender in Motion: Divisions of Labor and Cultural
Change in Late Imperial and Modern China*, eds. Bryna Goodman and Wendy
Larson (Lanham: Rowman & Littlefield, 2005), pp. 75–95；Catherine Vance
Yeh, "Playing with the Public: Late Qing Courtesans and Their Opera Singer
Lovers," in *Gender in Motion*, eds. Goodman and Larson, pp. 145–168。關
於評書的研究，見Wang, *Street Culture in Chengdu*, pp. 77–79；Li Fei,
"Performance Technique and Schools of Yangzhou Storytelling," in *Four Masters
of Chinese Storytelling: Full-length Repertoires of Yangzhou Storytelling on Video*,
eds. Vibeke Børdahl, Li Fei and Ying Huang (Copenhagen: NIAS, 2004), pp.
17–27；Vibeke Børdahl, "Written Scripts in the Oral Tradition of Yangzhou
Storytelling," in *Lifestyle and Entertainment in Yangzhou*, eds. Lucie B. Olivová
and Vibeke Børdahl (Copenhagen: NIAS, 2009), pp. 245–270。關於相聲
的研究，見Marja Kaikkonen, *Laughable Propaganda: Modern Xiangsheng as
Didactic Entertainment* (Stockholm: Institute of Oriental Languages, Stockholm
University, 1990)；Perry, "The Crocodile Bird," pp. 207–231。關於皮影戲
研究，見Ka Bo Tsang, "Tiger Story: A Set of Chinese Shadow Puppets from
Chengdu, Sichuan Province," *Oriental Art* 45, no. 2 (1999), pp. 38–49。

74　《成都市文化局檔案》，124-1-83。

75　目前從檔案中所看到的調查結果，僅是一個囊括各曲藝形式的總報
告，應該是在各曲藝形式的分報告基礎上完成的。我沒有在現存檔案
中發現這些分報告，不過根據稍後一點的〈曲改會清音組藝人情況調
查材料報告〉，我們對清音的情況有了進一步的了解。清音組有會員

104人（上述調查為113人，這個調查的時間要晚幾個月，故有不同），分清音一組（清音）、清音二組（京戲清唱）。一組有會員72人，除19人流動於市區茶社演唱外，其餘都在外北市場三個書棚內演唱；二組有32人，除5人在外演出，其餘都在春熙路南段的益智茶樓和後子門的勞工茶社。該報告說清音組是曲改會中人數最多、「成分最複雜」、流動性較大的一個組，所以文化局選定該組作為調查對象。根據組內「積極分子的反映」和調查組「掌握的現有材料」，當局在組內選出「歷史不夠清楚、問題較多」的43名會員作重點調查，以下是調查結果：藝人12人，家庭婦女5人，小商人1人，手工工人1人，舊職員1人，偽軍官2人，兵痞1人，流氓1人，娼妓18人，出身不明1人。以他們的收入分類（天）：6,000至8,000元（1955年頒發新版人民幣之前）者有8人，4,000至6,000元20人，4,000元以下15人。報告判定他們的「業務水平」：一組內「無水平較高者」（《成都市文化局檔案》，124-1-83）。

76 《成都市文化局檔案》，124-1-83。

77 這次調查說明成都曲藝演唱主要是在茶館裏，其中東城區59處，從業者共131人，每天演74場；西城區47處，從業者共105人，每天演61場；望江區26處，從業者35人，每天演30場（《成都市文化局檔案》，124-1-83）。

78 《成都市文化局檔案》，124-1-83。

79 《成都市文化局檔案》，124-2-1。

80 《十八摸》的唱詞含有性暗示，頗為流行，其中表演者把一個女孩從頭觸摸到腳。

81 《斷橋》基於著名的《白蛇傳》，描述了一段發生在西湖邊上的愛情故事。

82 《成都市文化局檔案》，124-1-83。

83 報告給的另一個例子是，一位女演員騙走一位鞋匠一百多雙鞋，導致這位鞋匠停業（《成都市文化局檔案》，124-1-83）。

84 《成都市文化局檔案》，124-1-83。

85 《濟公傳》是關於濟公和尚劫富濟貧的故事；《十美圖》講的是曾宣的兒子倖免於難後，報復嚴嵩抄斬其父滿門的故事；《思秀才》講的是一位年輕女子與秀才之間的愛情故事。

86 《成都市文化局檔案》，124-1-83。「觀摩」是社會主義中國一種十分有趣的現象，一般都是「內部」的演出，經常是在劇院，但也會在學校、工廠、政府單位的場所進行示範。「文化大革命」時期，由於商業性表演基本上不存在，一切演出都成為宣傳的一部分，「觀摩」成為人們觀

看文藝演出的主要形式，不售門票，完全免費提供給黨內官員、政府政要、工作人員，而普通民眾則沒有這種特權。

87　《成都市文化局檔案》，124-1-83。

88　David Holm, "Folk Art as Propaganda: The Yangge Movement in Yan'an." in *Popular Chinese Literature and Performing Arts in the Peoples Republic of China, 1949–1979*, ed. McDougall, p. 32. 關於「秧歌」的研究，還可以見Hung, "The Dance of Revolution," pp. 82–99。

89　Gardner, "The Wu-fan Campaign in Shanghai," p. 479.

90　Wai-fong Loh, "From Romantic Love to Class Struggle: Reflections on the Film Liu Sanjie," in *Popular Chinese Literature and Performing Arts in the People's Republic of China, 1949–1979*, ed. McDougall, p. 179.

91　Isabel K. F. Wong, "Geming Gequ: Songs for the Education of the Masses," in *Popular Chinese Literature and Performing Arts in the People's Republic of China, 1949–1979*, ed. McDougall, pp. 112–114.

92　Bonnie S. McDougall, "Writers and Performers, Their Works, and Their Audiences in the First Three Decade," in *Popular Chinese Literature and Performing Arts in the Peoples Republic of China, 1949–1979*, ed. McDougall, p. 291.

93　McDougall, "Writers and Performers, Their Works, and Their Audiences in the First Three Decade," p. 269.

第四章

茶館生活的衰落

　　從晚清到民國，茶館都是成都最重要的公共空間，也是人們日常生活的重要設施。1949年革命的勝利，不僅重建了中國的政治體制，也造成經濟和社會結構的根本變化，人民日常生活的改變更是前所未有。[1]本章著眼於1949年到「文化大革命」時期成都公共生活的變化，這種變化表明政府不僅決定著茶館的命運，還改變了人們的生活方式。[2]茶館行業和公共生活緊密相關，因此，本章也討論了政府怎樣加強對小商業的控制，以及怎樣導致茶館業走向衰落。

　　成都的居民在1950至1960年代仍然能進行茶館生活，不過對黨和政府來說，休閒茶館的存在與建設現代工業城市，有著難以調和的矛盾。在那個強調階級鬥爭的年代，茶館也成為政治鬥爭的舞台。由於政府對茶館這種公共空間的密切介入，市民利用這種空間的機會日益縮小。[3]因此，茶館的逐步衰落，與人們被迫退出公共生活是同步進行的。在激進的1960至1970年代，除了政治性的組織、集會，或是其他由政府批准的活動以外，幾乎沒有公共生活的生存空間。所有現存的劇院、電影院及類似的場所都成為政治宣傳的陣地。在「文化大革命」的前期，茶館在激進的革命浪潮中，幾乎在一個晚上消失始盡。人們在公共場所一句不

經意的言辭，可能會帶來滅頂之災。這樣，人們避免在公共生活中或是公眾間談論政治，退回到家中去尋找安全感。但是，家庭中夫妻父子的反目在當時到處可見，所以家庭也不再是安全的避風港。「文化大革命」十年是茶館與公共生活在20世紀的最低谷。不過，政府不可能完全地禁止茶館的存在，「文化大革命」後半期它們又頑強地冒出來，繼續在城市的日常生活中扮演一定的角色。儘管生存艱難，但它們終於挺到了改革開放的到來。

1950年代的茶館生活

老革命馬識途回憶道，新政府成立後，茶館被認為是隱藏著污穢與懶惰的地方，因為黨和政府的領導者們都認為：

> 既然茶館不再是能支持革命的地方，我們必須堅決地消除它們。因此，茶館倒閉了。儘管人們不喜歡這種不便，但他們除了無條件服從外，無能為力。實際上，一些有識之士認為我們可以取茶館之益而去其之弊，當然，這樣的話茶館的弊處將會完全被消除，茶館將成為一個文化活動中心以及宣傳教育的場所。但當局沒有聽見這些聲音，因此，茶館在四川大地上幾乎消失殆盡。[4]

儘管馬識途所說的「在四川大地上幾乎消失殆盡」有些誇張，但茶館的數量確實是大大減少了。成都作為一個大城市，受到了國家更嚴格的控制，因此也遭遇了更強烈的政治影響，使茶館的消失比農村集鎮的消失更為迅速。根據雷影娜（Regina Abrami）的研究，非成都居民不能獲得營業執照，店主和小販也被要求每年續

簽營業證，而「工商局的幹部們有著極大的權限，去定義什麼是合法私有生意的規模與範圍」。[5]

官辦的地方報紙不再像民國時期那麼關注茶館，有關的報道很少，但有時也從其他角度透露一些信息。如1956年《成都日報》發表〈不怕困難的茶社工人〉，介紹錦春茶社燒甕子工人龍森榮，報道他這年3月被評「行業二等勞動模範」後，在勞動競賽中「又作出了新的貢獻」。他用鋸末代替煤炭燒茶爐子，經多次試驗，終於成功。錦春茶社一天可節約煤120斤，全年達4.3萬多斤。隨後他又向其他茶社推廣這個辦法，幫助13家茶社改進爐灶。[6]回憶資料也從另外的角度揭示了茶館的狀況。如沃若回憶小時候父親被打成右派，下放到一家茶館燒開水，家裏的所有財產除身上的衣服外，就只有一床被子、一張油布、一個銅罐。每晚當最後一位顧客離開後，父親便把四張桌子拼在一起，鋪上油布做床，脫下衣服作枕頭，每早天不亮就被幾個喝早茶的老爺子吆喝起來。[7]（圖4-1）

據一位老市民對西御街德盛茶館的回憶，該茶館有兩間鋪面大小，店堂寬敞明亮，分成前後兩部分：前堂多為零星客人，後堂主要為老顧客。該茶館是1950年代初開辦的，生意頗為興隆。德盛茶館每晚都有相聲演出，當時成都頗有名氣的相聲演員都在那裏登台，但由於內容重複，聽眾漸少，後換成竹琴演出。有一位姓楊的竹琴藝人，約四十歲，胖而面善，有彌勒佛之像。他可唱全本《慈雲走國》，聲情並茂，「緊張處讓你提心吊膽，傷悲處讓你潸然淚下」。《慈雲走國》講的是宋朝慈雲太子被奸臣加害，流落民間，後在忠義之士的幫助下，歷盡艱難，掃除奸佞，重振朝綱的故事，很受聽眾歡迎。中間休息時，由妻子挨個收錢，他則閉目養神，或抽煙喝茶。[8]

圖 4-1 茶館熱氣騰騰的爐灶，每一個火眼上放一個開水壺燒水。作者
攝於成都郊區雙流縣彭鎮觀音閣老茶館。2021年夏。

　　又據阿年回憶，1950年代初，他父親經常在晚上帶他到街口
的茶鋪裏去聽評書，他在那裏結識了幾個來茶鋪撿煙頭的小伙
伴，不久他自己也加入了撿煙頭的行列。碰上評書精彩，聽眾

多，煙頭也多，有時一次撿的煙頭足夠父親抽兩三天。後來阿年住西溝頭巷，地處市中心，在文化宮對面，他家隔壁便是中心茶社。那時一般人家燒柴灶，他外公覺得鍋裏燒的水有煙味，不能沏茶，所以一天至少要去茶館買幾次開水。沒有錢買茶葉時，便去茶館倒「加班茶」（即顧客喝剩下來的茶）。阿年十分樂意去茶館買水，這樣可以借機在那裏玩一陣，不必擔心回去挨罵。有時耽誤久了，就找若干理由，像水沒有燒開，或茶客多開水不出堂之類。其實他外公知道只要他一進茶鋪，便要看熱鬧。那裏有算命的、打竹琴的、耍魔術的、看「洋片」（即「西洋景」，小孩從一個孔看裏面的各種圖片）的、賣麻辣兔肉的，形形色色，「只要一扎進去，半天也出不來，大概這中心茶社便是我童年包羅萬象的遊樂宮了，甚至就連今天的夜總會、卡拉OK廳也絕沒有如此精彩」。[9]

　　作家黃裳喜歡在成都坐茶館，大大小小、形形色色的茶館也都光顧過，如人民公園裏臨河的茶座、春熙路的茶樓、在舊花園基礎上改造的三桂茶園等都去過。他說1950年代成都的茶館有很多優點，「只要在這樣的茶館裏一坐，就會自然而然地習慣了成都的風格和生活基調的」。那個時候的茶館，都還有民間藝人唱各種小調，打著木板，講著故事。還有賣煙的婦女，拿著四五尺長的竹煙管，可以出租給茶客，由於煙管太長，自己無法點火，所以還得替租用者點火。也有不少賣瓜子花生者，他們穿行於茶座之間。修鞋匠也在那裏謀生活，出租連環畫的攤子生意也不錯。[10]儘管經過了改朝換代，但茶館傳統的生活方式仍在繼續。（圖4-2）

　　另一位成都老居民張先德指出1950年代的茶館還是同過去一樣，大量坐落在街邊、河邊、橋頭，還有相當部分在公園內，少數在市中心者佈置較高雅。但最能代表成都茶館者，還是那些大

圖4-2 成都郊區雙流縣彭鎮觀音閣老茶館，牆上還可以看見貌似「文化大革命」期間的標語「毛主席萬歲」。根據我對茶館老闆的採訪，其實牆上的字是2008年一部電影拍攝時作為佈景繪製的。作者攝於2015年秋。

眾化的街角茶鋪，所以當時成都人愛說：「到口子上去談三花！」張先德不無誇張地說，如果要評選成都人最經常使用、最能代表成都人的一句話，恐怕這句話當之無愧。摻茶師傅仍然繼承了先輩的敬業精神，他們多為青壯年男子，技術高，服務好，頭腦活，反應快，加之又善社交，眼觀六路，耳聽八方，見機行事。不過那些小茶鋪的店主往往兼做堂倌。[11]

又據張先德回憶，他過去住的小街上，百步以內就有兩家中等規模的茶館，即萬花樓茶社和百花茶社。前者有三間鋪面和一層樓面，茶館還可以利用街沿和街對面空地增設茶座，因此可同時接待上百客人，但該茶館在1960年代初關閉，改作醬園鋪。百

花茶社比較簡陋，亦可容納數十人，經常擁擠不堪，特別是打圍鼓、講評書時，一、二百人濟濟一堂。那時經常有人來坐場打圍鼓、說書，或拉二胡、彈揚琴，「茶鋪借此吸引茶客，藝人則借此謀生」。正如本書第三章的討論，雖然政府試圖取消這項活動，但仍然不能完全成功。[12] 講評書一般在晚上，有時下午也有，多是《說岳》、《水滸》、《三國》、《聊齋》、《濟公傳》等節目。儘管政府做出了極大的努力，但傳統節目仍然在相當程度上保留下來。隨著政治運動的日益激進，到 1960 年代社會主義教育運動乃至「文化大革命」前夕，說書人也不得不緊跟形勢，講述《林則徐禁煙》、《敵後武工隊》等革命節目。百花茶社一直維持到「文化大革命」開始。[13]

在許多人的記憶中，即使是在最困難的年代裏，茶館生活也依然存在。黃先生出生於 1956 年，在東大街度過了孩提和青少年時代。他住家隔壁便是一家茶館，他經常透過牆上的一個洞來窺探茶館內的活動。直到「文化大革命」前夕，仍有木偶戲、「打道琴」和長長的水煙管。夏天，一些小伙伴會到茶館裏拉一個巨大的吊扇來賺錢，扇子懸在梁上，下面的人用繩子拉動為顧客送風。[14] 吳女士也回憶說，在 1950 年代，她的一位同事每天早上 5 點去茶館，在他當父親之後，把小孩也帶去茶館，甚至在冬天也不間斷。喝完早茶後，他才回家吃早餐，然後再去單位上班。後來他搬了家，離常去的茶館有好幾里路遠，但是他還是堅持坐公共汽車去那裏喝早茶。[15] 以上這些故事都顯示了茶館生活對人們的吸引力及重要性。

民間藝人和茶館有著密切的依附關係，藝人得到茶館同意，約定了演唱時間、演出收入分配辦法等，便可以開演了。一般茶館中茶資和評書費「各自收取」，藝人和茶館之間「尚未發現其他關係」。其他演員人數較多的表演形式如演戲等，藝人還需向茶

圖4-3　成都郊區一座寺廟裏的戲台，平時也用作茶館了。戲台下面還有小販擺攤，充分利用了空間。作者攝於2003年夏。

館交付房租、電費以及其他費用等。演唱時間一般都在下午和晚上。據一份1955年的報告指出，在所有的民間藝人中，評書為最多，佔54%；其次是金錢板、荷葉、竹琴、揚琴等，佔33%。演木偶、燈影戲者少得多。對茶館裏面演出的內容，調查報告認為這些演出多是「未經整理過」、「含有毒素的舊唱詞」，因為他們演唱的目的是「招徠顧主，維持生活，因此不顧形式內容，亂説亂唱，甚至表現下流庸俗動作」。不過調查報告對曲藝也有正面評價，表示有部分藝人的説唱是「經過整理推薦的優秀傳統節目」和「反映現代生活的新書詞」。[16]

　　「書棚」是另一種類型的娛樂場所，那裏整天都有説書和其他曲藝表演。書棚一般設施都非常簡陋，多在城郊，觀眾和藝人多是收入低、社會地位低的農民。調查報告稱「亂説亂唱和下流表

演比較普遍」，在群眾中的影響也「最為不好」。這份1955年的報告還說他們演唱水平一般不高，流動性大，「生活作風不好」，甚至指責有少數藝人「與流氓盜竊分子有聯繫」。報告中列舉若干人名，其中一個是金錢板藝人、四個是清音藝人，「由於賣淫、偷竊、詐騙等均被拘捕勞改過和正在勞改中」。[17]在晚清和民國時期，鄉場上的演出相比城內，歷來較少受精英和政府的直接干預；但在社會主義時期，它們無疑都在新政府的嚴密觀察之下了。（圖4-3）

去茶館喝茶的是各色人等，小販和耍小把戲者也可在茶社招徠顧客，還有「一等功力深厚的舊式老茶客」。説他們功力深厚，並不指他們的品茶水平，而是指他們「以茶鋪為家，整天屁股難離茶座，像有釘子釘著，或放了一塊磨盤」。他們到茶館，並非為茶，甚至也不是玩棋牌、聽戲曲或弄鳥雀，而是「屬意茶鋪那種習慣了的氣氛」。他們一大早來到茶館，一碗茶，一張報紙，便可打發幾個小時，困了則用報紙捂著臉打瞌睡。這種坐功，可以同和尚的「坐禪」或「打禪」相媲美。張先德回憶這些茶客時評論道，他從小到大，在茶鋪裏「見識過各等人物，其中不乏有意思的人、能人、高人」；但他印象最深者，是那些「坐功極佳的老禪客」。人們或許認為他們「是無用之輩，窮極無聊」，但也説不定是「鬧市中的野鶴閒雲」。在他們那裏，似乎隱藏著無盡的奧秘，他們能夠「處變不驚，於無味之處品嘗人生的味道」，可以説把「成都人的閒適發揮到了極致」。他們甚至可以成為區分外地人與成都人的「重要標誌」。[18]

在20世紀上半葉，婦女進入茶館便一直是人們討論的問題，她們也逐漸爭取到茶館的使用權。然而即使到了1950年代，女人坐茶館仍遠不如男人普遍，特別是人們對女學生和女青年泡茶館

圖 4-4　一家街角茶館佔道經營。作者攝於成都郊區雙流縣彭鎮觀音閣
　　　　老茶館。2015年秋。

仍然頗有微詞，認為不高雅、太低俗。人們對中老年女人坐茶館
倒是習以為常，這些女人「多是家庭婦女中家務事較少，或不大
經佑家務的老耍家」。

　　茶館裏人們的穿著和外表也昭示著時代的變化。著長衫者日
益減少，中山服、列寧裝等逐漸流行，那個時候時興在上衣口袋
內插鋼筆，人們可以從中猜測其身分，所以當時有個說法是：
「一支鋼筆小學生，兩支鋼筆中學生，三支鋼筆大學生。」[19]

　　不僅是一般民眾，甚至大學教授們也是茶館的常客，如四川
大學歷史系蒙文通（1894–1968）教授的課，「考場不在教室，而在
川大旁邊望江樓公園竹叢中的茶鋪裏，學生按指定分組去品茗應
試，由蒙先生掏錢招待吃茶」。他的考試也別具一格，並非他出
題考學生，而是由學生出題問先生，往往考生的問題一出口，「先

生就能知道學生的學識程度」。如果問題問得好，蒙先生則「大笑
不已，然後點燃葉子煙猛吸一口，開始詳加評論」。若有學生登
門問學，「他多半邀對方去家隔壁的茶館，一邊吃茶，一邊講學，
一邊操著帶些鹽亭土腔的四川話得意地說：「你在茶館裏頭聽到
我講的，在課堂上不一定聽得到喔。」[20] 不過，我們應該看到，蒙
文通此舉是在中華人民共和國建立初期。儘管政府逐漸控制了日
常生活的方方面面，教授還多少可以有一些自由的公共空間，大
學裏還多少保留了一些民國時期大學中自由的餘緒，以及教授的
自主性。今天的大學實施行政化的管理，教授們已經不能再以這
樣特立獨行的方式教學了。

　　政權的更迭可以在短時期內完成，但生活方式的改變卻需要
很長時間。光顧茶館是一個在中國日常生活中根深蒂固了許多年
的習慣，在共產黨執政後的第一個十年裏，儘管茶館業在逐步萎
縮，但人們的茶館生活卻仍然在繼續。茶館仍然是各階層人士喜
歡光顧的地方。直到「文化大革命」前夕，人們仍然光顧茶館，雖
然此時人們已經感覺到政治的疾風暴雨到來前的壓抑。公共生活
被國家密切關注，特別是被那些國家權力中較低層次的代表，如
派出所、街道辦事處、居民委員會等機構所監察。那些發佈不屬
社會主義道德意識形態的言語和思想的人將會被舉報，並承擔嚴
重的後果。「文化大革命」的發動，給了茶館致命一擊，當茶館和
其他公共生活的因素消失之後，成都的茶館和茶館生活也跌至20
世紀的最低谷。(圖4-4)

工業發展與茶館生活的矛盾

　　成都是傳統的手工業城市，《人民日報》1954年一篇題為〈成
都手工業者的出路〉的文章，透露了成都小手工業者與茶館的一

種特殊關係。按這篇文章的說法，「忍受私商的中間剝削」，是手工業勞動者最痛苦的一件事。他們「除了小部分人有個自產自銷的鋪面外」，大部分人要靠商人來買貨。他們因處在窮街陋巷，貨色不全，花色不新，很難與商號競爭。到了淡季，不得不把部分產品賣給私商，甚至把貨賣到「底堂」。這些「底堂」就設在茶館裏，也就是私商「殺價收買他們產品的地方」，如皮房街的遠大茶館，就是皮鞋業的「底堂」。買貨的商人坐在那裏喝茶：「腿翹起，臉黑起，你拿著皮鞋走到他跟前，他還裝著沒看見。你連喊幾聲『老闆』，他才翻起眼皮，冷冷看你一眼。他把皮鞋接到手裏，左看，右看，等他把毛病挑夠了，才說出個價錢。該值十萬，頂多給你七萬，還說他本不想買，這是為了照顧你。」[21]

這篇文章也透露了成都的一般經濟狀況。據前面所述，成都商鋪在1950年代早期開始便受到打擊：「成都是全國有名的手工業城市。一條條街道上滿是手工業的鋪子，製革業集中在皮房街，木器業集中在鑼鍋巷，差不多每個較大的行業，都有自己集中的地方。」按這篇文章的說法，成都市的手工業在地方經濟中所佔的比重甚大，全市手工業有14,800多戶，佔全市工業戶的98%；從業人員有40,100多人，佔全市工業總人數74%；全年生產總值四千多億元（舊幣），佔全市工業總產值的41%。手工業有96個行業，製造磚、瓦等建築器材，馬具、軍鍋等軍用品，鐵、木農具，工業原料，各種家具，文化和生活用品以及精巧的手工藝品等，總共有9,500多種。[22]但是由於新政權的各種政策限制，手工業品製造和銷售都面臨困難，它們逐步讓位予新興的國營大工業。

在那個不斷「革命」的年代，坐茶館總被認為是社會的消極現象，因此茶館的衰落是被作為社會進步因素來看待的。1956年，張彥在《人民日報》上發表的長文〈回成都〉，記述了成都面貌的變化。張彥在抗戰結束不久的1946年回過成都一次，那時候，他看

到茶館裏：「座上還是那麼多飽食終日的『閒人』。只是，柱子上和牆壁上增添了『各照衣冠，休談國事』的字條，籠罩著一層恐怖的烏雲。」離開成都的時候，他「是多少帶著悲觀失望的情緒離開它的」。1956年，他再次回到成都，這個城市給他的「第一個印象就是嶄新的」。不過「原有的街名和許多還是保持原來樣子的鋪面」，使張彥「才慢慢地把它們和舊成都的面貌聯繫起來」。[23]

據張彥的描述，這個城市最大的變化是新馬路：「解放後才短短的六年多，人民政府已經翻修了總長達一百公里的馬路，主要街道現在差不多都是十幾公尺至二十公尺寬的柏油路或者水泥路了；有的街道還添上了街心花壇，栽種了成行的梧桐樹或芙蓉樹。」張說變化最劇烈的是舊皇城壩一帶，那裏過去是「有名的貧民窟，盡是些破街小巷，污泥滿地，又臭又髒；旁邊有一座所謂『煤山』，實際上是幾十年積累下來的一座垃圾山；還有一條『龍鬚溝』似的污穢惡臭的『御河』」。如今在皇城前面修了一條寬闊的柏油大馬路 —— 人民南路，「每逢國際勞動節和國慶節，成都市人民就在這個馬路廣場上集會慶祝」。然而，張彥沒有提到，重修道路導致許多街角茶館永遠消失了。

張彥繼續讚揚道，御河旁邊那座垃圾山也變成可容三萬人的人民體育場。過去發臭的御河，「也已拓寬加深，流著從城外引來的清水」。馬路下也發生了巨大的變化，「解放後不到兩個月，人民政府就著手解決直接關係幾十萬市民最緊迫的下水道問題」。前後將近有十萬人參加疏淘橫貫市區南部的河道和陰溝，新修了「可供二十萬居民排水用的鋼筋混凝土下水道」。[24]民國時期成都澇災頻仍，而新政府則在短期內解決了這個大問題，的確反映了其效率和能力。[25]

這篇文章沒有提到這時茶館的情況，作者所關注的也不在此。他在這篇文章中想要表達的是成都的「進步」形象，雖然茶館

仍然存在，但是屬「消極」因素。因為他所設想的成都是「未來的工業城」，茶館與此顯然是格格不入的。他為看見「一根根正在冒煙的煙囪和一座座的水塔」而歡欣鼓舞。成都市是傳統的消費城市，到新政權建立時，還幾乎沒有大工業，遍佈全城的是小手工業。但政府確立了建立工業城市的宏偉計劃。作者在城市建設委員會辦公室裏，看見一張關於成都建設規劃的巨幅藍圖。根據這個藍圖，到1962年的時候：「工廠和學校差不多會把整個城區一層又一層地包圍起來。在東南北三方一二十公里範圍內，煙囪和高樓將密集如森林，只是西邊還留著一個缺口作為發展的餘地。那時候，二十公里外將有許多個八九萬人的『工人鎮』，像衛星似的保衛著這座巨大的社會主義工業城市。」

這與成都傳統的手工業、小商業和消費城市的性質，顯然是完全不同的發展模式。茶館這樣屬於日常生活的公共空間，很難在轟轟烈烈的「社會主義建設」中找到其位置。張彥的文章，其實反映政府對於城市經濟的全國性政策，是經濟發展的同一模式。這位作者反映出共產黨想要把中國轉變為工業化國家的強烈願望，並認為這種發展方向，將會很快地使國家強大起來。柯英茂（Ying-mao Kau）在他1969年對武漢的研究中發現，「自中國共產黨1949年掌權以來，建立以其為領導的現代化的工業國家是其首要目標」。[26]這說明，這樣的城市經濟發展模式，不僅出現在成都，而且是全國的趨向。

茶館和其他小商業一樣，面臨著種種困難。1954至1956年的社會主義改造之後，政府要求所有的店鋪重新註冊，卻拒絕了其中許多店鋪的申請。[27]1957年，只有3,598個企業註冊成功，其中，2,393個為公私合營集體所有制，另有2,211個家庭經營不在這個統計之內。[28]根據社會主義改造時期成都的手工業生產及發

展統計表，在1949年，有10,997個手工業家庭作坊，僱用了
31,427人。但在1956年，大多數家庭作坊被改造成為「集體所有
制」，諸如「街道工廠」、「合作商店」之類，家庭作坊數字減少到
1,825個。[29]1957年1月，「大躍進」運動前夕，成都市共有438個
茶館，加上26個「老虎灶」（只賣熱水或開水，沒有提供茶座的地
方），這個數量相比1951年的541個下降了近四分之一，僱員的
數量也從1951年的3,885人跌至1957年的2,128人，大約下降了
45%。[30]其中最大的變化是，有的茶館甚至還變為了國家所有制，
這是歷史上從來沒有出現過的。

　　1958年轟轟烈烈的「大躍進」運動中，集體代替了家庭和私人
生活，這不可避免地會帶來新的問題。[31]關於這一時期成都茶館
的情況，由於資料缺乏，所以並不很清楚，但是我發現了毛澤東
對茶館的態度。根據記載，毛澤東於1958年3月4日抵達成都，
第二天，一位省委領導人陪同他乘車繞城瀏覽。成都的城牆係清
初重建，雖然民國時期有一些破壞，但是大體還保存完整。毛澤
東說：「北京的城牆都拆了。這城牆既不好看，又妨礙交通，進
出城很不方便。城牆是落後的東西，拆掉是先進，不拆是落後。」
毛澤東既然做了如此表態，四川省委領導人馬上跟進，把「成都
市的城牆當年全部拆除」。從小汽車的窗口中，毛澤東又發現了
「一道獨特景觀」，那就是隨處可見的茶館。毛澤東認為，「在茶
館喝茶花錢太多，流露出不滿之意」。隨行的地方領導人心領神
會，「四川省的茶館一時絕跡」。[32]這是唯一直接表明毛澤東對茶
館看法的紀錄，儘管沒有官方紀錄可以印證，但這種想法是與毛
澤東對城市和城市生活的一貫態度相吻合的。在他看來，茶館就
像城牆一樣，代表著過去，是舊的事物，應該被摒棄。毛澤東對
城牆和茶館的這種看法，也證明了本書的一個重要觀點：國共兩

圖 4-5　一些老人在成都郊區雙流縣彭鎮觀音閣老茶館裏休閒。作者攝於 2015 年秋。

黨在對大眾文化問題上，有許多共同點，兩黨的文化政策，也有相當的繼承性。在抗戰時期，蔣介石也曾指責道：「假使坐茶館的人，把時間用在革命事業上，則中國革命早就成功了。」[33]雖然毛澤東強調的是浪費金錢，蔣介石強調的是浪費時間，但是他們把茶館生活視為消極的因素，卻是如出一轍的。（圖4-5）

　　和茶館有關的另一份資料是《人民日報》1958年12月發表的〈讓社員生活豐富多彩 —— 郫縣保留和提高集鎮飯館酒館茶館〉的文章，稱成都郊區的郫縣在辦好公共食堂同時，「積極加以調整、提高和發展，多方面滿足社員的需要，使人們生活豐富多彩。」報道説，郫縣在10月實現了公共食堂化，全縣四萬多戶農民全部在公共食堂用餐。縣委考慮到公共食堂不能解決人民各種不同的愛好和習俗，指示全縣公社實行「四保留」，即保留農民家

中的鍋灶，允許農民在參加集體食堂的同時，在家隨意做點想吃的東西，並保留飯館、酒館、茶館，以及醬園、粉坊、豆腐坊等各種作坊。保留茶館是為了「便利農民喝茶」，還在茶館中「添置了圖書畫報，組織文娛演出，變成了農村的『文化樂園』」。[34]這說明「大躍進」初期茶館實際上停止了營業，但後來這種激進政策不得不進行調整。雖然我們不清楚這次政策的調整，是否由於農民向政府反映沒有茶館的不方便，但至少說明了即使是在激進的「大躍進」運動中，茶館在相當程度上還是倖存了下來。

值得注意的是，郫縣在「大躍進」運動中扮演了一個重要角色。1958年春，中共中央政治局在成都召開擴大會議，毛澤東訪問郫縣紅光公社，為「大躍進」運動定了基調。[35]儘管「大躍進」運動十分激進，但它並不能摧毀茶館行業，因為茶館已深深扎根於大眾文化之中了。

茶館裏的政治和階級鬥爭

1950年之後的茶館，從外部看起來與民國時期並無太大差別，但內部的政治鬥爭卻更加激烈。[36]大多數街頭茶館，同過去一樣，當街一面是可拆卸的木板門，裏面則有竹靠椅、矮方桌、蓋碗茶、銅茶壺等。不過明顯的變化是張貼的「莫談國事」的告白不見了，「代之以歌頌共產黨、新社會的新聯語」。過去在一些茶館裏，如果店主受過點教育，也會在牆上撰寫或貼古雅的詩詞。但隨著接踵而來的政治運動，茶館的牆壁、柱頭被用作張貼標語、文件、通知之處，提醒著人們政治是無處不在、無孔不入的。民國時期，許多茶館老闆和僱員都加入過袍哥，他們自然成為新政權整飭的對象，因此許多人都受到了牽連。袍哥的比例究

竟有多高，據1955年的〈隨園茶社蓉聲川劇組花名表〉，該組共12人（11男1女），在「參加過何偽組織」一欄，除3人空白及1人填「私塾四年」，其餘都填有「無黨派，有袍哥」。[37]也就是説，這個茶館川劇藝人至少60%以上都有袍哥背景。當然，也有不少人參加過國民黨、三青團等「反動組織」。

　　1957年的反右運動對茶館及文化也產生了重大影響。之前的學者都認為運動只是針對知識分子，但檔案顯示不少小商業者也受到整肅。[38]在檔案裏，還有不少鳴放和反右的記錄，如〈工商界骨幹分子整風學習登記表〉等，都是茶館中政治鬥爭的反映。如吟嘯茶社的經理馬某，「政治身分」是「民建會員」，政治態度是「中左」。登記表中有「鳴放中的言論摘要」，這些言論如：「我認為工資改革實際上是降低了，違反了高工資不降的原則」，「工會不對工人進行教育，只強調階級觀點」；還有「別人揭發的問題」一欄，如有人揭發馬曾經抱怨「政府根本不重視私方人員」。新蓉茶社的周某，「政治態度」被劃為「中中」，鳴放中的言論包括：「工人階級的領導應該有規格，不能任何個人都任領導」，「社會主義的企業是民主管理，我號就不民主」，又説「右派分子章乃器提的意見我同意」；在「鳴放中的態度」一欄中寫道：「在鳴放中該人所放的東西雖然不多，但是他突出地表現出對工人階級有嚴重的不滿情緒，因而劃他為中中分子。」在「反右鬥爭中的表現」一欄中寫道，「對鬥爭右派分子比較積極，能和右派分子進行鬥爭，但其內容不充分，軟弱無力」。[39]由此可以看出，這些人的行為和言論都是在政府的監視之下，國家對整個社會包括茶館的控制，較之過去要嚴密得多。人們很快便意識到，他們不得不積極地參與各種政治活動，但同時得十分小心自己的言論，以免惹禍上身。

　　根據評書藝人劉某所寫的〈本人簡歷〉，他8歲時讀私學，後初小、高小畢業，讀了7年，15歲時在鼓樓洞街水煙鋪學徒3

年，滿師後在水煙鋪工作到20歲，然後開始學講評書和「講聖
諭」，並以此為生15年，「中間並無間斷」。自1950年起，「專以
講評書為生活」，在溝頭巷竹林茶社講了3年。他曾在1944年參
加「大成清吉社」，1947年由講書的「舊工會」集體參加「偽三青
團」。因為他是評書工會的小組長，就順理成章地成為三青團的
小分隊長。1950年根據有關法令自首，1952年「恢復了人民權」，
由曲改會派往參加土地改革宣傳組。完成後回成都「還是評書生
活」，還在文化局所安排的「曲藝藝人中心學習組學習」。[40]

　　而有些藝人就沒有那麼好的結局了，有的由於過去的經歷和
演唱的內容而被定為「反社會主義分子」。如羅某，簡陽縣人，出
身貧民，本人成分「自由職業」，為成都曲藝場評書演員，解放前
為「袍哥五排，反共救國軍中隊長」，由於是「登記自新」，所以沒
有進行管制。後來有人檢舉羅「係稽查處特務」，在國民黨軍隊當
過軍官。但據1958年〈反社會主義分子羅××的材料〉稱，這個
指控是「待查」。根據這份材料，1949年後羅繼續以講評書為業，
1953年參加曲藝場，1955年「因亂搞男女關係」，被書場開除。他
後來到昌都、拉薩等地講評書，「獲利」七、八千元，1957年4月
又到成都曲藝場。[41]

　　從這份材料看，他之所以被打成所謂「反社會主義分子」，是
因批評了當時的一些社會現象，有的通過他編寫的節目表現出
來。他的罪名包括：(1)「編寫反動評書、反對黨的領導」。在大
鳴大放中，羅根據《新觀察》刊登的〈首長的衣冠〉獨幕諷刺劇，改
編為評書，而被判定為「醜化黨的幹部，攻擊黨的領導」。這裏說
的「醜化」，就是評書中所講的：「他們對上奉承，對下擺架子，
耍威風。首長一摸煙，他就趕快點火；首長一拿茶，他就趕快去
倒開水；首長一咳嗽，他就趕快拿痰盂。至於群眾之痛癢，他是
不管的，他們所唯一關心的是首長的印象。」(2)「污蔑曲改政

策，挑撥黨與藝人的關係」。「污蔑曲改政策」，就是他在鳴放中
說「戲曲改革有毛病」，在「貫徹上級取消封建神怪黃色、色情的
指示中，都有粗暴行為，只說不准演唱一些戲，但不說為什麼，
造成許多藝人受迫害，個別藝人甚至尋死上吊」。而且還批評：
「在舊社會我們藝人受歧視，為什麼新社會還是瞧不起我們藝
人？」(3)「演唱壞書、散佈毒素」。材料稱羅一貫「巧立名目」，
演唱壞評書。到涼山慰問解放軍時，「未經領導審查」，又向解
放軍演唱「有毒素的壞書《打雷招親》」，當時在解放軍中「影響
很壞」。(4)「捏造事實、造謠惑眾」。材料稱羅1957年從西藏回
來後，對人說「西藏打得血流成河，屍堆如山」。又說「搗亂分子
幾萬人要打拉薩，解放軍的大炮都安好了，解放軍和叛亂分子談
判說，如果你們要打，我們的大炮就把布達拉宮打平了」。還
說：「有次在拉薩看電影，觀眾中有人打槍，當場打死幾個人。」
(5)「流氓成性，一貫亂搞男女關係」。材料說羅解放前「犯嫖濫
賭」，1955年離婚，接著又結婚，在涼山慰問解放軍時，與一個
女演員「發生曖昧關係」。[42]

　　以上所列的所謂「反社會主義」言行或所謂的「歷史問題」，背
後原因或是由於在大鳴大放中對領導提出批評意見，或是表達了
對一些社會現象的不滿，或是傳播了小道消息，或是因為個人生
活方式，等等。但由於1950年代的社會和經濟生活的日趨政治
化，這些都可能成為嚴重的政治問題。一些茶館經理和藝人不能
繼續在茶館謀生，有的不得不關閉茶館，有的則作為「反革命分
子」被捕。羅所批評的問題在當時實際上是普遍存在的，他所描
述的情況在當今的中國也處處可見。從當代的角度來看，羅是一
個有獨立思想並敢於批判權威的人，但在那個激進的年代，這卻
是犯罪。如林培瑞所說的，在當時政治環境下，諷刺政治是一項
危險的事情，儘管諷刺者是出於愛國的動機。[43]

羅的命運也反映了大量藝人的共同經歷，這些民間藝人唯一的目標就是在新政權下繼續謀生。他們無心介入政治，更不必說反黨或反政府。林培瑞也指出，表演者具有諷刺意味的台詞，不過是借用諷刺的方法來善意地指出上級和政府的不足與失誤，期望幫助改進工作，促進社會發展，但他們並不知道這樣做的危險性。林用「鱷魚鳥」來比喻這種現象，這些鳥喜歡吃鱷魚嘴裏的殘渣，餵飽了自己，也給鱷魚清潔了牙齒。但是，這也使自己處於隨時被吃掉的危險中。[44] 如果當時哪位善意的批評者不小心踩了紅線，自己的言辭和行為哪怕並不過分，哪怕並沒有違反任何黨紀國法，他也可能會陷入困境之中，甚至陷入深重的災難。

1960年代前期的茶館表演

1960年代早期，在劉少奇主持日常工作時期的寬鬆政策下，一些曲藝藝人在經歷了1950年代的一系列政治運動，以及1959至1961年的大饑荒以後，有了一點自由，陸續重返他們的舊業。小商業和茶館也開始恢復。[45] 茶館老闆們利用這個機會，進而用茶館為大眾娛樂的復蘇提供了一個平台。幹部們很快注意到了這個現象，並採取了行動。據1962年12月6日成都市文化局〈關於調查、處理流散藝人的工作計劃〉，官方認為成都「流散演唱的藝人日益增多」，說唱內容「向不健康的方向發展」，決定對藝人進行登記，加強管理，「弄清人員及說唱情況，建立必要管理制度，對其人員進行經常教育，對說唱內容加強指導和控制，以達到澄清目前混亂情況，限制自由發展，提高藝人思想意識，抵制壞（評）書，說唱好書，起到社會主義文化宣傳作用，為社會主義事業服務」。處理原則為，對那些屬「真正藝人」（即過去登記過的藝人），但確實無適當職業的，准其登記，發給臨時演唱證明，可

圖4-6　一位老人在茶館外面表演他玩響簧的技巧。作者攝於成都郊區
　　　　雙流縣彭鎮觀音閣老茶館。2015年秋。

以在固定的說唱地點演唱。但對那些1958年「精簡機構」中，安
排了適當工作的，「勸其服從原單位安排，不予發證」。屬於「非
藝人的城市居民、公社農民，以及有職業兼搞說唱的人，堅決予
以取締」。而對允許演唱的藝人，「加強經常管理」。根據工作計
劃，以區為單位，由區文教局和公安分局協同辦理，從12月21
日開始，對全市流散藝人，進行調查登記。經過調查掌握情況，
分別處理。從1963年1月1日，一律憑臨時演唱證進行演唱活
動。凡被批准演出的藝人，要「定期組織學習」，以「提高其思想
認識」。藝人要「自報個人說唱的書目」。[46]和第三章所討論的一
樣，我們可以看到與1950年代中期控制打圍鼓的相似之處，但是
令人驚奇的是，這麼多年的打壓，並不能徹底消弭這個民間的傳
統活動，只要有任何機會，它就會復蘇。（圖4-6）

　　成都市文化局〈關於對流散藝人進行管理的意見〉中稱，這些
藝人計有60人，其中評書28人，金錢板12人，清音5人，竹琴4
人，荷葉4人，花鼓3人，盤子1人，魔術3人。遊散藝人增多的
主要原因，是1958年「大躍進」時期，不少藝人被強行轉業，安排
到工廠「參加勞動生產」。但是後來由於工廠停辦或精簡，有些人
只好離職，回到原來的職業。有部分人則是一直以曲藝演唱為
生，因身體或演唱條件差，「既未安排搞他業，也未加入有組織曲
藝隊伍，一直在單幹流動演唱」，過去是時斷時續，但「目前活動
較經常」。有極少數是最近退職回家的教員，「學搞此業」。有的則
是有職業者「兼搞此業，增加個人收入」。其中少數人「身分複
雜」，有「中統特務、撤管分子、反動軍官、右派分子」等。他們
年齡多是四、五十歲，不是體弱多病就是盲人，部分家庭生活負
擔重。「流散藝人的生活方式，一般是在背街小巷茶館說唱」，地
點比較固定。但少數曲藝和魔術藝人，「則在街頭巷壩或茶館流動
演唱，無固定地點」。一般每天演出一兩場，說唱的內容主要是古
本演義《水滸傳》、《說唐》、《說岳傳》等；還有「內容含有毒素」的
《拾劍圖》、《鸞鳳劍》、《濟公傳》，但「由於內容迎合了一部分低級
趣味，上座較好，收入較大」，一般3至5元，最少1元以上，最
多者達10元左右。「因為收入多，部分人生活上較奢侈，大吃大
喝」，使部分人「講享受，降低演唱質量，集體思想削弱」。[47]

　　1963年1月12日，成都市文化局、公安局、商業二局發佈
〈關於對流動演唱藝人加強管理的聯合通知〉，說流動演唱藝人
「迅速增多」，有評書、金錢板、花鼓、相聲、竹琴、歌舞、魔
術、雜耍、拳術、器樂等項目的藝人。通知承認：「在演出內容
方面，大部分是好的，健康的，對宣傳黨的方針政策、鼓舞群眾
的勞動熱情起了積極的作用，適當地滿足了廣大勞動群眾的文化
娛樂的要求。」但是該通知指出：「也有不少的演唱內容是很不健

康的，甚至宣傳封建迷信，荒誕色情，和詆毀黨的方針政策。」[48]1964年7月，文化局下發了一份公告，要求茶館工人協助政府「嚴厲禁止藝人在茶館中表演不良故事」，這似乎透露出，有相當數量的流動藝人沒有政府的許可，表演的是政府認定的不健康的節目。茶館經理與僱員被要求積極支持「現代節目」，反對「迷信、淫穢、荒誕的表演」。[49]很顯然，從這些措辭來看，政府對民間藝人表演的態度是消極、帶有歧視的。

大眾文化總是具有持久的生命力。[50]如上文所提到的，在中國，特別是在成都，不少藝人們在1960年後重返他們的茶館舞台。值得注意的是，這種回歸主要是傳統節目的回歸，這無疑挑戰了政府在1949年後所作出的建立「社會主義娛樂」、清除「迷信」和「庸俗」節目等一系列努力。儘管國家的力量是強大的，但傳統的娛樂卻不可能完全消失殆盡。它們一直頑強生存到「史無前例」的「文化大革命」的到來。直到那時，「革命文化」才最終佔領了所有的公共空間與舞台。

激進年代中的倖存者

關於成都1960年代的茶館紀錄很少，主要是因為它們在日常生活中的角色及對城市經濟的重要性急劇下降，但是我們仍然可以從成都的商業資料中得到一些關於茶館的有用信息。一些小商業在政府的控制下，還是設法生存了下來，即使根據官方的政策是「不合法」的。例如，在1960年代早期，做中藥買賣的人在北門火車站附近兩個茶館，設立定期的交易市場，進行跨省商品貿易。一份報告指出，在1961年，也就是劉少奇實施寬鬆政策的前一年，那裏有五千多個長途販運的生意人活動。茶館繼續在經濟

圖 4-7　一些老人在成都郊區的一個路邊茶館打牌。作者攝於 2003 年夏。

中發揮市場「信息交流」和「買賣中介」的作用。後來中藥交易轉移到了北門另外一個叫紅旗茶社的地方，不久附近出現了青龍茶社進行中藥交易，與紅旗茶社展開了激烈的競爭。[51]（圖 4-7）

　　1962 年 6 月，成都市工商行政管理局決定恢復對工商企業的登記管理（1957 年以後這項工作基本停頓），那些從事生產、交通、飲食、服務、文化和娛樂行業的私營企業都要申請執照，「核准換發新證，或予以取締」。根據這項登記，1962 年國營、公私合營、集體所有制的工商企業總數也不過是 6,006 家，註冊資金 15,702 萬元，從業人員 118,266 人。[52] 雖然 1960 年代的茶館資料非常缺乏，我還是有幸從檔案中發現了「文化大革命」前夕有關茶館的統計。據 1966 年 3 月的〈工商企業登記冊〉統計，成都東城區、西城區、金牛區三區共有 167 家茶館，從業人員 1,395 人，股

金228,124元，公積金192,455元，公益金29,260元。[53]此外，從1966年3月15日西城區〈工商企業登記冊〉可以看到，西城區有18個合作茶社，共60個門市部，從業人數429人，共有股金91,057元，公積金84,171元，公益金10,273元。這些茶社皆為集體所有制。[54]這些數據告訴我們，在「文化大革命」前夕，成都茶館的數量從1949年的600多家下降為167家，相對應的從業人數也從1951年的3,885人降為1966年的1,395人，幾乎下降了三分之二。[55]

儘管1949年以後官方一直大力推行「革命的生活方式」，但茶館仍然在人們的日常生活中扮演著一定的角色。此時官方的報紙上，幾乎看不到有關茶館的報道，但是在個人回憶或是日記中，仍然可以發現一些坐茶館的記載。例如上文提到過曾任中共四川省委宣傳部部長的馬識途，他回憶說，在1960年代初，朱德到成都，想喝蓋碗茶，但是卻已經很難找到，朱德批評了四川關閉茶館、取消蓋碗茶的不當。[56]

1963年，著名歷史學家、中國科學院哲學社會科學部(學部後改為中國社會科學院)研究員謝國楨教授，應四川大學歷史系主任徐中舒教授邀請到四川大學講學，當時他仍然可以看到成都街市的特點是「茶館多，茶館內擺著好幾排竹椅子和矮桌子，許多勞動人民在那裏喝茶休息，而不是品茶」。在隨後的一個月，他在日記中記錄了不少在茶館裏的活動。如4月20日，他上午遊武侯祠，「走了一遭，到茶亭裏吃了一杯茶，歇了歇腳，身上覺有微汗，精神頓覺爽適」。晚上又乘車到春熙路五一茶社聽清音，他認為李月秋所唱的《趕花會》，歌喉清脆，唱出了四川本地的風光，最為好聽；四川的相聲也相當有趣。4月21日，由徐中舒陪同遊草堂，遇到馮漢驥先生，他們「一同到茶亭中去吃茶」。4月

27日，他到水井街去看蒙文通先生，只坐了一會，便到東大街
「古大聖慈寺去吃茶」。大聖慈寺又叫太慈寺，是一座古剎，建築
非常雄偉，他們到大殿上遊覽，走了一圈，「就到東偏院廳堂去吃
茶，竹籬茅舍，地方卻非常清潔，已經有許多老人在那裏唱茶談
天，頗有悠閒自得的趣味」。他們揀了一個座位坐下後，「服務員
沏上兩杯蓋碗茶來」，「我一面喝茶，一面聽蒙老的高論」。在茶
館，他們又碰見了一位川劇編劇，於是開始談論戲劇，從清同光
年間成都的各種劇種和戲班，如秦腔的泰鴻班、昆腔的舒頤班、
高腔的慶華班，到民國初年這些劇種如何匯合而為一；又説到戲
劇改革家黃吉安，每逢清明，黃門的弟子都要去掃墓。那編劇説
有時高興，還要參加表演，如下星期三在南門外茶館裏同幾個老
朋友同台，「班配齊全，或者要清茶相候呢」。

　　5月1日，謝和蒙又一起去南門大街茶館聽清唱，即去聽「圍
鼓」。我前面論述過，1950年代初政府對打圍鼓進行了全面的清
理，但是從謝國楨在「文化大革命」前夕成都之行的日記，我們可
以看到人們仍然在打圍鼓。他們到那裏，發現「因為節日，茶館
中人太多，沒有容足之地」。5月3日早餐後，謝閒步江畔，連日
小雨，錦江水波盪漾，兩岸楊柳拂人，走到望江公園，「甚覺幽閒
有致」，便在「公園的茶座上，沏了一碗香片茶，坐下來寫講稿」，
快中午方回校。5月9日，他先參加討論會，散會後在成都餐廳吃
晚飯，「並到溫泉茶室飲茶」，近晚上10點才回。第二天，他早晨
到望江樓散步，「在茶廳飲茶」。再次日，同朋友先到王建墓，再
到三洞橋，橋的旁邊有一家茶館，在靠河邊的座位坐下，喝蓋碗
茶，「一邊看窗外的自然風景，聽腳下從地板中發出來涓涓流水的
聲音；一邊吃茶，一邊談學術討論會的情況」。這使他回想起小時
候濟南家鄉的柳園，但今天「悠然自得地在這裏喝茶」，感覺「風

圖 4-8　成都郊區雙流縣彭鎮觀音閣老茶館，這是由一間廟宇改造而來
的茶館，牆上有拍「文化大革命」題材的電影留下的標語和壁
畫，使這家茶館顯得特別有歷史感。作者攝於 2015 年秋。

景宜人，比柳園要好的多了」。5 月 15 日，他同歷史系的幾位教授
出發到灌縣遊都江堰，第二天「六時起來，略有微雨，在茶鋪喝
了茶」，才去遊二王廟。吃完午飯後，則到「離堆公園去吃茶」，
「茶座很為雅潔，院子裏擺著盆景，閒看著遠山和窗外蒼翠的樹
林，大有『窗外青山是畫圖』的景象」。他在茶座上還遇見了已經
72 歲的靈岩山住持能修和尚，但其「態度沉穩，步履如同少年一
樣」。[57] 謝的日記記錄了真實的成都，也從一個側面反映了當時知
識分子的生活。茶館不僅是一般市民喜歡的去處，而且吸引著知
識分子頻繁的光顧。這不過是「文革」前三年，經過了歷次政治運
動和劇烈社會變遷，茶館仍然在他們日常生活中佔據重要地位。

　　茶館生活也暗藏著危險，在民國時期各個茶館裏便有「莫談國事」的告示，因為討論政治可能給茶客和茶館都造成麻煩，茶客可能被抓，茶館可能被迫關閉。1949年以後的茶館，雖然「莫談國事」的告白已看不到了，但是茶館裏的聊天，仍然可能造成嚴重後果。例如，銀行職員姜先生經常去坐茶館，結果茶館裏的聊天給他帶來了災難。有茶客向上面報告了他在茶館裏的言論，說他攻擊「三面紅旗」，而事實上他不過是表達了對個人崇拜、三年饑荒和一些政策的批評，結果卻被批鬥，戴上「壞分子」的帽子，然後被逮捕，勞改八年。[58]（圖4-8）

　　1966年初夏，「文化大革命」開始。[59]在疾風暴雨式的所謂「破四舊」運動中，茶館立刻受到了衝擊，在那裏喝茶「被視為舊社會的陋習，茶鋪被看作藏垢納污、階級異己分子與落後群眾聚集之所，強行取締、關閉了茶館」。不過，這時老虎灶給成都的居民們提供了重要的服務，因為即使到了1960年代，成都居民仍然缺乏燃料。老虎灶代替了茶鋪的部分功能，向附近居民供應開水和熱水，它們不像過去茶館那麼密集，一般隔三、四條街有一處。不過老虎灶的開水熱水比自家燒水方便，而且便宜，故居民經常光顧，將開水買回家泡茶。但是老虎灶並不提供人們坐下喝茶的空間，這樣一個可以讓人們聚集聊天休閒的公共場所，便從成都的街頭巷尾迅速消失。[60]

　　張戎（Jung Chang）在她著名的家族史《鴻：三代中國女人的故事》（Wild Swans: Three Daughters of China）中回憶道，成都的茶館在「文化大革命」之初便被強行關閉。那時，她和其他二十多名學生，衝到茶館中開始了他們紅衛兵的革命行動，把顧客趕出茶館，勒令茶館關門：「打包走人！打包走人！不准在這個資產階級的地方逗留！」一個男孩甚至一掀棋盤，棋子全撒落在地板上，

大叫著：「不要象棋！你不知道這是資產階級的愛好嗎？」隨後把棋子棋盤都扔到河裏，一些學生在茶館牆上刷標語。[61]

　　此時，成都街頭的政治表演達到了頂點，各種群眾組織都在公共場合表達他們對毛主席的忠誠。當紅衛兵在街上表演激進的革命歌舞時，所謂的「黑五類」——地主、富農、反革命、壞分子、右派被批鬥，遊街示眾。隨後，街頭暴力升級為全面的派系鬥爭乃至武鬥，紅衛兵及其他群眾組織的公開批鬥也屢見不鮮，在街頭、公園、學校、工廠、政府機關，到處都張貼著「大字報」。所有的學校都「停課鬧革命」。年輕人無事可做，只能三五成群，遊蕩街頭。整個成都陷入了一種「革命運動」的瘋狂狀態，在這樣的環境下，怎麼能夠容忍追求休閒的茶館呢？[62]

　　對於「文化大革命」期間的茶館，我只能在此做一個簡略的概括，因為可寫的東西的確不多。這種情況主要由三個原因造成：一是在激進的政治環境的干擾下，茶館的數量急劇減少；二是茶館在日常生活中所扮演的角色重要性下降；三是缺乏茶館生活的記載，新聞媒體也完全沒有相關的報道，因為激進的左派認為茶館代表的是「封建」、「落後」的生活方式。正如社會學家懷默霆所指出的，「文化大革命」期間的文化和娛樂生活是「貧乏的」，人們被要求「反覆參與一些非常受限制的活動，最極端的例子就是一次次反覆觀看所謂革命樣板戲」。[63]在「文化大革命」後期，人們的文娛活動稍微有多一點的選擇，但是也幾乎都是「革命的」、「政治的」或者「教育的」節目，而非真正娛樂和休閒的。

　　然而，後來一些人在回憶自己在「文化大革命」的經歷時，並沒有表現出對生活的巨大壓力或者恐懼。懷默霆也為此提供了一個解釋：「對於許多城市年輕人來說，這是一個令人振奮的時期，至少一開始是這樣。他們不會覺得受困於在城市中尋找工作

機會的激烈競爭之中，反而認為自己在新的革命時代擁有了更廣闊的行動空間。」[64]他們可能只是喜歡沒有工作和學習壓力的生活，但其實他們之中的許多人都失去了上學的機會，一些人甚至在暴力衝突中喪生。今天，紅衛兵的一代已經在中國政治、經濟、教育、軍事、文化等領域扮演重要的角色，但同時人們也仍然在辯論，「文化大革命」是否或在多大程度上影響或者改變了他們人生的軌跡？[65]

我想強調的是，評價「文化大革命」時期的公共生活既要看主流，也要注意特例。不可否認的是，人們依然會追求娛樂生活，但比之前面臨更多的困難，因為公共生活變得危險了。「在『文革』初期，如果人們在街上打扮不適合無產階級的風格，就會遭受被剪頭髮、撕衣服的危險。」[66]混亂和暴力四處蔓延，公共生活受到更為嚴格的控制。雖然國家控制私人生活的能力有限，但整個國家都處於緊張的狀態，夫妻父子因政治見解不同，反目成仇的例子也是經常可見的。有時候，普通群眾被發動起來，扮演國家暴力的角色。居民的住屋可以被所謂「紅衛兵」、「革命群眾」、「人保組」，或者「糾察隊」等這樣的街道或社區組織強行闖入，人們在私人生活中尚且沒有安全感，更遑論在公共空間中活動了。因此，公共生活的空間變得越來越小，儘管人們仍然在公共場合露面，進行日常生活，並且有很多機會去看街頭的革命歌舞或是各種慶祝活動，但所有的這些活動都不是我所討論那種自發的公共生活。

「文化大革命」中期，當最激進的幾年過去後，日常的生活節奏開始恢復，茶館得以死灰復燃，特別是公園裏的茶館開始營業，作為遊客的休息處。那些茶館一般都設備簡陋，茶杯、熱水瓶、櫈子取代了過去的蓋碗茶、摻茶師傅、靠背竹椅。沒有服務

員端茶倒水，而是客人自己排隊倒開水。人們可以看到，在茶館門口、櫃枱等地方經常張貼著「人保組、群專的各種公告，和這不准那犯禁的『飲茶須知』，即使老茶客也必須對這些條條框框銘記在心，以免自找麻煩」。報販仍可在茶館賣報，但那時的報紙都是革命文章。仍然有算命先生在茶館謀生，不過他們只能隱蔽活動。小販雖然受到打擊，但禁而不止。乞討者被認為給社會主義「丟了臉」，因此被禁止出現在公共場合，雖然茶館裏面的乞討一直都存在。摻茶工人也不再叫「堂倌」、「茶博士」之類了，而改稱「服務員」、「師傅」或「師兄」等等。[67]（圖4-9）

　　總的來說，雖然茶館沒有完全消失，但是這種舊式的公共空間不再在人們的日常生活中扮演重要的角色。雖說在茶館裏展示出所謂的「革命文化」，但也表現出抵抗的情緒。如1976年年初周恩來總理逝世，「上頭」再三打招呼，規定在單位按統一口徑進行悼念，低調處理，市民們「在茶鋪、在街頭巷尾的悼念、銘懷，雖然仍不能大肆聲張，言語態度卻要明朗、自由得多」。[68]那個時候，茶館裏的人們完全沒有預料到，一個翻天覆地的變化就要來臨，一個重新屬於茶館的時代就在眼前。1976年9月毛澤東逝世，「四人幫」很快覆滅，一切都在一夜之間開始柳暗花明。

圖 4-9　成都郊區雙流縣彭鎮觀音閣茶館的常客們。作者攝於2015年秋。

註釋

1　關於1949年以後的社會控制，見Salaff, "Urban Residential Communities in the Wake of the Cultural Revolution," pp. 289–323；Chen-ch'ang Chiang, "Social Control under the Chinese Communist Regime," *Issues and Studies* 22, no. 5 (May 1986), pp. 87–111；Ronald J. Troyer, John P. Clark and Dean G. Rojek, eds., *Social Control in the Peoples Republic of China* (New York: Praeger, 1989)；Raymond W. K. Lau, "Socio-political Control in Urban China: Changes and Crisis," *British Journal of Sociology* 52, no. 4 (December 2001), pp. 605–620；Yang Zhong, *Local Government and Politics in China: Challenges from Below* (Armonk: M. E. Sharpe, 2003)；Chang-tai Hung, "Mao's Parades: State Spectacles in China in the 1950s," *China Quarterly* 190 (January 2007), pp. 411–431；Sujian Guo, *Chinese Politics and Government: Power, Ideology and Organization* (London: Routledge, 2012)。

2　關於1949年以後的公共空間，見Mary G. Mazur, "Public Space for Memory in Contemporary Civil Society: Freedom to Learn from the Mirror of the Past?," *China Quarterly* 160 (December 1999), pp. 1019–1035；James L. Watson, "Feeding the Revolution: Public Mess Halls and Coercive Commensality in Maoist China," in *Governance of Life in Chinese Moral Experience: The Quest for an Adequate Life*, eds. Everett Zhang, Arthur Kleinman and Weiming Tu (London: Routledge, 2011), pp. 33–46。

3　1949至1977年間，階級鬥爭一直是社會和政治生活的主題，有關研究見Marina Basso Farina, "Urbanization, Deurbanization and Class Struggle in China, 1949–1979," *International Journal of Urban and Regional Research* 4, no. 4 (December 1980), pp. 485–502；Loh, "From Romantic Love to Class Struggle," pp. 165–176；劉培平：〈論階級鬥爭擴大化錯誤產生的理論原因〉，《文史哲》，1994年第4期，頁46–52；李屏南：〈論我國前二十年社會主義建設的教訓〉，《當代世界與社會主義》，2006年第5期，頁83–87；Wenhui Cai, *Class Struggle and Deviant Labeling in Mao's China: Becoming Enemies of the People* (Lewiston: Edwin Mellen, 2001)；孫康：〈計劃經濟是階級鬥爭擴大化的制度根源〉，《炎黃春秋》，2010年第4期，頁34–37。

4　馬識途：〈四川的茶館〉，見鄧九平：《中國文化名人談故鄉》(北京：大眾文藝出版社，2004)，下冊，頁474。

5 Regina Marie Abrami, "Self-Making, Class Struggle and Labor Autarky: The Political Origins of Private Entrepreneurship in Vietnam and China" (PhD diss., University of California, Berkeley), p. 96.

6 盧思貴:〈不怕困難的茶社工人〉,《成都日報》,1956年7月6日,第2版。

7 沃若:〈難忘的茶館〉,《成都晚報》,1987年5月10日,第2版。

8 劉振堯:〈「德盛」茶館憶曲藝〉,收入馮至誠編:《市民記憶中的老成都》(成都:四川文藝出版社,1999),頁150–151。

9 阿年:《懷念舊居》(北京:中央民族大學出版社,1997),頁7、19。

10 黃裳:〈閒〉,收入曾智中、尤德彥編:《文化人視野中的老成都》(成都:四川文藝出版社,1999),頁322–323。

11 張先德:《成都》,頁54、57。

12 關於政府對板櫈戲的打擊,見第三章。

13 張先德:《成都》,頁56。

14 對黃先生的採訪,44歲,於四川民族出版社,2000年7月22日。

15 對吳女士的採訪,69歲,於成都畫院茶館,2003年5月2日。

16 《成都市文化局檔案》,124-1-83。

17 《成都市文化局檔案》,124-1-83。

18 張先德:《成都》,頁57–58。

19 張先德:《成都》,頁54。

20 〈蒙文通──儒者豪邁〉,《中國青年報》,2004年9月1日。

21 劉衡:〈成都手工業者的出路〉,《人民日報》,1954年5月15日,第2版。關於民國和中華人民共和國早期的經濟實踐,見X. Zheng, "Chinese Business Culture from the 1920s to the 1950s," in *Economic Development in Twentieth Century East Asia: The International Context*, ed. Aiko Ikeo (London: Routledge, 1997), pp. 55–65。

22 劉衡:〈成都手工業者的出路〉。

23 張彥:〈回成都〉,《人民日報》,1956年9月13日,第2版。

24 張彥:〈回成都〉。

25 關於民國時期成都的水災,見Wang, *Street Culture in Chengdu*, p. 66。

26 Ying-mao Kau, "The Urban Bureaucratic Elite in Communist China: A Case Study of Wuhan, 1949–1965," in *Chinese Communist Politics in Action*, ed. Barnett, p. 219.

27 關於社會主義改造的研究多為中文資料,見黃如桐:〈資本主義工商業社會主義改造的歷史回顧〉,《當代中國史研究》,1994年第2期,頁

83–94；婁勝華：〈社會主義改造和集中動員型體制的形成〉，《南京社會科學》，2000年第11期，頁33–38；沙健孫：〈關於社會主義改造問題的再評價〉，《當代中國史研究》，2005年第1期，頁115–128。

28　成都市地方志編纂委員會：《成都市志·文化藝術志》，頁57。

29　成都市地方志編纂委員會：《成都市志·文化藝術志》，頁105。西方很少有學者研究城鎮集體所有制企業，現存研究大多為中文成果，見洪遠朋、翁其荃：〈試論城市集體所有制工業〉，《經濟研究》，1980年第1期，頁62–67；許玉龍、倪占元：〈略談城市集體經濟的性質及其在國民經濟中的地位〉，《財經問題研究》，1980年第1期，頁61–65；朱川：〈論城鎮集體所有制經濟的發展〉，《社會科學輯刊》，1980年第2期，頁3–10；李慶瑞、奚桂珍：〈試論城市大集體企業的所有制性質〉，《北京大學學報》，1980年第2期，頁45–48頁；王樹春：〈城市集體經濟的制度變遷及其趨勢〉，《中國集體經濟》，2001年第3期，頁6–10。

30　《成都市商業二局檔案》，117-2-244。

31　關於「大躍進」運動，見Roderick MacFarquhar, *The Origins of the Cultural Revolution, Vol. 2, The Great Leap Forward, 1958–1960* (New York: Columbia University Press, 1983)；William A. Joseph, "A Tragedy of Good Intentions: Post-Mao Views of the Great Leap Forward," *Modern China* 12, no. 4 (October 1986), pp. 419–457；David M. Bachman, *Bureaucracy, Economy, and Leadership in China: The Institutional Origins of the Great Leap Forward* (New York: Cambridge University Press, 1991)；Wei Li and Dennis Tao Yang, "The Great Leap Forward: Anatomy of a Central Planning Disaster," *Journal of Political Economy* 113, no. 4 (August 2005), pp. 840–877；Kimberley Ens Manning and Felix Wemheuer, eds., *Eating Bitterness: New Perspectives on China's Great Leap Forward and Famine* (Vancouver: UBC Press, 2011)；劉建國：〈社會主義陣營的趕超浪潮與中國大躍進運動的發生〉，《江漢論壇》，2000年第4期，頁75–78；高其榮：〈近十年來關於大躍進運動成因研究綜述〉，《黨史研究與教學》，2004年第5期，頁93–96；曾紅路：〈再論「大躍進」的歷史成因〉，《南京大學學報》，1998年第4期，頁73–78；劉願：〈「大躍進」運動與中國1958–1961年饑荒：集權體制下的國家、集體與農民〉，《經濟學（季刊）》，2010年第3期，頁1119–1142。

32　李蒙撰，侯波攝：《毛澤東重整舊河山：1949–1960》（香港：香港中和出版有限公司，2013），頁324。

33　秋池：〈成都的茶館〉，《新新新聞》，1942 年 8 月 7 日至 8 日。

34　于競祁、劉宗棠：〈讓社員生活豐富多彩 —— 郫縣保留和提高集鎮飯館酒館茶館〉，《人民日報》，1958 年 12 月 1 日，第 3 版。

35　關於成都的會議，見裴棣：〈一九五八年成都會議述評〉，《中共黨史研究》，1988 年第 5 期，頁 37–43。

36　關於民國時期茶館中的政治，見 Wang, *The Teahouse, 1900–1950*, chap. 8。

37　《成都市文化局檔案》，124-2-133；張先德：《成都》，頁 55。關於民國時期茶館與袍哥的關係，見 Di Wang, "The Idle and the Busy: Teahouses and Public Life in Early Twentieth-Century Chengdu," *Journal of Urban History* 26, no. 4 (May 2002), pp. 422–426。

38　西方有許多關於百花齊放和反右運動的研究，主要可參見 Naranarayan Das, *China's Hundred Weeds: A Study of the Anti-Rightist Campaign in China (1957–1958)* (Calcutta: K. P. Bagchi, 1979)；Sylvia Chan, "The Blooming of a 'Hundred Flowers' and the Literature of the 'Wounded Generation'," in *China since the Gang of Four*, ed. Bill Brugger (New York: St. Martin's, 1980), pp. 174–201；Hualing Nieh, *Literature of the Hundred Flowers: Criticism and Polemics* (New York: Columbia University Press, 1981)；Merle Goldman, "The Party and the Intellectuals," in *The Cambridge History of China, Vol. 14*, eds. Roderick MacFarquhar and John King Fairbank (Cambridge: Cambridge University Press, 1987), pp. 218–258；Richard Kraus, "Let a Hundred Flowers Blossom, Let a Hundred Schools of Thought Contend," in *Words and Their Stories: Essays on the Language of the Chinese Revolution*, ed. Ban Wang (Leiden: Brill, 2011), pp. 249–262；Shen, "Mao Zedong and the Origins of the Anti-Rightist Rectification Campaign," pp. 25–40。中文世界的有關研究則較少，主要觀點都認為這場運動是必要的，問題不過是運動的擴大化而已，這也是中共中央所定下的基調。見王懷臣：〈略論反右派鬥爭的歷史經驗和教訓〉，《晉陽學刊》，1994 年第 2 期，頁 28–32。

39　《成都市委統戰部檔案》，76-2-76。

40　《成都市文化局檔案》，124-2-133。

41　《成都市文化局檔案》，124-1-106。

42　《成都市文化局檔案》，124-1-106。

43　Link, "The Genie and the Lamp," pp. 83–111.

44　關於相聲的研究，見 Link, "The Crocodile Bird," pp. 207–231；Link, "The Genie and the Lamp," pp. 83–111。

45　關於劉少奇在三年困難時期後的經濟政策，見 Nicholas R. Lardy, "The Chinese Economy under Stress, 1958–1965," in *The Cambridge History of China, Vol. 14*, eds. MacFarquhar and Fairbank, pp. 391–397；Lowell Dittmer and Lance Gore, "China Builds a Market Culture," *East Asia* 19, no. 3 (2001), p. 20。

46　《成都市文化局檔案》，124-1-236。

47　《成都市文化局檔案》，124-1-236。

48　《成都市文化局檔案》，124-1-236。

49　成都市地方志編纂委員會：《成都市志・文化藝術志》，頁342。

50　我曾經討論過大眾文化的持續性和生命力，見 Wang, *Street Culture in Chengdu*, chaps. 1 & 8。

51　Abrami, "Self-Making, Class Struggle and Labor Autarky," pp. 316–318.

52　成都市地方志編纂委員會：《成都市志・文化藝術志》，頁58–62。

53　《成都市工商局檔案》，119-2-752、119-2-754、119-2-755。那時成都分為東城區、西城區和金牛區三個區。

54　《成都市工商局檔案》，119-2-752。有趣的是，幾乎所有這些茶館的「開業日期」都登記為1958年7月20日，除了有五個登記為1962年10月1日。我懷疑實際的開業日期並不是在1958年（「大躍進」運動時期），這可能只是登記的日期。

55　關於1949年的茶館數量，見 Wang, *The Teahouse, 1900–1950*, p. 30；關於1951年的茶館僱員人數，見《成都市工商局檔案》，119-2-167。

56　馬識途：〈四川的茶館〉，頁474。

57　謝國楨：〈錦城遊記〉，見曾智中、尤德彥編：《文化人視野中的老成都》，頁352–362。

58　對姜先生的採訪，81歲，於悅來茶館，2000年7月21日。「三面紅旗」是指「社會主義建設總路線」、「大躍進」和「人民公社」。

59　「文化大革命」引起了西方學者的強烈興趣。關於「文化大革命」的通史，見 Paul J. Hiniker, "The Cultural Revolution Revisited: Dissonance Reduction or Power Maximization," *China Quarterly* 94 (June 1983), pp. 282–303；Lucian W. Pye, "Reassessing the Cultural Revolution," *China Quarterly* 108 (December 1986), pp. 597–612；Joseph Esherick, Paul G. Pickowicz and Andrew G. Walder, eds., *The Chinese Cultural Revolution as History* (Stanford: Stanford University Press, 2006)；Roderick MacFarquhar and Michael Schoenhals, *Mao's Last Revolution* (Cambridge: Harvard University

Press, 2009)。關於「文化大革命」時期的居民委員會，見Salaff, "Urban Residential Communities in the Wake of the Cultural Revolution," pp. 289–323。關於毛澤東的動機和政策，見Hong Yung Lee, "Mao's Strategy for Revolutionary Change: A Case Study of the Cultural Revolution," *China Quarterly* 77 (March 1979), pp. 50–73。關於「文化大革命」與改革開放的關係，見Tang Tsou, *The Cultural Revolution and Post-Mao Reforms: A Historical Perspective* (Chicago: University of Chicago Press, 1986)。關於「文化大革命」時期的個人經歷，見Yuan Gao, *Born Red: A Chronicle of the Cultural Revolution* (Stanford: Stanford University Press, 1987)。關於「文化大革命」中對知識分子的迫害，見Anne F. Thurston, *Enemies of the People: The Ordeal of the Intellectuals in China's Great Cultural Revolution* (Cambridge: Harvard University Press, 1988)。關於「文化大革命」中的暴力，見Lynn T. White, *Policies of Chaos: The Organizational Causes of Violence in China's Cultural Revolution* (Princeton: Princeton University Press, 1989)。關於「文化大革命」中的文化，見Rosemary Roberts, "Gendering the Revolutionary Body: Theatrical Costume in Cultural Revolution China," *Asian Studies Review* 30, no. 2 (June 2006), pp. 141–159；Jiang, *Women Playing Men*；Richard King, Sheng Tian Zheng and Scott Watson, eds., *Art in Turmoil: The Chinese Cultural Revolution, 1966–1976* (Vancouver: UBC Press, 2010)。關於「文化大革命」時期女性的研究，見Nora Sausmikat, "Female Autobiographies from the Cultural Revolution: Returned Xiaxiang Educated Women in the 1990s," in *Internal and International Migration: Chinese Perspectives*, eds. Frank N. Pieke and Hein Mallee (London: Routledge, 1999), pp. 297–314。

60　張先德：《成都》，頁58–59。

61　Chang, *Wild Swans*, pp. 290–291.

62　關於紅衛兵運動，見Andrew G. Walder, *Fractured Rebellion: The Beijing Red Guard Movement* (Cambridge: Harvard University Press, 2009)。

63　Whyte, "Urban Life in the People's Republic," p. 727.

64　Whyte, "Urban Life in the People's Republic," p. 717.

65　Yarong Jiang and David Ashley, *Mao's Children in the New China: Voices from the Red Guard Generation* (London: Routledge, 2013).

66　Whyte, "Urban Life in the People's Republic," pp. 725–726.

67　張先德：《成都》，頁58–59。最近關於「文革」的書中，也有研究者指出個人也可以處於激進運動之外，而不會受到大的衝擊（Yiching Wu,

The Cultural Revolution at the Margins: Chinese Socialism in Crisis [Cambridge: Harvard University Press, 2014]）。

68　張先德：《成都》，頁 58–59。

第二部

公共生活的恢復
1977–2000

第五章

改革時期茶館業的復蘇

　　鄧小平的改革開放政策，完全改變了中國的面貌，不僅是廣泛的政治、經濟和文化等方面發生大變化，人們的日常生活也重新獲得了自由。中國的重點是發展經濟，不再發動一場又一場的群眾政治運動。但是，我們也應該看到，即使是改革開放時期，文化和日常生活並非與政治完全脫離，「中國特色社會主義」是一個必須堅持的原則問題。1979至1989年間，被認為是中國意識形態最寬鬆的時期，人們思想開放、社會活動自由，乃至積極參與政治。1970年代末期到1980年代，隨著經濟改革的深入，諸如「經濟特區」的建立，鼓勵國際貿易、外國投資、全民經商等，中國呈現出一派新氣象。當然，社會也持續存在著一些意識形態和政治上的鬥爭，包括北京西單的「民主牆」、批判「資產階級自由化」，乃至1989年政治風波的爆發。經濟、文化、時代的變遷，林林總總，都成了人們在茶館中談論的話題。雖然1989年之後中國的政治格局發生了極大的變化，但是並沒有就此停止改革開放的步伐。在1990年代，股市開放，農民工湧入城市，國有企業工人大量下崗，土地重新規劃，城市大拆大建。隨著這些改變，成都和全國一樣，公共生活蓬勃發展起來，茶館提供了一個了解這些變化及其軌跡的非常理想的窗口。[1]

改革開放從根本上改變了中國，也為茶館的復蘇和行業規模的擴大，提供了適當的經濟和社會環境。改革鼓勵人們「發揮主觀能動性去致富」。[2]中國最高的政治決策者創造了一種有利於小商業發展的商業環境：1987年出台的「社會主義初級階段理論」，掃除了鼓勵私有制在意識形態上的障礙；1999年，憲法修正案賦予私營商業與國有和集體所有制企業一樣平等合法的地位。這一切政治和政策上的改變，都進一步促進了市場經濟的發展。

由於一系列政策的刺激，中國的小商業逐步走向繁榮。1996年，在920萬個極小商鋪中（即那種只有幾個僱員的鋪子），大概有780萬個屬私營，120萬個屬集體所有，佔零售行業總銷售額的28%。[3]但是我們應當看到，當時的中國並沒有形成真正的「市場經濟」，正如蘇黛瑞所指出的，「中國經濟表面上的市場化，導致了建立『市場體系』的需求，但在這種『市場體系』中，還存在著許多類似於計劃經濟的結構性問題」。[4]小商業對計劃經濟的依賴最小，當計劃經濟被削弱後，茶館便抓住了這個機會，得以發展壯大。隨著國家對日常生活控制的放鬆，人們越加積極地賺錢致富，以提高物質生活的水平。日漸寬鬆的經濟和公共生活環境，使得茶館這個成都持久的文化象徵，再次得以復興。[5]在某種程度上說，茶館的歸來，可以視為改革開放以後，私營小商業蓬勃發展最具代表性的標誌。

在改革開放時代，開茶館比晚清以來歷史上任何階段都要容易。在民國時期，茶社業公會嚴格控制著茶館的總數，以避免惡性競爭，甚至售茶價格的浮動也必須得到其允許。[6]但在改革開放時期，只要有足夠的資本，就能申請營業執照。與其他行業不同，茶館需要的投資不大：租一間屋，購置一個開水爐、一些桌椅和茶碗便可以開業。在小一些的茶館，一個人可以身兼數職，既當經理，又當服務員和燒水工。當然，高檔茶館則需要更多的

投資。在一個短時期內，成都的茶館如雨後春筍，比民國時期最高峰還要多得多。[7]當然，這也使茶館間的競爭變得更加激烈。

在改革開放時代，街角小茶鋪與高檔茶樓並存，它們為不同的社會群體提供服務，各自發揮著不同的功能。這時，除了上面沒有一個行業公會的控制之外，茶館的運營及管理與20世紀上半期相比較，幾乎沒有本質的不同。[8]茶館作為一種小商業，有自己的一套經營方法。一方面，它們受到國家整體經濟狀況的影響；另一方面，它們有著很強的地域性特點。[9]與民國時期不同，由於沒有行會來控制成都茶館的數量，所以新茶館的開辦如雨後春筍，數量大幅度地增加。那些小本生意人，開辦一個茶館幾乎沒有什麼障礙，通過簡單的營業執照申請和註冊，便可開業。當然他們還需要得到成都市不同政府機構的批准，如獲得商業局、工商行政管理局、衛生局等頒發的各種許可。為了得到這些許可，他們一般只需要提供一些基本的信息，如住址、經營者姓名、服務類型等。[10]但是同時，成都還存在大量未註冊的茶館，它們往往作為諸如「社區中心」、「俱樂部」、「活動室」等名目而存在，提供所謂的「內部服務」，也有許多位於僻靜的小街小巷，以及城鄉接合部等政府難以監管的地區。總而言之，幾乎所有的茶館都在經濟改革的「黃金時期」，搭上了小商業發展的「順風車」。

枯木逢春

在1979年年末，成都有2,318個家庭經營著「私營商業」；一年後，這個數字上升到了7,242個，而到了1982年，更增長到16,659個。隨著政府在1983至1985年間實施了越來越寬鬆的鼓勵私營商業的政策，任何符合最低要求的經營者，都可以獲得營業

執照，很快社會便出現了「全民經商」的熱潮。雖然這個詞有點誇張，但是的確反映了當時人們熱衷「下海」的社會大趨勢。到1985年年底，家庭私有企業的數量達到了123,901家。雖然在1986至1989年間增長速度有所放緩，但到1989年年底，成都已經有155,675個家庭私有企業，佔整體224,225個企業中的69%。1989年年底的成都工商註冊統計表中，列出「服務業」的六項分類：旅遊、旅館、理髮、澡堂、洗衣店和照相館，但是沒有看到茶館單獨立項統計。然而，在「飲食業」的項目下，有5,226家企業，僱員43,166名，我估計茶館應該包括在其中。[11]應該指出的是，儘管1989年後中國的思想和政治走向發生了明顯的變化，但是茶館和茶館生活似乎仍然按照原來的軌跡持續發展。特別是在1992年鄧小平的南方談話之後，商業隨著改革開放的步伐，仍然持續向前發展著。

1980年代的商業繁榮，促進了茶館的興盛。[12] 1984年《人民日報》發表一篇文章對此讚賞道：

> 茶館，茶館，現在又頗有人為它呼籲起來。反動派是怕茶館的。抗戰時，在重慶的茶館中，都用大字寫在牆上，警告在茶館中「擺龍門陣」的人「莫談國事」。「四人幫」也是怕茶館的。「四人幫」猖獗時⋯⋯其他各地區的茶館，都立即倒下去，閉起門來。政治不上軌道，道路以目，閒談、休息；「擺龍門陣」所在地的茶館，自然成為他們的眼中釘。他們可以橫行不法，人民連「擺龍門陣」的敘談的權利都沒有，可謂不民主已極。[13]

正如前面我已經討論過的，國共兩黨在茶館問題上有許多相似的地方，即對茶館幾乎都是持批評的態度，只不過1949年以

後，政府對茶館採取了更嚴厲、更有效的限制措施。這篇文章把茶館的消失歸罪於「四人幫」，顯然是不準確的。茶館的衰落與公共空間的萎縮，是1949年以後的政治環境所決定的，不過在「文化大革命」中走到了最極端。但該文作者把對茶館的態度，視為政治是否清明的試金石，也不是毫無道理。

上文所提到的《人民日報》那篇文章的作者於1984年來到成都時，看見茶館「似還未恢復原來的規模」，但這種初步的復蘇，卻已體現「國家的大治和高度民主的氣氛」。作者確實意識到了茶館是大社會的縮影，反映了人民大眾對於新時代的積極期望。特別應該注意到作者所作的如下評論：「現在退休離休的老同志日見其多，在家中耽得膩了，讓他們到茶館去散散心，聽聽在會議上所不能聽到的人民意見，從中洞察得失，及時反映，豈不是好事？時代變了，今天的茶館自然也變了。」[14] 作者正確地看到，茶館是一個傾聽民眾聲音的好地方。如果我們把這篇文章與第四章《人民日報》張彥的那篇文章進行比較，就可以看到，作為黨和國家代言人的《人民日報》對茶館態度的改變，直接反映了政治環境的寬鬆，這的確為茶館和公共生活的大發展創造了有利的條件。

大約在1990年前後，成都街頭巷尾茶鋪的數量急劇減少，其主要原因是大規模的城市拆遷與重建。但是到1990年代中期，那些低檔茶館開始收復失地，從中高端茶樓那裏搶回了部分市場份額。低、中、高三個等級的茶樓大概各有數百，針對不同人群提供服務。另外，還有大量的「麻將館」開張營業。那些狹窄、髒亂、喧鬧的街角茶鋪，則以放映錄像來吸引顧客。中高檔茶館乾淨、安靜且舒適，服務周到，不僅提供各種各樣的茶品選擇，而且桌椅和室內裝飾也比較講究，以良好的環境吸引消費者。[15]

成都茶館的盛況，給改革開放後來華的外國人留下了深刻的印象。內藤利信在其關於成都的書中，生動地描述了茶館——特

別是公園裏的茶館 —— 和茶館生活。在那裏，人們不停地進進出出，喝閒茶、吃零食、聊八卦、議政治。內藤認為，在中國城市中，成都保留著相對傳統的生活方式，茶館的存在就是其中一個重要的因素。[16]京都大學教授竹內實在1970年代便出版過一本介紹中國文化的書，而且以「茶館」為名，可見在他眼中，茶館最能代表中國文化。[17]1950年代，竹內實教授作為一位日本訪華代表團的翻譯到訪過成都，但是沒有自由活動的時間。根據當時安排，他去過杜甫草堂，「而茶館則只是通過汽車窗口一閃而過地瞥見過」。後來，他翻譯李劼人的小說，對其中描寫的成都茶館記憶深刻，那次訪蓉時，一閃而過的茶館情景，竟然成為他內心的一個遺憾。

1990年代中期，竹內實教授終於如願以償又來到成都，直接去體驗了坐茶館的感覺，並記錄了他對成都茶館的印象。他回憶，當他去青羊宮的茶館時，儘管這間茶館裏有上百個茶桌，他卻沒能找到一個座位。後來他去了百花潭公園，在正門旁邊發現一個茶館，大概所有的三十多張桌子都被佔滿了。據竹內先生的觀察，茶館「看起來像是一個老年人的俱樂部」，他看有一撥人，有男有女，把五、六張桌子拼在一起，弄不清楚到底是在隨便聊天，還是在開座談會。在露天擺放的茶桌旁，還有其他兩三撥客人在喝茶閒聊。

由此，竹內先生的結論是，「也許，正因為成都人是如此地摯愛他們的茶館，古樸的、傳統意義上的茶館，才不至於在中國絕跡」。另外，他認為老舍筆下作為老北京象徵的茶館，早已銷聲匿跡了，北京的「茶文化」已經變成了「大碗茶文化」，即路邊的茶攤子，人們咕嘟咕嘟地喝完放下茶碗便走，行色匆匆，哪裏有半點悠閒？他寫道：

各地現在當然也都有一些新的所謂「紅茶坊」或「茶藝館」，
但大多裝修豪華，設施考究，珠光寶氣，高深華貴，且多
半有幾個所謂「小姐」在那裏表演來路不明的所謂「茶道」或
「茶藝」，收取價格驚人的「茶錢」。至於老茶館的那種氛圍
和情趣，當然是半點也沒有的。

然而成都卻很不一樣，現在的成都：

> 雖然也有高檔豪華、專供大款們擺闊的新茶樓，但同時也
> 保留了不少質樸簡陋、專供市民們休閒的老茶鋪。這些老
> 茶鋪，或當街鋪面，或巷中陋舍，或河畔涼棚，或樹間空
> 地，三五張方桌，十數把竹椅，再加上老虎灶、大鐵壺（或
> 大銅壺）、蓋碗茶具，也就成了市井小民的一方樂土。[18]

他相信，正是成都茶館及其茶館文化這種固有的草根特性，使它
們能夠持續地發展。

當然畢竟時代不同了，改革開放時期的茶館在功能上與過去
已經有所差異。傳統的街角茶鋪、茶樓、公園和寺廟中的茶園，
都有著悠久的歷史。但不少低檔茶鋪順應物質文化的發展，開始
出現了轉型，不少變成了茶鋪兼錄像放映室，特別是在1980至
1990年代非常流行（下面我將具體討論這類茶館）。不過，隨著有
線電視走進千家萬戶，外加盜版的影碟受到政府保護知識產權的
打擊，這些錄像廳便逐漸從公共場所消失了。

街角茶館的歸來

街角茶鋪，就是那些散佈在小街小巷最簡陋的小茶館，也是
成都普通居民最常去的公共場所。這些茶館通常只有一兩個房間

大小，不足十張桌子。經常朝向街面，進出口是可以開關的捲簾門，或者可以拆卸的門板。這種空間佈局對顧客來說非常方便，當茶館擁擠不堪時，人們可以很容易把桌椅搬到街沿上。面對那些熙熙攘攘的過路人，不但不會讓茶客們感到煩惱，反而會被認為那是看街景和觀察往來人們的最佳位置。對於那些喜歡觀察成都時髦女郎的男人們，街角茶館可能是最理想的地方。坐在街沿邊，難道不就是在看一齣永不重複的城市日常生活紀錄片嗎？

　　當我在茶館做實地考察時，也成為這些城市景致觀察者的一員。我看到行色匆匆的上班族，看到悠閒的退休老人，看到一路嬉鬧的小孩，看到卿卿我我的戀人，看到街頭的爭執，看到城管驅逐小販，也看到隨地吐痰、扔垃圾的路人⋯⋯老年人買了菜，路過茶館便停下來，坐下喝碗茶，和其他茶客隨便聊天，而且手還不停著，慢慢地把菜收拾停當，然後又不緊不慢地回家做午飯了；也有年輕人在茶館裏，高聲嚷嚷著爭論什麼問題；更多的是商人們在談生意；有人安靜地讀報，還有人乾脆就躺在椅子上打瞌睡。

　　有名的寬窄巷子在重新整修之前，集中了許多廉價的小茶鋪（這個區域被劃定為所謂的「文化保護區」，但在21世紀初，除了一些大宅院保留維修外，幾乎被完全拆除新建，這裏的茶館，也從低檔一躍變成了高端[19]）。在我保留的照片中，可以看到在寬巷子的牆上，有一家非常簡陋的茶鋪的廣告：「茶，銅壺壹元」，還配有英文「Tea, 1 Yuan」（圖5-1），旁邊還用粉筆寫著「諸位請進」。附近有一家國際背包青年旅舍，年輕外國遊客喜歡在那裏落腳，顯然這家簡陋的茶鋪，竟然還是以外國人為服務對象的。在寬巷子的另一頭，可以看到一家稱「八旗茶苑」的茶館，這個店名顯然是因為這裏過去是老「滿城」，這樣一個名稱可以讓人們去懷舊，能在這個茶館中體驗對一個正在逝去的文化的記憶——雖然現代

圖 5-1　寬巷子的一家街角茶館。作者攝於 2003 年夏。

商業文化的包裝，已經使這樣的體驗與真正的文化傳統有著遙遠的距離。[20] 這個茶館看上去很氣派，裝修精緻，但幾乎沒什麼客人。就在幾步遠的同一條巷子裏，還有一家很小的茶館，桌椅都擺在街旁的樹蔭下，還撐起了一個塑料棚，有幾桌人在打麻將，還站著不少圍觀的行人。[21] 兩家茶館外貌的高雅與低俗、顧客的多寡形成了鮮明的對比。

　　2000 年的夏天，我考察了一家叫作「集樂」的低檔茶館，並有機會和茶館主人閒聊。[22] 該茶館在大慈寺後面的和尚街，狹窄而古樸，是非常熱鬧的農貿市場。整個地區在我考察以後不久，便被完全拆除，重新改造，目前已經成為高檔的商業中心「太古里」。集樂茶館很小，只有一間屋大小，六張桌子，室內四張，街沿上放了兩張，大概有三、四十把老舊的竹椅。由於屋子太小，燒水爐只好放在主人住的裏屋。一碗茶的價格從一到五元，

圖 5-2 大慈寺後面和尚街的集樂茶館。今天這個地方已經變為高檔商業區「太古里」了。作者攝於2000年夏。

最便宜的是茉莉花茶。茶館主人和他的妻子都來自鄉下，租下這家茶館打理，每月交給老闆租金幾百元，剩下的歸自己。主人說開這樣一個茶館，大概需要資金六、七千元。對面街沿上有兩三張桌子和幾十把塑料椅子，牆上寫一個大大的「茶」字，主人說這些茶桌和椅子並不是他這家茶館的，而屬一家「非法」茶館，一個月前開張，沒有營業證，因此不用納稅。不過，他說這家「非法」茶館生意很差，與他的這家差太遠，他的茶館已經開了六、七年。他估計有關部門沒有取締這家非法茶館，可能是以為這些桌椅是他這家「合法」茶館的。我在那裏和男主人聊了好一陣，女主人才睡眼惺忪地從裏屋走出來，男的說肚子餓了，要妻子準備午飯。她出去了不一會兒，便買回肉、餃子皮和蔬菜，在一張空茶桌上開始包餃子，似乎這家茶館也同時是她家的廚房。（圖5-2）

周圍居民經常到茶館買開水，五角錢一大熱水瓶。儘管集樂茶館的生意看起來也不是很好，不過不時還是有一兩個顧客光顧，主人身兼服務員，隨時準備招呼客人，他說不少是回頭客。茶館從早上6點半開張，營業到午夜關門。每天早上十幾個老主顧會來茶館喝早茶，他們大多過去在同一家工廠上班，退休後便經常在茶館聚會，輪流買單。這個辦法其實和民國時期茶館中人們經常用「茶輪」的辦法增進大家的情誼沒什麼不同。茶館對這些老客人有特別優惠，每杯只收取八角錢。

就是這樣一個小小的街角茶鋪，不但本身能夠生存，還能給其他人帶來生意。一個看起來像鄉下人的年輕男人，在這個茶館裏不時進進出出。原來他在茶館門口擺了一個自行車修理攤，每天向茶館交納兩元的擺攤費。其他一些小販有時也會臨時在茶館門口擺攤，根據所佔地盤大小，而交納五角到一元的費用。街頭的小販路過茶館，也不時會停下招攬生意。一個擦鞋匠背著工具箱來到茶館，主人問多少錢擦一次，答曰一元。顯然主人並不是要擦皮鞋，而是閒得慌，隨便問問。不過這引起一個茶客的評論：比掃大街的清潔工掙得多，清潔工一個月才兩、三百元。過了一會，一位女茶客看到一個挑著兩擔桃子的農民，便出去和他討價還價，但最後沒有達成交易。還有一個米販路過，女主人出去詢問價格，查看質量，但是也沒有買。

觀察街頭來來往往的人們以及這家茶館主人和客人的活動，我們可以了解許許多多茶館和人們日常生活的豐富信息。我們可以看到這個小茶鋪和鄰里、過路人，以及來來往往的小商小販，都有著某種程度的聯繫，由此看到來自社會各階層、各行業的人以不同的方式相互聯繫和依存。透過這對經營茶鋪的農民工小夫妻，我們甚至可以看到他們的工作空間和個人生活空間，基本是

沒有區分的。茶館既是他們經營的生意，也是他們日常生活的場所；他們在這裏和顧客聊天、做飯、吃飯，同時打理生意。他們的家庭生活就展現在顧客的眼前，不過顧客們似乎對這些已經習以為常，很少對他們的日常生活產生特別的興趣。這樣，街道、茶館和城市裏的人聯繫在一起。在這樣的茶鋪裏，私人生活空間和公共空間的界限十分模糊。這種空間使用功能的流動性和不確定性，無疑使茶館主人在做生意的同時，家庭的紐帶也得到緊密的維繫。

我還考察過另一家小的低檔茶館，即三聖街的「雲海茶館」。它只有六張桌子，室內四張，室外兩張。桌面上都鋪著專門打麻將的桌布，這種桌布每邊都掛了個袋子，方便裝賭資。主人是一位大約20歲的姑娘，一身黑色，黑襯衫，黑裙子，腳下是一雙拖鞋。她告訴我生意還不錯。她租下了這個鋪面半年，除去月租1,500元，每月繳100多元的稅，以及其他開支外，她每月大約能賺1,000元，並外加幾百元的電話費收入。電話收費標準是：前三分鐘三角錢，三至五分鐘六角錢，超過六分鐘九角錢。茶館的電話實際上成了社區的公共電話。我在那裏考察的時候，就聽見黑衣女接到一通電話，然後叫對街髮廊裏工作的一個小妹來聽。行人也經常使用這種電話。當時手機尚未普及，但是傳呼機已很流行了，如果接到一個傳呼信息，顧客或行人可以馬上用茶館或其他街邊商店的電話或公用電話打回去。茶鋪門口貼了一張寫著「茶館出售」的告白。她說有十幾個人問過價，她希望以14,000元出讓，這是她一年前買下這個茶館的價格，但是問價的人都嫌價太高了。這價格包括茶館的各種設施，即桌椅、開水爐、電視、茶杯、茶碗等，但房租沒有包括在內。

我到茶館的時候，發現雲海茶館裏只有一個年輕人在喝茶，其實他同時在照看隔著兩間鋪子的那家藥店，看見有人來買藥，

就過去招呼；沒有顧客時，便又過來喝茶。後來陸續來了幾位客人，茶館的電視正在重播當天凌晨實況轉播的歐洲盃足球決賽的錄像，茶客們的聊天自然便轉到了足球的話題，結果又引出了中國足球「衝出亞洲」的討論。一個茶客悲觀地説，中國足球沒有希望，因為「內幕太黑了」。這時一位老人拿著報紙走進了茶館，坐在門邊，要了一碗兩元的茶，並不與其他人搭話，只是專心讀報，讀了大約四、五十分鐘，便不聲不響地又離開了。突然，那個黑衣姑娘大聲叫起來：「王姐，要幫忙嗎？」原來是隔壁賣光盤的店主來了，一個高個女人，正拉開簾子門，準備開門營業。然後她們兩人把一台冰櫃搬到了茶館和光盤店之間，顯然王姐也同時兼賣冷飲。當王姐佈置妥當後，走進茶館，拿起桌上的水瓶倒了一杯水，便坐在街沿一張桌邊，和茶館主人閒聊起來。坐在茶館裏可以看到街對面的一些景象：四、五家餐館，兩家髮廊，還有一家小診所。餐館的員工們正把桌椅搬到人行道上，準備開業。這天雲海茶館生意相當清淡，大概一個小時內，茶館只來了一個年老的婦人。她提著一袋蔬菜，在門口的一張桌邊坐下，但並不買茶，只管整理那些菜。茶館主人也並不在意。菜理乾淨了，她提著菜緩緩離去。[23]

　　我還去過一家叫作「往日情懷茶坊」的新式茶館，坐落在四川省檔案館附近的花牌坊街，除了賣茶之外也賣果汁飲料。這一片鋪面都屬四川省檔案館，每月收取租金1,000元。茶館老闆花了三百元辦營業執照，花四、五百元辦了衛生許可證。按照衛生許可要求，所有的茶具都要進行清洗和消毒。開這個茶坊，老闆總共投資了三、四萬元。茶館裏只有3張桌子，12把椅子。收銀台設在入口處，上面擺有飲料、水果和玻璃茶罐。茶坊使用電爐子燒茶水，冰茶每杯六至七元，熱茶每杯六至十元。茶館的房間雖小，但裏面佈置得很優雅，每張桌上擺有花瓶，空調開著，溫度

圖 5-3　花牌坊街往日情懷茶坊。作者攝於 2000 年夏。

舒適。只是由於臨主街，外面比較吵鬧。茶館老闆是一位約莫 40
至 45 歲的女士，她說這間茶館的成本要高於其他茶館，因為使用
的是瓶裝水而非自來水，外加空調費。由於茶館門大開（其實就
是捲簾門，開張時拉上去），所以很費電。她自我定位為低端的茶
館，說如果有門的話，人們可能認為這是一個高端的茶館，會猶
豫要不要進來 —— 儘管價格表貼在了朝街的櫃枱外面。（圖 5-3）

　　女老闆還告訴我，她原來在一個政府機關工作，下崗後，利
用補償金開了這家茶坊，做生意的主要原因是要供她女兒上大
學。她說她女兒花費太多，學費和住宿費一年大概要 6,000 元，
另外生活費要一萬多元。她還埋怨自己把女兒慣壞了，沉迷於
網吧，所以她必須要比之前當政府僱員時每月多掙兩三百元，才
能維持生計。如果每個月營業額不足 4,500 元，她就會虧本。茶
坊才開張十幾天，生意一直不景氣，本月營業額可能只有 3,000
元，卻要承擔租金、每月支付的 1,000 多元的工資，外加為僱員

提供的餐食、水電和其他開銷。她説表面上這個地方來來往往的人不少，但其實位置並不理想，大多數是外來的農民工，他們更喜歡喝可樂，而不是果汁。和春熙路的同類茶坊比，她説那些店雖然每月租金要4,000元，但每天有400元的營業額，也就是一個月12,000元。她之所以選擇了現在這個位置，是因為附近沒有其他同類的鋪子。她想隨著時間的推移，應該會有越來越多的老主顧，特別是吸引一些年輕人。一般晚上生意會好一些，情侶們出來散步，會光顧她的生意。雖然店很小，不過大多買了就走，所以位子少似乎並不成問題。[24]

　　總之，街角茶館為居民和流動人口提供了必要的服務乃至謀生機會。在這些地方，消費低廉，但他們仍然能享受公共空間中的公共生活。當然，茶館並不是唯一的公共生活空間，還有許多其他地方發揮著類似的功用。例如，A·維克 (Ann Veeck) 的研究顯示，菜市場發揮著「重要的社會活動中心」的作用，現在的快餐店、歌舞廳、保齡球館和公園等，都扮演著類似的角色。[25]

新式茶樓的興起

　　1990年代，成都像中國其他城市一樣，經歷了持續的經濟發展，人們生活水平不斷得到提高，這同時也刺激了中高檔茶樓的興起。到2000年，成都大概有800座這類的茶樓，其中十幾個坐落在府南河邊。在二環路西延線，有許多規模大且設施齊全的茶樓，根據一個商業調查，這些茶館的營業面積幾乎都在1,000平方米以上，有的甚至有2,000平方米大。大部分的顧客都是中青年人，談生意、聚會或是約會。人們也喜歡在這些茶館良好的環境中閱讀、寫作或是處理商務。與傳統的茶館不同，這種茶樓不

提供說評書、演戲或其他娛樂，只有輕柔的背景音樂，有的還有鋼琴演奏，旨在給客人提供一個安靜的環境，並尊重客人的隱私。在低端的茶館裏，陌生人之間經常會一起聊天，但在中高檔茶樓優雅的環境中，陌生人之間幾乎沒有交流，也不會受到打擾。位於成都市中心太升南路的「華都茶坊」，據稱是成都的「第一流茶坊」，也是「成都茶文化的一個縮影」。這座茶樓「處鬧市而不見鬧，顯華美而不露俗」。在裝修、隔音上都下了不少功夫，「既有傳統茶坊的遺風，又有西洋建築的格調，使人一進去便有入洞府、登雅堂之感」。大廳裏除設六個風情卡座外，還有二十餘桌散座，「寬敞豁亮，可聽絲竹之音，可觀書畫表演，可賞名家對弈」。[26]

高檔茶樓與街角茶鋪的價格形成鮮明對比。在這些茶樓，最便宜的茶都要十元一杯，貴的有幾十元的。一家茶樓的老闆說，他不得不提高茶價，因為他光是裝修就花了三、四十萬元，外加不菲的水電費和其他開銷。[27]一家新開的茶樓，有1,500平方米，由著名設計師進行裝修設計，家具從香港進口，有中央空調和十幾個豪華私人包間，總投資達800萬元。另一家茶樓有1,000多平方米，在裝修和設施上投資了200萬元。這些茶樓老闆認為，只有一流的設施才能增強他們的競爭力。[28]

當地報紙上發表過一篇關於成都二環路西延線一帶高檔茶樓的文章，指出這些茶樓老闆之所以樂觀自信是有原因的。第一，這一帶有十多個新的豪華住宅小區，附近都是高收入的居民。第二，周圍沒什麼好的餐館，所以在茶樓用餐是不錯的選擇。第三，這個地區交通發達，成都其他區的人們很容易開車過來消費。茶館老闆說儘管周圍集中了不少類似的茶樓，但他們沒有遇到嚴酷的生意競爭。例如，有一家茶館每天的營業額達到8,000元，而且還沒有達到滿負荷。這些茶樓幾乎都提供包間，每小時

圖 5-4　石人南街清泉茶坊門口的招牌。作者攝於 2000 年夏。

價格收 38 至 88 元不等，更豪華的甚至每小時 280 至 480 元。為了
吸引顧客，這些新開的茶樓都打五至六折。

　　一些市場分析師提醒，要小心茶樓的數量供過於求，但另一
些分析則對茶樓前景抱比較樂觀的態度。[29] 儘管大部分的茶館是
私營的，但也有少數屬國有性質，特別是一些中型茶館。清泉茶
坊便是在一座樓的三樓（另一茶館在二樓），位於石人南路街口。
雖然是國有企業，但實際上被承包了。這個地方兩年前是一個家
具店，後改造成為茶樓，為成都政府的運輸公司所有，因此無須
繳納租金。這家茶館規模很大，有屋頂花園，花園裏有 15 張桌子
和 100 多把椅子，種了竹子和花卉植物，還有常青藤。還有若干
日本風格的包間，一間很大的會議室。茶館正廳裏有幾十張桌
子，上面都掛著吊燈。屋正中的大屏幕電視上播放著電視節目，
還放有兩個枱球桌（租金每小時 6 元）。這家茶館可容納 500 名顧
客，但從未滿座過。人們花上 15 元便可以待上一整天，還包括餐

食。這裏生意還不錯，和二樓開的一家茶館是競爭關係。當我問服務員，這裏是不是「清泉茶館」時，她立馬糾正我說這裏是「茶坊」。可見，茶館業內，認為茶坊比茶館的規格要高。[30]（圖5-4）

高檔茶樓有不同的經營方法。當時，成都最豪華的茶樓是撫琴路的聖淘沙茶樓，服務非常講究，服務員為下車的顧客開車門、撐傘，甚至提供泊車服務。1996年，茶樓先在二樓開業，後來從二樓擴展到四樓，有茶廳、包間和西餐廳。一杯茶大概是28元到100多元。包廂租金每小時180元到600元不等，還不包括茶水。此外，自助餐每人是48元。這裏哪怕是最基本的消費，也是一筆不小的支出。例如，一行五人，點三杯茶（每杯88元）、兩杯咖啡、一杯茶加牛奶，加上一盤水果，總共要400多元，在當時這個價位是非常高的。這家茶館總投資達四、五千萬元，但到2000年便已收回成本！

據聖淘沙的經理介紹，這裏每天大概接待三百多名顧客，三分之一是家庭聚會，三分之二是商人和政府官員。私人包間都在二樓，所有的服務員都是男性，但在三樓的餐廳裏，服務員則都是女性。茶樓裏面不能吸煙，顧客必須到吸煙室吸煙，而且也不允許打麻將。這些規定在當時是獨樹一幟的，在人們的心目中確立了「高檔」的形象。特別是那些要接待大客戶、商談重要生意的人，到這裏來覺得最恰當不過。經理說他接待過許多重要的政府官員，還有明星和電視台的著名主持人。一些特殊顧客在公共空間裏的隱私能夠得到充分的保護，這也是私人包廂如此受歡迎的原因。[31]聖淘沙的成功，反映了新的商業文化在成都這個內陸城市興起。在這裏，生活水平較高或者有特殊需要的人們，尋求更好的乃至豪華的服務。這裏接待了大量的商人和官員，不是一般市民所能消費的地方。像中國的其他城市一樣，成都正在從長期

的計劃經濟中解救出來，這種新的公共空間也適應了市場經濟發展的需要——這個城市需要一些豪華和排場。[32]

如果説聖淘沙是最西化的茶館，那麼順興老茶館正好相反，它強調的是中國傳統文化和這個城市的歷史。順興老茶館位於成都會展中心，裝修風格是仿老式的。整間茶館分為三個區域，外面是一面圓形的牆，上面是四川民間傳説的浮雕，頗能引起顧客們的興趣。裏面分為兩部分：一部分是茶館戲園，顧客在那裏一邊坐在老式的木桌木椅上喝茶，一邊觀看地方戲的演出；另一部分是茶園，雖然都是在室內，但是裝修得像川西的露天茶園，竹林環繞，配老式家具，經理稱大部分是從北京買來的仿古家具，甚至還有幾件是從私人收藏買來的古董家具。這裏也是價格偏高，所以顧客寥寥。

2000 年我首次到這裏來的時候，和經理聊天，得知這家茶館在裝修和家具上面就花了五、六百萬元，由於規模大，開銷多，茶館處於虧本的狀態。但是由於這家茶館屬會展中心，不需要繳納房租，所以維持下去是沒有問題的。茶館每天大概賣出五、六百碗茶，每月大概用去三、四十斤茶葉。如果要收支平衡的話，這個茶館每天需要有 22,000 元的營業額。三年後我再來到這個茶館時，是中午時分，可容納千人的大茶館，依舊沒幾個顧客。隨行的朋友解釋道，這可能有兩個原因：一是持續蔓延的非典疫情；二是成都的人們習慣於去新開張的場所看熱鬧，好奇心滿足了，以後就不怎麼去了，把注意力放到了新的地方。[33]

中高檔茶樓的興起，反映出成都居民的生活水平，像中國其他城市的居民一樣，得到了大幅度的提升。這也反映出他們更喜歡綜合性的服務模式，即茶館和餐廳相結合，喝茶吃飯的一條龍服務。這種變化體現了茶館的靈活性，它們可以迅速適應新的商

業模式，來滿足人們不斷變化著的需求。過去茶館是生活慢節奏的產物，但是茶樓也適應快節奏的需要，特別是為進行商務和工作商談的人們提供了便利。他們不需要先喝茶然後再去找飯館吃飯，而是在同一個地方都解決了。還有，它們和街角茶鋪相比，大幅度地保護了客人的隱私；但它們的價格和清冷的氛圍，也使一些顧客望而卻步，使他們分散到了其他的茶館中，包括公園和寺廟茶館。

與公園和寺廟共存

在成都，每個公園和寺廟至少都有一家茶館。不少人到公園或寺廟，不是去遊玩或者拜神，而是去坐茶館，因為這些地方的茶館自然環境優美，地方寬敞，空氣清新。如果親朋好友計劃到公園或是寺廟中聚會，他們一般都先在茶館裏碰頭。例如武侯祠的結義樓，條件優越，有庭院和戲台；茶價適中，一杯茶便宜的5元，最貴的30元；用電爐燒開水，但是用傳統的蓋碗茶具。服務員說在「非典」之前，這裏每天都有表演，但是現在人們儘量避免到公共場合，客人太少，故表演也取消了。客人雖少，但仍然有一個掏耳朵匠在此招攬生意，他三十來歲，掏一次耳朵收10元。他是一個進城的農民工，在這個地方謀生已經三年多了。[34]

2003年我在成都考察時，去了草堂寺的一個茶館，草堂寺是成都著名歷史遺跡，很受外地遊客和老年人的歡迎。但是門票要30元，因此成都居民很少去，不過由於老年人免費，因此成為老年人鍛鍊和散步的樂園。草堂寺有一家漂亮的茶園，茶價由8到50元不等，茶是用傳統的三件套（茶碗、茶蓋、茶船）端上來的，牆上掛的是木漆雕刻畫和詩，主題都與茶有關。顧客很少，只有

三桌人在打麻將，有兩個老人在喝茶休息，其中一人在看報，他們坐了一陣便離開了。顯然，由於門票太貴，影響了人們進來坐茶館。不過，這是「非典」的危險期，遊客大大減少也是一個重要原因。在草堂寺的另一家檔次較低的茶館，我也看到一些老人在打麻將，但並不是每個人都買茶，有的喝自己帶的茶杯。這樣，他們既可以享受公共生活的歡愉，又不需要買茶，只需要付很少開水錢便可以了。這是茶館靈活經營的又一個很好的例子。[35]

人民公園坐落在市中心，是最受老年人歡迎的地方。人民公園正門右邊，是「蜀風旅遊演藝廣場」，裏面有「花園茶座」，花10元可以玩一天。門口牌子寫著：「最低消費5元，組合消費10元（玩一天，棋牌、茶水、午餐）。午餐九菜一湯，六葷三素。」意思是說，如果是集體活動，人們可以每人只付10元，玩棋牌，喝茶，一桌人還可以享受九菜一湯、六葷三素的午餐。我們可以看到，10個人不過100元，除去各項成本，提供這種大眾服務的茶館利潤其實很低。在人民公園的鶴鳴茶社門口，有一個年輕姑娘在「倒糖餅」，這是一種過去流行的手工藝術，非常受小孩歡迎。民間藝人用糖做龍、鳳及各種動物，媽媽們帶著小孩圍著攤子觀看。還可旋轉輪盤抽獎，輪盤上畫著各種動物，如果運氣好，轉到一條龍的話，就賺大了，但是顧客多數得到小雞或小鳥。（圖5-5）鶴鳴茶社是一家有悠久歷史的露天茶館，茶客們在竹林樹蔭下，享受公園的景色。而且這裏價格也很大眾化，每杯茶從5元到30元不等（下文將會對這家茶館作更為詳細的討論）。[36]（圖5-6、圖5-7）

府南河旁柳樹成蔭，是開茶鋪的好地方，這裏的茶館總是顧客盈門。2000年我在那裏實地考察時，一碗茶僅售5元，服務員上茶時，也給一個熱水瓶，這樣茶館和顧客都方便，不過卻失掉了過去堂倌在熙熙攘攘的客人間穿梭摻茶的景觀。這天，茶館裏

圖5-5　一位民間藝人在人民公園鶴鳴茶社外面做糖人。作者攝於2003
　　　　年夏。

圖5-6　人民公園鶴鳴茶社長廊下喝茶的遊客。作者攝於2000年夏。

圖 5-7　百花潭公園裏的露天茶館，全公園大概有六、七個這樣的露天
　　　　茶館。這裏的茶館全是折疊木桌與塑料椅，放置在樹蔭和迴廊
　　　　下，以及河邊、庭園、池塘邊，真是心曠神怡。茶客們還可以
　　　　一邊喝茶，一邊釣魚。作者攝於 2003 年夏。

　　大多數顧客都是年輕的男女，有些很明顯是情侶，也有一些生意
人，還有幾個年輕人在做問卷調查。這些做調查的都是大學生，
其中一個說他今天必須完成 60 份問卷，目前已經回收了 30 多
份。這個調查是為他的教授做的，共需要完成幾千份問卷。問卷
是關於汽車市場的，他請我也填一份問卷。我說我對汽車不太了
解，其他人也都這麼說，但這個學生說沒關係，想選什麼答案都
行。題目諸如：「你買車時，主要考慮些什麼因素？A. 質量；B.
經濟；C. 價格；D. 外型」；其他的問題還有：「您願購哪種國產
車？(下列若干國產車名字)」、「近期打算購車嗎？」、「購哪種價
格的車？」等等。[37] 我們可以看到，和過去一樣，茶館仍然是收集

圖5-8　2004年夏，我任教的美國德克薩斯農工大學教育學院教授帶
　　　　一批德克薩斯州的中學歷史老師赴華訪學，成都是他們的訪問
　　　　地點之一。那時我也正在成都做研究，並帶他們去了府南河邊
　　　　的一家茶館體驗。作者攝於2004年夏。

信息的好地方，不過所收集的信息性質和收集的方式、目的有所
變化。這時的茶館已經大大地去政治化，而全面商業化，甚至成
為商業信息的收集處，雖然這些信息並不一定是準確的。（圖5-8）

　　幾乎所有寺廟都開有茶館。大慈寺裏的文博大茶園在成都頗
有名氣，由文博藝術旅遊公司管理。1992年，這間公司經營了茶
館、餐廳、寺廟內的小吃店，吸引了許多顧客。人們來文博茶館
裏聚會或休閒，顧客花上三、五元便可以在茶館裏坐上一整天。
茶園每天可以賣出八、九百碗茶。[38]1994至1996年間，生意最好
的時候一天可以賣出上千碗茶。[39]經理姓江，她每天把茶葉分到
茶碗中，每斤茶葉分成140碗。[40]這個茶園有八名員工：其中有六

名服務員、兩名櫃枱。經理每天把茶碗按數分發給服務員，打烊時清點所剩茶碗，便能很清楚地知道當天賣了多少碗茶。

據江經理說，這個茶園更像是一個家族企業。她丈夫負責採購，因為之前被員工欺騙過，這名員工用假發票做了高於實際金額的假賬，被發現後開除了。小吃部的負責人也是自家人。這個茶館還要為上級公司支付某些開銷，因為文博旅遊公司的一些僱員，包括出納、會計、辦公室主任、總經理助理等，雖然並不為茶館工作，卻由茶館發工資，顯然上級公司借此轉嫁了人頭成本的壓力。早些年間，這個茶館生意非常好，每天的營業額達到3,000元，早上10點便滿座。但1998年以來，生意開始下落，這固然是因為同行間競爭加劇，也有其他一些原因。例如受到天氣的影響，茶園是露天的，故春秋生意好，夏冬生意差。經理說茶館每月的成本至少兩萬元，其中包括4,000元的工資，每年還有800元的執照更新費用，似乎暗示茶館很難維持下去。[41] 不過，我2000年夏在此考察時發現，實際的財政狀況沒有那麼黯淡，茶館其實還有一些灰色收入。那裏有賣書畫、工藝品的，甚至還有中醫診病，經營者要繳納一定的費用，方能在茶館做生意。不過這些人倒是很悠閒，有顧客的時候做生意，沒顧客的時候當茶客，工作和休閒兩不誤。[42]（圖5-9）

大慈寺還有一個大慈莊茶園。茶園門口立有一塊牌子作為廣告：「大慈莊，茶，飯，棋牌，10至15元，耍一天。時間：08:00–22:00。」中間那個「茶」字特別大，告訴人們這是一家茶館，不是飯館。其實這是一個茶館和飯館一體的茶園。走進圓形拱門，裏面為一院子，右邊是一搭有藤架的迴廊，陰涼下擺有八、九張麻將桌，桌上都放著麻將，客人都在餐廳，圍著五、六張八仙桌吃飯，估計總共有五、六十人。左邊有一小池塘，池塘中間有一

圖 5-9　大慈寺內的文博大茶園，可以看到賣醫療儀器的商家也在這裏
　　　　拉生意。作者攝於 2003 年夏。

亭，亭裏有一麻將桌和木椅若干，池內有魚。一位 40 歲左右穿黑
衣的婦女端茶給我的時候，我說 10 至 15 元包吃，包喝茶，包打
麻將，這麼便宜？她說也是沒有辦法，競爭大，沒有多大賺頭，
而且從早忙到晚。她還告訴我，每天會有魚販送魚到此，放入池
裏，顧客可以隨時吃到活魚。看來她是老闆，說了一聲請慢慢
喝，便忙去了。我坐在那裏喝茶的時候，便見一個廚師用網從池
裏撈出兩條大魚提到廚房，看來是有顧客點了新鮮活魚。[43]

　　文殊院是成都最大的佛寺，那裏的茶館主要是為朝拜者和參
觀者提供一個休息的場所。營業時間從早上 8 點到下午 5 點半，
價格也很大眾化，最便宜的是茉莉花茶，每杯五元。我看到茶館
裏居然還售酒，這顯然不符合佛教教義，似乎也反映了哪怕是廟
裏的茶館，其服務也是與信仰分開的。文殊院對老年人免費開
放，所以大部分的顧客都是老年人，特別是老年婦女。這個茶館

不允許打麻將，以免太吵鬧，但可以玩撲克牌。過去茶館一天的銷售額可達上萬元，但自從文殊院被列為重點文化遺產保護單位後，門票上漲，茶客急劇減少，每天的銷售額降到了一兩千元。[44]

　　寺廟中的茶館幾乎與宗教信仰無關。對茶館來說，寺廟只不過是有穩定客源的生意場所；而茶館對於寺廟來說，不過是為拜佛的信徒或遊客提供了方便。中國的寺廟總是與茶館配合默契，因為兩者都是公眾聚集和娛樂的地方，創造了宗教信仰和世俗化生活結合的完美模式，哪怕是1949年以後幾次激進的政治運動，以及改革開放和現代化的浪潮，也未能摧毀這樣一個傳統模式的存在。

茶館的多種功能

　　茶館文化一直和商業化結合在一起，適應著社會經濟環境的變化。茶館提供茶以外的其他服務，如它們不失時機地增加放錄像、提供住宿、足療等服務。這種多功能的服務，便是他們生存和發展的一個重要策略。

　　茶館錄像室　1980和1990年代港台電影和電視劇日益流行起來，特別是武打片很受歡迎。許多小茶館為了吸引顧客，都提供錄像放映服務，這甚至成為這些小茶館的主業，使它們逐漸演變成了錄像廳。這些錄像廳的顧客大都是年輕的外來打工者和農民工，要不就是中小學生。[45]與傳統的茶館不同，這些茶館的椅子不是圍著桌子，而是像影院一樣，把竹椅排成行列，方便顧客們觀看電視屏幕。在晚上，這些錄像室裏坐滿了觀眾，外來打工者多是單身在城市打拼，晚上無事可做，錄像廳便是非常理想的打發時光的去處，花幾元錢便可以在茶館錄像廳裏喝茶和看片，而且沒有時間的限制。[46]（圖5-10）

圖 5-10　一條拆遷街道旁的錄像室。作者攝於 2003 年夏。

　　2000年前後，成都仍有許多這樣的錄像室，成都市檔案館附近的「李小龍錄像牌茶」便是其中之一。這個茶館條件很簡陋，竹棚外懸掛著一個大大的「茶」字，一個大木板立在門前，上面貼著各種影片和電視劇的封面，顧客可以很方便地選擇他們想看的片子。一杯茶加上看錄像只需一元錢，當然茶是質量很差的低檔茶。茶館裏面小且昏暗，椅子有五排，每排六個位子，分兩邊，中間是過道，總共不過容納30個顧客。每排兩邊各有一個小圓橙子，被用作桌子放茶杯。室內的牆上貼滿了影碟的封面，大部分都是港、台和好萊塢拍攝的片子，如李小龍、成龍、施瓦辛格等主演的動作片。我看到裏面只有五、六個顧客，都是二、三十歲的樣子，正在看一部香港片。聽他們的口音和衣著，是外來打工者。老闆是位中年婦女，看起來很悠閒，和幾個人在店門口打麻將。[47]

我考察的另一個茶館錄像室坐落在成溫立交橋旁的交叉口處。門口地上畫有一個箭頭，順著標誌，就到了一個寬敞而昏暗的樓上。裏面有六排椅子，椅子之間放有長形茶桌，每排的兩邊各有四把椅子，大概可容納五十來人。屋裏的正中間有一台大屏幕電視，這時是正午剛過，茶廳裏空無一人，旁邊的小屋裏有一些人在打麻將。一碗茶只需一元錢，但茶的質量較差。女老闆說顧客主要是對面烹飪學校的學生，但是現在已經放暑假了，所以錄像廳門可羅雀。一般來說，只要有六、七個人她就會放錄像，但如果不是放假期間，通常會有二十多人。茶館利潤不高，租金是一項大開銷，大廳租金每月一千多元，小屋每月也得幾百元。[48]

錄像廳的出現，反映了科技的發展，給人們日常生活和娛樂所帶來的改變。電視和錄像機逐步取代了茶館裏的地方戲和其他形式的演出，茶館經營和提供娛樂的方式也與過去大大不同。人們從觀看舞台上的演員，變成看眼前的電視機。對茶館而言，成本下降了，放映時間更靈活了，節目也更豐富了。在過去，能提供娛樂演出的往往是場地寬敞、客源充足且有一定規模的茶館；但現在，即使是規模最小的茶館也能為顧客提供豐富的節目。大量的流動人口和城市低收入人群，在快速現代化的城市中，找到了適合他們的廉價消遣活動。

茶館作為足療店或旅店 即使是傳統的茶館也會設法滿足人們的各種服務需求。在窄巷子，有一家叫作「老巷子」的大茶館。門口兩邊立一座石獅，屋檐下懸掛著兩隻六角燈籠，上面寫著大大的「茶」字。左門旁邊立著個牌子，上面寫著「本店隆重開業，感謝各位顧客光臨」，還列出了所提供的各種服務，例如小包間每小時10元，中包間16元，大包間是20元。中藥泡腳按摩是25元70分鐘，使用西藏草藥則是30元80分鐘。茶館也提供各種食品服務。兩位穿著紅色旗袍的女服務員在門口迎賓。一個穿著白

色襯衫的女孩（可能是領班）告訴我茶館才開業幾個月，知道的人不多，所以生意比較清淡。裏面環境很優雅，有花園、流水和小橋，以及一個玻璃房，裏面有人在喝茶、聊天、看報。樓上有許多私人包間，最大的包間價格是每天400元，茶水另算。[49]一些茶館兼足療館在不經意間，扮演了旅店的角色。一個茶館的客人告訴我説，一些旅行和出差的人喜歡去24小時營業的茶鋪兼足療館，在裏面做做足療，花上幾元錢喝杯茶。足療每小時10元錢，在躺椅上打打盹，比住一晚旅館便宜。[50]

在成都，許多酒店也經營茶坊，這樣客人要會客，要商談事情，不出酒店就可以辦妥。但是也有以茶館為主，提供住宿為輔的茶館旅舍。在花牌坊街，我就考察過一家這樣的茶館旅舍。茶館中心是喝茶的大廳，但是在過道兩邊是一些客房，設施比較簡陋。女老闆也身兼服務員。顧客買了茶，她還附贈一盤瓜子。如果顧客閒而無聊，還可以聽她和熟人的聊天。她談到前幾天帶兩個女員工去醫院體檢，確保她們沒有肺病、皮膚病或其他傳染病。然後，她抱怨她的「問題」兒子：兒子馬上小學畢業，喜歡吃喝玩樂，不愛學習，她費了好大氣力教育他走正路。從她的個人故事，我們可以知道一位普通女店主所面臨的工作和家庭的問題，以及她是如何處理這些問題的。[51]

我們應該注意到，按照有關法規，茶館並不允許經營像住宿這樣的業務，政府把控制酒店住宿行業作為確保社會安全的一項重要措施。每間酒店都必須要求客人以身分證或護照進行實名登記，但茶館卻並沒有這些規則。由於這類茶館小而分散，政府也很難完全監控它們，因此這些茶館有了擴大其經營的自主空間。

茶館就是一個市場

在1980年代，鄧小平提出中國要由計劃經濟轉向市場經濟，在這個轉型過程中，相應的服務設施也應運而生。[52]國有企業的生產原料是有所保障的，但私有企業則必須通過市場來得到它們的原料。改革開放初期，各種生產資料短缺，例如煤炭、鋼鐵、木材及其他許多設備，都需要政府部門特批，這相當給一些有後台、有權勢的人獲取暴利創造了機會，時人稱他們為「官倒」。他們經常靠一紙批文，便賺得盆滿缽盈，不少如今的富豪，都是在那個時候賺下了第一桶金。

在這個時期，茶館又恢復了它們在1949年以前的功能，即作為商人和小販的市場。根據1984年《人民日報》一篇文章的觀點，茶館已經成了快速發展的城市市場經濟中的一個重要場所：「從清談清耍中產生出『實業精神』來 —— 談商務、傳信息、論桑麻，商業熱浪彌館。」記者說在成都一家茶館「稍坐片刻」，就知道了青海的魚每斤賣一角七、八，到成都就要賣塊把錢；成都兩三分錢一斤的小白菜，運到青海要賣三、四角。同城甚至省與省之間的行情，很方便地便可以得知。[53]一些茶館實際上已成為了鋼鐵、水泥、汽車以及其他生產資料的交易中心。1984年，成都生產資料服務公司為了滿足經濟發展的需要，在鶴鳴茶社開了一個貿易市場，每週五進行生產資料的交易。每週五上午，商人、工廠採購和原料供貨商等，都在此談生意。但是若干年後，政府關閉了這個市場。[54]

不過，成都最著名的生產資料交易市場，應該是城北體育館茶園的「週五茶會」，儘管它是私營的，但卻成了「成都生產資料交易會」。該茶館佔地300平方米，茶會之日，擠滿了來自成都、外縣及各省的採購和供應商。企業花上幾十元成為會員，便可以

在這裏交易了。每逢茶會，茶館的牆上和房柱子之間，都掛滿了報紙大小的白紙，上寫單位名稱、物資規格及各種供求信息，有的還寫上聯絡人姓名，標出價格，會場內外人聲嘈雜。那些有經驗的茶會老主顧，信息掛出來後，就買一碗茶，慢慢地品啜，等著客戶上門。僅1987年的頭三個季度，茶會的成交額便超過二億元。這個茶會維持了好多年。[55]

由於有了茶館生產資料交易中心，小廠小公司的採購們，不需要長途跋涉到處尋找供應商，只需要直接去茶會，一切便可以辦妥。一位女採購員的公司急需兩噸某種特型鋼材，她很快便在茶館裏發現了賣家。一個鄉鎮企業的採購員，在公司需要材料時，便到茶館來，每次都不會空手而歸，他認為茶會對小企業來說，真是非常重要的。有意思的是，在這裏活動的採購和銷售們，因為有更多的渠道與商業信息，甚至還為一些大型國有企業的原材料牽線搭橋。茶會從每筆交易中收取1%的回扣，建立了很好的聲譽，人們誠信交易，沒有欺詐。一位經營者表示，大家都努力建立這個市場的信譽，不會損害他人的利益。這使得全國經濟信息網成都分部也考慮在這裏進行供給需求調查。[56]

茶館也成為各種「皮包公司」的辦公室。「皮包公司」興起於1980年代，當時正是所謂「全民經商」的高潮。許多小公司就只有一個人，沒有辦公室，沒有員工，只有老闆自己拎著個皮包到處找業務，所以被人們戲稱為「皮包公司」。茶館為「皮包公司」的老闆們提供了最理想的交易和處理商務之地。即使那些有辦公室的老闆，也喜歡在茶館裏談生意。何小竹是一名作家，當時也開了家公司，也有公司辦公室，但是他還是喜歡去茶館與客戶見面，因為他覺得茶館更容易給人「平等」的感覺。按照何的說法，不少成都的公司老闆，雖然有聘用的員工及辦公室，傳真、電腦等辦

公用品都不缺，但是他們不喜歡坐在寫字枱前，於是每天上午開
車去公司，簽發幾個文件，交代幾件事情，然後就去了茶館。他
們在那裏看報，或用手機與下屬或客戶聯絡；中午時分，就在茶
館裏叫一碗排骨或紅燒牛肉麵，吃完後，便在舒適的躺椅上打一
個盹；下午則要麼約見客戶，要麼約人談在辦公室不便談的事。
如果他們需要發傳真或上網，檔次高一點的茶館都提供設備；如
果沒業務好談，則約三五個朋友打麻將，贏的錢用來請大家一起
去吃晚飯。[57]

　　與民國時期相似，不少經濟組織也喜歡把茶館作為它們的
總部。許多商人來自外省或者外縣，為了生意、生活或感情的
聯繫，他們成立了同鄉聯誼組織。到1990年代，便有十幾個地
方商會在成都成立。如來自浙江溫州的商人，以經商頭腦而聞
名，他們在成都建立了溫州商會。這些商會大都沒有自己的活
動場所，所以把茶館作為它們的活動中心。[58]這樣，不需要專門
租用辦公室或會議室，會員聚會非常方便，茶水不需要準備，來
早來遲也不要緊，茶館聚會既可以商談生意，也可以休閒和聯絡
感情。

　　我們可以看到，茶館作為一種公共空間，不僅適應了人們休
閒和娛樂的需求，還發揮了市場和辦公室的功用。在某種程度
上，茶館為商人們提供低成本且合適的場所，幫助他們獲取信
息，相互聯繫，促進了中國經濟的轉型。在一些地方，政府不得
不提供一些場所以適應市場的需要，而茶館作為一種現成的基礎
設施，發揮了它們新的功用，也得到政府的認可。儘管20世紀最
後二十多年中發生了劇烈的政治、經濟和文化的變革，出現了其
他的公共空間，還伴隨著科技和物質文化的發展，但茶館的市場
功能卻從未被取代過。

生意場上的競爭

如上文所述，茶館能夠適應日益增長的多功能需求，導致茶館數量增加，也使茶館面臨著更大的競爭壓力。為了吸引更多的顧客，茶館提供了更舒適的環境。社會學家Ｗ‧Ｈ‧懷特指出：「想要讓一個地方有人氣，最好的方法就是讓它變得有吸引力。」[59]懷特的意思是告訴他的讀者如何創造出理想的舒適環境，但是沒有提到這樣做的代價——更高的成本。2000年《華西都市報》便調查過茶館的經營狀況。調查者在夏天的一個下午來到府南河旁的一家茶館，那裏有110張桌子，400把椅子，茶價每碗從5到20元不等。服務員告訴記者，該茶館前幾年生意很好，顧客們買價高的茶也不在乎，但這些年由於經濟不景氣，他們錢也花得少了。這個茶館僱了22名工人，提供制服、餐食、住宿，外加每40天換一雙新鞋。記者估計這個茶館平均每天可接待大約500個顧客。一天下午，記者來到了一家裝飾優雅的茶樓，儘管門口寫著打七五折，從下午3點至5點期間，他沒看到一個顧客，只在晚間6點至9點半之間看到了八名顧客。作者還提到，一家2000年3月開業的茶樓，有700平方米，總投資達500萬元，半年後便歇業了。[60]與街角茶館相比，高檔茶館似乎更容易受大經濟環境和人們生活水平變化的影響。（圖5-11）

不同類型的茶館，採取不同的方式，成為新興消費文化的創造者。隨著競爭的加劇，茶館越來越注重自身的形象與宣傳。2003年，第一屆「茶館形象」比賽舉行，除了選舉「茶花」之外，還有五十多位參賽者參加「茶藝」比賽——特別是摻茶的表演。[61]在這場活動中，一對年輕的男孩和女孩展示了稱為「霸王別姬」的摻茶技術：那個女孩向後下腰，把茶碗放在她的腹部，男孩則站在三尺遠處從一個長嘴壺中往裏倒茶。茶水全部倒入了碗中，沒

圖 5-11　悅來茶園。作者攝於 2003 年夏。

灑一滴水，評委們認為他們的動作如行雲流水，一氣呵成。[62]四
川茶文化協會還舉辦了一次品茶比賽，測試參賽者的鑑茶、摻茶
和茶葉的知識等，勝出者是一位茶館的經理，榮獲「第一茶客」的
稱號。[63] 2003 年 11 月，在琴台路的竹葉青茶坊前，一對九歲的龍
鳳胎，自稱是峨眉派茶藝的傳人，伴隨著中國的傳統音樂「高山
流水」，展示了他們的技藝。這兩個小孩穿著白色的絲綢衣服，
黑色的棉質鞋，表演「龍鳳舞」。他們蹲在地上，從頭頂上反轉大
茶壺，把茶水倒入了身後的 20 個茶碗中，人群中響起了熱烈的
掌聲。[64]

　　天氣因素對茶館的生意有很大的影響。當地報紙上的一篇文
章的標題就是〈成都茶樓靠「天」吃飯〉。這篇報道說，一個生意人
在望江公園旁租了 400 多平方米的二樓房間，每月租金二萬元，

花了八十萬設計裝修，加了六個小包間，請了兩位漂亮的迎賓小姐，但卻入不敷出。他想可能是因為設施不夠完善，於是加了卡拉OK、棋牌等，還從公關學校請了老師來訓練18名女服務員儀容儀表，但茶館的生意仍然冷清，就算把價格降為「五元玩一整天」來吸引顧客，也沒什麼用。「五一節」七天長假期間生意沒有好轉，就算加了餐飲、紙牌、足部按摩也沒有用。[65] 茶樓在5月中旬還是門可羅雀，但到了月底，隨著溫度升高，來茶館的人越來越多，因為茶館裏的冷氣讓人非常舒適。不少茶館也以冷氣開放作為攬客的手段。記者來到府南河旁的一家茶館，他都不敢相信自己的眼睛，那裏簡直生意爆棚。經理告訴記者，生意隨著天氣的變化，簡直像坐過山車一樣：5月15日之前，一天只有不足廿個顧客，但隨著天氣變熱，生意竟然突然變好，特別是5月19日之後，顧客增加了近六倍。但是他對生意仍然不樂觀，對茶館生意受天氣和季節的影響非常擔憂。[66]

競爭是一種商業活動，但這種競爭無疑也普及了茶文化，並為大眾提供了娛樂。這些現象表明，茶館再次適應了新的社會、文化和經濟環境的變化，隨時可以採取新的商業策略，以圖生存和發展。它們為增加就業機會，保存傳統生活方式，豐富公共生活，作出了貢獻。雖然現今的茶館與過去不同，但它們作為公共空間和提供各種服務的宗旨是不變的。即使其他的公共空間不斷地出現，並爭奪人們的時間和資源，但茶館在人們日常生活中的中心地位，仍然是無法取代的。隨著現代社會的發展，茶館、茶館文化和茶館生活，能夠很好地融入新的、充滿競爭的商業氛圍之中。

改革時代的國家、市場與茶館

在改革開放時代，由於政治環境的變化，國家減少了對小企業和小商業的控制。李侃如在討論這種轉變時寫道：「政府現在不再為人們提供道德的指南。當代中國的一個重要特徵，就是國家道德權威的削弱和精神上的滿足。」[67]當然，這並非意味著國家完全置身於經濟活動之外。實際上，國家仍然對商業發揮著影響，只是方式與過去不同而已。人類學家O·布魯恩 (Ole Bruun)考察了1987至1991年間的成都小商業，這是毛澤東之後中國的一個重要過渡時期，即從社會主義中國開放的最初階段，到1989年後國家開始施加更多的控制。布魯恩發現，在成都，生意人竭力處理好與國家有關部門的關係，以確保生存和更多的利潤。他們必須遵守當局所制定的各種規定和稅收要求。例如，稅務局要求業主估算競爭對手的利潤，一些小商業主則用非法手段，把自己的私營商業登記為「集體所有」來逃稅。布魯恩的研究揭示，腐敗成了一個嚴重問題。在1990年代初期，成都小企業的平均壽命大概是四到五年，其中25%維持不過兩年，只有20%能生存十年以上。[68]這些都反映現今的企業仍然需要克服來自各方面的諸多障礙。

應對官方的各種限制，克服政策的朝令夕改，適應劇烈變化的政治局勢，以及面對商業化、現代化的衝擊，都是做生意必須面對的問題。改革開放以後，中國商業文化的發展與市場的持續擴張，使「市場像是一塊巨大的磁鐵吸引著人們」。[69]「全民經商」浪潮、大規模的農民工入城、國有企業的重組、城市大拆大建等因素，都影響著人們的公共生活。對於成都茶館及其經營者來說，他們的茶館要生存和發展，必須處理好與政府、管理者、規則以及顧客的關係。正是他們這種非凡的適應能力，使茶館繼續在這個現代化的浪潮中繁榮昌盛。

註釋

1 關於中國改革開放的研究非常豐富，全面的研究見 Hungdah Chiu, "Socialist Legalism: Reform and Continuity in Post Mao Communist China," *Issues and Studies* 17, no. 11 (1981), pp. 45–75；Elizabeth J. Perry, *The Political Economy of Reform in Post-Mao China* (Cambridge: Council on East Asian Studies, Harvard University, 1985)；Tsou, *The Cultural Revolution and Post-Mao Reforms*；Harry Harding, "Political Development in Post-Mao China," in *Modernizing China: Post-Mao Reform and Development*, eds. A. Doak Barnett and Ralph N. Clough (Boulder: Westview, 1986), pp. 13–37；Vera Schwarcz, "Behind a Partially-Open Door: Chinese Intellectuals and the Post-Mao Reform Process," *Pacific Affairs* 59, no. 4 (Winter 1986–1987), pp. 577–604；Paul A. Cohen, "The Post-Mao Reforms in Historical Perspective," *Journal of Asian Studies* 47, no. 3 (1988), pp. 518–540；Nina P. Halpern, "Economic Reform, Social Mobilization, and Democratization in Post-Mao China," in *Reform and Reaction in Post-Mao China: The Road to Tiananmen*, ed. Richard Baum (London: Routledge, 1991), pp. 38–59；Merle Goldman and Roderick MacFarquhar, eds., *The Paradox of China's Post-Mao Reforms* (Cambridge: Harvard University Press, 1999)。關於經濟改革，見 Dorothy J. Solinger, *From Lathes to Looms: China's Industrial Policy in Comparative Perspective, 1979–1982* (Stanford: Stanford University Press, 1991)；Dorothy J. Solinger, *China's Transition from Socialism: Statist Legacies and Market Reforms, 1980–1990* (Armonk: M. E. Sharpe, 1993)；Jean C. Oi, "The Role of the Local State in China's Transitional Economy," *China Quarterly* 144 (December 1995), pp. 1132–1149。關於教育改革，見 Mariko Silver, "Higher Education and Science Policy in China's Post-Mao Reform Era," *Harvard Asia Quarterly* 11, no. 1 (Winter 2008), pp. 42–53。關於改革開放以後城市的變化，見 Carolyn Cartier, "Transnational Urbanism in the Reform Era Chinese City: Landscapes from Shenzhen," *Urban Studies* 39, no. 9 (2002), pp. 1513–1532；Piper Rae Gaubatz, "Urban Transformation in Post-Mao China: Impacts of the Reform Era on China's Urban Form," in *Urban Spaces in Contemporary China: The Potential for Autonomy and Community in Post-Mao China*, eds. Deborah Davis et al. (New York: Cambridge University Press, 1995), pp. 28–60。關於改革開放時代的家庭生活，見 Deborah Davis and Stevan Harrell, eds., *Chinese Families in the Post-Mao Era* (Berkeley: University of California Press, 1993)。對改革開放

後成都的研究，見 D. J. Dwyer, "Chengdu, Sichuan: The Modernisation of a Chinese City," *Geography* 71, no. 3 (1986), pp. 215–227。

2　Lieberthal, *Governing China*, p. 190.

3　Dittmer and Gore, "China Builds a Market Culture," pp. 39–40. 關於後毛澤東中國的小商業研究，見 Thomas B. Gold, "China's Private Entrepreneurs: Small-Scale Private Business Prospers under Socialism," *China Business Review* 12, no. 6 (1985), pp. 46–50；Martin Lockett, "Small Business and Socialism in Urban China," *Development and Change* 17, no. 1 (1986), pp. 35–68；Mohammad A. Chaichian, "The Development of Small Business and Petty Commodity Production in the Peoples Republic of China," *Asian Profile* 22, no. 4 (1994), pp. 167–176；Jinglian Wu, "The Key to China's Transition: Small and Midsize Enterprises," *Harvard China Review* 1, no. 2 (1999), pp. 7–12；Wai-sum Siu and Zhi-chao Liu, "Marketing in Chinese Small and Medium Enterprises (SMEs): The State of the Art in a Chinese Socialist Economy," *Small Business Economics* 25, no. 4 (2005), pp. 333–346；Thomas C. Head, "Structural Changes in Turbulent Environments: A Study of Small and Mid-Size Chinese Organizations," *Journal of Leadership & Organizational Studies* 12, no. 2 (2005), pp. 82–93；Andrew Atherton and Alaric Fairbanks, "Stimulating Private Sector Development in China: The Emergence of Enterprise Development Centres in Liaoning and Sichuan Provinces," *Asia Pacific Business Review* 12, no. 3 (July 2006), pp. 333–354；Li Xue Cunningham and Chris Rowley, "Small and Medium-Sized Enterprises in China: A Literature Review, Human Resource Management and Suggestions for Further Research," *Asia Pacific Business Review* 16, no. 3 (2010), pp. 319–337。

4　Solinger, *Chinese Business under Socialism*, p. 108.

5　對改革開放後中國茶館的研究多為中文，主要是從人類學和社會學的角度出發，見呂卓紅：〈川西茶館：作為公共空間的生成和變遷〉，未刊博士學位論文，中央民族大學，2003年；戴利朝：〈茶館觀察：農村公共空間的復興與基層社會整合〉，《社會》，2005年第5期，頁96–117；余瑤：〈茶館民俗與茶人生活：俗民視野中的成都茶館〉，未刊碩士學位論文，上海大學，2007年等。

6　關於民國時期對茶館數量的控制，見 Wang, *The Teahouse, 1900–1950*, chap. 2。

7　根據統計，民國時期茶館數量最多的年份是1934年，總數有748家（Wang, *The Teahouse, 1900–1950*, p. 30）。

8 關於改革開放後政府對社會的控制，見Manoranjan Mohanty, "Party, State, and Modernization in Post-Mao China," in *China, the Post-Mao View*, ed. Vidya Prakash Dutt (New Delhi: Allied, 2000), pp. 45–66；Kenneth Lieberthal and David M. Lampton, eds., *Bureaucracy, Politics, and Decision Making in Post-Mao China* (Berkeley: University of California Press, 1992)；Gordon White, "The Dynamics of Civil Society in Post-Mao China," in *The Individual and the State in China*, ed. Brian Hook (New York: Oxford University Press, 1996), pp. 196–221；Jean C. Oi, "Realms of Freedom in Post-Mao China," in *Realms of Freedom in Modern China*, ed. William C. Kirby (Stanford: Stanford University Press, 2004), pp. 264–284；Minxin Pei, "Political Change in Post-Mao China: Progress and Challenges," in *China's Future: Constructive Partner or Emerging Threat*, eds. Ted Galen Carpenter and James A. Dorn (Washington, DC: Cato Institute, 2000), pp. 291–315；David Shambaugh, "The Chinese State in the Post-Mao Era," in *The Modern Chinese State*, ed. David Shambaugh (Cambridge: Cambridge University Press, 2000), pp. 161–187。

9 關於改革開放後對私營商業的管理，見Hill Gates, "Owner, Worker, Mother, Wife: Taibei and Chengdu Family Business Women," in *Putting Class in Its Place: Worker Identities in East Asia*, ed. Elizabeth J. Perry (Berkeley: Institute of East Asian Studies, University of California, 1996), pp. 127–165；Hill Gates, *Looking for Chengdu: A Woman's Adventures in China* (Ithaca: Cornell University Press, 1999)；Wai-Sum Siu, "Chinese Small Business Management: A Tentative Theory," in *The Dragon Millennium: Chinese Business in the Coming World Economy*, ed. Frank-Jürgen Richter (Westport: Quorum, 2000), pp. 149–161；Wai-Sum Siu, "Small Firm Marketing in China: A Comparative Study," *Small Business Economics* 16, no. 4 (June 2001), pp. 279–292；Benjamin Yen and Phoebe Ho, "PGL: The Entrepreneur in China's Logistics Industry," in *Small Business Management and Entrepreneurship in Hong Kong: A Casebook*, ed. Ali Farhoomand (Hong Kong: Hong Kong University Press, 2005), pp. 230–243；Fang Lee Cooke, "Entrepreneurship, Humanistic Management and Business Turnaround: The Case of a Small Chinese Private Firm," in *Humanistic Management in Practice*, eds. Ernst Von Kimakowitz et al. (New York: Palgrave Macmillan, 2001), pp. 119–130。

10 例如，在石人南路的清芳茶園，牆上貼了三種許可證書：「消防安全許可證」、「稅務登記證」和「個體工商戶經營執照」。另外，牆上還貼有

「成都市門前『三包』責任書」、「消防安全要求」，以及「成都市愛國衛生『門內達標』責任書」等。作者在石人南路清芳茶園的考察，2000年7月13日。

11　成都市地方志編纂委員會：《成都市志‧工商行政管理志》，頁83–87、131–134。

12　張先德：《成都》，頁59。

13　顧執中：〈閒話茶館〉，《人民日報》，1984年5月26日。

14　顧執中：〈閒話茶館〉。

15　張先德：《成都》，頁59–60。

16　內藤利信：《住んでみた成都——蜀の国に見る中国の日常生活》（東京：サイマル出版會，1953），頁203–204。

17　竹內実：《茶館——中国の風土と世界像》（東京：大修館書店，1974）。

18　竹內實：〈蜀國成都的茶館〉，收入程麻譯：《竹內實文集》（北京：中國文聯出版社，2006），第9卷。

19　從2003到2008年，這個區域進行了大規模的重建和整修，茶館和其他設施也都高檔化，價格大大提高，超出了一般居民的承受能力，成為一個以吸引遊客為主的旅遊景點。關於這個地區的歷史和現狀，見《讀城》，寬窄巷子專輯，2008年第6期。

20　關於滿城，見Wang, *Street Culture in Chengdu*, chap. 2。

21　走幾步便看到另一家小茶館，即成都市青羊區頤香茶館。前面是小賣部，從窗子看進去，有一桌鄉下人模樣的人和一桌女人正在打麻將。這個茶館更像過去家庭經營的茶館，即住家和營業場地沒有完全分開。茶館用的還是老式竹椅。又走幾步，看到另一鋪面掛著「清河茶座」的幌子，幌子上寫著「茶煙」兩字。裏面很清靜，門口坐了一人，一隻白貓蹲在外面。隔壁是一個小餐館，茶館外的那人坐的顯然是餐館的櫈子。客人喝茶與吃飯當然都很方便。作者在寬窄巷子的考察，2003年6月7日。

22　作者在和尚街集樂茶社的考察，2000年6月27日。

23　作者在三聖街雲海茶館的考察，2000年7月3日。

24　作者在花牌坊街往日情懷茶坊的考察，2000年7月7日。

25　Ann Veeck, "The Revitalization of the Marketplace: Food Markets of Nanjing," in *The Consumer Revolution in Urban China*, ed. Davis, p. 108。關於對其他公共空間的研究，見Yan, "Of Hamburger and Social Space," pp. 201–225；James Farrer, "Dancing through the Market Transition: Disco and Dance

Hall Sociability in Shanghai," in *The Consumer Revolution in Urban China*, ed. Davis, pp. 226–249；Richard Kraus, "Public Monuments and Private Pleasures in the Parks of Nanjing: A Tango in the Ruins of the Ming Emperors Palace," in *The Consumer Revolution in Urban China*, ed. Davis, pp. 287–311。

26　鄧高如：〈飲茶〉，《人民日報》，1995年11月3日；秦鴻雁：〈成都：熱了茶水冷了咖啡〉，《人民日報》，2000年9月8日。

27　余瑤：〈茶館民俗與茶人生活〉，頁43。

28　《商務早報》，2000年7月13日。

29　《商務早報》，2000年7月13日。

30　作者在石人南路清泉茶坊的考察，2000年7月19日。

31　作者在西延線上聖淘沙茶樓的考察，2000年7月24日。

32　但是具有諷刺意味的是，全面反腐敗運動開始後，全國這類高檔消費場所受到極大打擊，見〈高端餐飲困境繼續 成都高端茶樓聖淘沙悄然停業〉，四川在線，2014年4月16日。

33　作者在成都會展中心順興老茶館的考察，2003年5月24日。

34　作者在武侯祠的考察，2003年6月12日。關於非典疫情，見Elisabeth Rosenthal, "The SARS Epidemic: The Path; From China's Provinces, a Crafty Germ Breaks Out," *New York Times*, April 27, 2003；Elisabeth Rosenthal, "SARS Forces Makes Beijing to Fight Combat an Old but Unsanitary Habit," *New York Times*, May 28, 2003。

35　作者在草堂寺的考察，2003年5月27日。

36　作者在人民公園鶴鳴茶社的考察，2003年6月28日。關於鶴鳴茶社的歷史，見Wang, *The Teahouse, 1900–1950*, pp. 43–45, 61, 88, 175, 208。

37　作者在府南河邊茶館的考察，2000年7月10日。

38　呂卓紅：〈川西茶館〉，頁62。

39　呂卓紅：〈川西茶館〉，頁63。

40　民國時期，一斤茶一般可泡100到120碗茶，所以140碗茶意味著每杯茶裏放的茶葉比以前少了。

41　呂卓紅：〈川西茶館〉，頁65–66。

42　作者在大慈寺文博大茶園的考察，2000年7月5日。

43　作者在大慈寺大慈莊茶園的考察，2000年7月5日。

44　余瑤：〈茶館民俗與茶人生活〉，頁19。

45　關於農民工的研究，見Dorothy J. Solinger, *Contesting Citizenship in Urban China: Peasant Migrants, the State, and the Logic of the Market* (Berkeley: University of California Press, 1999)。

46　戴善奎：〈成都泡茶館〉，《人民日報》，1998年7月10日；何小竹：
　　〈成都茶館記憶〉，《華西都市報》，2005年12月11日。

47　作者在成都市檔案館後門李小龍錄像牌茶室的考察，2000年8月8日。

48　作者在成溫立交橋旁峨影茶園的考察，2000年7月12日。

49　作者在寬窄巷子的考察，2003年6月7日。

50　作者在成都外東三聖鄉順興花園的考察，2003年10月25日。

51　作者在成都花牌坊街成都市金牛區商業公司茶館旅社的考察，2000年
　　7月17日。

52　Dittmer and Gore, "China Builds a Market Culture," pp. 29.

53　戴善奎：〈茶館〉，《人民日報》，1984年8月19日。

54　余瑤：〈茶館民俗與茶人生活〉，頁33。

55　韓南征：〈茶館與茶會〉，見王木林、韓南征編：《巴蜀潮湧夔門開：四
　　川改革見聞與思考》（北京：中國人民大學出版社，1990），頁13–15。

56　《成都晚報》，1987年6月4日。

57　何小竹：《成都茶館：一市居民半茶客》（成都：成都時代出版社，
　　2006），頁28、31。

58　Abrami, "Self-Making, Class Struggle and Labor Autarky," p. 16.

59　Whyte, *The Social Life of Small Urban Spaces*, p. 63.

60　《華西都市報》，2000年8月21日。

61　《天府早報》，2003年10月26日。

62　《天府早報》，2003年10月27日。

63　《天府早報》，2003年10月24日。高檔茶樓經常在報紙上打廣告，例
　　如2002年7月17日就有82個茶館在《城市購物導報》上打廣告（呂卓
　　紅：〈川西茶館〉，頁19）。

64　《華西都市報》，2003年11月30日。

65　鍾明華：〈成都茶樓靠「天」吃飯〉，《商務早報》，2000年5月26日。

66　鍾明華：〈成都茶樓靠「天」吃飯〉。

67　Lieberthal, *Governing China*, p. 296.

68　Ole Bruun, *Business and Bureaucracy in a Chinese City: An Ethnography of
　　Private Business Households in Contemporary China* (Berkeley: Institute of East
　　Asian Studies, University of California, 1993), p. 202.

69　Dittmer and Gore, "China Builds a Market Culture," p. 23.

第六章

公共生活中的市民與外來工

　　市場經濟給城市面貌、日常生活、文化乃至社會結構的方方面面帶來了巨大的改變。正如社會學家戴慧思所指出的：「到20世紀90年代中期，更高的收入水平和新的零售市場以滿足消費者的需要，降低了過去單位所承擔的義務。」小商小販充斥街道和市場，販賣各種食品和日常必需品，「個體餐館老闆承包了單位的員工食堂，大量商業化的娛樂產業，為人們提供了工作之餘休閒或洽談生意的場所」。[1] 人們開始越來越依賴市場和公共空間，他們在日益豐富的商業文化氛圍中談生意，交換信息，並參與社會生活。[2] 茶館再次滿足了人們公共生活的需求，並在消費革命中扮演了重要的角色。

　　還有另一類人群尋求公共空間的使用，他們就是我們經常所說的「流動人口」，即來自於農村的農民工，他們的數量持續地增加。從某種程度上講，茶館對這些流動人口來說，可能比對城市居民更為重要。許多農民工在茶館中謀生活，為顧客提供各種服務，然而在工作之餘，他們也可以成為茶館的顧客。他們中的大多數人，家人都不在身邊，往往居住在租金便宜、環境差的出租屋。這樣，茶館為他們的休息、會友、找工作、休閒娛樂等，提供了非常理想的場所。儘管政府放鬆了對外來工的限制，使農民

可以在城市中務工，並暫時謀得一席之地，但是他們為了謀生來
到陌生的城市，和城市居民享有不平等的權利，特別是許多社會
服務只針對城市有戶口的居民。戶口問題影響著農村外來人口的
經歷、社會身分和城市歸屬感。[3]張鸝在《城市裏的陌生人》(*Strangers
in the City*) 中對「流動人口」做了很好的研究，但她的關注點是城
市中的生意人，而不是從事體力勞動的農民工，前者的處境相對
來說比幹重活的農民要好得多。而在茶館謀生的工人或在街角茶
館休閒的「流動人口」，大部分都是農民工。張鸝解釋了為何北京
市政府花那麼多的努力去控制城中村「浙江村」，認為這是源於官
方的「後社會主義城市美學理論」。[4]

　　這種美學理論，提倡的其實就是現代化、商業化、統一、整
齊、乾淨、宏大、繁榮的城市外貌，這也是中國城市越趨千篇一
律的重要原因。在這種思想指導下的城市管理，難免不能容忍下
層民眾擺攤設點，因此也時常發生小販與城管的衝突。政府認為
「流動人口」不利於城市管理和城市安全，甚至影響市容，因此需
要作出相關的限制。但成都的農民工相較於其他城市的同類人
群，有著較好的生活體驗，因為他們是分散的，分散在這個城市
的各個行業和各個地區，包括分散在茶館中謀生計和度過休閒時
光，因此沒有像北京「浙江村」那種在城市的某個地方聚集大量來
自一個地區的人口那麼引人注目。

　　茶館仍然是適合休閒和娛樂的場所。這裏消費不高，方便人
們進行社交活動，也是談生意的好地方。在晚清民國時期，茶館
便經常扮演市場的角色，雖然時代發生了翻天覆地的變化，但是
茶館這些基本的功能卻仍然保存下來。因此，1980、1990年代的
茶館生活，是改革開放後公共生活復興的一部分，與變得日益複
雜的社會和消費文化交織在一起。在新的時代，茶館依然發揮著
傳統的功用，依然保持繁榮。

　　與1950至1970年代不同，改革開放時期的茶館不再是黨和
政府的宣傳中心，因為現在已經有更多、更強大的宣傳工具，諸
如報紙、電視以及互聯網等。黨和政府更多地關注這些新媒體，
並把它們納入黨政宣傳之中。茶館與政治的關係，不像過去那麼
密切聯繫，而開始恢復其傳統的休閒、娛樂和經濟的功能。不
過，人們這時依然可以在茶館公開表達對政治的態度，哪怕直接
批評政府，基本上也不會為自己惹上麻煩。[5]儘管國家關注各種批
評的言論，但它的精力也只可能局限於出版物，以及影響更大的
大眾媒體如電視等。對人們在茶館裏的口頭發洩，哪怕是批評，
或是互聯網上的各種不中聽的言論，只能是心有餘而力不足。

　　本章集中討論在茶館中進行活動的各種人群，我們可以看
到，人們從約束中解放了出來，回到了公共空間，茶館的恢復和
茶館生活的繁榮，給人們帶來了更多、更豐富的公共生活的選
擇。在1949年以後，特別是「文化大革命」時期，人們從公共空
間退回私人領域之內，因為只有在私人的封閉環境中，他們才能
放心說出自己的觀點，表達自己的心聲。改革開放後，中國出現
了一個相對寬鬆的政治環境，促進了公共生活的發展。人們無論
年齡、性別、職業，還是教育水平，都越來越享受公共生活，茶
館再次成為成都最重要的社交場所。[6]

共同興趣與社交

　　有研究者認為，成都所固有的茶館文化是這個城市最大的特
色，甚至可以以坐茶館的功力來判斷一個人是否真正的成都人。[7]
一項調查發現，2.9%的成都居民每天都去茶館，10.3%一週去一
次，13.5%一週去兩次，8.5%一個月去兩次。此外，大量的流動
人口也非常依賴茶館。一項估計認為，在成都，超過20萬人每天

都去茶館。[8]這一數字雖然很可觀，但也並不令人驚訝，這不過是成都傳統的恢復，因為在民國時期，每天便大約有10至14萬人光顧茶館。[9]（圖6-1）

　　隨著茶館的發展和光顧茶館的客人持續增多，舊茶館的多種功能開始恢復。例如，茶館發揮著俱樂部的功用，朋友、同事、熟人、同行等，都在茶館裏聚會。[10]還有一些茶館提供的獨特服務，如供棋藝專業比賽和業餘切磋的茶館，成為茶館棋園。這樣的棋園，成都大約有六、七家，其中最大最有名的在繁華商業區提督街。這個茶館棋園有寬敞的大廳，顧客多是年輕的工人、年老的退休教師和幹部，他們在那裏喝茶、下棋、觀棋或是切磋棋藝。茶館還舉行國際象棋賽，出售門票，500個席位幾乎天天爆滿。[11]一些闊太太的懶散生活，也與茶館密切相關，她們早上去美容院，中午去茶館，晚上在麻將室裏打麻將，每天的生活就是這樣的「三點一線」。[12]

圖6-1　大學同學在一家露天茶園聚會。作者攝於2003年夏。

　　茶館經常是人們交往的場所，也促成了無數的婚姻。情侶約會的理想之地就是茶館，無論是年輕的還是年老的，都可以在茶館尋找他們的浪漫。[13] 一位35歲的婦女描述她日常生活的時候，經常提到茶館，就是在茶館裏，她遇到了真愛。她和丈夫第一次相遇就是在茶館裏，那時她和朋友們在茶館聚會，接到電話，要她去另一家茶館商談業務。他聽到了她的對話，主動說要送她去，於是他們由此相識，並很快相愛了。[14] 另一位年紀較長的崔先生，從1980年代早期開始，便經常和他妻子光顧茶館。先是在人民公園附近的一家茶館，後來則喜歡到另外一家，還經常帶著他們的外孫，小孩在茶館中度過了從3歲到10歲的童年時光。崔先生是歌詞作家，喜歡在茶館裏寫作，人群和喧鬧不但不打擾他的思路，反而經常給他靈感。他經常光顧府南河邊的一家茶館，在那裏，他認識了一位和他女兒差不多年紀、離婚的女服務員。那位女服務員沒有受過很多教育，字寫得很難看，崔先生便教她寫字，兩人的關係逐漸變得親密起來。後來，崔先生離了婚，便和那位女服務員生活在一起了。[15]

　　成都的茶館可以滿足各種各樣的需求，人民公園就是一個很好的例子。公園內的茶館成了名副其實的「婚姻介紹所」。開始時是一些年長的居民們喜歡在那裏討論孩子的婚姻大事，繼而互通信息，互相介紹；然後逐漸發展成為每週三、週五下午定期的自發相親活動。隨著人氣越來越旺，經常可以吸引三、四百位父母來這裏為他們的孩子尋找對象。一般的程序是，家長們先相互詢問是為女兒還是兒子相親，然後問年齡和生辰八字，下一步就進入看照片和交換聯繫信息的階段。一位60歲的母親說，她女兒已經29歲了，在郵局工作。雖然女兒一定會是一位好妻子，但她性格比較內向，並不主動尋求戀愛對象，結果只好由做母親的代勞，到人民公園茶館為女兒尋找合適的對象。這種相親

方式的好處是，家長可以直接得到對方的信息，不需要中介的介入了。[16]

　　茶館也是文人聚集的場所。作家何小竹回憶，他第一次到成都的茶館是在 1983 年，他經常去公園的茶館或街角小茶館。那時電話還未普及，他經常和他的朋友 ── 多數是詩人 ── 騎自行車到朋友家，但並不進屋，而是在路邊把朋友叫出來，大家便去街角茶館待半天。[17] 作家開始把茶館作為定期聚會的地方。在 1990 年代中期，明清茶樓成了「他們的起居室、會客廳、編輯部、棋牌之家、愛心小房和伙食團」，一些暢銷書就是在那裏寫出來的。何小竹第一篇長篇小說中有一些情節就是以這個茶樓為背景，他還寫了一篇題為《明清茶樓》的短篇小說。[18] 根據詩人翟永明的記載，一些成都詩人「睡至中午，約在香積廚茶樓打牌。一般是鬥地主，地主一鬥就是一下午……基本全都進入忘我境界」。[19] 作家王躍並不喝茶，但他喜歡待在茶館裏。茶館經理和服務員都認識他，只要他走進門，他們就會說「胖子又來了」，然後倒一碗白開水給他。聽顧客的聊天和觀察他們的言行，經常會給他靈感。他宣稱自己是一個「老茶客」，寫了一本名為《老茶客閒話》的書。只要他在茶館裏，朋友和同事都會開玩笑說：「不要亂說話，謹防老茶客拿去加工。」[20] 大慈寺的文博大茶園有好些常客都是著名作家，服務員甚至知道他們喜歡坐在哪裏。流沙河每週四上午去那裏，直到中午才回家。車輻經常在那裏會朋友，直到 80 歲身體不行為止，坐茶館的習慣是他童年時養成的，那時他父親去茶館經常帶著他。[21]（圖 6-2）

　　四川大學校園附近的「老屋」，大概有幾十個茶館和五、六家酒吧，年輕作家和畫家喜歡在那裏聚會。這條街實際上叫培根路（源於 1920 年代的培根火柴廠），在幾位專欄作家描寫那裏的茶館生活之後，變得更有名了。在外地人看來，培根路似乎更像是真

正的成都，他們一直光顧這個地方，直至這裏被夷為平地。作家西門媚描述了1990年代培根路上的酒吧、書店、小食店，特別是許多茶館的興起。這些茶館有室內的也有露天的，露天茶館一般是家庭生意，開在庭院裏，生意很好，整天都顧客盈門。[22]由葉回憶道，他們最喜歡的地方，是一個叫「三哥」的人開的茶館，該館是那一帶規模最大的。只要電視裏播放球賽，茶館就會被擠得水泄不通。顧客花上兩元可以買一杯茶，三元可以買一杯酒，整個下午和晚上都可以在那裏讀報、打牌、曬太陽，要不就是觀察人來人往，或是打瞌睡。她說「那裏基本上是我們這幫朋友生活的一個部分」。但後來它被一分為二，一半作茶館，一半作酒吧，這使得茶館這半邊變得十分擁擠。由葉和朋友們只好轉移到巷子另一頭的一家茶館，那家茶館開在店主自家的院子裏，葡萄藤下擺兩三張茶桌，非常安靜，富有情趣。[23]

圖 6-2 大慈寺文博大茶園是社交的好地方，如果朋友聚會的人多，可以將幾張茶桌拼起來，便於大家一起聊天。作者攝於2003年夏。

　　紅星路上的南風茶樓靠近《四川日報》社，很受記者們的歡迎。成都大多數媒體都聚在這一帶辦公，這家茶樓一度成為記者們的聚會地，他們在這裏寫稿、休息、聊天、互通信息等。有時懶惰的記者，乾脆不出去採訪新聞，而是到南風茶樓，從其他記者那裏拿「通稿」。因此，有人戲稱這個茶館為「第二新聞現場」。[24] 記者們也喜歡去大慈寺的茶館聚會或處理編輯事務，如《商務早報》要計劃新開一個副刊，編輯就將作者約到大慈寺茶館喝茶，商討欄目。《四川日報》、《成都日報》、《成都商報》、《新聞晚報》等媒體的記者和編輯，不僅在文博大茶園喝茶和交流信息，甚至還在那裏開編務會。[25]

　　改革開放時代的茶館，正如民國時期的茶館一樣，扮演了信息中心的角色。儘管這種功能在毛澤東時代被削弱了，但隨著改革開放的深入，政府控制的寬鬆，便得以迅速地恢復。許多媒體諸如報紙、電視、互聯網等如雨後春筍般湧現，茶館依然為各種各樣的人提供信息。和過去一樣，茶館不僅是文人騷客重要的社交場所，還為他們提供了寫作的素材與靈感。

娛樂場所

　　茶館的復興滿足了許多城市的娛樂需求，同時娛樂又為茶館增添了活力。[26] 順興老茶館每晚都表演一小時川劇，週末下午多加半個小時，節目多是一些比較著名的川劇片段，如變臉、吐火、滾燈等。滾燈是表演者把一盞燈放在頭上，表演各種驚險動作。[27] 悅來茶園是成都最古老的茶館戲園，但在 1960 和 1970 年代，改名為錦江劇場。1984 年擴建後，又恢復了舊名悅來茶園，並增設了賓館、舞廳、商店、餐廳以及影院。川劇玩友協會每週

圖 6-3　悅來茶園。中間有一個戲台，戲台周圍都是茶座。作者攝於
2003 年夏。

五也來到這裏排練。1990 年代，新的悅來茶園成為川劇藝術中心
的一部分。經歷了數次轉型之後，悅來茶園已失去了過去老茶館
的那種風味。茶館底層是傳統風格的裝飾，大廳的四周掛著橫豎
大小牌匾，有各種詩詞、名句、對聯等，大廳的中心是舞台，每
週六下午都會上演川劇，熱鬧非凡。第二層是豪華高檔包間，價
格比第一層貴許多。悅來茶園重新裝修後，佈置講究了許多，但
茶價也上漲了，這也使茶館的一些老主顧望而卻步，特別是收入
不多的退休老人，轉向其他便宜的街角茶館。[28]（圖 6-3）
　　講評書是茶館裏最普遍、最受歡迎的娛樂之一。一位說書人
就像一位舞台上的演員，用流暢的語言、簡潔的措辭、豐富的面
部表情，戲劇性故事情節等表演藝術，來吸引觀眾。說書人坐在
高腳椅上，講四川方言，只用兩種道具，即一把摺扇、一塊驚堂

木，二者都用於增強戲劇效果。例如，一位美女以摺扇來代表，
而一位暴君可通過驚堂木來展現。説書人經常在偏僻的街角茶鋪
中表演，他們一般至少能説五個情節複雜、跌宕起伏的古典故
事。每天講兩個小時，有時一個故事要三個月才能講完。和好萊
塢的電影類似，幾乎所有的評書故事都是以正義戰勝邪惡而圓滿
結束。[29]

　　一位外國遊客在描述他的成都之行時，説到茶館中「煙霧騰
騰帶有古老風味」，年長的觀眾抽著長煙管，喝著蓋碗茶。老人們
用長長的煙杆抽著煙，從蓋碗裏抿著濃茶，「發出一聲聲心領神會
的嘆息」。這些故事，老一輩給他們講過無數次，他們在茶館裏也
反覆聽過，因此「幾乎同説書人一樣熟悉這個故事」，但仍然百聽
不厭。來聽書的老人一般不富裕，多數為退休的人，孤寡老人也
不少。據這個外國遊客的觀察，七十多個聽眾中除了兩位老太太
之外，其餘的都是老頭，平均年齡接近七十歲。「他們的一天很漫
長，待在狹小的屋子裏無所事事。他們的主要娛樂就是同幾個朋
友坐在一起聽書，喝兩分錢一碗的茶。」有趣的是，説書人看起來
只有三十幾歲，表演時還穿著他白天上班時的藍工作服。而青年
人對這些故事並不那麼感興趣，他們寧願「在晚上花幾分錢，在
茶館裏看彩色電視機播的節目」。[30]茶館錄像廳興起以後，年輕人
基本上都被吸引去了，在茶館看戲的基本上就只剩下老人。

　　瓊瑤在她的小説《幾度夕陽紅》中，曾描寫過四川的茶館。其
實，她對茶館的了解「也是從朋友處聽來的，一知半解，再加上
想像力，筆下的茶館，非常詩意。後來拍成電視劇，在水邊搭出
一座茶館，一半在岸上，一半在水中，就更加詩意了。」但是她對
茶館並沒有親身經歷。1980年代，瓊瑤為了「尋根」，來到了成
都，她只知道四歲以前的家在成都暑襪街。在她腦海中，暑襪街
有「古老的石板小路，路兩旁老式的四合院，院中有合抱的大槐

樹，枝丫伸出了有小花窗的矮牆」、「每戶人家，都有兩扇油漆斑
駁的紅門，門上嵌著褪色的銅門環」。但她到了署襪街，卻發現
完全是另外一番景象，這是一條「又寬又闊的交通幹道」、「街上
車水馬龍，好不熱鬧」、「來往行人如織，腳踏車穿梭不斷」。街
邊的建築都是樓房，至於「斑駁的紅漆大門，窄窄的石板小路」
等，都在她的「夢魂深處，如今是無跡可尋了」。[31]

　　接待她的朋友帶她去了一個老茶館，她發現這裏和她想像的
大不相同。這家茶館在鬧市區的小巷子裏，「像一座學校的大禮
堂，但已十分陳舊。裏面早已坐滿了人，原來都是聽説要表演，
全部『老客人』都來了，座中白髮蒼蒼的不在少數。大廳前面有舞
台。座位是長板櫈，板櫈前有簡單的木桌，桌上有茶碗茶碟。」
根據瓊瑤的描述，表演的節目「實在讓人意外，也實在太精彩
了」。節目包括樂器演奏、正宗川劇、地道的「蓮花落」、獨角的
諷刺劇、「道情」等。她説最難得的是「金錢板」，表演的老先生年
事已高，身體不太好，早已退休，「今晚破例出場，博得滿堂喝
彩」。在川劇表演《斷橋》之後，「全場氣氛，越來越熱烈，座中掌
聲不斷，喝彩聲此起彼落」。她發現，「座中的『老客人』都如醉如
痴，而茶館外面，還擠了無數的年輕人，也在作『場外觀』」。

　　茶館也為民眾的自發娛樂提供了場地，大慈寺的文博大茶園
便是這樣一個理想的場所。大慈寺內的文博茶館，使用原來寺廟
的幾個大殿，地方開闊，既有室內，又有露天，各取所需。而且
這裏仍然使用過去傳統的木桌、竹椅、蓋碗茶。有大殿和三個庭
院，大廳內陰涼，院內也有樹木覆蓋。第一個大殿有一半掛著待
出售的字畫，一半作茶館。第二個大殿內是客人們自娛自樂的地
方，竹椅擺成行，裏面幾乎都是老人，大多數是婦女。一個柱子
上懸掛著一面紅布，上面寫著「成都老年體協活動中心」。前面是
舞台，上面掛著兩條橫幅，一條寫著「蜀聲琴社演唱會」，一條寫

圖 6-4　大慈寺文博大茶園裏面的業餘文藝演出。作者攝於2003年夏。

著「成都市川劇玩友協會」，這是文博大茶園中兩支主要的業餘表演隊。蜀聲琴社每週日下午表演，玩友協會每週五下午活動。本書第三章已經討論過，這項自發的大眾娛樂在1950年代被禁止，改革開放後又在各個茶館和公園內重現了。顧客只需付兩三元茶錢，便可以一邊啜茶，一邊觀看節目表演。[32]（圖6-4）

　　這些協會非常活躍，會員定期在茶館聚會和表演。一些川劇玩友在牛市口得勝下街的一家茶館坐唱了十多年。這家茶館保持著過去的風貌，雖然設施簡陋，但玩友們樂在其中。六十多歲的林先生，父親是老悅來茶園的僱員，幼時母親常帶他到悅來找父親，大些後自己也經常去。如果父親沒下班，他就溜進戲園看戲，天長日久，跟演員們也混熟了，耳濡目染。他成了川劇迷，不抽煙喝酒打麻將玩撲克，川劇是其唯一所愛。1958年他參加了

業餘川劇團，經常在書院南街的第一文化館唱小生和拉胡琴。「文革」中他不敢再唱，但實在忍不住時，他就騎自行車出城，在田野練嗓子。改革開放後，他可以隨心所欲地在茶館打圍鼓了，有時一天要去不同的茶館趕幾場。1995年他退休後，便加入了青羊區玩友協會的同樂分會，又唱又拉，積極參加和組織玩友活動，精力都花在了玩友活動中，但家裏人對他的痴迷都很理解，並不加阻撓。[33]

　　在成都的川劇玩友團體中，同樂分會成立比較早，到2000年已有15年歷史，儘管中間也經歷了不少挫折，但參加者仍然堅持不懈。同樂分會這些年轉移過不少地方，最後安定在新華茶園。每逢週二、週四、週六下午，這些愛好者便來到茶館演唱，鑼鼓和高腔此起彼伏，周圍一帶清晰可聞。圍鼓對茶鋪的生意大有幫助，平時只賣茶，茶客不多，但同樂分會唱圍鼓的下午，卻有百餘人聚集，座無虛席。除同樂分會的會員外，其他玩友也會來湊熱鬧，以致經常要向鄰居們借椅櫈，方能安置踴躍參加的茶客。茶園為此專門搭了簡易戲台和涼棚，茶價上也有優惠。平時是兩元一碗，但由於來聽圍鼓的絕大多數是退休工人，收入有限，且是常客，故每碗茶只賣一元五角，茶園員工對玩友們服務周到，態度友善。[34]

　　這個茶館在背街小巷，雖然位置偏，但卻能吸引不少玩友從遠處趕來參加，有的是場場都不誤。一個雙目失明的老太太，由她老伴用自行車送來，兩人在茶鋪吃了午飯，便等著下午圍鼓開場。在同樂分會的戲迷中，有三分之一可以登台表演，也有不少是初學者。無論組織者還是演唱者或樂隊，都是出於自願和愛好，沒有報酬。在節日期間，同樂分會還組織大家一起外出郊遊，參加者仍然是唱戲、聽戲。按「玩友界」的慣例，每年最冷和最熱的一個月，都要暫停活動，但同樂分會卻沒有停，因為這個

團體是他們的精神寄託，「喝茶韻戲，以心寄戲，已經成了他們既定的、熟慣的活法，可謂生命繼續下去的最大支撐點」。[35]

2000年夏，我在大慈寺文博大茶園考察時，在第二個大殿裏，看到不少中老年婦女手裏拿著紅色或黃色的摺扇練習舞步。然後，大廳裏響起了合唱《社會主義好》、《唱支山歌給黨聽》以及其他主流「紅歌」的聲音。值得注意的是，這是自發的民眾娛樂，不是有組織的宣傳，而且是在重慶發起「紅歌運動」之前。[36]唱完「紅歌」後，她們開始唱若干年前流行的「親愛的朋友們，今天來相會⋯⋯」然後，錄音機裏響起了歡快的舞曲，只見十幾個老太太，其中也有一兩個稍年輕的，在那裏跳紅綢舞，立即引來不少人圍觀。[37]集體舞結束，一名婦女開始獨唱黃梅戲《牛郎織女》，這齣戲表現的是中國傳統的愛情故事。[38]實際上，在毛澤東時代之後的娛樂中，婦女們發揮著更為積極的作用，她們在各種各樣的公共場合，如公園、城市廣場以及家周圍的鍛鍊場所中跳舞。[39]

為什麼這種自發的娛樂，包含了革命和政治化色彩如此強烈的歌舞呢？這背後有著複雜的原因。參與這些活動的，大多數都是退休的老人，幾十年來，他們都沉浸在「革命文化」之中，這些「紅歌」，也許能喚起他們對逝去的青春時代的記憶。此外，大量下崗工人對某些社會現象感到不滿，因而懷念毛澤東時代，唱革命歌曲或許是他們表達不滿的一種方式。當然，對有些人來說，唱革命歌曲也並非因為受到政治的影響，他們只是比較熟悉這種文化而已。由此，我們可以看到，在改革開放後的30年間，哪怕是受到現代化和商業化大潮的衝擊，「革命文化」仍然強烈地影響著人們的日常生活。上文提到的「紅綢舞」源自秧歌，是延安時期最常見的大眾娛樂方式之一。表演「紅綢舞」的人們，也許只是在回憶他們的青春，而不是表達特定的政治觀點，畢竟社會主義與革命的娛樂陪伴他們從青年到老年，「紅色文化」與「革命文化」對

他們的品味，有著潛移默化的影響，與其社會活動或是公共生活的性質關係不大。他們只是無意識地選擇其熟悉的，或是能喚起他們回憶的文化。因此，到20世紀末，儘管社會的兩極化不斷加劇，茶館依然是社交和大眾娛樂的主要場所。而茶館之所以能生存下來並恢復其繁榮，也是因為它們提供了人們所需要的各種娛樂方式。

我們還應當看到，在1949年以前的中國，茶館是男人的世界，但在社會主義制度下，人們對公共場所的使用權，基本上做到了男女平等。在世紀之交的中國（乃至今天），我們可以看到在公園、廣場這樣的公共空間裏的集體活動中，女人往往多於男人。這種現象，大概有以下原因：第一，中國的女人比男人退休早。男性是60歲退休，而女工人50歲退休（幹部55歲退休）。在有的重體力工種，女工人甚至45歲退休。第二，大量的下崗工人中，女性再就業比男性難，許多女性在四十幾歲以後就開始了她們的退休生活。第三，女性的平均壽命比男性更長，許多女性在失去丈夫後，就只能依靠朋友和社交圈，所以經常在諸如茶館之類的公共場合中聚會。女性在毛澤東時代獲得了就業的（至少理論上的）平等，但在改革開放後，才在公共生活中贏得了更為實實在在的自由。女性經常光顧茶館，她們不僅是顧客，還在那裏謀生，甚至進入了男性傳統的行業，從事諸如算命、掏耳朵等營生，下文將會對此進行討論。

老年人的世界

人們經常可以看到老年人在公園裏，或是附近的健身場所從事跳舞、打太極拳等健身活動。[40]至於花費不多的社交、聚餐、

圖6-5　退休老人們在茶館休閒。作者攝於2015年秋。

喝茶、打麻將這樣的活動，茶館則是老人們的首選地點。所以人們常説茶館「多半是老人的天地」，因為他們有充足的時間，想在茶館裏待多久就可以待多久，還可以和朋友們或是陌生人閒聊。[41]（圖6-5）

　　如成都老郵工協會的會員們每個月都在茶館裏聚會。協會設會長和通訊員各一名，現在在任的是第三任會長，82歲了，但是在這個團體中，他還算比較年輕的。成員多時有四十多人，少時二十多，已有九人去世。大家來去自由，自己付茶錢。協會定每月8號活動，但是如果有會員過生日，大家一起湊錢給壽星慶生，先到茶館喝茶，然後到飯館吃飯。壽星就不用出份子錢。如果是逢年過節，包括抗戰勝利日、紀念香港及澳門回歸、新世紀到來等他們認為有意義的紀念日，協會都會到大慈寺文博大茶園

聚會。過去他們去悅來茶園，但由於價格上漲，便轉移到了文博大茶園。一位人類學者這樣描述他們的一次聚會：大概在上午9點左右，人們陸續到達，相互打招呼之後，他們把八張桌子拼在一起。每個人付自己的茶錢，一般是買最便宜的。有人自備茶葉茶杯，則只需付兩元的開水錢。他們開始談天論地，從過去到現在，從國家大事、社會問題到家庭和小孩。如果有人因病錯過了那次聚會，成員們會一起去探望病人。中午時分，大概有十個人走了，剩下的人開始點餐，然後服務員給他們上菜，根據個人選擇，有餃子、麵條或者盒飯等。午飯過後，人們道別，陸續回家，也有一些人繼續留在茶館裏聊天，但沒有人打牌。[42]

在2000年的夏天，我在大慈寺的大慈莊考察的時候，觀察了一群老年婦女的聚會。她們先在露天茶座喝茶，午餐時，把茶碗留在桌上，到室內餐廳吃飯，坐十人桌。午飯過後，她們回到茶桌上繼續喝茶聊天。我看到兩位老太太吃完後一起走出飯廳，其中一位給另外一位十元錢，但後者堅持不收，說：「這次我買單！」這十元錢被兩人遞來遞去，最後，第一位不得不收回了那十元，笑著說「我不和你爭了」。餐廳裏吃飯的陸續都出來了，有的嚷著「好熱，出來還涼快點」。於是她們便坐在桌子周圍，又玩起麻將來，同時隨意地聊天。還有一些人慢慢走出園子，嘴裏說「先去照相」。池塘中央亭子裏那桌打麻將的人聊天很熱鬧，聽她們說某人的女兒學習很努力，考上了美國的研究生。[43]

對於一些老年人來說，茶館是其唯一的消遣地。一位老茶客從1977年便開始光顧茶館，他每天早上7點到8點在茶館喝早茶，然後才去上班。下班後也會在茶館裏待上幾個小時再回家。退休後，他經常一整天都待在茶館裏，有時從家裏帶午飯來，有時就在茶館裏買碗三、四塊錢的麵條吃。[44]林老先生已經八十多

圖6-6　老人們在一家茶館門口打撲克牌。作者攝於2015年秋。

歲了，從眼鏡店退休後，覺得無聊，於是家人帶他去大慈寺的文
博大茶園散心，他便成了茶館的常客。平日子女要上班，他自己
來；週末則和子女一起來，暑假還帶他的孫子來。他喜歡坐在大
殿的屋檐下，安靜地喝茶冥想，免於妻子的嘮叨或孫子的打擾。
服務員知道他喜歡安靜，總是留下一個熱水瓶讓他自己隨時倒熱
茶。老先生有時也和別人聊天，基本都是關於眼鏡的。另一位楊

先生，六十多歲，退休前是中學的數學老師，喜歡文博大茶園的「文化氛圍」。後來他搬到了北門附近，離大慈寺很遠，但他依然每週坐車去茶園見朋友。還有一位書法愛好者，喜歡坐在掛滿繪畫和書法的前院，以便邊喝茶、邊欣賞那些作品。對他來講，坐茶館就像是在參觀一場藝術作品展。[45]

因此，與花費更多的咖啡館、酒吧等不一樣，茶館像是老年人的庇護所。在成都，茶館的繁榮與老年茶客的光顧密不可分。隨著中國的人口逐漸老齡化，與教育背景、經濟條件、文化認同一樣，年齡也成為人們決定選擇某種娛樂類型的一個重要因素。年輕人每天都必須待在他們的工作場所，而老年人有了更多的空閒和社交的需要，因此必然成為許多城市公共場所的佔領者。茶館滿足了退休老人的需要；反過來，這些老年居民也幫助了茶館的生存和發展，幫助維持茶館生活和茶館文化的生命力。（圖6-6）

男女服務員

許多人在茶館中謀生，包括茶館主人、工人以及其他在茶館幹活的人，但是與顧客打交道最多的，當然是男女服務員了。在一些小茶館中，老闆、服務員、燒水工、收銀員等工作，可能都由同一個人承擔，但一些大茶館卻可能有上百名僱員。[46]在晚清至民國時期，女招待很少，而男招待一般被稱為「茶博士」、「茶房」或是「堂倌」，他們技巧嫻熟，社會經驗豐富，茶的知識淵博。現在，只存在很少的「茶博士」了，他們被當作文化遺產而受到追捧。一份地方報紙刊登了一張「茶博士」的照片，他今年66歲，身穿藍色無內襯中山裝，黑色褲子，白色短襪，腰上圍著條紅布，頭上綁著白色長毛巾。他用托盤把16套碗碟舉過兩尺高，

圖 6-7　彭鎮觀音閣老茶館的摻茶工人。作者攝於 2015 年秋。

縱使受到撞擊，也不會失去平衡。他可以一手拿一個長嘴壺把開水同時倒入兩個茶碗中，這叫作「二龍戲珠」。[47]

　　但是，有些「茶博士」的技巧不像以前那麼嫻熟。在 1980 年代末，著名作家瓊瑤回到成都「尋根」，被邀請去茶館裏看摻茶師傅的「絕技」，主人稱讚那位師傅的技巧是如何地精湛，說是老師傅可以乾淨利落地把一疊茶杯茶碟，一字摔開，然後離著老遠用茶壺對著茶杯倒水，可以滴水不漏！這位沖茶師傅，很久沒有出來表演絕技了，這次特地來給瓊瑤展示。瓊瑤見那位老師傅拿起一大疊茶碟，揚起手來一摔，但這些茶碟並沒有整齊地一字排開，「茶碟乒乒乓乓地摔下來，滾了滿桌子」。老師傅不服氣，抓起茶碟，再表演一次，也沒有成功。最後，老師傅總算把茶碟弄妥了，就開始「沖茶」，但也不順利，「水花濺得到處都是，茶杯蓋也蓋得不利落」。[48]

雖然做著同樣的工作，但對他們的稱呼改變了。人們不再叫那些技巧嫻熟的人「堂倌」或者「茶博士」，而是叫他們「服務員」或者「師傅」。在過去，只有男人可以做這個行業；抗戰時期，成都茶館裏出現了女招待，但只是曇花一現，很快又被政府和保守的社會輿論打壓下去了。[49] 現在，隨著社會的開放，婦女進入茶館，在茶館裏提供各種服務，已經不足為奇。而且不少茶館有向飯店看齊的傾向，特別是中高檔茶館，喜歡僱用年輕的女服務員，過去那種手藝高超但年紀偏大的男堂倌們，正在退出歷史舞台。人們越來越不關心服務員沖茶的技術，而是重視茶館的環境和服務員服務的態度，當然，有時候還有女服務員的相貌。[50]（圖6-7）

在一些高檔茶樓裏，不少服務員受過良好教育，稱為「茶藝師」。順興老茶館有兩個茶藝師，他們用長嘴發亮的銅水壺給顧客摻茶，雖然站在一定的距離之外，但是滴水不漏。還有不少年輕女服務員，她們剛從初中或是高中畢業，身穿帶有鄉村風情的藍色花短衫。茶藝師每月可掙1,000多元，女服務員則是700元。我和丘茶藝師聊了一會，得知他31歲，畢業於四川農業大學，主修茶葉製作。他現在負責茶葉配製，充分發揮他的專業技能。如何配製茶葉是一個高度技術性的工作，茶葉質量是一個茶館生意的關鍵，也是茶館對顧客能否具有吸引力的一個重要原因，丘先生對他的技能很有自信。[51]

在低端茶館中，服務員被稱為「茶工」，負責賣茶、沖茶、安排桌椅、洗茶碗等工作。文博大茶園的經理說，茶工必須是年輕人，因為他們必須行動敏捷，體力好。茶工早上8點上班，先清理和安排好桌椅、燒開水，顧客到來，熱情接待客人，上茶倒水。雖然他們也是八小時工作制，工作時間到下午5點半，但他們實際上必須等所有的顧客走了之後，才能下班。大多數茶工都來自於成都附近的農村，一般通過熟人介紹到茶館裏工作。[52] 在

文博大茶園，一位來自鄉下的茶工已經在這兒工作了六年，但他的妻兒仍在農村，他十天或半月回去看他們一次。他過去是木匠，但是收入不穩定，遂來到茶館工作。他喜歡茶館的氛圍和穩定的工資。因為他在這裏年紀最大，所以大家都叫他「老大」。最年輕的也是外來人，高中還沒畢業就到這裏幹活了。他說這份工實際上很艱苦，一天勞作下來，手臂酸痛。休息的時候，工人們會一起打麻將。他們每個月的工資只有四、五百元，不過茶館提供午餐，並可以在茶館內住宿。[53]

受過良好教育的姑娘也可能到茶館找工作。一位女大學生想留在成都，但是卻找不到合適的職位，於是到了茶館謀生。由於工作表現很好，她被提拔為領班。但是她男朋友覺得這份工作不體面，力圖讓她辭職。她發現其男朋友羞於將她的工作告訴他的同事，她的自尊心受到傷害，決定和他分手。實際上，她也並不打算長期做這份工作，也在努力尋找其他機會，並修課學習英語和計算機，以便換更好的工作，但她不會為了男朋友的顏面，辭去這份賴以謀生和保持獨立性的工作。[54] 上一章提到的往日情懷茶坊，僱用了兩個剛從中學畢業的年輕女孩當服務員。她們來自四川的一個小城市，剛從計算機學校畢業便出來闖蕩。由於年紀太小，無法在成都找到專業對口的工作，便只好先在茶館謀生。在茶坊，她們的工資一個月300元，每天工作14個小時（早上8點至晚上10點）；每月75元房租（老闆支付其餘的部分）；在工作日，老闆每天提供兩頓飯。[55] 另一位姑娘畢業於一所化工職業學校，她離開了自己生活的小城，但找不到相關的工作，據她說工廠不要女工，只好到新開張的茗苑茶樓當服務員，她父母對此很不支持。但茶館的老闆待人不錯，給她提供食宿，她沒有透露自己每個月能掙多少錢。她每天從早上10點工作到午夜，如果還有

顧客打麻將的話，將會更晚下班。[56]工作市場對年輕人來說是殘酷的，特別是那些沒有「社會關係」的人和外來的人。因為找到一份穩定、相對高收入的工作很難，許多大學生也開始投身服務行業。1980到1990年代，政府進行了市場化改革，放鬆了對城市就業的控制。正如一項研究指出，到1990年代末，「與僱傭有關的競爭，在內容和形式上已經發生了巨大的變化」。[57]

石人南街清泉茶坊的幾位女服務員的聊天，透露了她們是如何看待茶館的經營與管理的。一位服務員提到，茶樓賣三元一碗的毛峰茶，「那不是歪的是啥子？」（歪的：成都話，意思是假的，或者冒牌的、不正常的）；「買主會罵我們，一盤小菜10元，人家其他餐館菜湯免費」；「這裏單間檔次哪值80元，看把顧客嚇跑」；「管他的，我們又不是管事的，罵就罵，我已經聽慣了」。隨後，她們開始談論服裝和鞋子，去哪兒買，多少錢，是否買到了便宜貨，等等。[58]

清泉茶坊屬國營，服務員們的工作相對穩定和清閒，沒事時，她們就閒聊。雖然生意不太好，但工人們看起來並不擔心，反正茶館不用支付房租，這樣大大降低了運營成本。這種特殊的地位，使這個生意不好的茶館，能夠在激烈的市場競爭中存活下來。

一方面，改革開放、現代化和商業化，為女性提供了更多的就業機會，女性也因此獲益匪淺；但另一方面，由於老闆有權決定僱用誰，那些受過良好教育的、年輕且漂亮的女性有著諸多優勢，中年以上的婦女則面臨更多的就業困難。甚至以前端著「鐵飯碗」的人，現在卻面臨著下崗的威脅，而且他們的工作甚至受到那些來自農村地區、肯吃苦、肯接受低工資的農民工的挑戰。正如一位石人南街清泉茶坊中年婦女所自嘲的：「若不是國營的，

哪會請我們這些老太婆當服務員，早就請年輕小姐了。」[59]從一些招聘廣告上，我們就可以看到招聘單位對性別、年齡和外表的要求。在中國，相關法律尚不完善，因此經濟的飛速發展，並沒有使性別平等得到進一步的保障。一項關於中國歧視問題的社會學研究便指出，婦女作為勞動力進入社會，仍然面臨著各種阻力和不利的因素。[60]

我在《茶館：成都的公共生活和微觀世界，1900–1950》中指出，成都的茶館是男性的領域。儘管女性可以到茶館裏看表演，但社會精英指責她們在公共場所拋頭露面是可恥的。晚清新政時期和辛亥革命之後，社會逐步開化，公共場所越來越接納婦女。

1937年抗戰全面爆發後，大量沿海人口進入成都，茶館裏第一代女招待出現了。但她們進入這個行業不過只維持了兩三年，因為她們一直都被政府、精英和社會輿論所攻擊。1949年以後，黨和政府的政策都明確規定了男女平等和男女同工同酬，雖然在實施過程中仍然有許多不平等的現象。改革開放後，婦女有更多的自由和職業選擇的機會，但政治學家李侃如認為，「總體來說，女性的地位在毛澤東去世後的改革開放時代下降了」，甚至「在某些重要的方面，她們的地位相對於男性來說有所惡化」，儘管「女性享受了經濟發展帶來的生活水平的提高」。[61]在成都，女性的平等權利也是一個複雜的議題。在改革開放時代，女性可以是茶館中的顧客、表演者或勞動者，她們在茶館中露面已經司空見慣，她們對公共生活有了更多的參與機會。然而，在茶館招聘過程中，正如整個社會中的招聘一樣，女性經常因為她們的年齡和外表而被歧視。服務行業需要大量的女性，確切地來說，年輕漂亮的女性在服務行業的就業上佔了很大優勢。上文提到的那些女服務員就反映了這個社會現實。

進城謀生的人們

　　改革開放後，大量農民離開他們的家鄉，來到城市謀生。他們主要在工廠、作坊、工地、餐館等地方做工，或成為自由職業者，或自己創業。他們中許多人在茶館裏做起了算命先生、挖耳師、擦鞋匠或是小販等，所提供的服務使茶館更富有生氣。算命、掏耳朵這些職業，在過去便被認為是「三教九流」之輩所為，1949年後，它們仍然以零星的形式到處存在，試圖在茶館裏討生活，在嚴密的政治和經濟控制下艱難求生。改革開放以後，它們隨著新的市場經濟繁榮起來。

　　算命先生　像茶館中大多數的職業一樣，算命與茶館的互相依存有著長期的歷史，並創造了其獨特的文化。這種文化在改革開放以後，又有了持續的發展，並適應新的社會和經濟的需要，算命先生甚至成為一些茶館中必不可少的點綴。[62]如順興老茶館請了一個算命先生駐場，作為其恢復舊傳統的一個標誌（前面提到過，順興老茶館以傳統風格取勝，聖陶沙茶園代表西化風格）。這位算命先生頗有名氣，收費也比其他人高，算一次命要60元。[63]鶴鳴茶社的一位女算命師自稱是「神算子」，她來自外縣，在那裏謀生已經十多年，已在這個城市買房安家。她宣稱只給那些面相好的人算命，「心術不正」者一概不算。至於價格，她說隨便給多少，但又說有人給過她100元，暗示她的算命是很有市場的。[64]（圖6-8）

　　2000年《商務早報》上的一篇文章寫道，一些「算命大師」活躍在高檔茶樓中。與舊式的算命先生不同，他們用著傳呼機、手機以及其他時髦的通訊工具。坊間流傳他們功力非凡，算命很準，商人聽了他們的建議之後，往往生意興隆。他們要價也奇高，有的達千元，年可賺百萬。當然，他們也互相競爭、互相拆

圖 6-8　人民公園鶴鳴茶社的一位女算命師。作者攝於 2003 年夏。

台。這篇報道的記者做了一些調查，發現棕北棕南街這一帶的茶樓員工都知道一位號稱「白鬍子大仙」的算命先生，據稱他的客戶都是富商，收費最高，根本不愁生意，都是顧客主動找他算命的。一晚，記者終於見到了這位「大仙」，他一個人獨坐喝茶，鬍子約有六寸長，看起來「仙氣十足」，但此刻記者並沒有見到有人

找他算命。服務員告訴記者，這位算命先生經常來，茶館並不收他的茶錢。[65]

第二天晚上，記者又去那家茶館，「白鬍子大仙」沒有出現，但遇到了另一位算命先生，自稱「東洋大師」。他留捲髮鬍鬚，有濃密的深棕色眉毛，看起來似乎整過容。他身著金色T恤衫，帶著藍色眼鏡，粉色褲子，腳踩棕色皮鞋。這位「東洋大師」給了記者一張名片，上面印著日本國徽，聲稱以日本北海道式的方法算命，下面有他在成都的住址。他說他一般不接電話，因為諮詢的人太多了，特別是年輕的女人。他指著自己手機說，這是摩托羅拉，是一位顧客送給他的。他試圖說服記者花200元算命，稱其他人的價格都是600元，現在給他打了折。當記者說他不想花這麼多錢算命時，大師把價格降到了100元，這是因為把他「當朋友」。記者說是為他的老闆找算命「大師」，不在乎花多少錢，這位「東洋大師」便承諾第二天為記者找一位「大師」。第二天晚上，「東洋大師」果然介紹了一位「王大師」給記者。王大師穿著名牌服裝，遞給作者一張名片，上面寫著「新世紀唯一且最科學的預測大師、河南省文化研究中心的算命大師、河南《易經》研究所的風水大師、日本手相研究協會顧問」。王大師悄悄對記者說，那位「東洋大師」並沒有什麼真本事，而他自己可以單獨接單，不需要「東洋大師」的參與。但當記者說他想找那位「白鬍子大仙」時，王大師顯然不高興了，說如果他老闆要算命的話可以聯繫他，然後便走了。第二天，記者又遇到了「東洋大師」，他告訴記者不要相信王大師，那人又自負又想吃「獨食」，缺乏「職業道德」。他說如果能給中介費的話，他可以把「白鬍子大仙」介紹給記者。「東洋大師」嘆著氣，帶有很明顯嫉妒的口吻說，「白鬍子大仙」天生滿臉的好鬍鬚，給他帶來不少生意。[66]

這些所謂「大師」與茶館的特殊關係是顯而易見的。記者發現，一些算命先生與茶館的關係很不錯，每天在那裏待很長的時間。一些名不見經傳的算命先生，也可能收費幾十元至上百元，而那些名聲大的，則收費幾百元至幾千元不等。他們刻意表現出某種矜持，不主動招攬顧客，根據顧客的外表來判斷其經濟實力，再決定到底收多少錢合適。他們的技巧當然與街角茶鋪中的同行不一樣，他們是敏銳的觀察者，並通過其特殊的外表來吸引有錢的顧客，特別是那些帶著年輕女人的商人和官員們，這些人是肯花錢的。由於算命先生能為茶館吸引更多的顧客，所以茶館對他們也很歡迎，生意好的時候，還為他們提供免費的茶飲，但是茶館不允許他們過分招攬顧客。此外，「大師」之間有時會爆發領地爭端，這也為茶館帶來潛在的麻煩。[67]

2000年的夏天，我在府南河邊的一家茶館考察時，遇到過一個年老的算命先生。[68]他拿著一把竹簽問我算不算命，我要他先說說我的過去，「看看你的本事」。他問了我年紀，又看了看我的面和手，說「你95年和98年有凶」，我說「不準」。他說「你要麼95年，要麼98年有凶」，我告訴他「這兩年我都有喜事」。他又說：「你眉毛稀散，你一生一定很清閒。」我笑著回答：「錯了，我一生都忙得很，你以為我在這裏坐茶館，我就清閒？」我告訴他不用給我算了，講講你自己的故事，算命錢照付。他告訴我，他從湖北來，在這裏算命三年。的確，這位老人一口湖北口音。他現年71歲，原是農民，只讀過幾年私塾，後來自學算命，從1980年代便開始這個營生，說著便從包裹拿出一本皺巴巴的《神相全書》，是中州古籍出版社在1986年出版的。他表示現在算命生意不好做，不過最好的時候，一天可掙40元左右。如果顧客對算命滿意，最多給過20元。當他正和我交談時，有一位長髮長鬚、有點道士風度的算命先生走過來。他並不理睬那道士，那道士一轉

圖6-9　府南河北一位上了年紀的算命先生正在給一個美國小伙子算
　　　　命。作者攝於2004年夏。

身便慢慢離去。我猜想道士可能避免兩人同在一起攬生意，便有
意不到這邊來。

　　我付了他五元算命錢，告訴他想攬別的生意隨時可去，如果
想跟我再聊聊，我也歡迎。他說「看你眼睛有神，像是有學問的
人，你一定是從文而非從武」。我說這誰都能看出。聊了一陣，他
說要回去拿本書來，大約個把小時回來，有些地方不大看得懂，
想請我幫忙。我說可以等他回來，說罷他便急匆匆離去。大約一
小時後，他又匆匆回來，從包裹摸出一本皺巴巴的書，封面印著
《魯班全書》，是中州古籍出版社在1999年出版。他翻到其中一
頁，上面有人的圖形和文字解釋，大意是釘「獸牌」在門上可使鄰
里和睦，講了該牌有多大、怎樣釘、釘什麼位置等。書頁中的解

釋都是文言文，無標點，印刷十分粗糙，顯然是盜版書。文中時稱「獸牌」，時稱「善牌」，顯然「善」是「獸」的誤印（在簡體字中，這兩個字非常接近）。我將有關內容，根據我的理解，給他解釋了一個大意。由於我下午還有其他事情，不能久留，便告辭離去。那算命先生似乎意猶未盡，問：「還來茶館坐坐嗎？」我答曰：「有空時會來的。」但是可惜我沒有機會再到那家茶館了。（圖6-9）

這些算命先生的故事，為我們提供了在茶館中謀生人群的大量信息。首先，他們多是來自鄉村的農民工，利用算命作為謀生的手段，雖然不是很熟練，但只要能識字，他們便稍加自學，隨後立馬開始從業。雖然掙得不多，但至少也能在新的環境中求得生存。其次，男性在傳統的算命行業中佔優，但改革開放後，女性也開始從事這行，反映出社會對女性進入傳統男性主導行業的容忍度越來越高。再者，算命先生也有等級，有些名聲響，收費高，甚至可以以此致富，但大多數也僅僅糊口而已。最後，算命為茶館顧客提供了娛樂，並非所有付錢的顧客，都相信算命先生所說，他們當中不少也只是尋求消遣，或希望算命者對他們的未來作出祝福，也就是討一個吉利。正如司馬富指出：「算命滲入了中國社會從皇帝到農民的各個層面。」[69]帝制的覆滅沒有改變這個傳統，雖然在激進的革命年代，算命者很難生存，但是改革開放以後，算命很快得到復蘇，他們的日子也越發好過起來。

挖耳匠（又叫採耳師、挖耳師、掏耳朵師傅、掏耳匠等）　這也是茶館中一個有悠久歷史的職業，從晚清至民國，成都幾乎每一家茶館都有掏耳匠。1949年以後，他們也仍然在茶館謀生，只是和茶館一樣，數量大大減少，「文革」時期跌至谷底。改革開放後，挖耳匠隨著茶館的復蘇，也逐漸回到茶館。他們大多數是農民、手工匠或小販，他們來自農村，在城市裏找不到其他合適的

工作，只好以此為生。這是一項技術活，至少比做重體力勞動要輕鬆一些。過去這是男性的職業，但在20世紀末，女性也逐漸進入了這個行當。（圖6-10）

順興老茶館裏的掏耳匠30歲左右，來自於川南的一個小鎮，從事這項營生已經七、八年。他六、七年前來到成都，首先在府南河邊的茶館裏為顧客服務，每月掙得大約1,000元，交給茶館200元作為場地使用費。當順興老茶館開業後，老闆知道他手藝不錯，於是請他來這裏服務。他每年要付給茶館六、七千元。雖然他掙得並不比在府南河邊的茶館多，但是他說這裏環境比以前好多了，有空調，不受日曬雨淋冷熱之苦。他穿著白褂，胸前掛有一牌子，上面寫著基本價10元，若用一次性工具20元。他說顧客多是成都本地人，因為外地人不習慣掏耳朵。其中大多數又是中青年，因為老人覺得這價錢太貴。這個茶館與旅遊單位有合作關係，有些外國遊客也找他掏耳朵。他還會按摩，全套可收取四、五十元。[70]（圖6-11）

在大慈寺的文博大茶園內也有一位駐場挖耳匠，看起來四、五十歲，他手裏拿著一隻金屬掏耳夾，一邊用手彈出清脆的金屬聲音，一邊在桌子間來回攬生意。顯然，他與茶館的工人很熟，當他沒有生意時，就和他們坐一起喝茶。如果顧客付錢時找不開，他便拿著那張大錢去找摻茶師傅換小錢。他說之前在理髮店幹了幾年，17歲時跟著父親學了這門手藝，然後在文博大茶園幹這行九年。這位挖耳匠還把手藝傳給了他姐夫，他姐夫現在在府南河邊的一家茶館謀生。他說學徒必須學習一年後，方能獨立工作。他住在成都郊區的雙流縣，每天騎摩托車往返，把車放在二環路姐姐家，因為外縣的摩托不能進城。他和妻子每天中午去大慈寺附近的小餐館吃飯，只吃稀飯饅頭，兩人才1.5元。他們進大慈寺也不需要門票（1元），門房認得他們。他在文博大茶園從

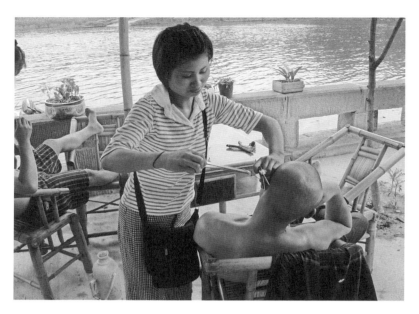

圖 6-10　一個女挖耳匠正在給顧客服務。作者攝於 2003 年夏。

圖 6-11　一位挖耳匠正在給鶴鳴茶社的一位顧客服務。作者攝於 2003 年夏。

圖 6-12　　鶴鳴茶社的一位挖耳匠，我們可以看到他手中的各種工具。
　　　　　　作者攝於 2003 年夏。

早上 9 點做到下午，當下午 4 至 5 點鐘，這裏生意不好的時候，他
會到府南河邊的茶館攬生意。在那裏，他不用給茶館交錢，不過
得和其他同行競爭。

　　他回憶說，九年前他只收 1.5 元，但現在新客戶收 4 元，回頭
客收 3 元。服務時間不超過 10 分鐘。這項工作不需要營業執照，
只需每月 5 號向茶館交 200 元即可，他從來都是按時繳納。他稱
這個茶館是他的地盤，如果其他同行想進來，會被茶館工人趕出
去。他每月可掙六、七百元，向茶館交費後還剩四、五百元。他
的妻子在茶館裏替人擦鞋，一雙鞋收費 1 元，每月也可掙五、六
百元。他有時會遇上蠻橫的顧客拒絕付錢。有一次，他給三個年
輕人掏耳朵，但那三人說對他的服務不滿意，拒絕付帳，引發了
糾紛，還有人受了傷。他當時很生氣，掀翻了他們的桌子，打翻

了茶碗，在其他茶工的幫助下，把那三個年輕人送到派出所，他們不得不付了12元的服務費和8元的損失費。

他使用五種挖耳工具。大金屬夾子是他的招牌，招攬顧客時便彈出聲來。一個是細長有柄的刀子，因為耳朵有汗毛擋住視線，先用其去毛。最重要的工具是「啟子」，為一細長的銅片，用來刮內耳壁，給人舒服的感覺。一個是小夾子，用它來夾出耳屎。最後是一把小毛刷，用鵝毛做成。掏完耳朵後，用這把刷子將殘渣清掃乾淨。他說這一套工具大概值四、五十元，有些是他自己做的，有些是找鐵匠訂製的。（圖6-12）

他有兩個兒子，一個上小學，一個上初中，現在正是暑假，所以他兩個兒子整天都待在茶館裏。他說不想讓他的孩子學習挖耳這門手藝，而是想送大兒子去學修汽車。他打算錢掙夠了，以後在他家鄉開一家汽車修理鋪，因為那裏位置很好，做修理生意一定不錯。他還談到了農村老家，他承包了七畝田，即使是收割農忙季節，也只需三天活便幹完了。他家裏還養了廿餘隻雞、廿餘隻鴨、廿餘頭豬和一頭水牛。雞鴨蛋經常拿到集市上賣。他們外出時，他父母幫助照看農田和家畜。農田加副業年收入約一萬元，加上挖耳和擦鞋，整個家庭年收入約1.6萬至1.7萬元。一年總開支約一萬元，剩下的存入銀行。[71]

許多挖耳匠都像這位男人一樣，來自農村，一邊管理著老家的田地，一邊在成都打工。整個中國有數以億計的農民工，他們的工作環境和新的收入渠道深刻影響著中國的經濟發展與城市生活。[72]然而，與其他農民工不同的是，這位挖耳匠充分利用家鄉在成都郊區的有利條件，仍然選擇住在農村，避免了在成都租房的額外花費以及和家人長期分離的痛苦。此外，他和妻子在同一家茶館裏謀生，每天一同來，一同回，一起吃午飯，所以他的家庭生活基本上是完整的。無疑，農民工進入城市，可以改變他們

的經濟狀況，也可以增加他們的見識，例如這位挖耳匠一早便規
劃了兒子的未來。當然，他也得為這樣的選擇付出一些代價。他
的孩子整天待在這種人來人往，充斥著煙味、嘈雜，有各種粗
話，也有各種誘惑的地方，很難安下心來做暑期作業。這樣的環
境對小孩是不健康的，缺乏一個安靜的學習環境，過早進入熙熙
攘攘的社會，還可能遇到許多幼小心靈難以理解的事情，都阻礙
孩子接受正常的教育。縱然我們可以說，社會也是一本教科書，
但是這不過是對他們無奈處境的一點心理安慰而已。他兒子缺乏
正規的教育，和其他孩子相比，這是一個劣勢，也許有一天，他
還是會走他父親的老路。

　　擦鞋女、理髮匠和小販　除了前面所討論的茶館摻茶工人、
算命先生和挖耳匠，茶館中還有著許多其他的職業，提供各種服
務，如擦鞋匠、理髮師和小販們。一次我在成都西門的清泉茶坊
考察時，由於周圍街道修繕，又下了雨，地面十分泥濘，給擦鞋
匠帶來不少生意。這些擦鞋匠都是婦女，吆喝著「擦鞋！擦鞋！」
一位中年農村婦女模樣的人來到茶館門口，說擦一次鞋一元錢。
她帶了個小包，裏面有刷子、鞋油和布。她給了顧客一雙塑料拖
鞋穿，然後把沾了泥的鞋提到門外，坐在自帶的一張櫈子上，先
從一個塑料瓶中倒出一些水，沾在刷子上，刷掉鞋上的泥，然後
塗鞋油，最後是拋光。她說她來自於四川北部的一個鄉村，每年
冬夏地裏事情不多的時候，來成都擦鞋，每月能掙二、三百元。
如果不是來成都賺點錢，她就無法供孩子讀書。她說幹這個活，
比給老闆打工要自由些，她可以隨時回家。她估計這片街區大概
有五十多個她這樣的擦鞋女。我在鶴鳴茶社考察時，由於公園環
境乾淨，需要擦鞋的顧客很少，所以只有一位擦鞋女在那裏攬
活。她提著一雙塑料拖鞋走來走去，尋找生意。當她把顧客的鞋
拿回她的攤位上擦時，便讓顧客穿上那雙拖鞋。[73]（圖6-13）

圖 6-13 悅來茶園外面的擦鞋女，一家茶館外面就有三個擦鞋女，可見從事此業人數之多。作者攝於 2003 年夏。

　　一些茶館禁止她們入內，說是怕閒雜人員太多，可能丟失財物。一些高端的茶館，如順興老茶館，不允許擦鞋匠進去，因為他們覺得這有損茶館的聲譽。[74]地方報紙有時也會報道擦鞋女欺詐顧客的行為。一則故事發生在一家街角茶館，許多顧客在喝茶、打牌，一位擦鞋女也來這裏攬生意，大聲吆喝擦鞋價格便宜，保證質量。一位時髦的年輕人詢問價格，擦鞋女說，五角，只收個鞋油錢。那男人聲稱他這雙鞋是在法國買的，一千多塊，對她是否能擦好表示懷疑。那女人說不滿意不給錢。於是男人把鞋脫了下來，女人給了他一雙拖鞋穿著，然後把鞋帶到了樹蔭下去擦，那年輕人繼續悠閒地讀報紙。當他把報紙讀完後，感覺有點不對勁，怎麼鞋還沒有擦好？這時才發現那女人和鞋都早已消失得無影無蹤。[75]

　　小茶館一直是理髮匠喜歡的場所，顧客邊喝茶，邊等著理髮。李劼人關於晚清成都茶館的描述中，也提到過這些人。一百年以後，他們仍然在這裏謀生。當然，在茶鋪理髮的顧客，一般都是不怎麼講究髮型的老人，就是圖個方便和便宜。理髮匠在茶館的一個角落，或者門外，放一把椅子，利用茶館的空間和熱水，也給茶館交一定的使用費。[76]成都《商務早報》有一個「街邊新聞」的專欄，其中一篇文章提到一位在沙河茶園外擺攤的理髮匠，生意很好，顧客大多數是中老年人。一次有個男人等著理髮，那位理髮匠笑著對他說：「我理完這個頭就要回家了，有急事。」那位顧客只好到別處理髮。過了一個月，那位顧客又來沙河茶園理髮，輪到他了，理髮師又說家裏有事要走。一位顧客悄悄對那個男人說，那理髮匠根本就沒什麼急事，他只是覺得你頭型不好剃，找個藉口躲避了而已，他太沒有職業道德了。隨後，那名男人對所有顧客說，我們都不要再找這個理髮匠剃頭，他只想掙輕鬆的錢，卻不考慮顧客的感受。果然，這位理髮匠的生意清淡了。當他問顧客是否需要理髮時，顧客也學著他的口氣，說有急事得快點回家。[77]

　　小販在茶館裏也是十分活躍，為顧客提供了便利，也為茶館增加了活力。2000年夏天，我坐在府南河邊的一家茶館，便觀察到各種小販在這裏做生意，特別是賣食品的小販來來往往。這樣人們坐茶館品茶，肚子餓了就可以就地買小吃。如一位貌似來自農村的中年婦女，提著兩個籃子，裏面裝著各種佐料瓶，吆喝著：「涼麵，涼粉，豆花⋯⋯」另一位婦女端了一盤白玉蘭花賣，花開得飽滿，香氣撲鼻。幾乎每一家茶館裏都有賣報紙的人，而且生意不錯，人們喜歡邊喝茶，邊讀報，了解時事。據我觀察，這個茶館裏就有十幾個人在賣報，有男有女，有老有幼，有騎單車過來的，有走路過來的，都吆喝著「《早報》」(即《商務早報》)、

「《華西報》」（即《華西都市報》），等等。[78] 在人民公園裏的鶴鳴茶社中，我也見有兩三個小販在賣報紙，如一位白髮的老婦人在賣《華西都市報》。（圖6-14）另有一位帶北京腔的年輕人在賣香港《大公報》，他看起來像個讀書人，帶著金手錶，氣質迥異於其他小販，他賣的報紙四塊錢一份，比本地報紙貴許多，所以生意並不太好。[79] 在那個時候，香港報紙一般要有點文化的人才會感興趣，這些大眾茶館裏的普通人，更喜歡讀晚報、都市報這類反映成都市民生活的報紙。

上述這些職業，在茶館裏存在已久。儘管這個城市的政治、經濟、文化和社會都已發生根本性的巨變，但茶館仍然可以容納許多人在其中謀生，並進一步展示出傳統生活方式和地方文化的活力。儘管小販重新出現在茶館中，但這是在一個不同的時代、一個不同的社會環境，服務不同的人群；因此並不是所有的茶館都接納他們的服務，特別是那些中高檔茶館，那裏的顧客更期望安靜、有隱私、不被打擾。但在露天和低端茶鋪中，他們的服務依然很受歡迎。摻茶工人、算命先生、挖耳匠、擦鞋女、理髮匠以及小販，都是茶館和茶館文化的一部分，繼續在人們的日常生活中，發揮積極的作用。只是我們無從知曉，在市場化和全球化的大潮中，他們的未來將是怎樣。

流動人口，特別是來自農村的農民工，他們豐富了城市的生活。他們既是為城市建設和服務的工人，也是城市商業發展的消費者，繼續為城市的繁榮做出貢獻。根據人類學家的調查，農民工主要在建築工地、飯館、工廠、家政、環衛以及一些「城市居民不願幹的」行業內謀生。他們不得不「突破戶口制度的約束在城市打工和做生意」，還要克服各種來自「農民工、國家與城市社會之間的社會與政治矛盾」。[80] 蘇黛瑞認為判斷「流動人口」有三個標準：「他們越過了一些行政管理的邊界來到異鄉，他們沒有能夠

圖 6-14　　在鶴鳴茶社賣報紙的老人。作者攝於 2003 年夏。

改變原來的戶籍所在地，至少在理論上他們是可以進入和離開城市的。」他們不能登記成為真正的城市居民，因此「他們不能接受免費的義務教育，在一些國有企業裏，他們也沒有正常的額外津貼」。由於農民工不具有和城市居民一樣的平等權利，而且還面臨著歧視，因此蘇黛瑞認為：「大都市中的中國農民，不是城市居民，猶如外國移民一樣。」[81]

　　我還想指出的是，像任何其他人群一樣，農民工也有不同的類型。其中一些人生意做得好，在城市裏買了房買了車。成都像其他中國城市一樣，許多小企業都是由外來人開辦和經營的，諸如餐館、裝修、建築、小茶館以及其他許多行業。然而，還有不少人依然掙扎在溫飽線上，他們中的許多人在茶館裏當摻茶師傅、算命先生、挖耳朵匠、擦鞋匠、小販或者以其他手段謀生。

儘管他們生活艱難，但和以往在鄉村相比，生存狀況已經算有所改善，他們有了在經濟方面向上奮進的機會。流動人口的存在，幫助了城市日常生活正常運轉，對城市的整個經濟與公共生活的發展繁榮，作出了巨大的貢獻。

註釋

1　Davis, ed., *The Consumer Revolution in Urban China*, p. 5.

2　根據A‧維克 (Ann Veeck) 對1990年代南京食品市場的研究，她認為食品市場對城市居民來說是至關重要的，多樣化的食品選擇使得食品經營者們能夠豐富居民的需求，一定程度上也展現了城市的繁榮景象（Veeck, "The Revitalization of the Marketplace," pp. 107–123）。

3　Li Zhang, "Urban Experiences and Social Belonging among Chinese Rural Migrants," in *Popular China: Unofficial Culture in a Globalizing Society*, eds. Perry Link, Richard P. Madsen, and Paul G. Pickowicz (Lanham: Rowman & Littlefield, 2002), p. 275.

4　Zhang, *Strangers in the City*, pp. 3–4.

5　關於中國城市中公共娛樂場所的研究，見Lisa Atkinson, "Fun for the '90s: Entertainment Just May Be China's Newest Growth Industry," *China Business Review* 21, no. 5 (September 1994), pp. 16–22；Lisa Atkinson, "What's Entertainment? New Censorship and Consolidation Concerns Plague China's Entertainment Market," *China Business Review* 24, no. 2 (March–April 1997), pp. 38–40；Augusta Lee Palmer, "Mainland China: Public Square to Shopping Mall and the New Entertainment Film," in *Contemporary Asian Cinema: Popular Culture in a Global Frame*, ed. Anne Tereska Ciecko (New York: Berg, 2006), pp. 144–155；Xiaoling Zhang, "Seeking Effective Public Space: Chinese Media at the Local Level," *China: An International Journal* 5, no. 1 (2007), pp. 55–77。

6　有一些關於城市日常生活和文化轉型影響的研究，見Farrer, "Dancing through the Market Transition," pp. 226–249。有論文集系統地研究了改革開放時代的文化，見Link, Madsen and Pickowicz, eds., *Popular China*，其中有：Andrew Morris, "'I Believe You Can Fly': Basketball Culture in Postsocialist

China”；Perry Link and Kate Zhou, "Shunkouliu: Popular Satirical Sayings and Popular Thought"；Julia F. Andrews and Kuiyi Shen, "The New Chinese Woman and Lifestyle Magazines in the Late 1990s"；Anita Chan, "The Culture of Survival: Lives of Migrant Workers through the Prism of Private Letters"；Any Hanser, "The Chinese Enterprising Self: Young, Educated Urbanites and the Search for Work"；Deborah Davis, "When a House Becomes His Home"；Robert Geyer, "In Love and Gay"；Zhang, "Urban Experiences and Social Belonging among Chinese Rural Migrants"。

7　張先德：《成都》，頁54。

8　《商務早報》，2000年5月19日。

9　Wang, *The Teahouse, 1900–1950*, p. 34.

10　關於性情愛好和自發組織的活動，見Wong, "Geming Gequ," pp. 112–143；J. Lawrence Witzleben, "Jiangnan Sizhu Music Clubs in Shanghai: Context, Concept and Identity," *Ethnomusicology* 31, no. 2 (1987), pp. 240–260；Seio Nakajima, "Film Clubs in Beijing: The Cultural Consumption of Chinese Independent Films," in *From Underground to Independent: Alternative Film Culture in Contemporary China*, eds. Paul G. Pickowicz and Yingjin Zhang (Lanham: Rowman & Littlefield, 2006), pp. 161–208；John A. Crespi, "Treasure-Seekers: The Poetry of Social Function in a Beijing Recitation Club," *Modern Chinese Literature and Culture* 22, no. 2 (Fall 2010), pp. 1–38。

11　郝克強：〈興旺的成都棋園〉，《人民日報》，1981年1月1日。

12　冰峰、強金武：《成都十八怪》(成都：成都時代出版社，2003)，頁220。

13　Martin King Whyte, "Changes in Mate Choice in Chengdu," in *Chinese Society on the Eve of Tiananmen: The Impact of Reform*, eds. Deborah Davis and Ezra Vogel (Cambridge: Council on East Asian Studies, Harvard University, 1990), pp. 181–213.

14　張逸仙：〈孤寂中誕生的「愛情」〉，《商務早報》，2000年4月26日。

15　作者在大慈寺文博大茶園的考察，2007年7月8日。

16　余瑤：〈茶館民俗與茶人生活〉，頁41。

17　何小竹：〈成都茶館記憶〉。

18　何小竹：《成都茶館》，頁31。有一篇關於成都生活的英文文章，見Sylvie Gentil, "Chengdu, Leave Me Alone Tonight, or Life as a Drowning Experience," *Chinese Cross Currents* 1, no. 2 (April 2004), pp. 58–69。

19　翟永明：《白夜譚》(廣州：花城出版社，2009)，頁12。

20　王躍：《老茶客閒話》(成都：四川文藝出版社，1999)，頁2。

21　呂卓紅：〈川西茶館〉，頁66–67。

22　西門媚：〈培根路最後的秋天〉，見西門媚：《結廬記》(石家莊：河北人民出版社，2006)，頁171–172。

23　由葉：《來路不明的夜晚》(成都：四川文藝出版社，2001)，頁3–6。

24　何小竹：《成都茶館》，頁31。

25　呂卓紅：〈川西茶館〉，頁66–67。

26　有許多關於改革開放後大眾娛樂和休閒活動的研究。關於旅遊，見 Sandy C. Chen and Michael Gassner, "An Investigation of the Demographic, Psychological, Psychographic, and Behavioral Characteristics of Chinese Senior Leisure Travelers," *Journal of China Tourism Research* 8, no. 2 (2012), pp. 123–145。關於酒吧，見 James Farrer, "Shanghai Bars: Patchwork Globalization and Flexible Cosmopolitanism in Reform-Era Urban-Leisure Spaces," *Chinese Sociology and Anthropology* 42, no. 2 (Winter 2009–2010), pp. 22–38。關於卡拉OK，見 Anthony Fung, "Consuming Karaoke in China: Modernities and Cultural Contradiction," *Chinese Sociology and Anthropology* 42, no. 2 (Winter 2009–2010), pp. 39–55。關於高爾夫，見 Guillaume Giroir, "Spaces of Leisure: Gated Golf Communities in China," in *China's Emerging Cities: The Making of New Urbanism*, ed. Fulong Wu (London: Routledge, 2007), pp. 235–255。關於各種遊戲，見 Anders Hansson, Bonnie S. McDougall and Frances Weightman, eds., *The Chinese at Play: Festivals, Games, and Leisure* (New York: Kegan Paul, 2002)。關於政治休閒，見 Shaoguang Wang, "The Politics of Private Time: Changing Leisure Patterns in Urban China," in *Urban Spaces in Contemporary China*, eds. Davis et al., pp. 149–172。

27　作者在成都會展中心順興老茶館的考察，2000年7月22日。

28　徐娟：〈近五十年成都老式茶館的變遷〉，未發表的文稿。

29　曾智中、尤德彥編：《文化人視野中的老成都》，頁391–393。

30　曾智中、尤德彥編：《文化人視野中的老成都》，頁391–393。

31　瓊瑤：《剪不斷的鄉愁》(北京：作家出版社，1990)，頁165–167。關於過去成都傳統的民間表演，見 Wang, *Street Culture in Chengdu*, pp. 53, 80, 202。

32　作者在大慈寺文博大茶園的考察，2000年7月5日、2003年5月17日；呂卓紅：〈川西茶館〉，頁63、73；勤耕：〈「玩友」與玩友〉，《四川戲劇》，1988年第3期，頁45–46。對改革開放後這些自發組織的研

究，見劉厚生：〈關於民間職業劇團的幾點思考〉，《廣東藝術》，1997年第1期，頁21–24；蘇敏華：〈民間職業劇團在演出市場中的地位和作用〉，《福建藝術》，1998年第2期，頁9–10。

33　張先德：《成都》，頁193–194。

34　張先德：《成都》，頁195。

35　張先德：《成都》，頁195–196。

36　「唱紅歌」是由原重慶市市委書記薄熙來發動的一場運動，具有諷刺意味的是，2013年他因「貪污」、「受賄」、「濫用職權」等罪行，被判處無期徒刑。關於對這場運動的評論與研究，見Zhiyuan Cui, "Partial Intimations of the Coming Whole: The Chongqing Experiment in Light of the Theories of Henry George, James Meade, and Antonio Gramsci," *Modern China* 37, no. 6 (Fall 2011), pp. 646–660；Geremie Barmé, "Red Allure and the Crimson Blindfold," *China Perspectives* 90 (2012), pp. 29–40。其他關於這項運動的評論和研究，見張勝良：〈論「中國紅歌會」的興起〉，《作家》，2008年第2期，頁256–257；何事忠：〈紅梅花香遍山城：重慶市開展「唱讀講傳」活動的實踐與思考〉，《求實》，2010年第9期，頁53–55；陶文昭：〈「唱紅」被質疑的複雜社會因素〉，《人民論壇》，2011年第33期，頁37；周勇：〈重慶的「唱讀講傳」與國家文化軟實力〉，《重慶社會科學》，2011年第5期，頁93–94；杜建華：〈「紅色記憶」的嬗變：對「紅歌」媒體呈現的考察 (1979–2011)〉，未刊博士學位論文，復旦大學，2012年等。

37　紅綢舞也是從革命年代傳下來的一種紅色文化。關於革命舞蹈的研究，見Hung, "The Dance of Revolution," pp. 82–99。

38　作者在大慈寺文博大茶園的考察，2000年7月5日。

39　西方學界有很多關於改革開放後中國女性的研究。關於文學作品中的婦女，見Chengzhou He, "Women and the Search for Modernity: Rethinking Modern Chinese Drama," *Modern Language Quarterly* 69, no. 1 (March 2008), pp. 45–60；S. Louisa Wei, "The Encoding of Female Subjectivity: Four Films by China's Fifth-Generation Women Directors," in *Chinese Women's Cinema: Transnational Contexts*, ed. Lingzhen Wang (New York: Columbia University Press, 2011), pp. 173–190。關於婦女在經濟活動中扮演的角色，見Yuling Ding, "Economic Activities and the Construction of Gender Status among the Xunpu Women in Fujian," in *Southern Fujian: Reproduction of Traditions in Post-Mao China*, ed. Chee-Beng Tan (Hong Kong: The Chinese

University Press, 2006), pp. 163–183。關於婦女參政，見 Qingshu Wang, "The History and Current Status of Chinese Women's Participation in Politics," in *Holding up Half the Sky: Chinese Women Past, Present, and Future*, eds. Jie Tao, Bijun Zheng and Shirley L. Mow, pp. 92–106。關於婦女的生活，見 Jieyu Liu, "Researching Chinese Women's Lives: 'Insider' Research and Life History Interviewing," *Oral History* 34, no. 1 (Spring 2006), pp. 43–52。關於婦女的形象，見 Yanru Chen, "From Ideal Women to Women's Ideal: Evolution of the Female Image in Chinese Feature Films, 1949–2000," *Asian Journal of Women's Studies* 14, no. 3 (2008), pp. 97–129；Yi Sun, "Reading History in Visual Rhetoric: The Chinese Images of Chinese Women, 1949–2009," *Chinese Historical Review* 18, no. 2 (Fall 2011), pp. 125–150。關於男女平等，見 Dongchao Min, "From Men-Women Equality to Gender Equality: The Zigzag Road of Women's Political Participation in China," *Asian Journal of Women's Studies* 17, no. 3 (2011), pp. 7–24。

40　有許多關於中國老年人和老年社會的研究，其中大多數是從社會學和人類學的角度出發。關於社會與老年人，見 Cecilia Chan, "Urban Neighborhood Mobilization and Community Care for the Elderly in the People's Republic of China," *Journal of Cross-Cultural Gerontology* 8, no. 3 (July 1993), pp. 253–270。關於老年人的社會角色，見 Philip G. Olson, "The Changing Role of the Elderly in the People's Republic of China," in *The Graying of the World: Who Will Care for the Frail Elderly?*, ed. Laura Katz Olson (New York: Haworth, 1994), pp. 261–287。關於老年問題，見 Friederike Fleischer, "Speaking Bitter-Sweetness: China's Urban Elderly in the Reform Period," *Asian Anthropology* 5, no. 1 (2006), pp. 31–55。關於老年人的生活，見 Ying Liu, "The Lives and Needs of Elderly Women in Urban China," in *Holding up Half the Sky*, eds. Tao, Zheng and Mow, pp. 193–203。關於老年人的生活條件，見 Xin Meng and Chuliang Luo, "What Determines Living Arrangements of the Elderly in Urban China?," in *Inequality and Public Policy in China*, eds. Björn A. Gustafsson, Li Shi and Terry Sicular (New York: Cambridge University Press, 2008), pp. 267–286。關於老年人的收入，見 James M. Raymo and Yu Xie, "Income of the Urban Elderly in Postreform China: Political Capital, Human Capital, and the State," *Social Science Research* 29, no. 1 (March 2000), pp. 1–24。關於老年人享受的福利和社會服務，見 Wen-hui Tsai, "Life after Retirement: Elderly Welfare in China," *Asian Survey* 27, no. 5 (May 1987), pp. 566–576；Yakov Berger, "Social Support of the Elderly in Contemporary China," *Far Eastern Affairs* 30, no. 1 (2002), pp. 79–112。關於老年人的健康問題，見 Lucy C. Yu and Minqi Wang, "Social Status, Physical, Mental Health, Well-Being and Self Evaluation of Elderly in China," *Journal of Cross-Cultural Gerontology* 8, no. 2 (1993), pp. 147–159。

41　戴善奎：〈成都泡茶館〉。

42　呂卓紅：〈川西茶館〉，頁 69。

43　作者在大慈寺大慈莊大茶園的考察，2000 年 7 月 5 日。

44　余瑤：〈茶館民俗與茶人生活〉，頁 27。

45　呂卓紅：〈川西茶館〉，頁 71。

46　很少有關於中國男女招待的研究，似乎目前只有我自己的文章：Di Wang, "'Masters of Tea': Teahouse Workers, Workplace Culture, and Gender Conflict in Wartime Chengdu," *Twentieth-Century China* 29, no. 2 (April 2004), pp. 89–136。西方關於男女招待的研究，見 Greta Foff Paules, *Dishing It Out: Power and Resistance among Waitresses in a New Jersey Restaurant* (Philadelphia: Temple University Press, 1991)。

47　《蓉城週報》，1992 年 2 月 11 日，轉引自楊忠義：〈成都茶館〉，《農業考古》，1992 年第 4 期（中國茶葉文化專號），頁 116。

48　瓊瑤：《剪不斷的鄉愁》，頁 166。

49　Wang, *The Teahouse, 1900–1950*, chap. 3.

50　關於改革時代女性進行的經濟活動，見 Shirin Rai, "Market Economy and Gender Perception in Post-Mao China," *China Report* 24, no. 4 (October–December 1988), pp. 463–467；Beverley Hooper, "Women, Consumerism and the State in Post-Mao China," *Asian Studies Review* 17, no. 3 (April 1994), pp. 73–83；Beverley Hooper, "'Flower Vase and Housewife': Women and Consumerism in Post-Mao China," in *Gender and Power in Affluent Asia*, eds. Krishna Sen and Maila Stivens (London: Routledge, 1998), pp. 167–193；Karyn A. Loscocco and Christine E. Bose, "Gender and Job Satisfaction in Urban China: The Early Post-Mao Period," *Social Science Quarterly* 79, no. 1 (March 1998), pp. 91–109。

51　作者在成都會展中心順興老茶館的考察，2000 年 7 月 22 日。

52　呂卓紅：〈川西茶館〉，頁 65–66。

53　呂卓紅：〈川西茶館〉，頁 65–66。許多流動人口到茶館裏謀生，或是成為茶館的忠實顧客。關於流動人口與城市的研究，見 Sow-Theng

Leong and Tim Wright, *Migration and Ethnicity in Chinese History: Hakkas, Pengmin, and Their Neighbors* (Stanford: Stanford University Press, 1997)；Dutton, *Streetlife China*；Laurence Ma and Biao Xiang, "Native Place, Migration and the Emergence of Peasant Enclaves in Beijing," *China Quarterly* 155 (September 1998), pp. 546–581；Børge Bakken, *The Exemplary Society: Human Improvement, Social Control, and the Dangers of Modernity in China* (New York: Oxford University Press, 2000)；Nancy N. Chen et al., eds., *China Urban: Ethnographies of Contemporary Culture* (Durham: Duke University Press, 2001)；Friedmann, *China's Urban Transition*。

54 阿秋：〈追夢女孩：成都不相信眼淚〉，《商務早報》，2000年4月16日。關於受過教育的年輕人找工作，見Hanser, "The Chinese Enterprising Self," pp. 189–206。

55 作者在花牌坊街往日情懷茶坊的考察，2000年7月7日。

56 作者在石人南路茗苑茶樓的考察，2000年7月8日。

57 Hanser, "The Chinese Enterprising Self," p. 192.

58 作者在石人南路清泉茶坊的考察，2000年7月19日。

59 作者在石人南路清泉茶坊的考察，2000年7月19日。

60 Hanser, "The Chinese Enterprising Self," pp. 200–201. 也可見Xiaocong Liu, "A Comparative Study on Women's Employment in Beijing, Guangzhou and Hong Kong," *Chinese Journal of Population Science* 4, no. 1 (1992), pp. 85–93；Xiaoping Wu, "The Market Economy, Gender Equality, and Women's Development from the Viewpoint of Women's Employment," *Chinese Education and Society* 33, no. 6 (November–December 2000), pp. 44–54；Ting Gong, "Women's Unemployment, Re-employment and Self-employment in China's Economic Restructuring," in *Transforming Gender and Development in East Asia*, ed. Esther Ngan-ling Chow (London: Routledge, 2002), pp. 125–139；Leila Fernandez-Stembridge, "Shaping Rural Migrant Women's Employment: The Role of Housemaid Agencies," *European Journal of East Asian Studies* 4, no. 1 (2005), pp. 31–53；Xiaoyuan Dong et al., "Women's Employment and Public Sector Restructuring: The Case of Urban China," in *Unemployment in China: Economy, Human Resources and Labour Markets*, eds. Grace O. M. Lee and Malcolm Warner (London: Routledge, 2007), pp. 87–107；Sai Ding, Xiaoyuan Dong and Shi Li, "Women's Employment and Family Income Inequality during China's Economic Transition," *Feminist Economics* 15, no. 3 (July 2009), pp. 163–190。

61　Lieberthal, *Governing China*, p. 310. 關於社會主義下的女性的研究，見 Phyllis Andors, *The Unfinished Liberation of Chinese Women, 1949–1980* (Bloomington: Indiana University Press, 1983)；Sonia Kruks, Rayna Rapp and Marilyn B. Young, eds., *Promissory Notes: Women in the Transition to Socialism* (New York: Monthly Review, 1989)。

62　關於算命的研究，見 Richard Joseph Smith, *Fortune-Tellers and Philosophers: Divination in Traditional Chinese Society* (Boulder: Westview, 1991)；Yenna Wu, "Satiric Realism from Jin Ping Mei to Xingshi Yinyuan Zhuan: The Fortunetelling Motif," *Chinese Culture Quarterly* 39, no. 1 (1998), pp. 147–171；Elizabeth Endicott-West, "Notes on Shamans, Fortune-Tellers and Yin-Yang Practitioners and Civil Administration in Yüan China," in *The Mongol Empire and Its Legacy*, eds. Reuven Amitai-Preiss and David O. Morgan (Leiden: Brill, 1999), pp. 224–239；Wang, *Street Culture in Chengdu*, pp. 85–86；Wang, *The Teahouse, 1900–1950*, p. 172；Shuk-wah Poon, "Religion, Modernity, and Urban Space: The City God Temple in Republican Guangzhou," *Modern China* 34, no. 2 (April 2008), pp. 247–275。

63　作者在成都會展中心順興老茶館的考察，2000 年 7 月 22 日。

64　作者在人民公園鶴鳴茶社的考察，2003 年 6 月 28 日。

65　《商務早報》，2000 年 6 月 12 日。

66　《商務早報》，2000 年 6 月 12 日。

67　《商務早報》，2000 年 6 月 12 日。

68　下面關於這位算命先生的信息，基於作者在府南河邊茶館的考察，2000 年 7 月 10 日。

69　Smith, *Fortune-Tellers and Philosophers*, p. 9.

70　作者在成都會展中心順興老茶館的考察，2000 年 7 月 22 日。據 2006 年關於人民公園茶館的一個考察，李姓挖耳匠在茶館裏已經幹了三年，之前他開了一家裝修店，因經營不善而倒閉。儘管一開始做掏耳朵營生時並不順利，但隨著他手藝的提高，便有了不少常客。因為這份工作全年都可以做，所以只要夠勤奮，每天去茶館，每次收費 10 元，每天可輕鬆掙 100 至 200 元。這與我六年前的考察相比，已大大增加，但是基本價格（每次 10 元）沒有變，所以可能是因為客源大大地增加了。據這個考察，一般來說，一位挖耳匠只在一家茶館攬客，要給茶館交費（李先生是 60 元一個月，720 元一年）。為了避免衝突，保護自己的生意，挖耳匠不可以進入他人的地盤。週末和節假日的生意很好。

在春節的那一個月裏，他便掙了3,900元（余瑤：〈茶館民俗與茶人生活〉，頁23）。

71　作者在大慈寺文博大茶園的考察，2000年7月5日。

72　西方有多關於中國農民工的研究。關於他們的家庭生活，見Martin King Whyte, "Adaptation of Rural Family Patterns to Urban Life in Chengdu," in *Urban Anthropology in China*, eds. Greg Guldin and Aidan Southall (Leiden: Brill, 1993), pp. 358–380。關於他們的城市經歷，見Chan, "The Culture of Survival," pp. 163–188；Eric Florence, "Migrant Workers in the Pearl River Delta: Discourse and Narratives about Work as Sites of Struggle," *Critical Asian Studies* 39, no. 1 (March 2007), pp. 121–150；Daming Zhou and Xiaoyun Sun, "Research on 'Job Hopping' by Migrant Workers from the Countryside: A Second Study on Turnover among Migrant Workers Employed by Businesses," *Chinese Sociology and Anthropology* 43, no. 2 (2010), pp. 51–69。關於他們遇到的困難與障礙，見Wenran Jiang, "Prosperity at the Expense of Equality: Migrant Workers are Falling Behind in Urban China's Rise," in *Confronting Discrimination and Inequality in China: Chinese and Canadian Perspectives*, eds. Errol P. Mendes and Sakunthala Srighanthan (Ottawa: University of Ottawa Press, 2009), pp. 16–29；Peilin Li and Wei Li, "The Work Situation and Social Attitudes of Migrant Workers in China under the Crisis," in *China's Internal and International Migration*, eds. Peilin Li and Laurence Roulleau-Berger (London: Routledge, 2013), pp. 3–25；王笛：〈國家控制與社會主義娛樂的形成〉，頁76–105；Jieh-min Wu, "Rural Migrant Workers and China's Differential Citizenship: A Comparative Institutional Analysis," in *One Country, Two Societies: Rural-Urban Inequality in Contemporary China*, ed. Martin King Whyte (Cambridge: Harvard University Press, 2010), pp. 55–81。國家關於農民工的政策，見Chris King-Chi Chan, Ngai Pun and Jenny Chan, "The Role of the State, Labour Policy and Migrant Workers' Struggles in Globalized China," in *Globalization and Labour in China and India: Impacts and Responses*, eds. Paul Bowles and John Harriss (London: Palgrave Macmillan, 2010), pp. 45–63。

73　作者在石人南路清芳茶園的考察，2000年7月13日；作者在人民公園鶴鳴茶社的考察，2003年6月28日。

74　作者在成都會展中心順興老茶館的考察，2000年7月22日。

75　《商務早報》，2000年7月1日。

76　關於晚清民國時期茶館中的小販，見 Wang, *Street Culture in Chengdu*, pp. 45, 95。

77　《商務早報》，2000年5月27日。

78　作者在府南河邊茶館的考察，2000年7月10日。

79　作者在人民公園鶴鳴茶社的考察，2003年6月28日。在露天茶館中，乞丐也是很常見的。在鶴鳴茶社裏，一位老人提著黃色的袋子，穿著中山裝在乞討，儘管天氣非常炎熱。他衣衫襤褸，但是乾淨，他還戴著副眼鏡。據我觀察，茶館中大概有一半以上的顧客都給了他錢，我估計他可能比挖耳匠掙得還要多 (作者在人民公園鶴鳴茶社的考察，2003年6月28日)。

80　Zhang, *Strangers in the City*, pp. 1–2.

81　Solinger, *Contesting Citizenship in Urban China*, pp. 4, 15.

第七章

麻將與社區生活

　　麻將是茶館(特別是街角小茶館)裏最流行的活動。後來因為打麻將的人佔滿了茶館的每一張桌子,有些茶館遂變成了純粹的麻將館。麻將成了令人難忘的成都特色。坊間流傳著對成都人的調侃:當飛機飛過成都上空時,乘客們也能聽到「嘩啦,嘩啦」打麻將的聲音。飛機上的乘客當然聽不見這種噪聲,但生活在成都的居民無疑會聽見,這種噪音會引起人們之間的衝突。2000年10月,成都發生了中國第一例由打麻將引起的法律糾紛,本章將這個糾紛作為切入點,並由此探討一項日常的休閒娛樂活動是如何引發一場關於「健康娛樂方式」、城市形象和現代性本身的全國性辯論的。

　　人類學家P・費思塔(Paul Festa)曾對當代中國麻將進行過深入的研究,並解釋相關社會文化現象,諸如「民族主義」、「中國性」(Chineseness)、「文明性」等問題。他從全國的角度討論這些問題,通過麻將的例子來「展現黨和國家如何對個人娛樂形式進行規範,以構建民族國家及其消費經濟」。[1]相較於費思塔從全國的角度觀察麻將問題,我則希望以一個城市作為個案來提供實證研究,以微觀歷史的視角,基於2000年有關麻將的媒體報道來進行分析。這些報道是豐富的信息來源,反映了社會和民眾對這個問題的看法。

本章集中考察了以下幾個問題：今日中國的市場經濟是怎樣與傳統生活方式共存並發生衝突的？這在多大的程度上改變了城市的形象？人們的日常生活在多大程度上脫離了國家的控制和「社會主義道德準則」？此外，面對提倡「健康的」生活方式來提升城市形象的呼籲，民眾、媒體和政府作出怎樣的反應？通過檢視圍繞打麻將事件而產生的一系列問題，我希望考察茶館和茶館文化是如何反映成都的一系列變化，包括經濟、社會、文化和政治變化等，了解它怎樣反映整個現代中國城市中出現的新問題，和它尋求解決這些問題的辦法和途徑。

我將首先通過分析一個人的經歷，來展現鄰里之間由於打麻將產生的矛盾；其次，在社區層面上，考察居民委員會在居民區的角色；再者，通過城市官方對這個案例的反應，來觀察其對城市形象的塑造所作出的努力；最後，在國家的層面上，揭示社會主義國家的兩難處境，一方面將打麻將這個中國最為流行的娛樂方式作為一種大眾消遣活動來看待，但另一方面又要面對隨之而來的賭博問題。

關於麻將的訴訟

故事的主角是28歲的余女士，她住在居民小區中一所普通公寓的二樓，房間的窗戶正對著樓下居民委員會（以下簡稱「居委會」）設立的居民活動室。那裏是小區居民——尤其是退了休的老年人——不分晝夜打麻將的主要場所。從早到晚，老人們打麻將產生的噪音使得她和她的孩子輾轉反側，夜裏難以入睡，她甚至患上了神經衰弱，不得不依賴安眠藥物以助休息。就此問題，余女士不斷向居委會投訴，甚至幾番報警，但問題仍未得到解

決。余女士最終將居委會告上法庭，指控居民活動室產生的噪音嚴重危害了她的健康。

這起訴訟引起了當地居民和各路媒體的強烈反響。超過300名居民和20家以上的媒體出席了11月16日舉行的第一次聽證會。[2]這起訴訟案之所以吸引了如此大規模的關注，歸根結底還是因為麻將對百姓生活的影響非同小可。麻將是中國最為流行的娛樂方式之一，人們都關注這個案子會如何影響城市的日常生活。另外，這個案例引起了社會的廣泛討論，人們討論打麻將是否損害了成都慢節奏的「休閒之都」的聲譽：麻將的價值和意義是否需要被重新評估，在現代生活中是否應保留它的一席之地？健康的娛樂和生活方式又該如何定義？最重要的一點是，社會該如何在集體利益和個人權利間尋得平衡？雖然社會主義國家一向對前者予以更多的強調，但隨著社會、經濟的發展，人們亦越發注重對個人利益的追求。可以說，這個訴訟帶給世人一個思考以上問題的機會。

將麻將視為社會問題並非是個新現象，它實際發軔於晚清的城市改革。其時，新知識分子和地方精英將打麻將視為惡習，認為它既浪費時間，又是賭博行為。在20世紀初，鴉片和賭博成為警察查禁的主要對象，打麻將當然受到波及。然而在辛亥革命以前，較為成功的是鴉片查禁的運動，以麻將為主要形式的賭博在經歷了警察反覆對在住宅、茶館和街角打麻將的清查懲戒之後，卻收效有限，這類活動仍然隨處可見。雖然這一舉措不但表達了改良者對於賭博的厭惡，更表達了他們對中國最為流行的娛樂活動的徹底否定，但亦沒有任何改良能夠將業已流行數百年的大眾娛樂立即叫停。麻將在民國時期依舊在各種公共及私人空間大為盛行，原因便是其易上手，操作輕鬆，不論作為家庭消閒活動或

大眾娛樂形式都頗為合適，更不用說它極其深厚和穩固的文化土壤了。[3]

　　1949年以後，新政府延續了國民黨政府的政策，將賭博列為非法行為，而且取得了更為顯著的成效。打麻將被定義為「落後的」和「資產階級的」生活方式，遭到「革命文化」的猛烈抨擊。[4]雖然少數人還在家裏打麻將，但公共場合已經不見麻將的蹤影。「文化大革命」初期的「破四舊」運動中，麻將被視為「舊文化」的標誌，幾乎所有的麻將牌和有關器件，或被紅衛兵銷毀，或被懼怕遭到懲罰的人自行處理。[5]然而改革開放之後，伴隨著經濟改革、社會進步以及政府逐漸放鬆對人民日常生活的控制，打麻將之風在全國範圍內都得到了復蘇，並達到了史無前例的普及程度。儘管同時並存著多種別樣的娛樂形式，麻將仍是最受歡迎的，其流行程度就如一句幽默的段子所言，真是「全國山河一片『麻』」。[6]（圖7-1）

圖7-1　男女老少都在公園裏打麻將。作者攝於2003年夏。

　　成都的聲名長久以來便和麻將緊密聯繫著，又以茶館中的麻將最為著名。過去，成都的茶館是三教九流聚集一處的，無事閒聊、散佈流言、商談生意、借債放債、尋找工作，或從事非法活動，或聚集批評國政，或抱怨生活艱難，等等。當然其中亦少不了娛樂項目，如賭博、下棋、打牌以及打麻將等。[7]正如此前章節所述，在共產黨接管成都之後，城市中茶館的數量急轉直下，「文化大革命」時期落入最低點，但在改革開放以後迅速回升，甚至達到歷史的最高峰。

　　中國和很多西方國家一樣，也正在經歷人口老齡化的過程，因此老年人的社會福利和保障成了地方官員的重要政治任務。居民的居住模式對人們日常生活影響甚大。過去成都的百姓雜居在街頭巷尾，所以他們有很多機會進行互動，也很容易參加大眾娛樂活動。[8]但自從改革開放之後，城市不斷拆遷和重建，越來越多的人搬進了高密度的公寓樓，鄰里間的交往越來越少。在這樣的情形下，此類公共活動室之於社會交往的重要性也就越加明顯。此外，由於經濟條件和其他因素的限制，老人們消閒活動的種類與靈活性極其有限，打麻將便成為他們的最佳選擇。一些居委會也順應這個潮流，提供場所供市民尤其是老年人娛樂，有的還佐以茶水點心。類似的設施成了一種內部的「茶館」。與其他茶館不同的是，它們是免稅的，也不需要經營執照。余女士案例中的活動室就是這麼一個地方，它儼然成了整個小區的交流中心。

個人的故事：個體權利與集體利益

　　前文提及的訴訟，於2000年11月16日進行第一次法庭聽證會，為我們提供了不少糾紛的細節。2000年10月7日晚10點20

分，居民們在活動室中打麻將的吵鬧聲，使得余女士和她的小孩難以入睡。余女士下去勸阻打麻將，但沒有人理會她。她一怒之下，剪了活動室的電線。第二天早上，居委會的工作人員將余女士在小區門口截住，要她對前一晚發生的事進行解釋認錯後，方能離開上班。面對此種情形，余女士再次報警，前來解決爭端的民警建議居委會另擇新址設立活動室。居委會因此決定召開一次居民全體會議，以商討解決辦法，決定晚上是否能夠打麻將和什麼時候關閉活動室等。參加會議的一共有近70位居民，絕大多數都是五、六十歲的老年人。居委會主任首先講述了這起由打麻將引起的糾紛的經過，並介紹了《中華人民共和國城市居民委員會組織法》的相關條款，接著便請居民們自由發言。不難想見，絕大多數人都支持打麻將。一位72歲的老人說：「老年活動室應該開！老年人打點麻將娛樂一下是應該的！」接下來人們爭相發言，異口同聲地指活動室應該繼續開放下去，不過在開放時間的問題上，他們同意可以稍作限制。一位老人說：「不能為了她一人的利益犧牲我們大家的利益。」顯然，在這個案例中，集體利益和個人權利間的衝突彰顯無疑。在中國，人們總是被告誡應該「個人服從集體」，但余女士的行動明顯違背了這一原則。此類行為也許可以被理解為是個人權利意識覺醒的結果，是對過去既定觀念的挑戰。同時，集體利益也可以以一種不同尋常的方式表述：實際上，余女士也可以說代表了那些需要安靜環境的居民所組成的「集體」，畢竟這不是一個繁榮的商業中心，而是需要安靜的居民區。

在會上，余女士不斷重申她的處境，希冀得到別人的理解，並且反覆強調：「老年人可以有很多娛樂活動，為什麼不搞點別的？難道只有打麻將才是娛樂？打麻將也行，但是不能影響別人的休息。」她抱怨有些人從早上8點就開始打麻將，中午吃飯後接

著打，並一直「戰鬥」到深夜。「難道我們也得陪著等到深夜才能休息？」她要求將麻將室的開放時間限制於早上10點至中午12點，以及下午2點至6點，中午及晚間關閉，以保證她跟孩子有安靜的休息和學習時間。有人對此提議非常不屑，質問她有什麼權力去干涉別人的娛樂內容和時間。他們抱怨道：「全院三百多戶人都不反對打麻將，就你一戶鬧得兇，你太霸道了！」一個老人生氣地嚷嚷道：「你想清靜可以，就不要在百壽巷住，就不要在成都住！」余女士微弱的抗爭聲逐漸被淹沒於批評與質疑中。在會議將近尾聲之時，居委會負責人提出投票決斷，結果有67票支持晚上打麻將，1票棄權，只有余女士1票反對。雖然作為妥協，居民們同意活動室在冬天和夏天的關閉時間分別設在晚上10點和11點，過於吵鬧的人將被請出麻將室。[9]

面對這樣的結果，余女士覺得自己別無選擇，唯有將居委會告上法庭。「我不能每晚都打電話報警。」余女士說。在這個異常酷愛打麻將的大環境裏，從一開始她就感到是孤立無援的。但她認為，這樣的事不能用少數服從多數的原則來衡量，她決心訴諸法律來討回自己的權利。因此，除了上法庭，她別無選擇。[10]余女士一共向法庭提出了三點要求：第一，人們停止在活動室裏製造噪音；第二，要求得到5,000元作為支付醫藥費和工資損失的賠償；第三，被告方支付訴訟費用。面對余女士的訴訟，居委會代表則反覆聲明居民活動室的設立符合上級規定，是合法的非營利活動。活動室房間的面積連十平方米都不到，所以人們在其中所產生的噪音並不足以危害余女士的身體健康，而且噪音和余女士的症狀之間也沒有直接必然的聯繫。但余女士出具了兩份材料，一份是醫生的證明，確認了她存在神經衰弱的症狀；另一份是警方的報告，證實了噪音問題的存在。但法庭認為，這些證明並不足以支持余女士的申訴，並指出此案的關鍵在於能否證明

「打麻將」和「噪音污染」之間的必然聯繫，因原告被告雙方均無法對打麻將發出的聲音是否構成噪音污染進行舉證。法庭因此決定安排成都市環境監測局對噪音指數進行測定，並在具體測量數據公佈之前暫時休庭，擇日再審。[11]

事實上，無論訴訟的裁決如何，在某種程度上來說，余女士都是贏家。這椿官司受理以後，活動室便關閉了，居民們也不再在那裏打麻將了。不過我們仍然很難說余女士是真的「贏」了，因為居委會雖然關閉了活動室，但一些居民警告余女士説，一旦官司結束了，他們就會立刻回去。余女士自己甚至也認為她終歸是個「犧牲品」，不僅她和居民們的長期不和升了級，她自己亦因為公眾的關注以及隨之而來的壓力，和男朋友分了手。當然，「我絕不會妥協，」余女士表示，「因為全國的人民都在支持我。」她指有不少人在精神和物質上表達了對她的支持，但也有人惡語相加。[12]

2000年11月16日那場全國矚目的聽證會，引起了多家紙質媒體及電視媒體的廣泛關注，但自此以後，此事便迅速淡出人們的視野，之後的聽證會、審判以及裁決也都沒有再被報道過。直到2007年3月，《天府早報》才有一則報道回溯了余女士這椿案子的結果：官司還沒有判決，余女士就漸漸淡出了街坊的視野，隨後更毫無徵兆地消失了。六年之後，當記者試著在其曾經住過的居民小區尋找余女士時，當地的居民們依舊對那起著名的麻將官司記憶猶新。「怎麼不知道她哦，你要找她，她早就搬走了。」「院子裏都反感她，這個女人日子怎麼會好過？」記者輾轉聯繫到了余女士，並找到了她的新家，小區只離原來住宅僅十分鐘路程。余女士告訴記者她搬家了，有了新工作，而且又結婚了。她還表示雖然她起訴居委會後活動室就關閉了，但她仍然開心不起來。「不可能在裏面住了，一個院子裏，基本上都有一千人吧，一個

人和一千人鬥，怎麼可能？有人説你，也有人吐口水，還打過架。兒子也受欺負。加上男朋友離去，我不怕告訴你，當時，連想死的心都有了。」但她補充，她並不遺憾和後悔：「我不後悔，為什麼要後悔，我沒有錯啊。人這一輩子，怎麼能這麼窩囊？我跟你講，真的住久了，沒有人能夠忍耐！」她告訴記者現在她很開心，尤其是對她新的婚姻和工作非常滿意。[13]

街坊的故事：居委會的困境

在中華人民共和國建立初期，不少城市居民住在稱之為「單位」的小社會裏。單位既是人們工作的地方，也是國家政治系統裏最基本的層級，包括政府辦公的地方、工廠、公司和各種文化機構等。這種組織負責員工生活的各個方面，從居住、飲食，到醫療、娛樂活動等。與其他城市一樣，單位生活對成都公共生活有著極大的影響。由各個單位去滿足人們各種生活需求，在一定程度上導致茶館的生意衰落和其在公共空間和城市文化的地位下降。[14]但是，在城市裏，也有很多人不在單位裏生活。這些人僅靠他們的勞力維持生活，處於社會的底層。與那些在單位裏生活的人相比，他們更依賴公共空間。因此，他們成了茶館的主要客源。

在社會主義的城市中，居委會是社區自治的最基層組織，其影響與單位有所不同。它們在1949年新政權建立伊始，便以城市管理的一有效工具而設立，在各個時期的社會和政治運動中表現活躍，同樣也為人們努力在「規範」社會生活中扮演重要角色。[15]全中國有近十二萬個居委會，編織成一張巨大的基層管理網絡。根據《中華人民共和國城市居民委員會組織法》，居委會被定義為

「居民自我管理、自我教育、自我服務的基層群眾性自治組織」。同時，因為居委會的主任和成員多由退休居民中直接遴選，所以他們一般與其他居民私交甚篤。作為聯繫國家和社會的準官方組織，居委會起著維繫政府機構和民眾之間的關係的作用，[16]其功能包括調解鄰里糾紛、維持社區治安、保障公眾福利等等，是城市管理體系的最基層結構。

但是，正如李侃如所說：「對許多市民來說，20世紀90年代末以來的重要政治變化之一，便是工作單位的政治角色正在削弱，黨和政府把城市的政治權力轉向以居住地為中心。」[17]這即是人們開始轉為依賴居委會，和居委會對鄰里組織的全方位社會服務，而僱主不再需要對員工的日常和社會生活負責，行政機關、工廠等過去的「單位」都進行了改組。社會學家戴慧思曾指出，當中國消費主義文化逐漸興起時，僱主對人們日常生活的影響就會下降。[18]此外，越來越多的退休老人退出勞動市場，回到他們居住的社區。隨著時間的推移，社區或居委會因與居民日常生活的聯繫日益緊密，代替了之前僱主通過單位所扮演的角色。

這個訴訟實際上把居委會置於進退兩難之境。為不斷增長的老年退休人員組織業餘休閒活動，是居委會的重要任務之一。因此，居委會的這種職能決定了其對老年人打麻將行為的支持，即使老年人玩麻將的過程中往往涉及政府明令禁止的賭博行為。實際上，居委會常常面臨著一個矛盾：為打麻將提供場所有違社會主義道德觀，但卻與其官方定義的職能 ——「豐富居民的業餘生活」相契合。被告律師公佈的調查報告中也提到，該居委會曾經連續六年被授予「優秀居委會」的榮譽，所以若將其稱為「麻窩」，與事實不符。報告聲稱他們調查訪問了不少居民，當人們將余女士譽為「反麻勇士」時，恰恰忘記了案件事實本身，反而將注意力集中到了「該不該打麻將」的問題上。[19]余女士實際是獨自與居民

小區中的其他居民抗衡，當記者進行調查之時，不少居民認為他們打麻將是一項健康的活動，並沒有違反任何法律。一位女士抱怨余女士毀掉了整個居民小區的聲譽，自己成了「反麻勇士」，而其他居民則在全國人民眼中成了「麻將瘋」。居委會曾經是模範單位，曾榮獲多項獎項，但這一切都因此次訴訟被抹得一乾二淨。[20]

被告律師同樣認為，人們忽略了案件的實質，原是活動室的噪音會否導致噪音污染。此類噪音不僅會由打麻將產生，還可以因其他活動而出現，比如下象棋、彈鋼琴等，這與人們應否打麻將並沒有任何聯繫。弔詭的是，若噪音來自彈鋼琴，那麼此番訴訟還會得到媒體如此程度的關注嗎？報告認為，余女士非常聰明地利用了民眾對麻將的反感，因此能夠得到大眾的同情和支持。調查報告還指出，原告方指「每晚都有一些麻將愛好者在此打麻將至深夜」的說辭並不準確，事實上，除了打麻將，活動室的老人們還下圍棋、象棋、跳棋等。居委會設置活動室的初衷符合上級的規定，其目的並非營利，而是為了豐富退休老人的業餘生活，給他們提供社會交往的空間。因此，被告並未侵犯原告的利益，亦沒有直接證據可以證明原告的控訴：即余女士的神經衰弱症狀和孩子成績下降等問題，和居民在活動室中打麻將的行為有關聯。噪音處處皆有，但法律條文只適用於違反環境保護條款的違規行為。在這個案例中，打麻將產生噪音折射出的更多是道德問題，而非違法的行徑。[21]

媒體的報道顯示大多數人都支持余女士，其原因在於他們看待麻將的共同態度，即認為「麻將是禍水」。一位女士告訴記者，她起了個大早來到法庭支持余女士，她反對打麻將是因為其「又費時又惹事」。一位男士表達了同樣的觀點：「麻將是一種精神鴉片，長期沉浸其中會喪失鬥志。」另一位女士批評居委會「打著老年活動中心牌子的娛樂室，差不多都是居委會創收的工具」，因

此，用於打麻將的活動室應該被關閉。然而我們同樣聽到為麻將辯護的聲音。一個老人說「打麻將是一種極合適的休閒方式」，人老了無法參與強度大的活動，「不打麻將又能幹什麼？」一個中年人對老人的辯護表示同意，「吃點麻辣燙，打點小麻將，本來就是成都人的休閒方式」，既然麻將已經被視為一種體育活動，為什麼我們現在要反對它呢？[22]

從余女士的麻將官司，我們可以看到小區居民與大眾和媒體反應的明顯不同，這個不同還體現在大家共同認同的道德準則和個人利益間的巨大差異之中。從大家認同的道德準則來看，一個單獨的實體，即個人或一個家庭，不應該違背所謂的社會規範，通常人們都默認這個準則。毫無疑問，余女士的鄰居們也是這樣想的。這表明，當個體權利與集體利益產生衝突時，個體將難以捍衛他或她的權利。支持居委會的大多來自於該居民區內部，居民區內大多數老人都喜歡打麻將。而那些支持余女士權利的人，則大多數來自這個社區外部，來自那些與此案沒有個人聯繫的人。此案也展示了以下事實，我們難以將改革開放後的居委會看作是全體居民利益的代表者，很難說居委會仍然能夠作為一個「居民自我管理、自我教育、自我服務的基層群眾性自治組織」。特別是自單位制度式微以後，居委會反而可能成為一個自發形成、新的群體保護工具，例如保護老年人及其生活、物質和心理的需求。

城市的故事：怎樣塑造自己的形象？

這宗官司讓人們重新思考城市的形象和城市精神的問題。對打麻將現象的主要批評之一，便是這種行為有損城市形象，如一位學者指出，「有外省人調侃，成都的城市名片是『麻將』，四川

的形象大使是『幺雞』，頗值得我們一笑之餘而深思」。[23] 一些官方人士認為，目前四川正處在西部大開發的熱潮中，成都又是西部大開發的中心城市，「全民皆麻」的現象不僅有損成都這個現代「經濟城市」的形象，同時還使得市民沉迷於懶散的生活。[24] 有趣的是，這裏把成都定位為「經濟城市」，和毛澤東時代要把成都建設為工業城市的定位，有異曲同工之妙（詳見第四章的討論）。一位成都籍的作家說，人們覺得成都是個「宜居」的城市，他本人起初覺得這種評價是一種讚許，但現在對這樣的評價越來越反感，因為他發現，人們從來就沒把成都和「幹事情」、「創業」等聯繫在一起。他確信只有在成都人認為成都「不再以過日子的地方」而沾沾自喜時，「才算是向現代人邁出了實質性的一步」。[25] 這一類的評價代表了不少人的看法，即經濟的發展比生活質量更加重要。一位年輕記者擔心外地遊客看到街頭巷尾的「麻將客」後，對城市「慢節奏的生活方式」留下不好的印象，她不希望成都因為中國第一宗麻將官司而得到空前的關注。[26]

　　一位成長於成都，目前在深圳工作的讀者給《四川日報》打電話，表達了她對成都人生活方式的看法：

> 我在成都時，做得最多的事便是讀報紙、看電影、泡吧、坐茶館。享受安逸，滿足、沉溺於自以為是的「小康」生活，不去想太多太大的事，似乎是成都人生活的準則。呆在這裏，常讓我擔憂：這樣下去，會不會使我的意志消沉？深圳則是另外一番天地，這裏創業的氣氛很濃，人們奮發進取，工作之餘忙著充電。成都人要是能有深圳人一半的緊迫感和危機感，成都就能實現大的跨越。[27]

　　這位讀者的看法，非常明顯是以職場是否成功作為評判的唯一標準。因此，在這位讀者的眼裏，相當多的成都人是失敗

者。實際上，早在1920年代，人們便對成都慢節奏的生活方式頗有微詞，但教育家舒新城不媚時俗地對成都人鍾情茶館作如下理解：

> 我看得他們這種休閒的生活情形，又回憶到工商業社會上男男女女那種穿衣吃飯都如趕賊般地忙碌生活，更想到我這為生活而奔波四方的無謂的生活，對於他們真是視若天仙，求之不得！倘若中國在時間上還能退回數十以至百餘年，所謂歐風美雨都不會沾染我們的神州，更無所謂賽因斯（Science）先生者逼迫我們向二十世紀走，我們要為義皇上人，當然有全權的自由。然而，現在非其時矣！一切的一切，都得受世界潮流動支配，成都式的悠閒生活，恐怕也要為川漢鐵路或成渝汽車路而破壞。我們幸能於此時得見這種章士釗所謂農國的生活，更深願四川的朋友善享這農國的生活。[28]

舒新城讚賞成都傳統的、慢節奏的生活方式，對茶館提供的物美價廉的娛樂活動也很是憧憬，這與今天很多讚賞現代生活，讚賞現代生活節奏和現代生活態度的「現代人」的評價截然不同。

在改革開放之後，麻將的命運發生了徹底的改變。[29]市場經濟的發展減少了政府對民眾私生活的管控，因而給人們的日常消閒活動提供了更多的公共空間。麻將迅速佔據了人們工作之餘的閒暇時光，從私家客廳到街角茶館甚至工作場所，幾乎無處不在。到2000年，人們帶有貶義地說起「麻將瘋」（或者「麻將風」）達到了前所未有的高潮。[30]在成都，幾乎所有的打牌、打麻將活動都會涉及賭博，即使有些賭注非常之小。對於大多數人甚至包括政府官員和大學教授來說，正是「賭」使得這項活動更具吸引

力，打幾局小賭注的麻將已經成為最流行的消遣。一位記者曾作出如下估計：在2000年，成都有500萬人，而過春節時，80%的家庭都有麻將局。因此一城之中，同時可能有100萬個麻將的「戰場」。[31] 儘管此類推測往往過於誇張，但卻反映出麻將的流行程度。「打點小麻將，吃點麻辣燙，喝點跟斗酒，看點歪錄像」，這句順口溜拿捏住了世紀之交成都老百姓平民化而充滿生活氣息的日常生活精髓，也是一句成都人對自己悠閒自得的生活的調侃。因為大多數老百姓負擔不起奢侈消費，所以打麻將便成了他們的最佳選擇。[32] 現代都市生活節奏明快，麻將的玩法也與舊日不同，過去充滿技巧性的玩法如今被改造得更加簡單易學，迎合了更多人的偏好和口味。這亦加劇了「麻將風」的擴散。（圖7-2）

　　茶館，作為百姓小賭一番的理想場所，自然而然會被「麻將風」席捲裹挾。比如致民路的十一街，被人們謔稱為「麻將一條街」。在這條只有50米長10米寬的小街上，竟然開了五家老式茶館，擺開的麻將桌佔了整條街的三分之一，而茶館外的路面則被自行車和老年車佔據。[33] 成都郊區龍泉驛，以春天盛開的桃花遠近聞名，吸引了大量遊客。這裏舉行的一年一度「成都國際桃花節」，也成了「麻將大戰」的戰場，據統計每天有上萬人在這裏打麻將。又根據2001年3月的一則報道，龍泉山腳下的桃花山莊，有107張麻將桌座無虛席。人們表示這裏才是打麻將的好地方，「天氣暖和、空氣新鮮、景色優美、有吃有喝、服務也周到，一整天下來都不覺得累」。這也令人們擔憂，踏青賞花的桃花節「儼然一場麻將大會戰」，桃花節是否會變為「轉移陣地」的「麻將節」？[34]

　　雖然大多數「麻將之戰」是其樂融融的「和平」之戰，但不時也會因各種理由而發生衝突。有的人輸了錢、為爭座位，而惡語

圖 7-2　人們在大慈寺的文博大茶園裏打麻將。作者攝於 2003 年夏。

相向，甚至鬥毆，從當地報紙上經常能讀到類似的爭執事件。比如程某在街邊打麻將，劉某站在身後不斷給其當參謀，程某聽了劉某的建議，輸了牌局。當劉某仍然在後面指指點點，程某怒由心生，反身一拳打破了劉某的鼻子。[35] 另一則事例則是八個人在一家農家樂中打麻將，和鄰桌發生爭執，進而動了手。雙方互相丟擲茶壺，掄起了椅子，最終導致兩人受傷。[36] 尚有不少家庭糾紛是由麻將引起的。比如一天下午，范某和妻子去一家茶館打麻將，期間范先生忽然發現茶館老闆趙某將手放在妻子座椅的扶手

上。回家後，范某越想越不是滋味，覺得他老婆和趙老闆一定有染，憤而摑了妻子一個耳光，而妻子對無緣無故挨打摸不著頭腦，堅稱自己是無辜的。凌晨3點，范先生帶著妻子去趙老闆家對質，當趙老闆一開門，范先生便用刀片向其臉部劃去，雖然趙老闆認為自己並沒有做錯任何事情，但范先生卻逼其支付2,000元作為「賠償」。趙老闆隨後去醫院縫了八針。第二天，范先生被依法逮捕。[37]這些暴力事件為官方和媒體批評打麻將提供了極好的例證，證明了它們所說打麻將可能引發各種社會問題的說辭。

有些人沉迷麻將無法自拔，工作時間也打麻將，甚至玩忽職守。一位居民曾向當地報紙抱怨他在一家診所的經歷：這位先生送他生病的妻子去診所就診，但四處找不到醫生，因此等候了足足一個小時，最終在診所隔壁的一間茶館裏找到了在麻將桌上戰鬥正酣的值班醫生。醫生竟然讓他不要急，待其打完這一圈再說。[38]另一起事故則是一個四個月大的嬰兒因為母親出門打麻將被獨留家中，不幸因蚊香將蚊帳點燃而被活活燒死。[39]亦有一些人因貪戀打麻將，造成對健康的傷害。例如2000年春節期間，一名孕婦因為打麻將時間太長幾乎昏倒，導致早產，被緊急送到醫院救治；另有一人是高血壓患者，打了一天麻將，在麻將桌上發生腦出血，送到醫院後死亡。[40]此類關於麻將的負面報道越來越多地出現在報紙上，也因此越發引起了人們的關注和批評。因此，如何處理類似的問題讓地方政府和官員非常頭疼。這些例子當然也反映了打麻將的吸引力，它能夠使人們沉湎其中，以致很難將這個活動限定在理性的範圍內。許多社會問題和個人性格的缺陷，往往也會通過打麻將暴露出來。人們打麻將的時候，經常焦慮不安，容易暴躁，因此爆發暴力行為，擾亂公共秩序，這些事件頻頻發生，當然也會影響一個城市的形象。因此，考慮打麻將時，也會進而探討相關的重要社會問題。

圖7-3　人們在成都郊區的一個農家樂打麻將。作者攝於2003年秋。

　　2000年2月，在一年一度的成都人大、政協會議上，不少代
表提出應該禁止在街邊打麻將，因為此景已然成了「街頭一怪」，
不僅阻塞交通，更有損城市的形象。他們抱怨打麻將的盛行會對
城市的商業環境有消極的影響，外地遊客也對街頭巷尾、無處不
在的麻將桌有不少微詞。[41] 有鑑於此，在2000年3月，市政府對
成都打麻將最為如火如荼的地方 —— 府南河一帶的茶館出台了禁
令，原因是府南河是成都的名勝，此地熙熙攘攘的麻將桌，會令
外地人留下「成都人無所事事」的觀感，而有損城市形象。對政府
的這一舉措，不少茶館也有妙招拆解，以「室外喝茶室內麻」的策
略來應對。為了「根除」府南河邊的露天麻將，府南河管委會還將
府南河邊適合打麻將的方石桌拆除，改放小圓石桌。[42]（圖7-3）
　　反對麻將者亦認為打麻將往往摻雜著腐敗。譬如一些商人以
打「工作麻將」（社會上也經常簡稱為「工麻」）來和官員建立特別

的關係，故意給官員「點炮」，以此為其生意「鋪路」。[43] 雖然這種
行為確屬行賄，但很難嚴格查證或是立案調查。2000 年年底，政
府才終於出台規定，禁止公務員在上班時間打麻將，並對違規者
進行扣工資和減少年終獎等形式的處罰，然而這些規定在非辦公
時間則失去效用。[44] 2003 年，四川省政府終於對「工麻」下了重手，
對各個崗位的幹部出台了四項禁令：禁止在工作時間、工作場所
打麻將；禁止在地方上的工作會議期間打麻將；禁止和下屬打麻
將；禁止參與任何形式的賄賂和賭博活動。有關部門表明並不打
算全面禁止打麻將，但至少要對身居要職者的違規行為進行控制
和懲罰。在政府出台「四項禁令」後不久，便有三十多名官員因違
反相關規定而遭到處罰。四川省社會科學院的專家還舉辦了關於
「麻瘋病」的專題論壇，圍繞「官員及下屬娛樂活動的過度開展及
其對城市經濟發展的不良影響」這一議題展開討論。[45]

　　為了宣傳城市的形象，2000 年年末「成都千年信物組委會」成
立，其目的是選擇一項最具有意義、最能表現成都特色的紀念
物。被選出的物品將長埋地下，想像一千年後由後人取出，以此
了解我們現今的社會和生活。2000 年 11 月 30 日，著名的網絡媒
體搜狐網發起了關於「成都千年信物評選」的網絡調查，短短幾個
小時內，就有不少網民參與了投票，結果有 55% 的投票者選擇了
麻將，而只有 25% 的投票者選擇了大熊貓。結果這個投票活動很
快終止，媒體將此結果評價為成都人的「黑色幽默」，一位學者則
解讀這次投票的結果為對浪費時間和精力的打麻將活動和生活方
式的嘲弄。[46]

　　雖然「反麻運動」聲勢浩大，但仍有不少人對打麻將持積極態
度，不少人更認為成都應該是集消費、旅遊、休閒於一身的城市。
一些人認為麻將是中國傳統文化的組成部分，對社會穩定有利。
他們認為國家體育總局既然認證麻將為一項正規的體育活動，那麼

它便應該作為傳統文化的精髓而被推廣，尤其是在老年人的消閒活動範疇上。雖然人們的業餘消閒活動很多，但是少有適合老年人的。高爾夫球和保齡球常常被視作高端的運動方式，但並不適用於普通退休老人的日常休閒。[47]當今社會應該容忍各種生活方式，既然有的人偏好在街角跳舞進行體育鍛鍊，那麼有的人更喜歡坐下來打麻將，便也無可厚非。不少下崗工人無所事事，打麻將正可以幫助他們渡過相對困難的日子。此外，麻將還可以促進家人之間、商業伙伴之間的人際關係，加強溝通而增進感情。[48]因此，打麻將的行為是合法的，但需注意的則是不應上癮。隨著人們生活節奏不斷加快，只要不涉及賭博或影響別人的生活，麻將仍可以是放鬆身心的健康活動。政府可以考慮對打麻將劃定特定場所，如在茶館裏設立「麻將區」。從道德層面上來看，評論者支持及同情余女士的「反麻行動」，但同時也有人認為她的反應過激，有小題大做之嫌，損害了成都的城市形象。[49]（圖7-4）

　　相對來說，一些官員的態度顯得較為開明。在2001年10月，一次關於成都旅遊發展的會議上，一位國家旅遊局的官員建議推廣「麻將文化」來打造成都「休閒之都」的名聲。他甚至建議，乾脆建一條「麻將街」，辦一份《麻將報》。但這一提議遭到一些地方知識界人士的反對。一位大學教授認為這不切合城市「發展現代文明」的目的，成都人夜以繼日、每天八小時地打麻將，佔據了所有假期節日和休息時間，換來的結果便是成都人「無所事事」的名聲。他提議召開一次有關休閒和旅遊問題的會議，討論休閒方式的多樣性，包括體育鍛鍊、藝術活動、美食鑑賞、園林休閒等等。[50]

　　在關於麻將的訴訟發生之後，其他城市的人們開始以更積極的角度思考成都文化。2004年，《新周刊》就將成都列為繼北京、

圖7-4　大慈寺文博大茶園的顧客在打麻將。可以看到，這裏打麻將的
　　　　中青年人居多。作者攝於2003年夏。

上海和廣州之後的「中國第四城」，其「城市魅力」被認為最具特
色。相對於上海的「小資文化」和廣州的「商業文化」，成都因其
「市民文化」和享樂休閒愉悦的生活方式而為人所熟知。在成都，
不論貧富，都能夠找到適合自己的娛樂方式，這造就了一座「非
常祥和」的城市。在大部分中國城市疲於追求經濟增長之時，成
都卻不緊不慢的。正如文化名人易中天所評論的：「如果説廣東
人敢於生活，成都人則善於生活。」該雜誌稱：「這些對成都的評
論，都顯示出成都是一個注重生活品質的城市，並沒有因為經濟
建設而忽視精神生活，這是成都的品牌打造和城市運營最為成功
的地方。」[51]

國家的故事：地方問題還是全國問題？

改革開放之後，國家對民眾日常生活的控制漸趨鬆弛，正如賀麥曉（Michel Hockx）和朱莉所指出：「黨和國家已經擺脫了『管理和控制文藝、文化活動』的老框架，其功能已逐步開始因市場需求而做出調整。」[52] 麻將因之復興，盛極一時，並非是成都特有的問題，而是全國性的。但是，正如前所述，從晚清開始，茶館以及麻將便一直是社會改良者和政府執意批判和銳意改革的對象。[53] 為茶館和麻將辯護的聲音，很快便湮沒於此起彼伏的批評浪潮中，茶館甚至被認為是「舊社會」的殘餘而應該被改造，因為整個社會正在不斷進步。他們怎麼也不會想到，在半個多世紀之後，茶館和麻將不但沒有消亡，反而越加欣欣向榮，發展到了新的高度。從麻將的案例中，我們可以看出今日中國的市場經濟是如何和傳統的生活方式融為一體的。現代化的確改變了人們的日常生活，但並非如人們所設想的那樣翻天覆地，文化的連續性於此彰顯無疑。打麻將的社會大環境從20世紀早期便開始變化了，但這項遊戲的核心屬性——娛樂、賭博和社交——現在看起來卻也並沒有什麼本質上的不同。（圖7-5）

儘管媒體不斷批評這項活動，地方政府卻始終沒有對其施加嚴格的管控。顯然，政府對麻將之於民眾尤其是老年人生活的重要性心知肚明。雖然官員們也知道這種廣為流行的賭博行為，違背了政府對賭博的禁令和社會主義價值觀的構建，但他們從未嘗試過對其嚴加管制。地方政府的處理態度一般也較為溫和，不提倡亦不反對。這反映了執政者的執政思路出現重大變化，政府不再像毛澤東時代那樣嚴管日常生活的每一部分。理論上來講，茶館裏任何形式的賭博，不論所涉金額的大小，都是違法行為，但地方政府的處理方式是只要不出岔子，便都持「睜一隻眼閉一隻

圖 7-5　大學同學在成都郊區一個度假村的茶館聚會，邊聊天邊打麻將。作者攝於 2003 年夏。

眼」的態度。官方對麻將的不支持態度，常常由媒體來進行具體表達。縱然政府從未完全禁止這種娛樂方式，但也作出了一定限制：嚴禁官員和政府機關的公務人員在上班時間打麻將。理論上來說，賭博在中國是違法的，卻少有人因此受到指控。直到 2000 年 12 月，即上文所提及中國第一起麻將訴訟兩個月後，和麻將賭博有關的案件才首次在成都接受審理。該案件的「主角」是無業者陳某，在茶館中經營賭博，作為生財之道。他被判刑五年，罰款 3,000 元。[54] 這裏政府所力圖管控的，並非賭博的參與者，而是此類活動的經營者。

　　余女士此番訴訟背後的意義其實遠遠超過了其案件本身。[55] 它引起了全國範圍內關於城市形象、城市認同、生活方式、個人權利 —— 尤其是個人權利和集體利益之間衝突對抗的激烈討論。

討論主要圍繞兩個問題進行：第一，社會應該怎樣在個人權利和集體利益之間尋得平衡點？第二，打麻將是否成都「落後」的表現，並因此損害了城市的整體形象？如何平衡個人權利和集體利益，這是一個複雜的問題。在中央電視台關於這樁麻將官司的訪談節目中，一位居委會工作人員訴說了處理此類糾紛的難處：「如果我滿足了她（余女士）的要求，那麼廣大的群眾不答應。因為從另外一個側面我就剝奪了這些群眾活動的自由。因為每個公民都應該享受他們自身的權利。我覺得這個問題就是鄰里之間應該是有互相寬容、互相諒解的問題。我覺得還是一個心態的問題。」在首次聽證會之後，中央電視台《實話實說》欄目專門做了一期節目，邀請有關專家、余女士以及聽眾共同就這次事件展開探討。一位專家認為雖然「少數服從多數」是一個很好的原則，但也僅適用於公共事件。余女士和其鄰居之間圍繞麻將產生的衝突，實際是關於公民權益的一起糾紛，投票表決的處理方法其實並不適用。[56]

參加中央電視台本期節目的大多數嘉賓也認為，這次糾紛可以通過更好的溝通來解決，沒必要訴諸法律；而余女士則重申她已經做了最大努力，上法庭也是不得已而為之。「在我們大院裏，如果你不打麻將，完全就會變成另類，就是這樣一個環境。」余女士認為凡是不打麻將的人都會遭受類似的痛苦，但他們過於膽怯而不敢出聲。中央電視台的主持人則提醒余女士，聽眾的建議或許非常有幫助，余女士處理鄰里關係的方式可能不是最佳選擇；而余女士則回應道，她與鄰居之間除此之外並無其他糾紛。一位律師提出，通過法律程序追求自己的權益是她的合法權利，但並不是一個上策，因為媒體的關注令余女士承受的壓力顯然比麻將噪音嚴重得多。即使贏了官司，她仍然需要面對如何修復鄰里關係的問題。[57]

公共生活中的市民、街坊與城市

本章考察了以下兩個問題：由麻將引起的訴訟是如何導致一系列連鎖反應的？這又如何反映個人、鄰里、城市甚至是國家之間的複雜關係？為更好地理解政治變化和經濟發展是如何及在何種程度上改變人們的日常生活及上述關係，我將這一案例放在一個更大的語境中考察。其中所展示的問題和困惑仍然存在於今日之中國，並且沒有完全得到解答。

通過上述關於四個層次的麻將考察，我們看到了改革開放後城市文化變化的幾個重要方面。首先，改革開放後文化朝著新的方向發展，一定程度上脫離國家控制（不同於新社會主義早期由國家直接控制），這起因打麻將引起矛盾的官司，展現了人們權利意識的強化，人們開始保護自己的私人空間，而另一些人則努力保護他們的公共空間和娛樂活動。居委會作為兩者之間的調節槓杆和中間人，是吃力不討好的角色。其次，成都作為城市的自我認知，與現代性的理想標準相關，即向外界展示一種嶄新、繁榮和向上的形象，這種自我認知卻因為中國第一例麻將官司而產生危機。改革開放後的世界充滿了競爭和迅速發展的商業心態，成都居民和旁觀者希望成都在這個世界裏展示什麼樣的面貌呢？答案似乎是後冷戰時代西方後現代性所面臨的問題：商品大潮、全球化、貨幣流動性、國際競爭、科技的迅猛發展，改變了人們的日常生活，城市及商業無限制地擴展，城市生活和居住模式發生了大規模的改變……現階段的問題是，西方後現代主義的「新資本主義」是否有利於發展城市新文化並引領新的公共生活？毛澤東時代對現代化和資產階級的審美進行批判，所提出的現代主義（工業和服從）和實證主義（科學和未來），是否可以在新時代用作建設社會主義新國民？顯然，答案是否定的，中國城市的新文

化，離意識形態的軌道越來越遠，但卻與個體和群體怎樣消費公共空間緊密相關。

從個人層面看，應該怎樣去理解這起麻將訴訟以及余女士在這之後的命運呢？應該綜合其中所涉的政治、社會和文化因素來全面考慮。到了世紀之交，中國人對個人權利和隱私的意識還是相對薄弱的。在中國，人們一貫傾向於把集體利益放在個人權利之前，如果集體利益和個人權利發生衝突，則常以後者的屈服告終。更進一步而論，中國人的行事傳統多對老年人的種種行為多加容忍和體諒，社會對老年人往往不會像對年輕人那樣苛刻。當年紀較輕的余女士和比她年長的鄰居們發生矛盾時，儘管有不少人在道義上給她支持和援助，但余女士並未得到老年鄰居們的同情。此外，中國傳統思維方式大多將爭端控制在鄰里之間、社區之內，會儘量避免通過法律程序暴露在公眾視野之下，所以余女士的鄰居們認為她打破了大家日常生活表面的和諧。過去強調個人權利應該讓位於集體利益，但已經有人開始挑戰這種慣性思維，余女士此番因打麻將而發起的法律訴訟便是典型的例證之一。與此同時，尚有一批人對此問題的思考更為深刻，考慮到了「少數服從多數」原則的缺陷和對個人權利加以保護的問題。一篇文章稱讚余女士，說她拒絕被「民主」的旗號欺騙，而轉向去法庭上尋求公正。文章的作者指出，在涉及種族、宗教和市民權利等問題時，多數人的意見常常借「民主」的名義掩蓋了少數人的聲音。因此，「應實行合理的有限多數民主制，在構建這種制度時，首先要考慮的莫過於少數人權利的尊重和保護問題」。[58]

從街道和鄰里的層面看，這次麻將訴訟案中，居委會的態度很有意思。眾所周知，居委會實際上是國家權力的最基層實施者，應該貫徹執行黨和國家制定的方針政策，但國家對打麻將的

態度則是既不鼓勵也不反對。[59]如果居委會要追求一種「政治正確」，它就應該反對打麻將。具有諷刺意義的是，情況正好相反。從這起案例中，我們或許能夠看到一些「有中國特色」的因素：雖然打麻將長期以來就被認為是「落後」、「腐敗」和「資產階級」的生活方式，但作為國家自治基層單位的居委會，認為麻將不需要很多的資源，是老年人的合理娛樂選擇。居委會將「單位」的管理方式帶到了新的時代，解決新問題，繼承了過去單位包管一切——包括日常生活及娛樂——的老傳統。從經濟角度證實，麻將對社會穩定具有非常重要的作用，這也是往往政府對打麻將過程中的賭博行為「睜一隻眼閉一隻眼」的原因。實際上，當局是用「中國特色」來進行更鬆散、更大眾化和更寬容的管理，以此應對越來越多關於公共空間的大眾娛樂問題。（圖7-6）

圖7-6　成都郊區的一個農家樂，人們邊聊天邊打麻將。作者攝於2003年秋。

　　從城市層面看，成都的當局、媒體和社會精英們實際上面臨著一個兩難的處境。一方面，很多人喜歡打麻將，但也不情願自己的生活方式因為過度閒散和沉迷於賭博而被「標籤化」，他們擔心這樣的名聲會損害城市形象，因此很少有專家學者願意為這種生活方式進行辯護；另一方面，儘管有不少人反感打麻將，卻很少站出來公開反對這一最流行的娛樂活動。當余女士站出來的時候，很多人稱讚她為「反麻勇士」，並對「擾民麻將」大加鞭笞。[60]而一旦此類反對意見浮出水面，便立刻招來麻將愛好者的反駁。

　　過度的噪音可能會引起糾紛。當我們討論余女士的案例時，我們必須仔細區分「噪音」和「熱鬧」的區別。在中國，「熱鬧」一直是一個積極的詞，總是與繁榮聯繫在一起。如果我們用「熱鬧」來評估一個城市、一個市場、一個活動或一個派對，這無疑是一種讚揚；不熱鬧則被視為缺乏人氣。對於公共生活，熱鬧令人們興奮，無論年齡、性別、經濟或教育背景。但是，當人們不在公共場所，而在家裏的時候，他們的追求卻大相徑庭，希望有安靜的環境，希望不被打擾。然而，公共場所和家庭之間，熱鬧和安靜之間，沒有絕對的界限，特別是熱鬧的噪音可以在空間穿行。例如酒吧裏的音樂和跳舞聲可以被認為是熱鬧，但當傳入附近住家時便成為噪音。

　　余女士的訴訟發生在2000年，十多年後，這種衝突的發生更為頻繁。例如僅2013年10月（當我正要完成本章的時候）便發生了若干例因跳廣場舞所引發的衝突，引起全社會的關注和討論。如今，幾乎任何一個中國城市，人們都可以看到不少退休的老人，特別是老年婦女，在街頭、公園或廣場，早晚伴隨著擴音器或收錄機的音樂跳舞，進行體育鍛煉。在2013年10月11日的北京，「一個居民由於對附近跳舞的婦女氣憤之極，向空中鳴槍，並放了三隻藏獒嚇走跳舞婦女」。那名男子隨後被捕，但在網上博

得「不少同情者」。此事還引起了國際社會的關注，我是在《經濟學人》(*The Economist*) 看到這一事件報道的，該刊還起用了一個頗為煽情的標題：〈跳舞女王：時髦大媽遭遇反對者〉。[61] 在 2013 年 10 月 24 日的武漢，當一群婦女在廣場跳舞時，有人從附近高層公寓向跳舞者扔大糞，據報道，這些跳舞者和附近居民之間的衝突已經持續已久。[62]

這些事件再次表明，人們仍然面臨著如何理解、處理以及平衡個人權利和集體利益的關係——儘管何種法律或者道德權力屬個人，何種屬集體的仍不清晰。更進一步而論，本章探討的問題不只是個人權利和集體利益之間的矛盾，而是個人之間、集體和鄰里之間的多層次複雜關係。干擾和被干擾，也是經常角色互換的，某人可能因為隔壁麻將的噪音受到干擾，但是這個人跳廣場舞時也可能製造噪音。如果政府和居民不能處理好這樣的問題，那麼爭端和衝突將會更加頻繁，這不可避免地會給一個城市的形象帶來負面的影響。

註釋

1　Paul E. Festa, "Mahjong Politics in Contemporary China: Civility, Chineseness, and Mass Culture," *Position* 14, no. 1 (2006), p. 26.

2　參見肖龍聯：〈成都：麻將官司難解難分〉，《法制日報》，2000 年 12 月 6 日；中國中央電視台：〈一人反對打麻將能否推翻居民集體決議？〉，2000 年 12 月 29 日，http://www.people.com.cn/GB/channel7/498/20001111/324250.html。

3　王笛：《跨出封閉的世界》，頁 641–643；Kristin Stapleton, *Civilizing Chengdu: Chinese Urban Reform, 1875–1937* (Cambridge: Harvard University Asia Center, 2000), pp. 133–134. 與吸食鴉片不同的是，以打麻將為主要形式的賭博行為往往發生在公共場所，難以和其他娛樂形式嚴格區

分開來。在晚清，針對此問題的政令非常嚴格，警察挨家挨戶，在街頭巷尾展開搜查，儘可能搜集經營者、參與者和賭博組織的信息，並對違規者施行逮捕，加以罰款或體罰。參見 Wang, *Street Culture in Chengdu*, chap. 5。

4　Festa, "Mahjong Politics in Contemporary China," p. 13.

5　關於麻將的歷史，參見陳熙遠：〈從馬吊到馬將──小玩意與大傳統交織的一段歷史姻緣〉，《歷史語言研究所集刊》，2009 年第 80 輯，頁 137–196；關於「破四舊」的研究，可參看 Dahpon David Ho, "To Protect and Preserve: Resisting the Destroy the Four Olds Campaign, 1966–1967," in *The Chinese Cultural Revolution as History*, eds. Esherick, Pickowicz and Walder, pp. 64–95。

6　這是借用「文化大革命」中流行的「全國山河一片紅」。關於中國 1990 年代新中產階級的流行文化和亞文化，參見 Jing Wang, "Bourgeois Bohemians in China? Neo-Tribes and the Urban Imaginary," *China Quarterly* 183 (September 2005), pp. 532–548。

7　參見 Wang, *The Teahouse, 1900–1950*, chap. 5。其他關於茶館的研究，參考鈴木智夫：〈清末江浙の茶館について〉，《歷史における民眾と文化──酒井忠夫先生古稀祝賀紀念論集》（東京：国書刊行會，1982 年），頁 529–540；Qin Shao, "Tempest over Teapots: The Vilification of Teahouse Culture in Early Republican China," *Journal of Asian Studies* 57, no. 4 (November 1998), pp. 1009–1041；Joshua Goldstein, "From Teahouses to Playhouse: Theaters as Social Texts in Early-Twentieth-Century China," *Journal of Asian Studies* 62, no. 3 (August 2003), pp. 753–779。

8　在 1980 及 1990 年代，西方文化對中國社會精英的影響日益增強，但多數中國人的生活方式依舊很傳統。見 Wang, *The Teahouse, 1900–1950*, chap. 4。

9　以上對事件經過的敘述見中國中央電視台：〈一人反對打麻將能否推翻居民集體決議？〉。

10　肖龍聯：〈成都：麻將官司難解難分〉；中國中央電視台：〈一人反對打麻將能否推翻居民集體決議？〉。

11　《天府早報》，2000 年 11 月 17 日。

12　《天府早報》，2000 年 11 月 1 日。

13　譚曉娟：〈滿城依然血戰到底，「反麻鬥士」隱身江湖〉，《天府早報》，2007 年 3 月 8 日。

14　Xiaobo Lü and Elizabeth J. Perry, eds., *Danwei: The Changing Chinese Workplace in Historical and Comparative Perspective* (Armonk: M. E. Sharpe, 1997).

15　參見張濟順：〈上海里弄〉，頁178–188。

16　見Benjamin L. Read, "Revitalizing the State's Urban 'Nerve Tips'," *China Quarterly* 163 (September 2000), p. 816. 其他關於社會主義時期社會生活的研究，見Whyte and Parish, *Urban Life in Contemporary China*；Lü and Perry, eds., *Danwei*。

17　Lieberthal, *Governing China*, pp. 172, 184.

18　Davis, "Urban Consumer Culture," p. 705.

19　四川四方達律師事務所：〈麻將擾民案引來眾多關注〉，2003年2月10日，http://www.sifangda.com/html/detail.asp?classid=0216&id=8908。

20　詳見《天府早報》在2000年11月18日的報道。

21　四川四方達律師事務所：〈麻將擾民案引來眾多關注〉。

22　《天府早報》，2000年11月17日。

23　查毅：〈四川：幹部違規打麻將「剎」〉，《西部開發報》，2003年5月15日。

24　肖龍聯：〈成都：麻將官司難解難分〉。

25　《四川日報》，2000年11月24日。

26　《中國青年報》，2000年11月24日。

27　《四川日報》，2000年11月22日。

28　舒新城：《蜀遊心影》（上海：中華書局，1934），頁144–145。舒新城提到的章士釗（1881–1973），曾在北洋軍閥時期做過教育總長，1920年曾發表不少文章讚揚傳統的農業社會及其生活方式，對工業化持批評態度。這些文章包括〈文化運動與農村改良〉、〈農國辨〉、〈章行嚴在農大之演說詞〉，收入《章士釗全集》（上海：文匯出版社，2000），第4卷，頁144–146、266–272、403–405。

29　Hans Steinmüller, "The Moving Boundaries of Social Heat: Gambling in Rural China," *Journal of the Royal Anthropological Institute*, New Series, 17 (2011), p. 265.

30　媒體對這個詞沒有一個統一的用法，有的也用「麻將風」，雖然表達了類似的意思，但內涵還是有所不同。「麻將瘋」是指人們因玩麻將而到達「瘋狂」的程度；而「麻將風」則不是感情那麼強烈的詞，可以理解為「打麻將成風」，不過是指流行的程度而已。更有媒體把這種現象稱為「麻風病」（查毅：〈四川：幹部違規打麻將「剎」〉）。

31　《天府早報》，2000年3月12日。

32　關於順口溜的研究，可參見 Link and Zhou, "Shunkouliu," pp. 89–109。

33　詳見《華西都市報》在2001年4月9日的報道。

34　查毅：〈四川：幹部違規打麻將「剎」〉。

35　詳見《成都商報》在2000年4月7日的報道。

36　詳見《成都晚報》，2000年12月9日。另外2000年1月3日的《天府早報》、2000年7月17日、10月4日的《華西都市報》，皆有因打麻將而在茶館內產生糾紛鬥毆的報道。

37　《商務早報》，2000年3月22日。《商務早報》在2000年8月6日報道了類似的事件。

38　《商務早報》，2000年2月28日。

39　《四川青年報》，2000年10月27日。

40　《天府早報》，2000年3月12日。《成都商報》在2000年2月25日亦報道了類似事件。此外，地方媒體還報道了發生在同一天的兩起因長時間打麻將而損害健康的事，見《成都商報》，2000年2月23日；《天府早報》，2000年3月12日。

41　《天府早報》，2000年2月24日。

42　中國新聞社：〈成都府南河畔禁打麻將〉，2000年3月31日，http://news.sina.com.cn/society/2000-3-31/77315.html；《成都商報》，2000年4月3日。

43　肖龍聯：〈成都：麻將官司難解難分〉；作者在成都「歐羅巴」度假村對一些茶客的採訪，2000年7月16日。關於「工麻」引起的社會問題，亦可參李顯福：〈麻將聲聲——關於麻將風的報告〉，收入龍良賢編：《麻將聲聲：社會問題報告文學集》（北京：光明日報出版社，1993），頁80–90。

44　《成都晚報》，2000年12月15日。政府雖無力控制打麻將的風潮，但也在努力將這股風氣往「正確的方向」引導，比如推廣「健康麻將」，或將其發展為體育競技，開展「麻將大賽」(Festa, "Mahjong Politics in Contemporary China," pp. 15–16)。在1990年代的北京，政府發起了「消費休閒文化」的宣傳活動，成為共產黨意識形態的一部分 (Wang, "Culture as Leisure and Culture as Capital," pp. 77–78)。

45　查毅：〈四川：幹部違規打麻將「剎」〉。

46　《華西都市報》，2000年12月29日。

47　一項關於閱讀和打麻將的比較研究認為，閱讀對老年人的心智刺激效果非常顯著，可以有效預防老年痴呆症；相反，和一般人所設想的不

同，打麻將卻對此幫助不大。見 Yim-Chi Ho and A. S. Chan, "Comparing the Effects of Mahjong Playing and Reading on Cognitive Reserve of the Elderly," *Journal of Psychology in Chinese Societie*s 6, no. 1 (2005), pp. 5–26。

48　打麻將被認為是最具「中國性」及最能代表中國文化和傳統的。見 Amy Lo, *The Book of Mahjong: An Illustrated Guide* (Boston: Tuttle, 2001)；Wang, "Culture as Leisure and Culture as Capital," pp. 69–104。即使在反麻運動中，仍有一些普及麻將的書出版，譬如一本叫《麻將學》的書便竭力鼓吹麻將的傳統文化和體育鍛鍊的作用（盛琦：《麻將學》[北京：同心出版社，1999]）。

49　肖龍聯：〈成都：麻將官司難解難分〉。

50　《天府早報》，2001 年 10 月 31 日。

51　《新聞界》，2004 年第 4 期，頁 102。

52　Michel Hockx and Julia Strauss, "Introduction," *China Quarterly* 183 (September 2005), p. 526.

53　Wang, *Street Culture in Chengdu,* chap. 5; Wang, *The Teahouse, 1900–1950,* introduction & chap. 8.

54　《商務早報》，2000 年 12 月 7 日。

55　關於日常生活的矛盾，見 Ágnes Heller, *Everyday Life*, trans. G. L. Campbell (London: Routledge & Kegan Paul, 1984), chap. 12。

56　詳見中國中央電視台：〈麻將聲聲〉，2000 年 12 月 29 日，http://www. people.com.cn/GB/channel7/498/20001108/305318.html。

57　中國中央電視台：〈麻將聲聲〉。

58　宋征：〈多數民主制與少數人權利之保護：由一起「麻將官司」所想到的〉，2003 年 12 月 8 日，http://article.chinalawinfo.com/article/user/article_display.asp?ArticleID=20491。

59　改革開放之後，市場經濟影響的消費文化興起，對人們日常生活產生極大影響。有關研究見 Michael Button, *Streetlife China* (New York: Cambridge University Press, 1998)；Nancy N. Chen et al., *China Urban*；Link, Madsen and Pickowicz, *Popular China*。

60　《四川青年報》，2000 年 11 月 10 日；《天府早報》，2000 年 11 月 17 日。

61　"Dancing Queens: Grooving Grannies Encounter Opposition," *The Economist*, October 26, 2013, p. 54.

62　楊京：〈武漢大媽廣場跳舞遭潑糞〉，《武漢晚報》，2013 年 10 月 25 日。

第八章

結論：國家、茶館與公共領域

　　茶館作為中國傳統文化和日常生活的一部分，有著悠久的歷史，並在各種政治、經濟和社會變遷中倖存下來。在1950至1976年間，茶館和公共生活從繁榮走向衰落，但從1970年代末開始的改革開放，促使茶館和公共生活又從衰落走向繁榮，因此在1950至2000年的這50年間，公共空間經歷了兩個相反方向的演變階段。在第一個階段，激進的政治運動和階級鬥爭，使人們被迫退出公共空間；但隨著改革開放時代的到來，人們又得以重返公共生活。雖然共產黨在建立政權後，採取了與國民黨非常不同的文化政策，但實際上，我們能夠看到國共兩黨政策有類似的影子，因為兩黨實際上都無法完全脫離傳統的價值觀。正是這種價值觀，產生了國家控制公共空間的政治文化。從本書中，我們已經看到，大眾文化有著強而有力的生命力和延續性。在「文化大革命」中，大眾文化沒有因窒息而死亡；在改革開放以後，也沒有因空前的現代化、商業化、全球化的衝擊而消失。

　　這項關於茶館和社會主義時期公共生活的研究，揭示了一系列新的問題，這些問題包括：在社會主義初期，國家的文化政策是完全嶄新的，還是對此前有所繼承？國家權力是怎樣在日常生活的層面，為社會主義娛樂的建立打下了基礎？改革開放、市場經濟的發展，怎樣造成了茶館和公共生活的復興？由於社會發

展，文化生活更加豐富，國家統一的文化也進一步擴張，地方文化面臨著怎樣的挑戰？隨著經濟的發展、中產階級的擴大，各種社會群體、團體、公益組織等興起，在社會中扮演越來越重要的角色，隨之而來的便是公共領域的擴張，我們應該怎樣認識這種公共領域？隨著現代化、商業化、全球化以及各種公共空間的興起，茶館面臨著前所未有的挑戰；而怎樣面對這樣的挑戰，關係著這個傳統社會中最基層的單位，是否能夠再次順應時代而生存並繼續發展。

在本書的第一部分中，我依靠成都市檔案館所藏檔案文獻（到目前為止，史學家對其還缺乏充分的利用），揭示1949至1976年間國家對公共生活的嚴密管控，以及政府對茶館經營的干預。第二部分對改革開放以後的茶館和公共生活的考察，主要依靠我的實地考察，利用第一手的資料，注入切身的體驗。無論是在控制緊密的1949至1976年，還是市場開放後經濟改革開放的階段，都存在正統精英文化與大眾文化的分野。改革開放使茶館得以復興，並推動了公共領域的發展。但是隨著國家逐步強而有力地重新參與到思想和文化領域中，現代化開始導致社會的劇烈變化，商業文化的擴張和經濟全球化等，都使公共領域的發展，面臨著各種障礙與控制。

早期政策：連續還是中斷？

中共通過革命運動取得政權，又以革命的模式建立了「革命文化」、「新文化」和「社會主義娛樂」，把社會主義意識形態和革命宣傳，注入社會生活之中。政治思想教育以馬列主義思想為指導，推崇英雄主義、愛國主義、革命精神，這些對黨的事業都

至關重要。黨與國家在短期內就控制了社會的方方面面，包括言論和日常生活。在1950年代，許多人都是積極、熱情、樂觀，對未來滿懷信心，希望為國家的繁榮富強添磚加瓦。在這種環境下，被執政者認為是陳舊落後的傳統與文化，其存在面臨著極大的困難。

毫無疑問，共產主義革命給中國帶來了前所未有的震動，但我們不能認為社會主義中國的一切都是全新的東西，過去的一切都被拋棄。如果我們仔細考察，就會發現，舊的文化和生活方式，仍然發揮著影響力。文化和社會習俗都不可能輕易地，或是完全地被摒棄。雖然在一方面，社會正發生劇烈的變化，但是在另一方面，許多傳統依然貫穿在社會生活的各個方面，這充分顯示了文化的持久性。與此同時，一波又一波的思想改造和政治運動，試圖重塑日常文化和生活方式，因而削弱公共生活和公共空間，擠壓了傳統文化。因此，可以說20世紀後半期的中國，文化的連續和斷裂並存。

基於政治目的而塑造的「新文化」，對公共空間和公共生活的影響是巨大的。政府通過確立社會主義的娛樂，來清除傳統表演節目的「不良影響」，同時使文化活動成為引導人們走向「正確方向」的有效工具。當然，共產黨不是第一個持有這種想法的執政者。自晚清以降，大眾娛樂就被不斷現代化的國家機器和正統精英批評為低級趣味，必須受到限制和改造。精英們常用「下流」、「醜陋」、「淫穢」等詞語來批評大眾文化，成為正統文化霸權的一部分。革命勝利後，這種從晚清民國便開始存在的文化霸權，繼續影響著執政者，不過在建立強而有力的文化控制模式上，新政府走得更遠。例如，在文娛演出中，任何有關於調情、性愛、敬神、拜神的語言和動作，都會被認為是「有害的娛樂」，因此政府

對民間表演的唱詞、評書、地方戲等進行改造，便是順理成章
了。從晚清、民國到毛澤東時代，政治制度和政治文化都發生了
根本的變化，但國家機器對大眾文化的消極態度是始終如一的。

正如前面已經指出，就對茶館的消極態度而言，實際上國共
兩黨的政策十分類似，並沒有什麼本質的不同，兩者都把其視為
一種對社會有害、滋生懶惰和各種惡習的場所，因此必須進行改
造。不過，國民黨政府沒有能力把權力延伸到社會的最底層。但
1949 年後，公共空間和公共生活基本上被國家機器所控制。比較
民國時期與 1950 年之後的茶館，我們會發現當中已經有了許多不
同。其一，從私有制到集體所有制（甚至是國家所有）的轉變，導
致城市經濟結構發生巨大變化，城市居民的日常生活，包括做生
意、娛樂、社交等活動，都被改變了。其二，政府的政策對茶館
的管理與經營，產生了巨大的影響，例如茶館的註冊、僱工、稅
收、經營都受到政府的干預。其三，大規模的政治運動，如「三
反」、「五反」、社會主義改造、「大躍進」和「文化大革命」，對茶
館的生存造成了極大的威脅。其四，茶館娛樂的結構和形式，都
受到了政府的監管。這種政策對茶館和休閒所造成的結果，在以
往人們的城市生活中是前所未有的。

1950 年之後，小商業的蕭條，導致了公共空間和公共生活的
衰落，這也是政府強化控制所不可避免的結果。不過，即使是再
強大的國家機器，也不能在短時期內完全控制小商業、公共空間
以及整個城市的日常生活。正如我們所看到的，傳統的經濟和生
活方式在 1950 年代持續了很長一段時間，但是在新的政治控制下
逐漸走向沒落。雖然茶館的公共生活名義上還在進行，但卻受到
越來越多的干擾。當人們都必須作出「進步」和「積極」的姿態時，
加之國家努力消除坐茶館等「不良」習慣，坐茶館所遭受的壓力是

可想而知的。茶館的顧客直線式下降，只剩下那些年老、對坐茶館有著根深蒂固的感情的顧客，茶館裏已很難覓見年輕人的蹤影。

國家與茶館娛樂

1949年後，社會主義意識形態和政治文化主導了社會的方方面面，茶館成為政治和階級鬥爭的場所，業主、僱員和顧客主動或被動地捲入其中。茶館作為傳統公共生活和休閒的場所，很難被社會主義敘事和革命話語所容納，是與經濟發展和推進工業化的需求不相符的。因此，茶館不得不為城市工業化的大目標讓路。大多數茶館業主和表演者們都在艱難的環境中求生存，但在接踵而來的政治運動中，茶館不斷被削弱乃至被摧毀。

本書探討了黨和國家如何滲入小商業內部和演出班子之中，改變了它們的管理、人事、組織結構等，以及如何幫助它們建立現代會計制度，把戲班子從迎合大眾口味、鬆散的家庭式管理模式，轉變為接受社會主義道德和政治意識形態，服務教育大眾的團體。從1950年代初，社會主義的宣傳便被注入於各種娛樂形式之中，緊跟政治運動的步伐，配合土地改革、「三反」、「五反」、集體化、「大躍進」以及「文化大革命」等。茶館中的民間藝人和表演，都成為國家政治的宣傳工具，政府利用茶館這種公共場合，來進行政治宣傳，傳播社會主義的政治文化。

我們已經看到，為了有效地控制大眾娛樂，政府是如何在1950年代早期對表演藝人進行了全面的調查，為其管理和控制政策的實施奠定了基礎。從晚清到民國，地方政府進行過多次類似的調查，但從來沒有如此詳細和全面，反映出新政府對社會娛樂控制的強烈動機與能力。當然，這些調查也為今天我們對國家控

制大眾文化的研究，提供了珍貴的資料。第三章中我們看到的具體調查內容，有助政府了解每個演出團體的歷史、現狀、階級成分、工資、政治背景，以及表演節目的形式和內容，同時還有經營、管理、會計、培訓和表演場所的狀況。調查的動機很明顯，即限制、改造和加強管理。因此，政府關注的是行業控制問題，而非這些民間藝人能否為觀眾帶來真正的娛樂。所以，這與我們以往所了解傳統茶館以休閒為目的背道而馳。

我們看到，政府試圖消除自發的娛樂，特別是打圍鼓的活動，卻發現要完全禁止它們是不可能的。不少人以這個活動為職業並賴以為生，為了讓這些人有個活路，地方政府不得不妥協，沒有採取立即禁止的政策，只是逐步予以取消，暫時默認它們的存在。不過，政府也對其進行了嚴密的監管，以保證「內容健康」。其實打圍鼓的起伏，是傳統娛樂對國家控制進行抵制的一個極好例子。打圍鼓是一種自發的娛樂，是民眾參與的一種活動，在政府於1950年代大力整頓後，它作為一種人們謀生的方式逐步消失了。根據檔案資料的記載，我們知道政府解決此問題的辦法，是將圍鼓藝人驅逐回農村，但是他們為了生存，又回到了城市，並繼續以此為生，這可被視為人類學家J‧斯格特（James Scott）所說，人們以「弱者的武器」作為日常反抗的一種形式。[1]

政府迫使外來的民間藝人回到他們農村的家鄉去，反映出政府對城市生活所持有的一種消極的態度，即認為城市生活會滋生惡習。[2]實際上，從1950年代開始，政府制定了鼓勵城市居民到農村去的「上山下鄉」政策，這個政策在「文化大革命」時期達到頂峰，即青年人都必須到農村接受貧下中農的再教育。周傑榮在其毛澤東時代中國城鄉關係的研究中，以天津作為例子，討論政府把農村人口與城市居民分離開來，以達到「淨化城市」的目的。[3]之所以要把那些沒有「正當職業」的人遣送回鄉，是為了促進城市社

會的穩定，這正是社會主義城市改革的重要部分。政府對民間自發娛樂的消極態度，使人們不可能以打圍鼓為生，甚至只作為一種自發的娛樂方式，也是岌岌可危的。圍鼓的存在和消亡，後面都具有複雜的因素，正如我們所看到的，國家對大眾娛樂實施了嚴密的控制，許多人不僅失去了傳統的娛樂方式，還丟掉了謀生的手段，因此不得不以打圍鼓為生。成都市文化局拒絕承認這是一種合法的職業，並想盡辦法消除它。然而，基層官員對轄區內的居民負有更直接的責任，相對而言，他們更關心怎樣安置這些人的生活，而非更高層次的建立「革命的娛樂」和社會主義的宣傳。他們並未積極地參與對打圍鼓的圍剿，因此受到成都市文化局的指責。由此我們可以看到，雖然國家的權力已經強大到可以深入到社會基層，但仍然無法在一夜之間達到其完全控制的目的。

應該指出的是，在取消圍鼓演唱的過程中，許多婦女不得不回到使她們「受閒氣」的廚房。在革命的話語中，婦女解放、走出家門是中共的一貫主張，但取消圍鼓時有婦女表示「願意回去做家庭婦女」，政府的報告卻以積極的口吻表達此舉。取消圍鼓，把她們趕回家門，並成功地說服她們認識到，出來打圍鼓是「打錯了主意」。這與黨一貫主張的婦女解放和經濟獨立顯然是背道而馳的，但卻是政府現階段所竭力推行的政策。因此，對新政府來說，建立革命娛樂的問題比婦女走出家門更為重要。[4]我們應該意識到，在1949至1976年間，雖然政府控制茶館，但其他公共空間、日常生活以及大眾文化仍然保持一定的能動性，它們的存在就會對黨和政府形成挑戰。國家不可能控制一切，因此當文化和公共空間一旦獲得機會，它們就會復興，打圍鼓活動便是最好的例子。

茶館的復興與解放了的市場

「文化大革命」的激進時期，一方面是文化和娛樂生活的蕭條，例如限制茶館與其娛樂；另一方面卻是轟轟烈烈、宏大的國家慶典，和經常大規模的公共集會與遊行，被看作是社會主義政治文化的象徵。[5] 在這樣的一種政治環境中，個人變得微不足道，容易被捲入一波又一波的革命的「政治戲劇」之中。但即使是在這樣嚴密的政治控制之下，人們最終對「文化大革命」中的極「左」分子忍無可忍，開始在公共場合中表達他們的不滿，這種憤懣在1976年悼念周恩來的活動中達到頂峰。這是在中共執政之後，人們第一次自發表達了他們與當局對立、獨立的政治思想，公開譴責「四人幫」。這種民意也是導致「四人幫」覆沒的重要原因之一。[6] 不久之後，鄧小平復出，推行改革開放，推動市場經濟，鼓勵對外貿易。茶館和公共生活在經歷了十多年持續的打擊之後，迎來了重生。此外，隨著茶館的解放，依靠茶館為生的民間藝人也獲得了一定的自由。

在賀麥曉（Michel Hockx）與朱莉（Julia Strauss）關於改革開放後中國市場化的研究中，發現「市場逐漸取代了」過去由黨和國家「支持與壓制文化」的角色，最突出的變化是，「中國快速發展的市場經濟，促進了以消費和利潤為導向的文化的興起與發展」。[7] 在成都，我們也可以看到相同的趨勢。在鄧小平的時代，隨著市場的開放，社會主義國家允許私有商業的發展，政策的變化促進經濟發展與公共生活，茶館很快得以恢復。到「文化大革命」結束的時候，倖存的茶館無論在經濟還是文化上，都深受打擊，只能在城市的一角奄奄一息。改革開放給予茶館喘息的空間；只要給它們以條件，它們猶如乾燥土壤中的種子，有了適當的溫度和水分，就會復蘇。茶館再次成為各行各業人們所聚集的場所，他們

在茶館中社交，享受閒暇時光。老年人依舊是街角茶鋪的主要顧客，但是中高檔的茶樓，卻幾乎是時髦的中青年人的天下。

顯然，由於改革開放放鬆了控制，茶館所承受的政治負擔明顯減少。人們可以自由地開設茶館，自行決定價格、服務種類和營業時間，自由僱用或解僱職員，茶館的數量也大大超過了民國時期。儘管如此，我們並不能說國家完全採取了自由放任的政策。一個茶館經營者需要獲得各種許可方可開店，如安全許可、衛生許可、稅收許可等，由此也不可避免地引發了許多不便和障礙，導致了另一種類型的政府審查。

此外，新時期的茶館與過去的茶館相比，在諸多方面，從外觀到運營方式以及所提供的服務，皆有所不同。茶館的類型比過去更多。與民國時期的茶館最不同的方面，即茶館不再有同業公會對行業的規模進行管理，其結果便是茶館數量的迅猛增長，因此競爭也更為激烈。與過去一樣，茶館為許多下層民眾提供了生計。一些過去依賴茶館的營生，如算命、挖耳、擦鞋和小販等，現在也得以重返茶館，並且隊伍日益壯大。另一個顯著的改變是，女性開始進入像算命、挖耳這些過去屬男人的傳統行業中。隨著女性地位的提升，對婦女的約束與限制逐漸減少，這是人們思想開放的結果，反映了社會的進步。但傳統的習慣與思維，也並非是可以完全消除的，正如我們在第五章所看到的，茶館在僱用女性時，對其年齡與外表依舊持有相當的偏見。

改革開放後的文化問題：國家與地方

國家對社會和日常生活的控制一直是20世紀中國的一個話題。在晚清，國家權力就試圖滲入社會底層，民國時期更有所強

化。當國民黨遭遇失敗，中共建政後，國家機器對社會的深入，表現得比過去任何時候都更為強勢。[8]因此，在20世紀後半期，地方文化也被逐步納入到國家文化之中。

「地方文化」是一種區域性的現象，與地方的地理環境、經濟、語言和生活方式有關，這些因素塑造了人們的生活方式。在過去，地處長江上游的成都是一個相對封閉的城市，與外界缺乏溝通，形成了獨特的地域文化。以往我們很難對「國家文化」進行準確的定義，但由於現代化的交通工具和通信工具的發展，以及強而有力的大一統現代國家政權大幅度擴展了地區之間的交流，也在某種程度上導致了地方文化的演變。「地方文化」和「國家文化」的概念不是一成不變的，且經常重疊。我認為國家文化至少應該包括以下幾個因素：一，由國家權力所推動；二，服務於中央集權；三，存在一種全國性的模式，本書的討論也揭示了國家文化不斷取代地方文化的過程。

為了理解地方文化的深層問題，我們把公共生活看作文化的一個主要推動力。公共生活總是在公眾的眼皮底下進行，因此，政府、精英、媒體和社區都參與了塑造城市面貌和城市文化的活動。如第七章對打麻將的討論，這是成都公共場所中最普遍的活動。從這項研究中，我們看到麻將可能會引發的各種爭論：它究竟是一種有益的娛樂，還是一種有害的生活方式？它是一種高質量生活的表現，抑或反映了人們的無所事事？是集體利益至上，還是應該保護個人權利？……關於麻將的爭論，揭示了人們對社會巨變所滋生的各種問題的反應。他們是如何在傳統的生活方式與現代道德準則中尋求平衡，以及如何評價大眾文化及其生活方式的呢？

大眾媒體，像其晚清和民國時期的前輩一樣，總是試圖通過注入精英價值觀來改變大眾文化。[9]媒體熱衷報道諸如打麻將這樣

大眾娛樂所出現的問題，這反映媒體對大眾文化和公共生活所抱的懷疑態度。媒體總是試圖警告大眾，要避免沉迷於這樣的娛樂，以防止造成嚴重的後果。我們可以看到，官方和大眾的喜好之間存在一條明顯的鴻溝，民眾對打麻將樂此不疲，而官方媒體對麻將的報道卻多是消極的信息。其實，麻將的流行與其在傳統中作為社交工具、人們在新的市場經濟中日益增長的物質追求，以及人們對賭博的迷戀密切相關。

　　政府似乎較關注官員和公務員在上班期間打麻將的問題，而對普通人打麻將基本不加干涉。當局更關注麻將會否造成腐敗或變相行賄等有關問題。與過去官方對麻將的嚴厲態度相比，儘管麻將經常與腐敗和賭博聯繫在一起，但是這時的政府並沒有進行任何反麻將的運動，只是對官員和公務員打麻將的時間、地點以及麻將的參與者進行了規定和限制。為什麼政府採取了這種寬鬆的政策？一部分原因可能是因為打麻將是一種娛樂活動，而且對官方來說，讓人們專注於發財 —— 哪怕這種行為理論上與正統的社會主義價值觀相矛盾 —— 對社會也沒有什麼明顯的壞處。

　　當然，政府對打麻將持寬鬆態度，還有其他原因。黨和國家在改革開放之後，仍然扮演著文化創造者的角色，雖然是以全新的方式表現出來。當 R·塞尼特（Richard Sennett）討論「新資本主義文化」時，便提出了這樣的問題：「新經濟真的能滋生新政治嗎？」在很大程度上，雖然執政黨並沒有改變，但是從經濟結構上看，中國經濟越來越多元，出現了財富分配的嚴重不均，致富手段的明顯不平等，「更嚴重的後果可能是階級分化，造成受益於新經濟的人群和那些沒有受益的人群」的巨大鴻溝。[10]隨著商業文化的興起，國家運用了不同的策略，來保持其對日常生活與地方文化的影響力。正如王瑾所強調：「國家現在變得越來越注重企業精神和形象塑造，但這也並不意味著國家放棄了對大眾文化的控

制。」[11] 李瑞（Ralph Litzinger）表達了類似的觀點：「改革時代的黨和國家，絕沒有放棄其作為各種文化創造者的角色。」[12]

　　新的政治文化也為國家參與地方商業和地方消費文化而服務。如政府所預期的，更多的公民，特別是年輕人，將會專注於增加收入，這將使他們走向更好的生活而不是更關心政治。中國的政治文化有兩股潮流：一是有著鮮明的意識形態化，國家控制媒體、出版和教育等關鍵領域，然而國家這種控制力現在受到了互聯網的嚴重挑戰。二是日益嚴重的貧富差距，造成新的不滿，這可能再次引發人們對政治的興趣。實際上，我們已經看到，轉移公眾對政治的注意力，經常是適得其反的。

　　現在一些學者引入了「地緣文化」的概念，他們認為地緣文化引發了全球資本主義，現在中國也正在成為其中的一部分。儘管中國實施著「高度集中的政治控制」，但中央政府給予幹部們的政策實施有「重要的解釋餘地」，中央政策下達到地方後，「可根據當地情況因地制宜」。[13] 其實，這樣的評價也可以適用於晚清時期。但在 20 世紀初，在現代化和西方化的浪潮之下，現代化的國家日益地介入地方事務，例如幾乎所有的城市改革，從城市管理到執法、城市景觀到娛樂形式，都遵循西方的模式。[14] 即使是在毛澤東時代也是如此，「中國大陸的文化產品，幾乎都是國家的產物」。在那個時期，「文化是單調且統一的」。[15] 因此，娛樂被意識形態所控制，被社會主義的政治文化 —— 一種國家文化所塑造。國家文化並未給地方文化的生存與發展提供有效的空間。本書的研究發現，地方文化的持久力與地緣文化的存在，並非是因為國家給地方一個「重要的解釋餘地」，而是民眾對地方文化的堅持。雖然我們可以找到官員維護地方文化的事例，但是他們的出發點、思維、發展模式，全國幾乎是如出一轍，本質上還是國家文

化。許多城市發展和改造項目，表面上是為了保護地方文化，實際上卻在破壞地方文化。我們可以找到無數個為了經濟發展而拆除老城區、修建仿古街道和偽歷史建築的例子。

總之，1949年以後的國家文化，是在「同一性」信條指導下，由社會主義國家所管理與推行的。它也是古代傳統「大一統」思想和毛澤東的宏偉目標 —— 建設由意識形態、政黨和領袖三者領導下的強大社會主義國家 —— 的有機結合。從地方的角度看，這種中央集權推動的全國文化，基本上達到了對文化的集中控制。國家的統一文化對確立思想的統一和加強國家權力是有益的，但對地方文化的消極影響卻是不言而喻的。國家霸權繼續弱化地方文化，任何國家文化擴展的地方，都同時是地方文化萎縮之處。

以上探討的各個層面都強調了國家在日常生活中日益重要的角色。改革開放後，國家一度逐漸退出對文化的直接干預，所以有不少人回憶，1980年代其所享有的自由是最多的；在1989年後，國家對文化和娛樂活動的介入逐漸增加，並且在1990年代後日益加深。在1990年代中期以後，國家更多地干預文化活動，政治意識形態介入與過去有很大的不同，這種介入既不是無產階級革命思想，也不是走向政治民主的新文化，而是在全球化時代，如何將中國文化傳統與現代生活方式、民族主義及愛國主義結合起來。在這個過程中，中國在經濟上與西方緊密聯繫，又在思想、文化和政治體制上與西方分割。這種國家的重新參與，不能被簡單標籤為社會主義或保守主義之類，但無疑是有利並服務於執政黨的文化和意識形態的。國家並沒有簡單地從文化和公共生活中退出，它只是採取了不同的方式介入而已。

公共領域與公民社會

公共空間和公共生活是地方文化的重要載體，它們作為社會與政治活動的舞台，在城市生活中扮演著中心的角色，反映了國家與社會生活的重要領域。在歐洲與美國的歷史上，公共關係和公民社會（civil society，也可以翻譯為「市民社會」）是一個重要的話題。在1980年代末至1990年代初，冉枚爍、羅威廉和史謙德（David Strand）便用「公共領域」（public sphere）這個概念來研究中國自晚清以來的社會轉型。這個詞的使用引起了很大的爭議，一些學者認為哈貝馬斯的「公共領域」概念並不適用於中國。[16]在《街頭文化：成都公共空間、下層民眾與地方政治，1870–1930》一書中，我主要關注的是公共空間如何演變為社會和政治的空間，以及怎樣在地方政治中扮演重要角色。[17]在《茶館：成都的公共生活和微觀世界，1900–1950》一書中，我進一步指出，哈貝馬斯的「公共領域」並不只是與國家對立的社會和政治力量，也是一種實際存在的物質空間。當人們離開他們的私人領域（經常指他們的家），便進入到公共領域之中。從物質的公共領域角度來看，茶館與美國的酒吧、歐洲的咖啡館一樣，扮演著類似的角色。在民國時期的成都，茶館是解決糾紛的場所，因此國家的司法權被社會基層所分解，這個所謂「最民主的法庭」（儘管這個詞有些理想化）發揮著穩定社會的作用。[18]現在我們已經很清楚，關鍵的問題不在於是否可以使用「公共領域」這個概念來解釋現代中國，而是如何定義這個概念以適應獨特的中國語境。探討「公共領域」是如何作用於公民社會（或市民社會）概念的內涵和外延是十分重要的。

我們可以把同業公會看作是公共領域的一種形式或因素。第二章表明，國家對舊行業公會的改造，導致了新茶社業公會的出

現。中共對傳統的社會經濟組織同業公會，採取了先改造，然後逐步邊緣化，最後讓其消弭的政策。實際上，在1949至1976年間，只有「國家」沒有「社會」，因為那時的國家控制了所有的資源 —— 政治、經濟以及文化。新茶社業公會被迫摒棄其以往的角色，不能再代表行業與國家抗爭，反而成了政府在茶館業中的一個代理部門。所有的行業公會在1950年代早期便名存實亡，而新茶社業行業公會的名字，在社會主義改造運動後就完全消失了。其實，隨著國家權力的擴張，幾乎所有的社會組織都面臨衰落乃至消亡。那種存在於晚期中華帝國時期，由社會精英組織地方社會和經濟生活的模式，到現在已被徹底摧毀了。

政府為何要採取這樣的政策？其動機和出發點在哪裏？毛澤東時代，新政府減少行會的影響力，是為了防止它們挑戰國家的權威。新政府認為，這些行會在本質上是與國家對立的，哪怕它們從帝國時代開始就一直試圖與國家合作。只是為了行業利益，它們又經常與國家進行抗爭。按照新政權中央政府的說法，在1949年之前，各行業被其同業公會所控制，它們打壓中小商業者（如第二章所討論的，這並不屬實）。新執政者明白行會有著悠久的歷史，扮演著行業與國家之間的中介角色，在社會中發揮著重要的影響力，所以政府沒有下達一個激進、全面的禁令，而是從改造同業公會入手。

一些學者並不認可同業公會的滅亡是因為黨和社會主義國家希望阻止公共領域發展的說法。例如，張伯倫（Heath Chamberlain）認為新政權在1950年代徹底改變了中國傳統的社會結構，但這種結果不一定是完全負面的：「20世紀50年代的中國社會與市民社會（civil society）還相距甚遠。國家運用強迫的辦法，把人們從傳統的家庭和社會制約中解放出來，是為未來市民社會的發展準備土壤。」不過，「很難判斷國家的行動是推動，還是阻礙了市民社

會的出現」。張伯倫繼續強調：「那些認為幾十年的政治威權只會阻礙進步的人，必須提供令人信服的證據。」[19] 他的觀點表明，公共領域可以是非公民的行為，為了實現公民社會，需要進行控制與變革。本書沒有對中國社會進行全面的研究，但至少能夠回應張伯倫提出的問題。對 1950 至 1970 年代晚期茶館與公共生活的分析清晰地表明，國家的確是公共生活和公共領域發展的阻礙，而這兩者正是公民社會的源泉，而不僅僅是公民社會之前的一個準備階段。1949 年之後的舊茶社業公會命運，反映出「社會」核心部分的死亡。成都各層次的社會組織，從街道到單位，都成為國家機器的一部分。新茶館公會以及其他經濟文化組織，幾乎都沒有自主權。

本書的第二部分關注的是商業乃至各種自發社會組織的回歸。隨著經濟的擴張，商業和消費文化的興起，政府控制的鬆弛，中產階級迅速崛起，茶館作為一個充滿活力的公共空間，在公共生活和公共領域的回歸和發展上發揮了重要作用。在 1980 和 1990 年代，出現了各種自發的組織，包括經濟、行業、老年人、宗族和宗教協會等等。這些組織的出現，使過去人們一切依靠國家的觀念發生了很大的變化，人們發現依靠社會關係紐帶、依靠群體組織，比依靠國家要直接和可靠得多，特別是在社會和精神生活方面，更是如此。這樣，不可避免地削弱了國家對民眾的控制。這些種子的生長，或許就是「社會」緩慢回歸的顯著標誌。

在這個時期，茶館迅速恢復乃至蓬勃發展。在民國時期，茶社業公會控制著茶館的數量。但現在，隨著改革開放的不斷深入，人們可以自由開設茶館；隨著競爭的加劇，出現了各種類型的茶館，顧客盈門。這表明公共生活真正地恢復了，低檔和高端的茶館，都促進了公共領域的繁榮。企業經營者、顧客、中產階級（包括受過良好教育的知識分子）等皆因此受益，生意人要求經

濟自主化，顧客追求輕鬆的空間，知識分子渴望公共空間中的自由的表達……我們必須承認這都促成更強大的公共領域。當然，在這個領域中，他們並不總是作出政治化批判，或是與國家權力對立。這種新型的社會人經常討論自身的生活，包括各種社會話題，如城市或者國家乃至國際的新聞熱點。改革開放時代的人們，對於在公共空間中談論政治，感覺自由多了。儘管政治壓力無處不在，但是我沒有發現任何例子顯示誰人因在茶館內說了什麼「大逆不道」話而被指控有罪，這是不能與改革開放前的狀況同日而語的。這種相對寬鬆的環境，將無疑加速公共領域的發展。

魏斐德（Frederic Wakeman）不認為「自1900年來的不斷擴張的公共領域」，可能形成「對抗國家的公民權利的說法」。[20]然而，冉枚爍和羅威廉對公共領域的興起，持更積極的觀點。如冉枚爍在她關於晚清中國公共領域的研究中所指出，「公民社會一直是西方政治理論的重要主題」，但公共領域的概念本身，「並不是很契合西方的政治理論或是歷史文獻，而是更適用於17世紀早期以後的其他地區」。[21]在她看來，「公民社會」的概念雖來自西方，但適用於中國。羅威廉注意到諸如茶館、酒館這樣的場所，是公眾觀點闡發的集中地，他寫道：「儘管別人不這樣認為，但我深信這樣的現象也存在於晚清。中國城市中的茶館和酒館便是如此的場所，它們至少都促進了人們對於公共話題的辯論，類似於早期現代歐洲咖啡館。」[22]我於2008年出版的關於晚清和民國時期茶館的研究成果，從公共空間、公共生活、公共政治的角度，進一步推動對這一問題的討論，我相信我已提供了充分的證據證明20世紀中國的公共領域是在不斷地發展的。

與歷史學家相比較，那些研究改革開放時代的政治學和社會學家，更喜歡用「公共領域」這個詞。正如R・克勞斯（Richard Kraus）所說的，他相信「所有的社會都存在著公共領域」；但一些

更為謹慎的學者們認為，雖然「公民社會和公共領域是兩個不同的概念，但它們經常被捆綁在一起」。[23] 學者們已經注意到，公共空間在當代中國是如何影響「公共領域」這個概念的。當然，「城市公共空間」不僅包括街道、公共廣場、公園、劇院、咖啡館、茶館等，還包括公共場所中的永久性建築，如紀念碑、雕塑、壁畫和其他藝術，它們「為討論中國的『公共領域』這個棘手的問題提供了一個途徑」。因此，可以認為改革開放後的寬鬆政策、新的公共生活的機會，以及新商業和消費文化的發展，都促進了公共領域的形成和發展。與歷史學家不同，研究中國的西方政治學和社會學家，一般喜歡用「公民社會」（civil society，或「市民社會」）這個詞。羅德明（Lowell Dittmer）和郭良平（Lance Gore）指出「市場化對政治的影響是建立了市場文化」，從而形成了「更自主的公民社會的基礎，最終可能出現一個更加多元的、善於自省的政體」。[24] 儘管一些學者認為，「公民社會」的概念是否可以用在1949年以後，甚至改革開放時期，都「極富爭議」，但公共領域的概念似乎「少一些分歧」。但我們可以看到，改革開放以後各種社團的興起，有的甚至以社會批判為己任，它們是公民社會的強大催化劑。[25]

讓我們進一步考慮這個問題。在1990年代早期，社會學家趙文詞（Richard Madsen）發現，「由於過去十年的改革，中國社會的一些團體有的出現，有的恢復，至少有部分國家控制之外的自治權」，其中包括商業、行業、老年、宗族等協會（其中許多在前面章節已經討論過）。趙文詞認為，這些協會的擴張「削弱了國家對人口的控制力」。實際上，在趙文詞的文章發表以來的約15年間，這些協會越來越多地顯示公民社會中的自治化因素。趙文詞與張伯倫的觀點形成了鮮明的對比，後者認為中共對公民社會的

抑制，反而促使了公民社會的形成。而趙文詞則認為這是國家壓制下自願組織的一種反彈，不是國家本身促成的，而「最終導致建立了一個民主的公共領域」，雖然這並不一定是「要建立西化的自由民主」。不過，趙文詞建議我們對現實的社會進行更具體的研究，而不是依靠一些成見。他特別提到了和本書有關的一個例子：儘管哈貝馬斯指出「咖啡館在18世紀英國資產階級公共領域的發展中起了重要的作用」，但是我們並不能假設「茶館在中國也扮演了同樣重要的角色」。我對茶館和公共生活的研究，便是按照趙文詞所說的，要力圖「找到促進民主的公共領域、導致市民社會發展的正確量度」。[26]我的個案研究表明，茶館確實發揮了與歐洲的咖啡館類似的功能。這與J‧吉廷斯（John Gittings）的斷言相吻合，他指出「隨著黨領導的政治文化失去了主導地位，有自主權且快速聚集著信心的公民社會就有了更多的發展空間」。[27]

　　新的公民社會將走向何方？互聯網可能是一個答案。我們已經建立了在現代茶館以及其他公共場所開展各種社會和政治活動的習慣：人們可以在那裏自由地聚會、閱讀、辦講座、討論政治和社會問題等。當然，互聯網則已成為以上各種活動的信息和意見發佈的主要出口。與茶館不同的是，這些活動雖然經常表達民意或公眾輿論，但卻是可以在私密空間進行的，因此出現了在私人空間展開公共活動這樣的新形式。互聯網是一個虛擬的空間，但是已經確確實實地演變成為公共空間，雖然這是一種特殊的形式。我們可以看到，互聯網的活力和茶館類似，它也是一個輿論發佈和聚集之地。博客、QQ、微信等交流工具日益流行，國家對這種表達民眾意見的新方式很難完全進行控制。隨著公共生活越來越具有活力，最終將沒有任何力量可以阻止公共領域繼續擴張。

茶館的現代性與生命力

隨著社會的現代化，人們日常生活的步伐也加快了。如A·海勒（Agnes Heller）所指出：「任何生活節奏的變化，都必然會影響到日常生活，但每個人的日常生活並不一樣，所以日常生活的各個方面被影響的程度也不一樣。」[28]成都和20世紀中國其他的大城市相比，生活節奏要慢得多。但成都也像其他中國城市一樣，不可避免地經歷了快速發展的歷程。受中國政治、經濟、文化轉型以及全球化的影響，茶館、茶館文化、公共領域在形式和程度上，都發生了極大的轉變。[29]

到2000年，在成都的公共場所中，出現了各種各樣的娛樂休閒設施，諸如咖啡館、酒吧、網吧、卡拉OK、私人俱樂部、舞廳、電影院、豪華酒店以及其他現代化的娛樂場所。此外，幾乎所有家庭都擁有一兩台彩色電視機、低廉的光碟播放器以及盜版光碟，供人們觀看各種節目。越來越多家庭有了私人汽車，全家可以開車去郊遊，甚至遠途度假。難以置信的是，儘管成都人的休閒和娛樂的選擇非常多，茶館業非但沒有因為外來競爭而衰落，相反，它們的發展到達了前所未有的程度，幾乎遍佈城市的每一個角落。沒有人能預見這樣一種強勁的發展，它們在整個20世紀中遭遇猛烈的政治、經濟和文化衝擊，風風雨雨中仍然保持著如此旺盛的生命力，是我們在任何一種傳統公共空間中未曾見過的。

我在《茶館：成都的公共生活和微觀世界，1900–1950》一書中指出，由於自然地理環境的影響，成都茶館的數量，至少從晚清開始，便較其他城市為多。不同於中國的大部分地區較少居住在聚集的村莊裏，成都平原地區的農民是在耕作的農田附近散居。基於此分散的居住模式，與其他地區的農民相比，他們更加

依靠農村基層市場。農民在集市交易後，一般喜歡到茶館裏會友、聊天、休閒和社交，有些農民甚至直接在茶館進行買賣。[30]此外，在成都平原上，狹窄的小路很難使用牛車、馬車等運輸工具，人們只能用扁擔、手推車等人力工具來運送貨物，並會乘轎子或推車從一個地方到達另一個地方，因此，體力勞動者們亦把茶館作為解渴、休息之地。成都較差的水質和有限的燃料，使得人們在日常生活上更為依賴茶館。市民飲水依靠運水工把水從城外的河流運進城內，在家裏飲茶、燒水非常不方便，這對很多一般家庭來說成本很高，所以人們寧願直接從茶館中買開水，這無疑促進了茶館的生意。

　　然而，到20世紀末，成都的飲水、燃料和運輸工具，皆與過去大不相同，人們在家裏喝茶也十分方便了，但是為什麼仍然要光顧茶館呢？其中有許多因素，但最重要的一點是，茶館能根據時代的變化，不斷調整自身的經營方式，以適應社會、經濟和文化的變化。特別是茶館能順應時代發展，採納新物質文化，滿足新的娛樂需求。在20世紀初，茶館最早使用留聲機，放映電影，開創了新的娛樂方式。[31]1980年代，隨著影碟的興起，許多茶館引進了影像放映設施。為了跟上經濟發展和人民生活水平的提高，茶館安裝了空調，設置了私人包間。在「全民皆麻」的時代，茶館為打麻將提供了最方便的場所。茶館過去消失的服務，現在都以不同的形式回歸了，例如熱臉帕服務消失了，卻出現了足浴服務。而茶館仍然有能力維持大多數過去提供的服務，算命先生、挖耳師傅、理髮師、擦鞋匠乃至小商小販，在那裏仍然十分活躍。茶館中的人們，有時恍惚回到了過去，或是在現代與過去之間穿行往返。

　　咖啡館和酒吧沒能取代茶館，或是搶走茶館的顧客。喝茶對於那些經濟能力有限的人，特別是老年人來說，是再適合不過

了，所以茶館主要的顧客是中老年人。年輕人喜歡去西式的咖啡館或是酒吧，但是一些中高檔的或者在公園、度假村、農家樂裏的茶館，卻仍然能夠吸引中青年人。[32] 當代中國城市的咖啡館和酒吧基本上是西式的，幾乎沒有中國傳統的痕跡，但茶館卻是植根於中國的土壤。在咖啡館或是酒吧中，沒有小販、算命先生、挖耳師或擦鞋匠等，因此與現代化的咖啡館和酒吧相比，茶館包含了更多當地社會的經濟與文化因素。

而且，茶館顧客只要花很少的錢，便可以待上幾個小時甚至是一整天，可以加水而不必重新買一杯茶。在低檔的街角茶館，哪怕是陌生人之間也可以閒聊，這為普通人的公共生活提供了理想的空間。

本書還展示了傳統茶館和茶館文化是怎樣被商業革命和城市革命所影響的。流動人口為城市注入了活力，並給茶館帶來了新的顧客群體。另外，生活水平的提高使人們有更多的時間去進行休閒追求，包括在茶館裏打發時間。在過去，人們局限在單位內，但公共生活的回歸，重新引入了茶館這個最基本且越來越重要的社會單位。但是現代化也使人們的日常生活節奏越來越快，在現代城市中，茶館將會再次尋找一條生存和發展的途徑，並繼續成為公共生活中的重要組成部分。在21世紀的城市改造中，成都經歷了前所未有的大拆大建，街角茶館所賴以生存的老街道和舊社區日趨消亡，城市面貌煥然一新，隨之而來的是城市人口的大量增加、爆炸式的城市發展、新商業文化的興起。成都的命運和其他中國古城相似。古代中國的每個城市都有著自己獨特的魅力、面貌和文化，而現在這些獨特性正在以前所未有的速度消失。中國的城市無論在外貌和內在文化上，越趨同一。因此，對社會學家、文化學家和城市史學家來説，恢復和保存中國的城市遺產，是一項迫切而重大的使命。茶館是否能繼續適應激烈的

社會轉型挑戰，採納新的科技，適應全球化、商業化的需要，繼
續在現代的城市生活中發揮重要的功用，只有時間才能告訴我們
答案。

註釋

1　James C. Scott, *Weapons of the Weak: Everyday Forms of Peasant Resistance* (New Haven: Yale University Press, 1985).

2　對這種認知的經典詮釋便是著名話劇《霓虹燈下的哨兵》，該劇展示了進入上海的解放軍士兵怎樣面對城市「資產階級」及其生活方式的挑戰。

3　Jeremy Brown, *City versus Countryside in Mao's China: Negotiating the Divide* (Cambridge: Cambridge University Press, 2012), chap. 6.

4　關於1949年以後的婦女解放，見Andors, *The Unfinished Liberation of Chinese Women*；Ying-ying Chien, "Revisioning 'New Women': Feminist Readings of Representative Modern Chinese Fiction," *Women's Studies International Forum* 17, no. 1 (January–February 1994), pp. 33–45；Janice Yee, "Women's Changing Roles in the Chinese Economy," *Journal of Economics* 27, no. 2 (2001), pp. 55–67；Harriet Evans, "The Language of Liberation: Gender and Jiefang in Early Chinese Communist Party Discourse," in *Twentieth-century China: New Approaches*, ed. Jeffrey N. Wasserstrom (New York: Taylor & Francis, 2003), pp. 193–220；Jian Zang, "The Soviet Impact on 'Gender Equality' in China in the 1950s," in *China Learns from the Soviet Union, 1949–Present*, eds. Thomas P. Bernstein and Hua-yu Li (Lanham: Lexington Books, 2010), pp. 259–274；Xueping Zhong, "Women Can Hold up Half the Sky," in *Words and Their Stories*, ed. Wang, pp. 227–247。

5　Hung, "Mao's Parades," pp. 411–431.

6　張先德：《成都》，頁113。

7　Hockx and Strauss, "Introduction," p. 526.

8　關於民國時期上海對休閒活動的控制，見Frederic Wakeman Jr., "Licensing Leisure: The Chinese Nationalists' Attempt to Regulate Shanghai, 1927–1949," *Journal of Asian Studies* 54, no. 1 (February 1995), pp. 19–42。

9   Wang, *Street Culture in Chengdu*, chaps. 1 & 4; Prasenjit Duara, "Superscribing
     Symbols: The Myth of Guandi, Chinese God of War," *Journal of Asian Studies*
     47, no. 4 (November 1988), pp. 778–795; Prasenjit Duara, "Knowledge and
     Power in the Discourse of Modernity: The Campaigns against Popular Religion
     in Early Twentieth-Century China," *Journal of Asian Studies* 50, no. 1 (February
     1991), pp. 67–83.

10   Richard Sennett, *The Culture of the New Capitalism* (New Haven: Yale
     University Press, 2006), p. 131.

11   Wang, "The State Question in Chinese Popular Cultural Studies," pp. 35–52.

12   Ralph A. Litzinger, "Government from Below: The State, the Popular, and the
     Illusion of Autonomy," *Positions* 9, no. 1 (2001), p. 264. 此文也講到了國家
     與商業文化之間的密切聯繫。

13   Jing Wang, "Introduction: The Politics and Production of Scales in China:
     How Does Geography Matter to Studies of Local, Popular Culture?," in
     Locating China: Space, Place, and Popular Culture, ed. Jing Wang (London:
     Routlege, 2005), p. 10.

14   Joseph W. Esherick, ed., *Remaking the Chinese City: Modernity and National
     Identity, 1900–1950* (Honolulu: University of Hawai'i Press, 2000); Stapleton,
     Civilizing Chengdu; Wang, *Street Culture in Chengdu*, chaps. 4 & 5.

15   Hockx and Strauss, "Introduction," p. 526.

16   Rankin, *Elite Activism and Political Transformation in China*; Rankin, "The
     Origins of a Chinese Public Sphere," pp. 14–60; Rowe, *Hankow*; Rowe, "The
     Public Sphere in Modern China," pp. 309–329; David Strand, *Rickshaw
     Beijing: City People and Politics in the 1920s* (Berkeley: University of California
     Press, 1989); Jürgen Habermas, *The Structural Transformation of the Public
     Sphere: An Inquiry into a Category of Bourgeois Society*, trans. Thomas Burger
     (Cambridge: Polity, 1989); Philip C. C. Huang, "'Public Sphere' / 'Civil
     Society' in China? The Third Realm between State and Society," *Modern China*
     19, no. 2 (April 1993), pp. 216–240; Frederic Wakeman Jr., "The Civil Society
     and Public Sphere Debate: Western Reflections on Chinese Political Culture,"
     Modern China 19, no. 2 (April 1993), pp. 108–138; Heath B. Chamberlain,
     "On the Search for Civil Society in China," *Modern China* 19, no. 2 (April
     1993), pp. 199–215; Timothy Brook and B. Michael Frolic, eds., *Civil Society
     in China* (Armonk: M. E. Sharpe, 1997).

17　Wang, *Street Culture in Chengdu*, chaps. 6 & 7.

18　Wang, *The Teahouse, 1900–1950*, pp. 254–255.

19　Chamberlain, "On the Search for Civil Society in China," p. 210.

20　Wakeman, "The Civil Society and Public Sphere Debate," p. 133.

21　Rankin, "Some Observations on a Chinese Public Sphere," p. 159.

22　羅威廉指出，由於「對明清時期這些的機構缺乏詳細的研究」，所以他只能「在20世紀早期的文學描寫中了解這些機構，如老舍的《茶館》、魯迅的《在酒樓上》」（Rowe, "The Problem of 'Civil Society' in Late Imperial China," p. 146）。

23　Kraus, "Public Monuments and Private Pleasures in the Parks of Nanjing," pp. 288–289.

24　Dittmer and Gore, "China Builds a Market Culture," p. 41.

25　Solinger, *Contesting Citizenship in Urban China*, pp. 284–286.

26　Richard Madsen, "The Public Sphere, Civil Society and Moral Community: A Research Agenda for Contemporary China Studies," *Modern China* 19, no. 2 (April 1993), p. 190.

27　John Gittings, *The Changing Face of China: From Mao to Market* (New York: Oxford University Press, 2005), p. 4.

28　Heller, *Everyday Life*, p. 244.

29　已經有不少關於全球化對本地市場和文化影響的研究，見David Harvey, *The Condition of Postmodernity: An Enquiry into the Origins of Cultural Change* (Oxford: Blackwell, 1989)；John Bird et al., eds., *Mapping the Futures: Local Cultures, Global Change* (London: Routledge, 1993)；Doreen Massey, *Space, Place, and Gender* (Minneapolis: University of Minnesota Press, 1994)；Doreen Massey, "The Conceptualization of Place," in *A Place in the World? Places, Cultures and Globalization*, eds. Doreen Massey and Pat Jess (Milton Keynes: Open University Press, 1995), pp. 45–86；Dolores Hayden, *The Power of Place: Urban Landscapes and Public History* (Cambridge: MIT Press, 1995)；Kevin R. Cox, ed., *Spaces of Globalization: Reassuring the Power of the Local* (New York: The Guilford Press, 1997)；Donald Mitchell, *Cultural Geography: A Critical Introduction* (Oxford: Blackwell, 2000)；Leo Ching, "Globalizing the Regional, Regionalizing the Global: Mass Culture and Asianism in the Age of Late Capitalism," *Public Culture* 12, no. 1 (Winter 2000), pp. 237–257。關於中國區域和地域文化的研究，見G. William

Skinner, "Mobility Strategies in Late-Imperial China: A Regional Systems Analysis," in *Regional Analysis, Vol. 1, Economic Systems*, ed. Carol A. Smith (New York: Academic, 1976), pp. 327–364；G. William Skinner, "Cities and the Hierarchy of Local Systems," in *The City in Late Imperial China*, ed. Skinner, pp. 275–351；Stevan Harrell, ed., *Cultural Encounters on China's Ethnic Frontiers* (Seattle: University of Washington Press, 1995)；Oi, "The Role of the Local State in China's Transitional Economy," pp. 1132–1149；Cartier, "Transnational Urbanism in the Reform Era Chinese City," pp. 1513–1532；David S. G. Goodman and Gerald Segal, *China Deconstructs: Politics, Trade and Regionalism* (London: Routledge, 1995)。

30　關於這個區域的地方市場，見 G. William Skinner, "Marketing and Social Structure in Rural China," *The Journal of Asian Studies* 24, no. 1 (1964), pp. 3–43; no. 2 (1965), pp. 195–228; no. 3 (1965), pp. 363–399；王笛：《跨出封閉的世界》，第 1、2 章；Wang, *Street Culture in Chengdu*, pp. 4–6。

31　Wang, *Street Culture in Chengdu*, pp. 119–120; Wang, *The Teahouse, 1900–1950*, pp. 125, 155–157, 165, 166, 175, 212.

32　包亞明、王宏圖、朱生堅在《上海酒吧》（高雄：弘文圖書，2002）中，生動地描寫了上海的酒吧和酒吧生活。詩人翟永明也寫過一本關於現代成都的酒吧與酒吧文化的書（《白夜譚》[廣州：花城出版社，2009]）。

徵引資料

中文資料

中文檔案和報刊資料

《人民日報》，1954–1956、1958、1981、1984、1995、1998、2000年。

《山東政報》，1950年。

《中國青年報》，2000、2002、2004年。

《天府早報》，2000、2001、2003、2007年。

《四川日報》，2000年。

《四川青年報》，2000年。

《成都市工商行政登記檔案》，成都市檔案館藏，全宗40。

《成都市工商局檔案》，成都市檔案館藏，全宗119。

《成都市工商聯檔案》，成都市檔案館藏，全宗103。

《成都市文化局檔案》，成都市檔案館藏，全宗124。

《成都市各行各業同業公會檔案》，成都市檔案館藏，全宗52。

《成都市委統戰部檔案》，成都市檔案館藏，全宗76。

《成都市政府工商檔案》，成都市檔案館藏，民國時期，全宗38。

《成都市商會檔案》，成都市檔案館藏，全宗104。

《成都市商業二局檔案》，成都市檔案館藏，全宗117。

《成都省會警察局檔案》，成都市檔案館藏，全宗93。

《成都商報》，2000年。

《成都晚報》，1987、2000年。

《商務早報》，2000年。

《華西都市報》，2000、2003、2005年。

《新新新聞》，1942年。

《新聞界》，2004年。

《戲劇報》，1956年。

《讀城》，寬窄巷子專輯，2008年第6期。

其他中文資料

于映時：〈川劇玩友：振興川劇不可忽視的力量〉，《四川戲劇》，1990年第
　　2期，頁7–8。

于雲瀚：〈上山下鄉運動與中國城市化〉，《學術研究》，2000年第9期，頁
　　75–80。

于競祁、劉宗棠：〈讓社員生活豐富多彩 —— 郫縣保留和提高集鎮飯館酒
　　館茶館〉，《人民日報》，1958年12月1日，第3版。

中共北平市委：〈關於整理攤販工作的總結〉，《北京黨史》，2004年第2
　　期，頁44–45。

中國中央電視台：〈一人反對打麻將能否推翻居民集體決議？〉，http://
　　www.people.com.cn/GB/channel7/498/20001111/324250.html。發佈日
　　期：2000年12月29日，訪問日期：2000年12月31日。

中國中央電視台：〈麻將聲聲〉，http://www.people.com.cn/GB/channel7/498/
　　20001108/305318.html。發佈日期：2000年12月29日，訪問日期：
　　2000年12月31日。

中國新聞社：〈成都府南河畔禁打麻將〉，http://news.sina.com.cn/society/
　　200-3-31/77315.html。發佈日期：2000年3月31日，訪問日期：2000
　　年12月31日。

《中華人民共和國城市居民委員會組織法》，http://www.mca.gov.cn/artical/
　　content/PJCN/2003122290821.html。發佈日期：1989年，訪問日期：
　　2000年12月31日。

文聞子編：《四川風物志》。成都：四川人民出版社，1990。

王行健：〈社會救助制度的異化和變革：從收容遣送到救助管理〉，《天府新
　　論》，2004年第6期，頁87–90。

王飛：〈新中國成立前後的城市軍事管制制度〉，《檔案天地》，2012年第2
　　期，頁42–48。

王海光:〈從政治控制到社會控制:中國城鄉二元戶籍制度的建立〉,華東師範大學中國當代史研究中心編:《中國當代史研究》,第3輯(2011),頁3–48。

王笛:〈國家控制與社會主義娛樂的形成 —— 1950年代前期對成都茶館中的曲藝和曲藝藝人的改造和處理〉,華東師範大學中國當代史研究中心編:《中國當代史研究》,第1輯(2009),頁76–105。

———:《跨出封閉的世界:長江上游區域社會研究,1644–1911》。北京:中華書局,1993。

王樹春:〈城市集體經濟的制度變遷及其趨勢〉,《中國集體經濟》,2001年第3期,頁6–10。

王懷臣:〈略論反右派鬥爭的歷史經驗和教訓〉,《晉陽學刊》,1994年第2期,頁28–32。

王躍:《老茶客閒話》。成都:四川文藝出版社,1999。

包亞明、王宏圖、朱生堅:《上海酒吧》。高雄:弘文圖書,2002。

四川四方達律師事務所:〈麻將擾民案引來眾多關注〉,http://www.sifangda.com/html/detail.asp?classid=0216&id=8908。發佈日期:2003年2月10日,訪問日期:2003年12月10日。

由葉:《來路不明的夜晚》。成都:四川文藝出版社,2001。

白益華:〈我國城市街道辦事處的歷史、現狀和改革〉,《城市問題》,1991年第6期,頁62–66。

石友山、方崇實:〈聖諭簡史〉,《金牛文史資料選輯》,第3輯,頁176–199。成都:成都市金牛區委員會文史資料委員會,1982。

冰峰、強金武:《成都十八怪》。成都:成都時代出版社,2003。

成都市地方志編纂委員會:《成都市志·工商行政管理志》。成都:四川辭書出版社,2000。

———:《成都市志·文化藝術志》。成都:四川辭書出版社,1999。

成都市統計局:〈成都市統計局關於2000年第五次全國人口普查主要數據公報〉,http//www.xjtjj.gov.cn/upimg/sys061025161337.doc。發佈日期未知,訪問日期:2015年5月14日。

朱川:〈論城鎮集體所有制經濟的發展〉,《社會科學輯刊》,1980年第2期,頁3–10。

朱文軼:〈我國收容制度始末〉,《政府法制》,2003年第17期,頁15。

朱英主編:《中國近代同業公會與當代行業協會》。北京:中國人民大學出版社,2004。

竹內實:〈蜀國成都的茶館〉,程麻譯:《竹內實文集》,第9卷,頁230–
　　237。北京:中國文聯出版社,2006。

老鄉:〈談成都人吃茶〉,《華西晚報》,1942年12月26日至28日。

西門媚:〈培根路最後的秋天〉,西門媚:《結廬記》,頁171–172。石家
　　莊:河北人民出版社,2006。

何一民主編:《變革與發展:中國內陸城市成都現代化研究》。成都:四川
　　大學出版社,2002。

何小竹:〈成都茶館記憶〉,《華西都市報》,2005年12月11日。

───:《成都茶館:一市居民半茶客》。成都:成都時代出版社,2006。

何立波:〈新中國成立前後的軍管制度〉,《黨史縱覽》,2009年第5期,頁
　　11–17。

何事忠:〈紅梅花香遍山城:重慶市開展「唱讀講傳」活動的實踐與思考〉,
　　《求實》,2010年第9期,頁53–55。

作舟:〈搓麻將的性格訓練〉,《論語》,1948年第166期。

吳永孝:〈成都市對資本主義工商業的社會主義改造中的稅務工作〉,《成都
　　黨史通訊》,1989年第3期,頁12–13。

吳珂:〈中共對成都接管中的政治動員及其效力〉,《當代中國史研究》,
　　2010年第5期,頁125–126。

吳景平、張徐樂:〈接管上海官僚資本金融機構述論〉,《近代史研究》,
　　2003年第4期,頁113–139。

呂卓紅:〈川西茶館:作為公共空間的生成和變遷〉,未刊博士學位論文,
　　中央民族大學,2003年。

呂晨曦:〈略論建國初期的城市社會問題〉,《四川大學學報》,2004年第S1
　　期,頁113–116。

宋征:〈多數民主制與少數人權利之保護:由一起「麻將官司」所想到的〉,
　　http://www.chinalawedu.com/news/16900/174/2003/12/zh6213145634182
　　13002243810_76995.html。發佈日期:2003年12月8日,訪問日期:
　　2003年12月10日。

李文芳:〈中共接管城市的成功實踐〉,《北京黨史》,2000年第6期,頁
　　15–18。

李良玉:〈建國前後接管城市的政策〉,《江蘇大學學報》,2002年第3期,
　　頁1–10。

李屏南:〈論我國前20年社會主義建設的教訓〉,《當代世界與社會主義》,
　　2006年第5期,頁83–87。

李路：〈三民主義青年團的創立與消亡〉，《黨史研究與教學》，1989 年第 2 期，頁 48–54。

李蒙撰，侯波攝：《毛澤東重整舊河山：1949–1960》。香港：香港中和出版有限公司，2013。

李慶瑞、奚桂珍：〈試論城市大集體企業的所有制性質〉，《北京大學學報》，1980 年第 2 期，頁 45–48。

李憲科：〈解放成都〉，《四川黨史》，1995 年第 5 期，頁 55–58。

李顯福：〈麻將聲聲：關於麻將風的報告〉，龍良賢編：《麻將聲聲：社會問題報告文學集》，頁 54–106。北京：光明日報出版社，1993。

杜建華：〈「紅色記憶」的嬗變：對「紅歌」媒體呈現的考察 (1979–2011)〉，未刊博士學位論文，復旦大學，2012 年。

沃若：〈難忘的茶館〉，《成都晚報》，1987 年 5 月 10 日。

沙健孫：〈關於社會主義改造問題的再評價〉，《當代中國史研究》，2005 年第 1 期，頁 115–128。

肖文明：〈國家觸角的限度之再考察：以新中國成立初期上海的文化改造為個案〉，《開放時代》，2013 年第 3 期，頁 130–152。

肖龍聯：〈成都：麻將官司難解難分〉，《法制日報》，2000 年 12 月 6 日。

阮清華：〈「割瘤」：1950 年代初期上海都市基層社會的清理與改造〉，華東師範大學中國當代史研究中心編：《中國當代史研究》，第 1 輯 (2009)，頁 143–155。

周平：〈街道辦事處的定位：城市小區政治的一個根本問題〉，《政治學研究》，2001 年第 2 期，頁 76–82。

周勇：〈重慶的「唱讀講傳」與國家文化軟實力〉，《重慶社會科學》，2011 年第 5 期，頁 93–94。

尚紅娟：〈試論建國初期中共的「運動治國」模式 ── 以「三反運動」為例〉，《江淮論壇》，2008 年第 2 期，頁 99–105。

林超超：〈中共對城市的接管和改造：一個初步的研究回顧與思考〉，華東師範大學中國當代史研究中心編：《中國當代史研究》，第 3 輯 (2011)，頁 139–163。

林蘊暉：《向社會主義過渡：中國經濟與社會的轉型 (1953–1955)》，金觀濤主編：《中華人民共和國史》系列，第 2 卷。香港：香港中文大學出版社，2009。

邱澎生：《十八、十九世紀蘇州城的新興工商業團體》。台北：台灣大學出版委員會，1990。

金觀濤主編：《中華人民共和國史，1949–1981》。香港：香港中文大學出版社，2009。

阿年：《懷念舊居》。北京：中央民族大學出版社，1997。

阿秋：〈追夢女孩：成都不相信眼淚〉，《商務早報》，2000年4月16日。

姜進：〈斷裂與延續：1950年代上海的文化改造〉，姜進主編：《都市文化中的現代中國》，頁481–497。上海：華東師範大學出版社，2007。

查毅：〈四川：幹部違規打麻將「剎」〉，《西部開發報》，2003年5月15日。

洪遠朋、翁其荃：〈試論城市集體所有制工業〉，《經濟研究》，1980年第1期，頁62–67。

胡俊修、索宇：〈流動攤販與中國近代城市大眾文化〉，《甘肅社會科學》，2012年第6期，頁164–167。

胡適：〈麻將：漫遊的感想之六〉，孫楊、郭洪新編：《中國人怎麼看中國人》，頁8–10。北京：改革出版社，1997。

唐杏湘、李志剛、匡映彤：〈從遣送到救助：從孫志剛案看收容制度的變遷〉，《政府法制》，2003年第17期，頁14–15。

孫康：〈計劃經濟是階級鬥爭擴大化的制度根源〉，《炎黃春秋》，2010年第4期，頁34–37。

孫惠強：〈1950，北京剷除一貫道邪教〉，《檔案春秋》，2009年第9期，頁12–16。

孫曉忠：〈1950年代的上海改造與文化治理〉，《中國現代文學研究叢刊》，2012年第1期，頁95–105。

徐娟：〈近五十年成都老式茶館的變遷〉，未發表的文稿。

秦鴻雁：〈成都：熱了茶水冷了咖啡〉，《人民日報》，2000年9月8日。

郝克強：〈興旺的成都棋園〉，《人民日報》，1981年1月1日。

馬士弘：〈回憶解放初期成都市的工商稅收工作〉，《武侯文史資料選輯》，1994年第3期，頁3–14。

馬慧芳、高延春：〈新中國初期廢除娼妓制度的措施及現實啟示〉，《黨史文苑》，2008年第4期，頁11–12。

馬識途：〈四川的茶館〉，鄧九平主編：《中國文化名人談故鄉》，下冊，頁472–475。北京：大眾文藝出版社，2004。

高中偉：《新中國成立初期城市基層社會組織的重構研究：以成都為中心的考察，1949–1957》。成都：四川大學出版社，2011。

高其榮：〈近十年來關於大躍進運動成因研究綜述〉，《黨史研究與教學》，2004年第5期，頁93–96。

商進明、貝光生：〈取締一貫道，鞏固新生的人民政權〉，《北京黨史研究》，1996年第3期，頁41–43。

婁勝華：〈社會主義改造和集中動員型體制的形成〉，《南京社會科學》，2000年第11期，頁33–38。

崔躍峰：〈1949–1958年北京市同業工會組織的演變〉，《北京社會科學》，2005年第1期，頁106–113。

常帥：〈全民烏托邦的歌唱：以《紅旗歌謠》為例闡釋1958年新民歌運動〉，《安徽文學月刊》，2008年第8期，頁88–89。

康明玉、李青：〈建國初期成都市文化團體被接管與改造的經過〉，《成都文史資料》，第32輯，頁146–154。成都：四川大學出版社，2002。

張玉瑜：〈試論「五反」運動後我國私營工商業的生存狀況〉，《上海交通大學學報》，2011年第2期，頁82–88。

張先德：《成都：近五十年的私人記憶》。成都：四川文藝出版社，1999。

張西勇、楊繼武：〈歷史制度主義視域下我國城市街道辦事處的制度變遷〉，《中國行政管理》，2012年第12期，頁69–73。

張辰：〈解放初期上海攤販的管理〉，《檔案與史學》，2003年第1期，頁68–70。

張俊國：〈「三反」、「五反」運動研究述評〉，《湖北省社會主義學院學報》，2008年第2期，頁75–80。

張彥：〈回成都〉，《人民日報》，1956年9月13日，第2版。

張悅：〈「三反」運動的意義及其對我國現階段反腐敗工作的啟示〉，《求實》，2004年第S4期，頁126–127。

張勝良：〈論「中國紅歌會」的興起〉，《作家》，2008年第2期，頁256–257。

張逸仙：〈孤寂中誕生的「愛情」〉，《商務早報》，2000年4月26日。

張煉紅：〈再論新中國戲曲改革運動的歷史坐標〉，《上海戲劇》，2010年第12期，頁20–22。

張頤：〈解放戰爭時期中共對上海接管的歷史經驗〉，《中南民族大學學報》，2006年第S1期，頁108–112。

張濟順：〈社會文化史的檢視：1950年代上海研究的再思考〉，《華東師範大學學報》，2012年第2期，頁1–7。

———：〈從民辦到黨管：上海私營報業體制變革中的思想改造運動〉，華東師範大學中國當代史研究中心編：《中國當代史研究》，第1輯（2009），頁40–75。

———：〈上海里弄：基層政治動員與國家社會一體化走向，1950–1955〉，《中國社會科學》，2004年第2期，頁178–188。

曹汝霖:《一生之回憶》。香港:春秋雜誌社,1966。

盛琦:《麻將學》。北京:同心出版社,1999。

章士釗:〈文化運動與農村改良〉,《章士釗全集》,第4卷,頁144–146;〈農國辨〉,同上,頁266–272;〈章行嚴在農大之演說詞〉,同上,頁403–405。上海:文匯出版社,2000。

許玉龍、倪占元:〈略談城市集體經濟的性質及其在國民經濟中的地位〉,《財經問題研究》,1980年第1期,頁61–65。

郭文治:〈東城區街道辦事處的演變和發展〉,《錦江文史資料》,第3輯,頁14–30。成都:中國人民政治協商會議成都市錦江區委員會學習文史委員會,1995。

陳熙遠:〈從馬吊到馬將:小玩意與大歷史交織的一段歷史姻緣〉,《歷史語言研究所集刊》,第80輯,2009年,頁137–196。

陶文昭:〈「唱紅」被質疑的複雜社會因素〉,《人民論壇》,2011年第33期,頁37。

傅修海:〈趙樹理的革命敘事與鄉土經驗:以《小二黑結婚》的再解讀為中心〉,《文學評論》,2012年第2期,頁72–80。

傅崇矩:《成都通覽》。成都:通俗報社,1910。

喬曾希、李參化、白兆渝:〈成都市政沿革概述〉,《成都文史資料選輯》,第5輯,頁1–22。成都:中國人民政協會議四川省成都市委員會文史資料研究委員會,1983。

曾紅路:〈再論「大躍進」的歷史成因〉,《南京大學學報》,1998年第4期,頁73–78。

曾祥裕、鍾稚如:〈玩友對川劇唱腔改革的貢獻〉,《四川戲劇》,1990年第4期,頁39–40。

曾智中、尤德彥編:《文化人視野中的老成都》。成都:四川文藝出版社,1999。

湯明輝:〈鶴鳴生意經〉,《龍門陣》,1994年第3期,頁82–84。

舒新城:《蜀遊心影》。上海:中華書局,1934。

華東師範大學中國當代研究中心:《中國當代史研究》,第1輯。北京:九州出版社,2009。

───:《中國當代史研究》,第2輯。北京:九州出版社,2011。

───:《中國當代史研究》,第3輯。北京:九州出版社,2011。

馮至誠編:《市民記憶中的老成都》。成都:四川文藝出版社,1999。

馮筱才:〈「社會主義」的邊緣人:1956年前後的小商小販改造問題〉,華東師範大學中國當代史研究中心編:《中國當代史研究》,第3輯,頁3–45。北京:九州出版社,2011。

———:〈政治生存與經濟生存:上海商人如何走上公私合營之路〉,華東師範大學中國當代史研究中心編:《中國當代史研究》,第2輯,頁91–138。北京:九州出版社,2011。

黃如桐:〈資本主義工商業社會主義改造的歷史回顧〉,《當代中國史研究》,1994年第2期,頁83–94。

黃金平:〈淨化社會環境、促進社會和諧——上海解放初期的妓女改造〉,《上海黨史與黨建》,2005年第3期,頁40–41。

黃振元:〈請聽我們的呼籲〉,《戲劇報》,1956年第9期,頁4–5。

黃裳:〈閒〉,曾智中、尤德彥編:《文化人視野中的老成都》,頁321–326。成都:四川文藝出版社,1999。

黃躍民:〈對治理「麻將風」的若干思考〉,《社會》,1991年第12期,頁22–24。

勤耕:〈「玩友」與玩友〉,《四川戲劇》,1988年第3期,頁45–46。

楊京:〈武漢大媽廣場跳舞遭潑糞〉,《武漢晚報》,2013年10月25日。

楊忠義:〈成都茶館〉,《農業考古》,1992年第4期(中國茶文化專號),頁114–117。

楊奎松:〈毛澤東與「三反」運動〉,《史林》,2006年第4期,頁51–69。

———:〈建國初期中共幹部任用政策考察〉,華東師範大學中國當代史研究中心編:《中國當代史研究》,第1輯(2009),頁3–39。

———:〈新中國新聞報刊統制機制的形成經過——以建國前後王芸生的「投降」與《大公報》改造為例〉,華東師範大學中國當代史研究中心編:《中國當代史研究》,第3輯(2011),頁49–90。

———:《中華人民共和國建國史研究》。南昌:江西人民出版社,2009。

楊麗萍:〈新中國成立初期的上海里弄整頓〉,《當代中國史研究》,2010年第5期,頁50–57。

楊繼繩:《墓碑:中國六十年代大饑荒紀實(上下)》。香港:天地圖書有限公司,2009。

董麗敏:〈身體、歷史與想像的政治:作為文學事件的50年代妓女改造〉,《文學評論》,2010年第1期,頁113–121。

賈維:〈三青團的成立與中共的對策〉,《近代史研究》,1995年第2期,頁222–242。

鄒趣濤:〈成都五月文化服務社〉，成都市群眾藝術館編:《成都掌故》，第2輯，頁 201–208。成都:四川大學出版社，1998。

翟永明:《白夜譚》。廣州:花城出版社，2009。

翟業軍:〈從《小二黑結婚》看阿Q革命〉，《上海文化》，2013年第1期，頁36–43。

裴宜理、李里峰等:〈再思1949年分水嶺:政治學與歷史學的對話〉，《學海》，2015年第1期，頁5–49。

裴棟:〈一九五八年成都會議述評〉，《中共黨史研究》，1998年第5期，頁37–43。

劉乃崇:〈「改戲，改人，改制」給我們的啟示〉，《中國戲劇》，1990年第1期，頁38–41。

劉厚生:〈關於民間職業劇團的幾點思考〉，《廣東藝術》，1997年第1期，頁21–24。

劉建國:〈社會主義陣營的趕超浪潮與中國大躍進運動的發生〉，《江漢論壇》，2000年第4期，頁75–78。

劉振堯:〈「德盛」茶館憶曲藝〉，馮至誠編:《市民記憶中的老成都》，頁150–151。成都:四川文藝出版社，1999。

劉培平:〈論階級鬥爭擴大化錯誤產生的理論原因〉，《文史哲》，1994年第4期，頁46–52。

劉德軍:〈「三反」、「五反」運動再考察〉，《天府新論》，2009年第3期，頁128–131。

劉衡:〈成都手工業者的出路〉，《人民日報》，1954年5月15日。

劉遺倫:〈建國初期戲曲界「三改」的社會影響〉，《新東方》，2007年第10期，頁42–46。

劉願:〈「大躍進」運動與中國1958–1961年饑荒:集權體制下的國家、集體與農民〉，《經濟學 (季刊)》，2010年第3期，頁1119–1142。

潘泓滔:〈群眾藝術館在小區文化建設中的作用〉，《科學之友》，2011年第18期，頁155。

鄧高如:〈飲茶〉，《人民日報》，1995年11月3日。

余瑤:〈茶館民俗與茶人生活:俗民視野中的成都茶館〉，未刊碩士學位論文，上海大學，2007。

閻鋒:〈試論我國建國初期的文化過渡〉，《廣西社會科學》，2007年第2期，頁185–189。

靜環、曾榮華：〈錦城藝苑話天籟〉，《成都文史資料選輯》，第3輯，頁133–141。成都：中國人民政協會議四川省成都市委員會文史資料研究委員會，1982。

戴利朝：〈茶館觀察：農村公共空間的復興與基層社會整合〉，《社會》，2005年第5期，頁96–117。

戴善奎：〈成都泡茶館〉，《人民日報》，1998年7月10日。

───：〈茶館〉，《人民日報》，1984年8月19日。

謝泳：〈百年中國文學中的「趙樹理悲劇」：從《小二黑結婚》的一個細節說起〉，《開放時代》，2008年第6期，頁158–162。

謝國楨：《錦城遊記》，收入曾智中、尤德彥編：《文化人視野中的老成都》，頁352–356。成都：四川文藝出版社，1999。

鍾明華：〈成都茶樓靠「天」吃飯〉，《商務早報》，2000年5月26日。

韓南征：〈茶館與茶會〉，王木林、韓南征編：《巴蜀潮湧變門開：四川改革見聞與思考》，頁13–15。北京：中國人民大學出版社，1990。

魏文享：〈專業與統戰：建國初期中共對工商同業公會的改造策略〉，2008年第2期，頁88–93。

盧思貴：〈不怕困難的茶社工人〉，《成都日報》，1956年7月6日，第2版。

瓊瑤：《剪不斷的鄉愁》。北京：作家出版社，1990。

譚曉娟：〈滿城依然血戰到底，「反麻鬥士」隱身江湖〉，《天府早報》，2007年3月8日。

龐松：〈略論解放戰爭時期中共對上海的接管〉，《近代史研究》，1997年第2期，頁284–312。

蘇敏華：〈民間職業劇團在演出市場中的地位和作用〉，《福建藝術》，1998年第2期，頁9–10。

饒常林、常健：〈我國城市街道辦事處管理體制變遷與制度完善〉，《中國行政管理》，2011年第2期，頁85–88。

顧執中：〈閒話茶館〉，《人民日報》，1984年5月26日。

日文資料

今堀誠二：《中国の社会構造：アンシャンレジームにおける「共同体」》。東京：有斐閣，1953。

內藤利信：《住んでみた成都——蜀の国に見る中国の日常生活》。東京：
　　サイマル出版會，1991。
鈴木智夫：〈清末江浙の茶館について〉，《歷史における民眾と文化——
　　酒井忠夫先生古稀祝賀紀念論集》，頁529–540。東京：国書刊行會，
　　1982。
竹内実：《茶館——中国の風土と世界像》。東京：大修館書店，1974。

英文資料

Abrami, Regina Marie. "Self-Making, Class Struggle and Labor Autarky: The Political Origins of Private Entrepreneurship in Vietnam and China." PhD diss., University of California, Berkeley, 2002.

Adelman, Jonathan R. "The Impact of Civil Wars on Communist Political Culture: The Chinese and Russian Cases." *Studies in Comparative Communism* 16, no. 1–2 (Spring–Summer 1983): 25–48.

Akita, Shigeru, and Nicholas J. White, eds. *The International Order of Asia in the 1930s and 1950s*. Farnham: Ashgate, 2010.

Almond, Gabriel. "Comparative Political Systems." *Journal of Politics* 18, no. 3 (August 1956): 391–409.

Almond, Gabriel, and G. Bingham Powell. *Comparative Politics: System, Process and Policy*. Boston: Little, Brown, 1978.

Andors, Phyllis. *The Unfinished Liberation of Chinese Women, 1949–1980*. Bloomington: Indiana University Press, 1983.

Andrews, Julia F., and Kuiyi Shen. "The New Chinese Woman and Lifestyle Magazines in the Late 1990s." In *Popular China: Unofficial Culture in a Globalizing Society*, edited by Perry Link, Richard P. Madsen, and Paul G. Pickowicz, 137–162. Lanham: Rowman & Littlefield, 2002.

Atherton, Andrew, and Alaric Fairbanks. "Stimulating Private Sector Development in China: The Emergence of Enterprise Development Centres in Liaoning and Sichuan Provinces." *Asia Pacific Business Review* 12, no. 3 (July 2006): 333–354.

Atkinson, Lisa. "Fun for the '90s: Entertainment Just May Be China's Newest Growth Industry." *China Business Review* 21, no. 5 (September 1994): 16–22.

————. "What's Entertainment? New Censorship and Consolidation Concerns Plague China's Entertainment Market." *China Business Review* 24, no. 2 (March–April 1997), 38–40.

Averill, Stephen C. "The New Life in Action: The Nationalist Government in South Jiangxi, 1934–1937." *The China Quarterly* 88 (December 1981): 594–628.

Bachman, David M. *Bureaucracy, Economy, and Leadership in China: The Institutional Origins of the Great Leap Forward.* New York: Cambridge University Press, 1991.

Baker, Keith Michael, ed. *The Political Culture of the Old Regime.* Oxford: Pergamon Press, 1987.

Bakken, Børge. *The Exemplary Society: Human Improvement, Social Control, and the Dangers of Modernity in China.* New York: Oxford University Press, 2000.

Bandelj, Nina, and Dorothy J. Solinger, eds. *Socialism Vanquished, Socialism Challenged: Eastern Europe and China, 1989–2009.* New York: Oxford University Press, 2012.

Barmé, Geremie. "Red Allure and the Crimson Blindfold." *China Perspectives* 90 (2012): 29–40.

Barnett, A. Doak, ed. *Chinese Communist Politics in Action.* Seattle: University of Washington Press, 1969.

Basu, Ellen Oxfeld. "Profit, Loss, and Fate: The Entrepreneurial Ethic and the Practice of Gambling in an Overseas Chinese Community." *Modern China* 17, no. 2 (April 1991): 227–259.

Benson, Carlton. "Consumers Are Also Soldiers: Subversive Songs from Nanjing Road during the New Life Movement." In *Inventing Nanjing Road: Commercial Culture in Shanghai, 1900–1945*, edited by Sherman Cochran, 91–132. Ithaca: East Asia Program, Cornell University, 1999.

Berger, Yakov. "Social Support of the Elderly in Contemporary China." *Far Eastern Affairs* 30, no. 1 (2002): 79–112.

Bernstein, Thomas P. and Hua-yu Li, eds. *China Learns from the Soviet Union, 1949–Present.* Lanham: Lexington Books, 2010.

Bird, John, Barry Curtis, Tim Putnam, and Lisa Tickner, eds. *Mapping the Futures: Local Cultures, Global Change.* London: Routledge, 1993.

Børdahl, Vibeke. "Written Scripts in the Oral Tradition of Yangzhou Storytelling." In *Lifestyle and Entertainment in Yangzhou*, edited by Lucie B. Olivová and Vibeke Børdahl, 245–270. Copenhagen: NIAS, 2009.

Bourdieu, Pierre. *Distinction: A Social Critique of the Judgment of Taste.* Translated by Richard Nice. Cambridge: Harvard University Press, 1984.

Brook, Timothy, and B. Michael Frolic, eds. *Civil Society in China.* Armonk: M. E. Sharpe, 1997.

Brown, Archie, and Jack Gray, eds. *Political Culture and Political Change in Communist States.* London: Macmillan, 1979.

Brown, Jeremy. *City versus Countryside in Mao's China: Negotiating the Divide.* Cambridge: Cambridge University Press, 2012.

Brown, Jeremy, and Matthew Johnson, eds. *Maoism at the Grassroots: Everyday Life in China's Era of High Socialism.* Cambridge: Harvard University Press, 2015.

Brown, Jeremy, and Paul G. Pickowicz, eds. *Dilemmas of Victory: The Early Years of the People's Republic of China.* Cambridge: Harvard University Press, 2007.

———. "The Early Years of the People's Republic of China: An Introduction." In *Dilemmas of Victory*, edited by Brown and Pickowicz, 1–18. Cambridge: Harvard University Press, 2007.

Brownell, Susan. "Making Dream Bodies in Beijing: Athletes, Fashion Models, and Urban Mystique in China," In *China Urban: Ethnographies of Contemporary Culture*, edited by Nancy N. Chen et al., 123–143. Durham & London: Duke University Press, 2001.

Broyelle, Claudie and Jacques. "Everyday Life in the People's Republic." *Quadrant* 22, no. 11 (November 1978): 14–19.

Brugger, William. *Democracy and Organization in the Chinese Industrial Enterprise, 1948–1953.* New York: Cambridge University Press, 1976.

Bruun, Ole. *Business and Bureaucracy in a Chinese City: An Ethnography of Private Business Households in Contemporary China.* Berkeley: Institute of East Asian Studies, University of California, 1993.

Buckley, Christopher. "How a Revolution Becomes a Dinner Party: Stratification, Mobility and the New Rich in Urban China." In *Culture and Privilege in Capitalist Asia*, edited by Michael Pinches, 208–229. London: Routledge, 1999.

Burke, Peter. *What Is Cultural History?* 2nd edition. Cambridge: Polity, 2008.

Button, Michael. *Streetlife China.* New York: Cambridge University Press, 1998.

Cai, Wenhui. *Class Struggle and Deviant Labeling in Mao's China: Becoming Enemies of the People.* Lewiston: Edwin Mellen, 2001.

Campanella, Thomas J. *The Concrete Dragon: China's Urban Revolution and What It Means for the World*. New York: Princeton Architectural Press, 2008.

Cartier, Carolyn. "Origins and Evolution of a Geographical Idea: The Macroregion in China." *Modern China* 28, no.1 (January 2002): 79–143.

———. "Transnational Urbanism in the Reform Era Chinese City: Landscapes from Shenzhen." *Urban Studies* 39, no. 9 (2002): 1513–1532.

Chai, Joseph C. H., ed. *The Economic Development of Modern China*. Northampton: Edward Elgar Publishing Limited, 2000.

Chaichian, Mohammad A. "The Development of Small Business and Petty Commodity Production in the People's Republic of China." *Asian Profile* 22, no. 4 (August 1994): 167–176.

Chamberlain, Heath B. "On the Search for Civil Society in China." *Modern China* 19, no. 2 (April 1993): 199–215.

Chan, Anita. "The Culture of Survival: Lives of Migrant Workers through the Prism of Private Letters." In *Popular China*, edited by Link, Madsen, and Pickowicz, 163–188. Lanham: Rowman & Littlefield, 2002.

Chan, Cecilia. "Urban Neighborhood Mobilization and Community Care for the Elderly in the People's Republic of China." *Journal of Cross-Cultural Gerontology* 8, no. 3 (July 1993): 253–270.

Chan, Chris King-Chi, Ngai Pun, and Jenny Chan. "The Role of the State, Labour Policy and Migrant Workers' Struggles in Globalized China." In *Globalization and Labour in China and India: Impacts and Responses*, edited by Paul Bowles and John Harriss, 45–63. London: Palgrave Macmillan, 2010.

Chan, Sylvia. "The Blooming of a 'Hundred Flowers' and the Literature of the 'Wounded Generation.'" In *China since the Gang of Four*, edited by Bill Brugger, 174–201. New York: St. Martin's, 1980.

Chand, Gyan. *The New Economy of China: Factual Account, Analysis and Interpretation*. Bombay: Vora, 1958.

Chang, Chen-pang. "Anti-Rightist in Politics, Anti-Leftist in Economics." *Issues and Studies* 23, no. 8 (1987): 5–8.

Chang, Julian. "The Mechanics of State Propaganda: The People's Republic of China and the Soviet Union in the 1950s." In *New Perspectives on State Socialism in China*, edited by Timothy Cheek and Tony Saich, 76–124. Armonk: M. E. Sharpe, 1997.

Chang, Jung. *Wild Swans: Three Daughters of China*. New York: Touchstone, 2003.

Cheek, Timothy. "Deng Tuo: Culture, Leninism and Alternative Marxism in the Chinese Communist Party." *China Quarterly* 87 (September 1981): 470–491.

Chen, An. "Capitalist Development, Entrepreneurial Class, and Democratization in China." *Political Science Quarterly* 117, no. 3 (Fall 2002): 401–422.

Chen, Jian. *China's Road to the Korean War: The Making of the Sino-American Confrontation*. New York: Columbia University Press, 1994.

———. *Mao's China and the Cold War*. Chapel Hill: University of North Carolina Press, 2001.

Chen, Nancy N., Constance D. Clark, Suzanne Z. Gottschang, and Lyn Jeffery. *China Urban: Ethnographies of Contemporary Culture*. Durham: Duke University Press, 2001.

Chen, Sandy C., and Michael Gassner. "An Investigation of the Demographic, Psychological, Psychographic, and Behavioral Characteristics of Chinese Senior Leisure Travelers." *Journal of China Tourism Research* 8, no. 2 (2012): 123–145.

Chen, Tina Mai. "Female Icons, Feminist Iconography? Socialist Rhetoric and Women's Agency in 1950s China." *Gender and History* 15, no. 2 (2003): 268–295.

———. "Propagating the Propaganda Film: The Meaning of Film in Chinese Communist Party Writings, 1949–1965." *Modern Chinese Literature and Culture* 15, no. 2 (2003): 154–193.

Chen, Yanru. "From Ideal Women to Women's Ideal: Evolution of the Female Image in Chinese Feature Films, 1949–2000." *Asian Journal of Women's Studies* 14, no. 3 (2008): 97–129.

Cheng, Weikun. "The Challenge of the Actresses: Female Performers and Cultural Alternatives in Early Twentieth Century Beijing and Tianjin." *Modern China* 22, no. 2 (1996): 197–233.

———. "In Search of Leisure: Women's Festivities in Late Imperial Beijing." *Chinese Historical Review* 14, no. 1 (2007): 1–28.

Chiang, Chen-ch'ang. "Social Control under the Chinese Communist Regime." *Issues and Studies* 22, no. 5 (May 1986): 87–111.

Chien, Ying-ying. "Revisioning 'New Women': Feminist Readings of Representative Modern Chinese Fiction." *Women's Studies International Forum* 17, no. 1 (January–February 1994): 33–45.

Chin, S. S. K., and A. H. Y. Lin. "Persevering in Socialism or Returning to New Democracy? A Case of the Verification of Mao Tse-tung Thought by Practice." *Journal of Oriental Studies* 20, no. 2 (1982): 173–188.

Ching, Leo. "Globalizing the Regional, Regionalizing the Global: Mass Culture and Asianism in the Age of Late Capitalism." *Public Culture* 12, no. 1 (Winter 2000): 233–257.

Chiu, Hungdah. "Socialist Legalism: Reform and Continuity in Post Mao Communist China." *Issues and Studies* 17, no. 11 (1981): 45–69.

Choi, Susanne Y. P. "State Control, Female Prostitution and HIV Prevention in China." *China Quarterly* 205 (March 2011): 96–114.

Chung, Yen-lin. "The Witch-Hunting Vanguard: The Central Secretariat's Roles and Activities in the Anti-Rightist Campaign." *China Quarterly* 206 (June 2011): 391–411.

Clausen, Søren. "Party Policy and 'National Culture': Towards a State-Directed Cultural Nationalism in China?" In *Reconstructing Twentieth-Century China: State Control, Civil Society, and a National Identity*, edited by Kjeld Erik Brødsgaard and David Strand, 253–279. Oxford: Clarendon Press, 1998.

Cochran, Sherman. 2007. "Capitalists Choosing Communist China: The Liu Family of Shanghai, 1948–1956." In *Dilemmas of Victory*, edited by Brown and Pickowicz, 359–385. Cambridge: Harvard University Press, 2007.

Cohen, Jerome Alan. "Drafting People's Mediation Rules." In *The City in Communist China*, edited by John Wilson Lewis, 29–50. Stanford: Stanford University Press, 1971.

Cohen, Paul A. "The Post-Mao Reforms in Historical Perspective." *Journal of Asian Studies* 47, no. 3 (August 1988): 518–540.

———. "Reflections on a Watershed Date: The 1949 Divide in Chinese History." In *Twentieth-Century China: New Approaches*, edited by Jeffrey N. Wasserstrom, 27–36. New York: Taylor & Francis, 2003.

Cooke, Fang Lee. "Entrepreneurship, Humanistic Management and Business Turnaround: The Case of a Small Chinese Private Firm." In *Humanistic Management in Practice*, edited by Ernst Von Kimakowitz et al., 119–130. Basingstoke: Palgrave Macmillan, 2011.

Crespi, John A. "Treasure-Seekers: The Poetry of Social Function in a Beijing Recitation Club." *Modern Chinese Literature and Culture* 22, no. 2 (Fall 2010): 1–38.

Cui, Zhiyuan. "Partial Intimations of the Coming Whole: The Chongqing Experiment in Light of the Theories of Henry George, James Meade, and Antonio Gramsci." *Modern China* 37, no. 6 (December 2011): 646–660.

Cunningham, Li Xue, and Chris Rowley. "Small and Medium-Sized Enterprises in China: A Literature Review, Human Resource Management and Suggestions for Further Research." *Asia Pacific Business Review* 16, no. 3 (2010): 319–337.

"Dancing Queens: Grooving Grannies Encounter Opposition." *The Economist*, October 26, 2013.

Das, Naranarayan. *China's Hundred Weeds: A Study of the Anti-Rightist Campaign in China (1957–1958)*. Calcutta: K. P. Bagchi, 1979.

Davis, Deborah, ed. *The Consumer Revolution in Urban China*. Berkeley: University of California Press, 2000.

———. "When a House Becomes His Home." In *Popular China*, edited by Link, Madsen, and Pickowicz, 231–250. Lanham: Rowman & Littlefield, 2002.

———. "Urban Consumer Culture." *China Quarterly* 183 (September 2005): 692–709.

Davis, Deborah, and Stevan Harrell, eds. *Chinese Families in the Post-Mao Era*. Berkeley: University of California Press, 1993.

Davis, Deborah, Richard Kraus, Barry Naughton, and Elizabeth J. Perry, eds. *Urban Spaces in Contemporary China: The Potential for Autonomy and Community in Post-Mao China*. New York: Cambridge University Press, 1995.

Day, Alexander. *The Peasant in Postsocialist China: History, Politics, and Capitalism*. Cambridge: Cambridge University Press, 2013.

DeMare, Brian James. *Mao's Cultural Army: Drama Troupes in China's Rural Revolution*. Cambridge: Cambridge University Press, 2015.

Dikötter, Frank. *The Cultural Revolution: A People's History, 1962–1976*. New York: Bloomsbury, 2017.

Dillon, Nara. "New Democracy and the Demise of Private Charity in Shanghai." In *Dilemmas of Victory*, edited by Brown and Pickowicz, 80–102. Cambridge: Harvard University Press, 2007.

Ding, Sai, Xiao-yuan Dong, and Shi Li. "Women's Employment and Family Income Inequality during China's Economic Transition." *Feminist Economics* 15, no. 3 (July 2009): 163–190.

Ding, Yuling. "Economic Activities and the Construction of Gender Status among the Xunpu Women in Fujian." In *Southern Fujian: Reproduction of Traditions in Post-Mao China,* edited by Chee-Beng Tan, 163–183. Hong Kong: The Chinese University Press, 2006.

Dirlik, Arif. "The Ideological Foundations of the New Life Movement: A Study in Counterrevolution." *Journal of Asian Studies* 34, no. 4 (August 1975): 945–980.

Dittmer, Lowell, and Lance Gore. "China Builds a Market Culture." *East Asia* 19, no. 3 (September 2001): 9–50.

Dong, Xiaoyuan, Jiangchun Yang, Fenglian Du and Sai Ding. "Women's Employment and Public Sector Restructuring: The Case of Urban China." In *Unemployment in China: Economy, Human Resources and Labour Markets*, edited by Grace O. M. Lee and Malcolm Warner, 87–107. London: Routledge, 2007.

Downes, D. M., B. P. Davies, M. E. David, and P. Stone. *Gambling, Work and Leisure: A Study across Three Areas.* London: Routledge & Kegan Paul, 1976.

Duara, Prasenjit. "Superscribing Symbols: The Myth of Guandi, Chinese God of War." *Journal of Asian Studies* 47, no. 4 (November 1988): 778–795.

———. "Knowledge and Power in the Discourse of Modernity: The Campaigns against Popular Religion in Early Twentieth-Century China." *Journal of Asian Studies* 50, no. 1 (February 1991): 67–83.

Dutton, Michael Robert. *Streetlife China.* New York: Cambridge University Press, 1998.

Dwyer, D. J. "Chengdu, Sichuan: The Modernisation of a Chinese City." *Geography* 71, no. 3 (1986): 215–227.

Eadington, William R. *Gambling and Society: Interdisciplinary Studies on the Subject of Gambling.* Springfield, IL: Charles C. Thomas, 1976.

Endicott-West, Elizabeth. "Notes on Shamans, Fortune-Tellers and Yin-Yang Practitioners and Civil Administration in Yüan China." In *The Mongol Empire and Its Legacy,* edited by Reuven Amitai-Preiss and David O. Morgan, 224–239. Leiden: Brill, 1999.

Esherick, Joseph W., ed. *Remaking the Chinese City: Modernity and National Identity, 1900–1950.* Honolulu: University of Hawai'i Press, 2000.

———. 2007. "The Ye Family in New China." In *Dilemmas of Victory,* edited by Brown and Pickowicz, 311–336. Cambridge: Harvard University Press, 2007.

———. *Ancestral Leaves: A Family Journey through Chinese History.* Berkeley: University of California Press, 2011.

Esherick, Joseph W., Paul G. Pickowicz, and Andrew G. Walder, eds. *The Chinese Cultural Revolution as History.* Stanford: Stanford University Press, 2006.

Evans, Harriet. "The Language of Liberation: Gender and Jiefang in Early Chinese Communist Party Discourse." In *Twentieth-Century China*, edited by Wasserstrom, 193–220. New York: Taylor & Francis, 2003.

Fabre, Guilhem. "State, Corruption, and Criminalisation in China." *International Social Science Journal* 169 (September 2001): 459–466.

Farina, Marina Basso. "Urbanization, Deurbanization and Class Struggle in China, 1949–1979." *International Journal of Urban and Regional Research* 4, no. 4 (December 1980): 485–502.

Farquhar, Judith. "Technologies of Everyday Life: The Economy of Impotence in Reform China." *Cultural Anthropology* 14, no. 2 (May 1999): 155–179.

———. *Appetites: Food and Sex in Postsocialist China*. Durham: Duke University Press, 2002.

Farrer, James. "Dancing through the Market Transition: Disco and Dance Hall Sociability in Shanghai." In *The Consumer Revolution in Urban China*, edited by Davis, 226–249. Berkeley: University of California Press, 2000.

———. "Shanghai Bars: Patchwork Globalization and Flexible Cosmopolitanism in Reform-Era Urban-Leisure Spaces." *Chinese Sociology and Anthropology* 42, no. 2 (Winter 2009–2010): 22–38.

Fei, Li. "Performance Technique and Schools of Yangzhou Storytelling." In *Four Masters of Chinese Storytelling: Full-Length Repertoires of Yangzhou Storytelling on Video*, edited by Vibeke Børdahl, Li Fei, and Ying Huang, 17–27. Copenhagen: NIAS, 2004.

Feng, Shuliang. "Crime and Crime Control in a Changing China." In *Crime and Social Control in a Changing China*, edited by Jianhong Liu et al., 123–130. Westport: Greenwood Publishing Group Inc, 2001.

Ferlanti, Federica. "The New Life Movement in Jiangxi Province, 1934–1938." *Modern Asian Studies* 44, no. 5 (September 2010): 961–1000.

Fernandez-Stembridge, Leila. "Shaping Rural Migrant Women's Employment: The Role of Housemaid Agencies." *European Journal of East Asian Studies* 4, no. 1 (2005): 31–53.

Festa, Paul E. "Mahjong Politics in Contemporary China: Civility, Chineseness, and Mass Culture." *Position* 14, no. 1 (2006): 7–35.

———. "Mahjong Agonistics and the Political Public in Taiwan: Fate, Mimesis, and the Martial Imaginary." *Anthropological Quarterly* 80, no. 1 (Winter 2007): 93–125.

Finnane, Antonia. "Tailors in 1950s Beijing: Private Enterprise, Career Trajectories, and Historical Turning Points in the Early PRC." *Frontiers of History in China* 6, no. 1 (March 2011): 117–137.

Fleischer, Friederike. "Speaking Bitter-Sweetness: China's Urban Elderly in the Reform Period." *Asian Anthropology* 5, no. 1 (2006): 31–55.

Florence, Eric. "Migrant Workers in Shenzhen: Between Discursive Inclusion and Exclusion." In *Migration between States and Markets*, edited by Han Entzinger, Marco Martiniello, and Catherine Wihtol de Wenden, 42–62. Burlington: Ashgate, 2004.

———. "Migrant Workers in the Pearl River Delta: Discourse and Narratives about Work as Sites of Struggle." *Critical Asian Studies* 39, no. 1 (March 2007): 121–150.

Forester, John, ed. "Introduction: The Applied Turn in Contemporary Critical Theory." In *Critical Theory and Public Life*, edited by John F. Forester. Cambridge: MIT Press, 1986.

Frey, James H. "Gambling: A Sociological Review." *The Annals of the American Academy of Political and Social Science* 474 (1984): 107–121.

Friedmann, John. *China's Urban Transition*. Minneapolis: University of Minnesota Press, 2005.

Fukamachi, Hideo. "Prairie Fire or the Gimo's New Clothes? Chiang Kai-shek's New Life Movement." *Chinese Historical Review* 17, no. 1 (Spring 2010): 68–84.

Fung, Anthony. "Consuming Karaoke in China: Modernities and Cultural Contradiction." *Chinese Sociology and Anthropology* 42, no. 2 (Winter 2009–2010): 39–55.

Gao, James Z. *The Communist Takeover of Hangzhou: The Transformation of City and Cadre, 1949–1954*. Honolulu: University of Hawai'i Press, 2004.

Gao, Yuan. *Born Red: A Chronicle of the Cultural Revolution*. Stanford: Stanford University Press, 1987.

Gardner, John. "The Wu-fan Campaign in Shanghai." in *Chinese Communist Politics in Action*, edited by Barnett, 477–539. Seattle: University of Washington Press, 1969.

Gates, Hill. "Owner, Worker, Mother, Wife: Taibei and Chengdu Family Businesswomen." In *Putting Class in Its Place: Worker Identities in East Asia*, edited by Elizabeth J. Perry, 127–165. Berkeley: Institute of East Asian Studies, University of California, 1996.

———. *Looking for Chengdu: A Woman's Adventures in China*. Ithaca: Cornell University Press, 1999.

Gaubatz, Piper Rae. "Urban Transformation in Post-Mao China: Impacts of the Reform Era on China's Urban Form." In *Urban Spaces in Contemporary China*, edited by Davis et al., 28–60. New York: Cambridge University Press, 1995.

Geertz, Clifford. *The Interpretation of Cultures*. New York: Basic Books, 1973.

Gentil, Sylvie. "Chengdu, Leave Me Alone Tonight, or Life as a Drowning Experience." *Chinese Cross Currents* 1, no. 2 (April 2004): 58–69.

Gerth, Karl. *As China Goes, So Goes the World: How Chinese Consumers Are Transforming Everything*. New York: Hill and Wang, 2011.

Geyer, Robert. "In Love and Gay." In *Popular China*, edited by Link, Madsen, and Pickowicz, 251–274. Lanham: Rowman & Littlefield, 2002.

Gil, Vincent E., Marco S. Wang, Allen F. Anderson, Guo Matthew Lin, and Zongjian Oliver Wu. "Prostitutes, Prostitution and STD/HIV Transmission in Mainland China." *Social Science and Medicine* 40, no. 1 (January 1996): 141–152.

Giroir, Guillaume. "Spaces of Leisure: Gated Golf Communities in China." In *China's Emerging Cities: The Making of New Urbanism,* edited by Fulong Wu, 235–255. London: Routledge, 2007.

Gittings, John. *The Changing Face of China: From Mao to Market*. New York: Oxford University Press, 2005.

Gluckstein, Ygael. *Mao's China: Economic and Political Survey*. London: George Allen & Unwin, 1957.

Golas, Peter J. "Early Ch'ing Guilds." In *The City in Late Imperial China*, edited by G. William Skinner, 555–580. Stanford: Stanford University Press, 1977.

Gold, Thomas B. "China's Private Entrepreneurs: Small-Scale Private Business Prospers under Socialism." *China Business Review* 12, no. 6 (November–December 1985): 46–50.

Goldman, Merle. "The Party and the Intellectuals." In *The Cambridge History of China, Volume 14: The People's Republic, Part 1: The Emergence of Revolutionary China, 1949–1965*, edited by Roderick MacFarquhar and John K. Fairbank, 218–258. Cambridge: Cambridge University Press, 1987.

Goldman, Merle, and Roderick MacFarquhar, eds. *The Paradox of China's Post-Mao Reforms*. Cambridge: Harvard University Press, 1999.

Goldstein, Joshua. "From Teahouses to Playhouse: Theaters as Social Texts in Early-Twentieth-Century China." *Journal of Asian Studies* 62, no. 3 (August 2003): 753–779.

Gong, Ting. "Women's Unemployment, Re-employment and Self-employment in China's Economic Restructuring." In *Transforming Gender and Development in East Asia*, edited by Esther Ngan-ling Chow, 125–139. New York and London: Routledge, 2002.

Goodman, Bryna. *Native Place, City, and Nation: Regional Networks and Identities in Shanghai, 1853–1937.* Berkeley: University of California Press, 1995.

Goodman, David S. G. "Contending the Popular: The Party State and Culture." *Positions* 9, no. 1 (2001): 245–252.

———, ed. *China's Campaign to "Open up the West": National, Provincial, and Local Perspectives.* New York: Cambridge University Press, 2004.

Goodman, David S. G., and Gerald Segal, eds. *China Deconstructs Politics, Trade and Regionalism.* London: Routledge, 1995.

Goodman, Howard L. *Ts'ao P'i Transcendent: The Political Culture of Dynasty-Founding in China at the End of the Han.* London: Routledge, 1998.

Gore, Lance L. P. "Dream On: Communists of the Dengist Brand in Capitalistic China." In *The Nanxun Legacy and China's Development in the Post-Deng Era*, edited by John Wang and Yongnian Zheng, 197–219. Singapore: Singapore University Press and World Scientific Publishing Company, 2001.

Gottschang, Suzanne Z. "The Consuming Mother: Infant Feeding and the Feminine Body in Urban China." In *China Urban*, edited by Chen et al., 89–103. Durham: Duke University Press, 2001.

Guo, Sujian. *Chinese Politics and Government: Power, Ideology and Organization.* London: Routledge, 2012.

Habermas, Jürgen. *The Structural Transformation of the Public Sphere: An Inquiry into a Category of Bourgeois Society.* Translated by Thomas Burger. Cambridge: Polity, 1989.

Halpern, Nina P. "Economic Reform, Social Mobilization, and Democratization in Post-Mao China." In *Reform and Reaction in Post-Mao China: The Road to Tiananmen*, edited by Richard Baum, 38–59. London: Routledge, 1991.

Hanser, Amy. "The Chinese Enterprising Self: Young, Educated Urbanites and the Search for Work." In *Popular China*, edited by Link, Madsen, and Pickowicz, 189–206. Lanham: Rowman & Littlefield, 2002.

Hansson, Anders, Bonnie S. McDougall, and Frances Weightman, eds. *The Chinese at Play: Festivals, Games, and Leisure*. New York: Kegan Paul, 2002.

Harding, Harry. "Political Development in Post-Mao China." In *Modernizing China: Post-Mao Reform and Development*, edited by A. Doak Barnett and Ralph N. Clough, 13–37. Boulder: Westview, 1986.

Harrell, Stevan, ed. *Cultural Encounters on China's Ethnic Frontiers*. Seattle: University of Washington Press, 1995.

Harvey, David. *The Condition of Postmodernity: An Enquiry into the Origins of Cultural Change*. Oxford: Blackwell, 1989.

Hayden, Dolores. *The Power of Place: Urban Landscapes as Public History*. Cambridge: MIT Press, 1995.

He, Chengzhou. "Women and the Search for Modernity: Rethinking Modern Chinese Drama." *Modern Language Quarterly* 69, no. 1 (March 2008): 45–60.

He, Qiliang. "High-Ranking Party Bureaucrats and Oral Performing Literature: The Case of Chen Yun and Pingtan in the People's Republic of China." *CHINOPERL Papers* 30 (2011): 77–101.

———. *Gilded Voices: Economics, Politics, and Storytelling in the Yangzi Delta since 1949*. Leiden: Brill, 2012.

Head, Thomas C. "Structural Changes in Turbulent Environments: A Study of Small and Mid-Size Chinese Organizations." *Journal of Leadership & Organizational Studies* 12, no. 2 (2005): 82–93.

Heller, Ágnes. *Everyday Life*. Translated by G. L. Campbell. London: Routledge & Kegan Paul, 1984.

Hendrischke, Hans. "Popularization and Localization: A Local Tabloid Newspaper Market in Transition." In *Locating China: Space, Place, and Popular Culture*, edited by Jing Wang, 115–132. London: Routledge, 2005.

Henriot, Christian. "Slums, Squats, or Hutments? Constructing and Deconstructing an In-Between Space in Modern Shanghai (1926–1965)." *Frontiers of History in China* 7, no. 4 (December 2012): 499–528.

Hershatter, Gail. *Dangerous Pleasures: Prostitution and Modernity in Twentieth-Century Shanghai*. Berkeley: University of California Press, 1997.

———. "The Gender of Memory: Rural Chinese Women and the 1950s." *Journal of Women in Culture and Society* 28, no. 1 (August 2002): 43–70.

Hiniker, Paul J. "The Cultural Revolution Revisited: Dissonance Reduction or Power Maximization." *China Quarterly* 94 (June 1983): 282–303.

Ho, Ping-ti. "The Geographic Distribution of Hui-kuan (Landsmannschaften) in Central and Upper Yangtze Provinces." *Tsinghua Journal of Chinese Studies* 5, no. 2 (December 1966): 120–152.

Ho, Dahpon David. "To Protect and Preserve: Resisting the Destroy the Four Olds Campaign, 1966–1967." In *The Chinese Cultural Revolution as History*, edited by Esherick, Pickowicz, and Walder, 64–95. Stanford: Stanford University Press, 2006.

Ho, Denise Y. "Reforming Connoisseurship: State and Collectors in Shanghai in the 1950s and 1960s." *Frontiers of History in China* 7, no. 4 (December 2012): 608–637.

Ho, Norman P. "Organized Crime in China: The Chongqing Crackdown." In *Law and Policy for China's Market Socialism*, edited by John Garrick, 202–214. London and New York: Routledge, 2012.

Ho, Virgil. *Understanding Canton, Rethinking Popular Culture in the Republican Period*. Oxford: Oxford University Press, 2005.

Ho, Yim-Chi, and A. S. Chan. "Comparing the Effects of Mahjong Playing and Reading on Cognitive Reserve of the Elderly." *Journal of Psychology in Chinese Societies* 6, no. 1 (2005): 5–26.

Hockx, Michel, and Julia Strauss. "Introduction." *China Quarterly* 183 (September 2005): 523–531.

Hoffmann, David L. *Stalinist Values: The Cultural Norms of Soviet Modernity, 1917–1941*. Ithaca: Cornell University Press, 2003.

Holm, David. "Folk Art as Propaganda: The Yangge Movement in Yan'an." In *Popular Chinese Literature and Performing Arts in the People's Republic of China, 1949–1979*, edited by Bonnie S. McDougall, 3–35. Berkeley: University of California Press, 1984.

Honig, Emily. "Socialist Sex: The Cultural Revolution Revisited." *Modern China* 29, no. 2 (April 2003): 143–175.

Hooper, Beverley. "Women, Consumerism and the State in Post-Mao China." *Asian Studies Review* 17, no. 3 (April 1994): 73–83.

———. "'Flower Vase and Housewife': Women and Consumerism in Post-Mao China." In *Gender and Power in Affluent Asia*, edited by Krishna Sen and Maila Stivens, 167–193. London: Routledge, 1998.

Hrdli ková, Vena. "The Story of Lao Ma and Its Versions in Beijing Storytelling." *CHINOPERL Papers* 27 (2007): 25–42.

Hua, Shiping, ed. *Chinese Political Culture, 1989–2000.* Armonk: M. E. Sharpe, 2001.

Huang, Philip C. C. "'Public Sphere' / 'Civil Society' in China? The Third Realm between State and Society." *Modern China* 19, no. 2 (April 1993): 216–240.

Hung, Chang-tai. "The Dance of Revolution: Yangge in Beijing in the Early 1950s." *China Quarterly* 181 (March 2005): 82–99.

———. "Mao's Parades: State Spectacles in China in the 1950s." *China Quarterly* 190 (January 2007): 411–431.

Hunt, Lynn A. *Politics, Culture, and Class in the French Revolution.* Berkeley: University of California Press, 1984.

Hyde, Sandra Teresa. "Sex Tourism Practices on the Periphery: Eroticizing Ethnicity and Pathologizing Sex on the Lancang." In *China Urban*, edited by Chen et al., 143–164. Durham & London: Duke University Press, 2001.

Jeffreys, Elaine. "Prostitution and Propaganda in the People's Republic of China." In *China's Thought Management*, edited by Anne-Marie Brady, 146–163. London: Routledge, 2012.

Jessup, J. Brooks. "Beyond Ideological Conflict: Political Incorporation of Buddhist Youth in the Early PRC." *Frontiers of History in China* 7, no. 4 (December 2012): 551–581.

Jiang, Jiehong, ed. *Burden or Legacy: From the Chinese Cultural Revolution to Contemporary Art.* Hong Kong: Hong Kong University Press, 2007.

Jiang, Jin. *Women Playing Men: Yue Opera and Social Change in Twentieth-Century Shanghai.* Seattle: University of Washington Press, 2009.

Jiang, Wenran. "Prosperity at the Expense of Equality: Migrant Workers are Falling Behind in Urban China's Rise." In *Confronting Discrimination and Inequality in China: Chinese and Canadian Perspectives*, edited by Errol P. Mendes and Sakunthala Srighanthan, 16–29. Ottawa: University of Ottawa Press, 2009.

Jiang, Yarong, and David Ashley. *Mao's Children in the New China: Voices from the Red Guard Generation.* London: Routledge, 2013.

Jin, Guantao. "Socialism and Tradition: The Formation and Development of Modern Chinese Political Culture." *Journal of Contemporary China* 3 (Summer 1993): 3–17.

Joseph, William A. "A Tragedy of Good Intentions: Post-Mao Views of the Great Leap Forward." *Modern China* 12, no. 4 (October 1986): 419–457.

Jung, Hwa Yol, ed. *Comparative Political Culture in the Age of Globalization: An Introductory Anthology.* Lanham: Lexington Books, 2002.

Kaikkonen, Marja. *Laughable Propaganda: Modern Xiangsheng as Didactic Entertainment.* Stockholm: Institute of Oriental Languages, Stockholm University, 1990.

Kau, Ying-mao. "The Urban Bureaucratic Elite in Communist China: A Case Study of Wuhan, 1949–1965." In *Chinese Communist Politics in Action*, edited by Barnett, 216–267. Seattle: University of Washington Press, 1969.

Keane, John. *Public Life and Late Capitalism: Toward a Socialist Theory of Democracy.* Cambridge: Cambridge University Press, 1984.

Kevin R. Cox, ed. *Spaces of Globalization: Reassuring the Power of the Local.* New York: The Guilford Press, 1997.

King, Richard, Sheng Tian Zheng, and Scott Watson, eds. *Art in Turmoil: The Chinese Cultural Revolution, 1966–1976.* Vancouver: UBC Press, 2010.

Kraus, Richard. "Public Monuments and Private Pleasures in the Parks of Nanjing: A Tango in the Ruins of the Ming Emperor's Palace." In *The Consumer Revolution in Urban China*, edited by Davis, 287–311. Berkeley: University of California Press, 2000.

———. "Let a Hundred Flowers Blossom, Let a Hundred Schools of Thought Contend." In *Words and Their Stories: Essays on the Language of the Chinese Revolution*, edited by Ban Wang, 249–262. Leiden: Brill, 2011.

Kruks, Sonia, Rayna Rapp, and Marilyn B. Young, eds. *Promissory Notes: Women in the Transition to Socialism.* New York: Monthly Review, 1989.

Kubo, Toru. "China's Economic Development and the International Order of Asia, 1930–1950s." In *The International Order of Asia in the 1930s and 1950s*, edited by Akita and White, 233–254. Farnham: Ashgate, 2010.

Lardy, Nicholas R. "The Chinese Economy under Stress, 1958–1965." In *The Cambridge History of China, Volume 14*, edited by MacFarquhar and Fairbank, 360–397. Cambridge: Cambridge University Press, 1987.

Lau, Raymond W. K. "Socio-political Control in Urban China: Changes and Crisis." *British Journal of Sociology* 52, no. 4 (December 2001): 605–620.

Lee, Chin-Chuan, Zhou He, and Yu Huang. "'Chinese Party Publicity Inc.' Conglomerated: The Case of the Shenzhen Press Group." *Media, Culture & Society* 28, no. 4 (July 2006): 581–602.

Lee, Hong Yung. "Mao's Strategy for Revolutionary Change: A Case Study of the Cultural Revolution." *China Quarterly* 77 (March 1979): 50–73.

Lee, Joseph Tse-Hei. "Co-optation and Its Discontents: Seventh-Day Adventism in 1950s China." *Frontiers of History in China* 7, no. 4 (December 2012): 582–607.

Leese, Daniel. *Mao Cult: Rhetoric and Ritual in China's Cultural Revolution.* Cambridge: Cambridge University Press, 2011.

Léfebvre, Henri. *Everyday Life in the Modern World.* Translated by Sacha Rabinovitch. New York: Harper & Row, 1971.

Leong, Sow-Theng, and Tim Wright, eds. *Migration and Ethnicity in Chinese History: Hakkas, Pengmin, and Their Neighbors.* Stanford: Stanford University Press, 1997.

Lewis, John Wilson, ed. *The City in Communist China.* Stanford: Stanford University Press, 1971.

Li, Choh-ming. *Economic Development of Communist China: An Appraisal of the First Five Years of Industrialization.* Berkeley: University of California Press, 1959.

Li, Hua-yu. *Mao and the Economic Stalinization of China, 1948–1953.* Boulder: Rowman & Littlefield, 2006.

Li, Peilin, and Wei Li. "The Work Situation and Social Attitudes of Migrant Workers in China under the Crisis." In *China's Internal and International Migration,* edited by Peilin Li and Laurence Roulleau-Berger, 3–25. London: Routledge, 2013.

Li, Wei, and Dennis Tao Yang. "The Great Leap Forward: Anatomy of a Central Planning Disaster." *Journal of Political Economy* 113, no. 4 (August 2005): 840–877.

Lieberthal, Kenneth. *Revolution and Tradition in Tientsin, 1949–1952.* Stanford: Stanford University Press, 1980.

———. *Governing China: From Revolution through Reform.* New York: W. W. Norton, 2004.

Lieberthal, Kenneth, and David M. Lampton, eds. *Bureaucracy, Politics, and Decision Making in Post-Mao China.* Berkeley: University of California Press, 1992.

Link, Perry. "The Genie and the Lamp: Revolutionary Xiangsheng." In *Popular Chinese Literature and Performing Arts in the People's Republic of China, 1949–1979,* edited by McDougall, 83–111. Berkeley: University of California Press, 1984.

———. "The Crocodile Bird: Xiangsheng in the Early 1950s." In *Dilemmas of Victory,* edited by Brown and Pickowicz, 207–231. Cambridge: Harvard University Press, 2007.

Link, Perry, and Kate Zhou. "Shunkouliu: Popular Satirical Sayings and Popular Thought." In *Popular China*, edited by Link, Madsen, and Pickowicz, 89–110. Lanham: Rowman & Littlefield, 2002.

Link, Perry, Richard P. Madsen, and Paul G. Pickowicz, eds. *Popular China: Unofficial Culture in a Globalizing Society*. Lanham: Rowman & Littlefield, 2002.

Litzinger, Ralph A. "Government from Below: The State, the Popular, and the Illusion of Autonomy." *Positions* 9, no. 1 (2001): 253–266.

Liu, Jianhong, Lening Zhang, and Steven F. Messner, eds. *Crime and Social Control in a Changing China*. Westport: Greenwood Publishing Group Inc, 2001

Liu, Jianhong and Steven F. Messner. "Modernization and Crime Trends in China's Reform Era." In *Crime and Social Control in a Changing China*, edited by Liu, Zhang, and Messner, 3–21, Westport: Greenwood Publishing Group Inc, 2001.

Liu, Jianhui, and Hongxu Wang. "The Origins of the General Line for the Transition Period and of the Acceleration of the Chinese Socialist Transformation in Summer 1955." *China Quarterly* 187 (September 2006): 724–731.

Liu, Jieyu. "Researching Chinese Women's Lives: 'Insider' Research and Life History Interviewing." *Oral History* 34, no. 1 (Spring 2006): 43–52.

Liu, Siyuan. "Theatre Reform as Censorship: Censoring Traditional Theatre in China in the Early 1950s." *Theatre Journal* 61 (2009): 387–406.

Liu, Xiaocong. "A Comparative Study on Women's Employment in Beijing, Guangzhou and Hong Kong." *Chinese Journal of Population Science* 4, no. 1 (1992): 85–93.

Liu, Ying. "The Lives and Needs of Elderly Women in Urban China." In *Holding Up Half the Sky: Chinese Women Past, Present, and Future*, edited by Jie Tao, Bijun Zheng, and Shirley L. Mow, 193–203. New York: Feminist Press at the City University of New York, 2004.

Lo, Amy. *The Book of Mahjong: An Illustrated Guide*. Boston: Tuttle, 2001.

Lockett, Martin. "Small Business and Socialism in Urban China." *Development and Change* 17, no. 1 (January 1986): 35–68.

Loh, Wai-fong. "From Romantic Love to Class Struggle: Reflections on the Film Liu Sanjie." In *Popular Chinese Literature and Performing Arts in the People's Republic of China, 1949–1979*, edited by McDougall, 165–176. Berkeley: University of California Press, 1984.

Loscocco, Karyn A., and Christine E. Bose. "Gender and Job Satisfaction in Urban China: The Early Post-Mao Period." *Social Science Quarterly* 79, no. 1 (March 1998): 91–109.

Lü, Xiaobo, and Elizabeth J. Perry, eds. *Danwei: The Changing Chinese Workplace in Historical and Comparative Perspective*. Armonk: M. E. Sharpe, 1997.

Luo, Suwen. "Gender on Stage: Actresses in an Actors' World, 1895–1930." In *Gender in Motion: Divisions of Labor and Cultural Change in Late Imperial and Modern China*, edited by Bryna Goodman and Wendy Larson, 75–95. Lanham: Rowman & Littlefield, 2005.

Ma, Guoan. "Population Migration and Crime in Beijing, China." In *Crime and Social Control in a Changing China*, edited by Liu, Zhang, and Messner, 65–71. Westport: Greenwood Publishing Group Inc, 2001.

Ma, Laurence, and Biao Xiang. "Native Place, Migration and the Emergence of Peasant Enclaves in Beijing." *China Quarterly* 155 (September 1998): 546–581.

MacFarquhar, Roderick. *The Origins of the Cultural Revolution. Vol. 2, The Great Leap Forward, 1958–1960*. New York: Columbia University Press, 1983.

MacFarquhar, Roderick, and John King Fairbank, eds. *The Cambridge History of China, Volume 14: The People's Republic, Part 1: The Emergence of Revolutionary China, 1949–1965*. Cambridge: Cambridge University Press, 1987.

MacFarquhar, Roderick, and Michael Schoenhals. *Mao's Last Revolution*. Cambridge: Harvard University Press, 2009.

Madsen, Richard. "The Public Sphere, Civil Society and Moral Community: A Research Agenda for Contemporary China Studies." *Modern China* 19, no. 2 (April 1993): 183–198.

Manning, Kimberley Ens, and Felix Wemheuer, eds. *Eating Bitterness: New Perspectives on China's Great Leap Forward and Famine*. Vancouver: UBC Press, 2011.

Massey, Doreen. *Space, Place, and Gender*. Minneapolis: University of Minnesota Press, 1994.

———. "The Conceptualization of Place." In *A Place in the World? Places, Cultures and Globalization*, edited by Doreen Massey and Pat Jess, 45–86. Milton Keynes: Open University Press, 1995.

Matsumoto, Toshiro. "Continuity and Discontinuity from the 1930s to the 1950s in Northeast China: The 'Miraculous' Rehabilitation of the Anshan Iron and

Steel Company Immediately after the Chinese Civil War." In *The International Order of Asia in the 1930s and 1950s*, edited by Akita and White, 255–273. Farnham: Ashgate, 2010.

Mazur, Mary G. "Public Space for Memory in Contemporary Civil Society: Freedom to Learn from the Mirror of the Past?" *China Quarterly* 160 (December 1999): 1019–1035.

McDougall, Bonnie S., ed. *Popular Chinese Literature and Performing Arts in the People's Republic of China, 1949–1979*. Berkeley: University of California Press, 1984.

———. "Writers and Performers, Their Works, and Their Audiences in the First Three Decade." In *Popular Chinese Literature and Performing Arts in the People's Republic of China, 1949–1979*, edited by McDougall, 269–304. Berkeley: University of California Press, 1984.

McIsaac, Lee. "'Righteous Fraternities' and Honorable Men: Sworn Brotherhoods in Wartime Chongqing." *American Historical Review* 105, no. 5 (August 2000): 1641–1655.

McNally, Christopher A. "Sichuan: Driving Capitalist Development Westward." *China Quarterly* 178 (June 2004): 426–447.

Meliksetov, Arlen V. "'New Democracy' and China's Search for Socio-economic Development Routes, 1949–1953." *Far Eastern Affairs* 1 (1996): 75–92.

Meliksetov, Arlen V., and Alexander V. Pantsov. "Stalin, Mao, and the New Democracy in China." *Herald of Moscow State University* 2 (2001): 24–39.

Meng, Xin, and Chuliang Luo. "What Determines Living Arrangements of the Elderly in Urban China?" In *Inequality and Public Policy in China*, edited by Björn A. Gustafsson, Li Shi, and Terry Sicular, 267–286. New York: Cambridge University Press, 2008.

Metzger, Thomas A. "Chinese Communism and the Evolution of China's Political Culture: A Preliminary Analysis." *Issues and Studies* 15, no. 8 (August 1979): 51–63.

Min, Dongchao. "From Men-Women Equality to Gender Equality: The Zigzag Road of Women's Political Participation in China." *Asian Journal of Women's Studies* 17, no. 3 (2011): 7–24.

Mitchell, Donald. *Cultural Geography: A Critical Introduction*. Oxford: Blackwell, 2000.

Mohanty, Manoranjan. "Party, State, and Modernization in Post-Mao China." In *China, the Post-Mao View*, edited by Vidya Prakash, 45–66. Dutt, New Delhi: Allied, 1981.

Moody, Peter R., Jr. "Trends in the Study of Chinese Political Culture." *China Quarterly* 139 (September 1994): 731–740.

Morris, Andrew. "'I Believe You Can Fly': Basketball Culture in Postsocialist China." In *Popular China*, edited by Link, Madsen, and Pickowicz, 9–38. Lanham: Rowman & Littlefield, 2002.

Morse, Hosea Ballou. *The Gilds of China, with an Account of the Gild Merchant or Co-hong of Canton*, 2nd edition. New York: Russell & Russell, 1967.

Mühlhahn, Klaus. "'Repaying Blood Debt': State Violence and Mass Crimes during the 1950s in China." In *Rethinking China in the 1950s*, edited by Mechthild Leutner, 35–48. Berlin: Lit Verlag, 2007.

Nakajima, Seio. "Film Clubs in Beijing: The Cultural Consumption of Chinese Independent Films." In *From Underground to Independent: Alternative Film Culture in Contemporary China*, edited by Paul G. Pickowicz and Yingjin Zhang, 161–208. Lanham: Rowman & Littlefield, 2006.

Navaro-Yashin, Yael. *Faces of the State: Secularism and Public Life in Turkey*. Princeton: Princeton University Press, 2002.

Nieh, Hualing, ed. *Literature of the Hundred Flowers: Criticism and Polemics*. New York: Columbia University Press, 1981.

Oi, Jean C. "The Role of the Local State in China's Transitional Economy." *China Quarterly* 144 (December 1995): 1132–1149.

———. "Realms of Freedom in Post-Mao China." In *Realms of Freedom in Modern China*, edited by William C. Kirby, 264–284. Stanford: Stanford University Press, 2004.

Oksenberg, Michel. "Sources and Methodological Problems in the Study of Contemporary China." In *Chinese Communist Politics in Action*, edited by Barnett, 577–606. Seattle: University of Washington Press, 1969.

Olson, Philip G. "The Changing Role of the Elderly in the People's Republic of China." In *The Graying of the World: Who Will Care for the Frail Elderly?*, edited by Laura Katz Olson, 261–287. New York: Haworth, 1994.

Palmer, Augusta Lee. "Mainland China: Public Square to Shopping Mall and the New Entertainment Film." In *Contemporary Asian Cinema: Popular Culture in a Global Frame*, edited by Anne Tereska Ciecko, 144–155. New York: Berg, 2006.

Paules, Greta Foff. *Dishing It Out: Power and Resistance among Waitresses in a New Jersey Restaurant*. Philadelphia: Temple University Press, 1991.

Pei, Minxin. "Political Change in Post-Mao China: Progress and Challenges." In *China's Future: Constructive Partner or Emerging Threat?*, edited by Ted Galen Carpenter and James A. Dorn, 291–315. Washington, DC: Cato Institute, 2000.

Perry, Elizabeth J. *The Political Economy of Reform in Post-Mao China*. Cambridge: Council on East Asian Studies, Harvard University, 1985.

———. "Crime, Corruption, and Contention." In *The Paradox of China's Post-Mao Reforms*, edited by Merle Goldman, and Roderick MacFarquhar, 308–329. Cambridge: Harvard University Press, 1999.

———. "Masters of the Country? Shanghai Workers in Early People's Republic." In *Dilemmas of Victory*, edited by Brown and Pickowicz, 59–79. Cambridge: Harvard University Press, 2007.

Poon, Shuk-wah. "Religion, Modernity, and Urban Space: The City God Temple in Republican Guangzhou." *Modern China* 34, no. 2 (April 2008): 247–275.

Pye, Lucian W. "Culture and Political Science: Problems in the Evaluation of the Concept of Political Culture." *Social Science Quarterly* 53, no. 4 (September 1972): 285–296.

———. "Reassessing the Cultural Revolution." *China Quarterly* 108 (December 1986): 597–612.

Pye, Lucian W., and Sidney Verba. *Political Culture and Political Development*. Princeton: Princeton University Press, 1965.

Qian, Gang and David Bandurski. "China's Emerging Public Sphere: The Impact of Media Commercialization, Professionalism, and the Internet in an Era of Transition." In *Changing Media, Changing China*, edited by Susan L. Shirk, 38–76. Oxford: Oxford University Press, 2011.

Rai, Shirin. "Market Economy and Gender Perception in Post-Mao China." *China Report* 24, no. 4 (October–December 1988): 463–467.

Rankin, Mary B. *Elite Activism and Political Transformation in China: Zhejiang Province, 1865–1911*. Stanford: Stanford University Press, 1986.

———. "The Origins of a Chinese Public Sphere: Local Elites and Community Affairs in the Late Imperial Period." *Études chinoises* 9, no. 2 (1990): 14–60.

―――. "Some Observations on a Chinese Public Sphere." *Modern China* 19, no. 2 (April 1993): 158–182.

Raymo, James M., and Yu Xie. "Income of the Urban Elderly in Postreform China: Political Capital, Human Capital, and the State." *Social Science Research* 29, no. 1 (March 2000): 1–24.

Read, Benjamin L. "Revitalizing the State's Urban 'Nerve Tips'." *China Quarterly* 163 (September 2000): 806–820.

Reese, Stephen D., Oscar H. Gandy Jr., and August E. Grant, eds. *Framing Public Life: Perspectives on Media and Our Understanding of the Social World.* Mahwah: Lawrence Erlbaum Associates, Publishers. 2001.

Rein, Shaun. *The End of Cheap China: Economic and Cultural Trends That Will Disrupt the World.* Hoboken: John Wiley & Sons, 2012.

Roberts, Rosemary. "Gendering the Revolutionary Body: Theatrical Costume in Cultural Revolution China." *Asian Studies Review* 30, no. 2 (June 2006): 141–159.

Rogaski, Ruth. "Hygienic Modernity in Tianjin." In *Remaking the Chinese City*, edited by Esherick, 30–46. Honolulu: University of Hawai'i Press, 2000.

―――. *Hygienic Modernity: Meanings of Health & Disease in Treaty-Port China.* Berkeley: University of California Press, 2004.

Rolandsen, Unn Målfrid. *Leisure and Power in Urban China: Everyday Life in a Chinese City.* London and New York: Routledge, Taylor & Francis Group, 2011.

Rosenthal, Elisabeth. "The SARS Epidemic: The Path; From China's Provinces, a Crafty Germ Breaks Out." *New York Times,* April 27, 2003.

―――. "SARS Forces Beijing to Fight an Old but Unsanitary Habit." *New York Times*, May 28, 2003.

Rowe, William T. *Hankow: Commerce and Society in a Chinese City, 1796–1889.* Stanford: Stanford University Press, 1984.

―――. *Hankow: Conflict and Community in a Chinese City, 1796–1895.* Stanford: Stanford University Press, 1989.

―――. "The Public Sphere in Modern China." *Modern China* 16, no. 3 (July 1990): 309–329.

Salaff, Janet Weitzner. "Urban Residential Communities in the Wake of the Cultural Revolution." In *The City in Communist China*, edited by Lewis, 289–323. Stanford: Stanford University Press, 1971.

Sausmikat, Nora. "Female Autobiographies from the Cultural Revolution: Returned Xiaxiang Educated Women in the 1990s." In *Internal and International Migration: Chinese Perspectives*, edited by Frank N. Pieke and Hein Mallee, 297–314. London: Routledge, 1999.

Schwarcz, Vera. "Behind a Partially-Open Door: Chinese Intellectuals and the Post-Mao Reform Process." *Pacific Affairs* 59, no. 4 (Winter 1986–1987): 577–604.

Scott, James C. *Weapons of the Weak: Everyday Forms of Peasant Resistance*. New Haven: Yale University Press, 1985.

Sennett, Richard. *The Fall of Public Man: On the Social Psychology of Capitalism*. New York: Vintage Books, 1977.

———. *The Culture of the New Capitalism*. New Haven: Yale University Press, 2006.

Shambaugh, David. "The Chinese State in the Post-Mao Era." In *The Modern Chinese State*, edited by David Shambaugh, 161–187. Cambridge: Cambridge University Press, 2000.

Shao, Qin. "Tempest over Teapots: The Vilification of Teahouse Culture in Early Republican China." *Journal of Asian Studies* 57, no. 4 (November 1998): 1009–1041.

———. *Shanghai Gone: Domicide and Defiance in a Chinese Megacity*. Lanham: Rowman & Littlefield, 2013.

Shen, Zhihua. "Mao Zedong and the Origins of the Anti-rightist Rectification Campaign." In *The People's Republic of China at 60: An International Assessment*, edited by William C. Kirby, 25–40. Cambridge: Harvard University Asia Center, 2011.

Sheng, Michael M. "Mao Zedong and the Three-Anti Campaign (November 1951 to April 1952): A Revisionist Interpretation." *Twentieth-Century China* 32, no. 1 (November 2006): 56–80.

Silver, Mariko. "Higher Education and Science Policy in China's Post-Mao Reform Era." *Harvard Asia Quarterly* 11, no. 1 (Winter 2008): 42–53.

Sit, Victor Fung-shuen. "Neighbourhood Workshops in the Socialist Transformation of Chinese Cities." *Modernization in China* 3 (1979): 91–101.

Siu, Wai-Sum. "Chinese Small Business Management: A Tentative Theory." In *The Dragon Millennium: Chinese Business in the Coming World Economy*, edited by Frank-Jürgen Richter, 149–161. Westport: Quorum, 2000.

———. "Small Firm Marketing in China: A Comparative Study." *Small Business Economics* 16, no. 4 (June 2001): 279–292.

Siu, Wai-sum, and Zhi-chao Liu. "Marketing in Chinese Small and Medium Enterprises (SMEs): The State of the Art in a Chinese Socialist Economy." *Small Business Economics* 25, no. 4 (November 2005): 333–346.

Skinner, G. William. "Mobility Strategies in Late-Imperial China: A Regional Systems Analysis." In *Regional Analysis, Vol. 1, Economic Systems*, edited by Carol A. Smith, 327–364. New York: Academic, 1976.

———. "Cities and the Hierarchy of Local Systems." In *The City in Late Imperial China*, edited by Skinner, 275–351. Stanford: Stanford University Press, 1977.

Smith, Aminda. *Thought Reform and China's Dangerous Class: Reeducation, Resistance, and the People*. Lanham: Rowman & Littlefield, 2013.

Smith, Richard Joseph. *Fortune-Tellers and Philosophers: Divination in Traditional Chinese Society*. Boulder: Westview, 1991.

So, Bennis Wai-yip. "The Policy-Making and Political Economy of the Abolition of Private Ownership in the Early 1950's: Findings from New Material." *China Quarterly* 171 (September 2002): 682–703.

Solinger, Dorothy J. *Chinese Business under Socialism: The Politics of Domestic Commerce in Contemporary China*. Berkeley: University of California Press, 1984.

———. "Capitalist Measures with Chinese Characteristics." *Problems of Communism* 38, no. 1 (January–February 1989): 19–33.

———. *From Lathes to Looms: China's Industrial Policy in Comparative Perspective, 1979–1982*. Stanford: Stanford University Press, 1991.

———. *China's Transition from Socialism: Statist Legacies and Market Reforms, 1980–1990*. Armonk: M. E. Sharpe, 1993.

———. *Contesting Citizenship in Urban China: Peasant Migrants, the State, and the Logic of the Market*. Berkeley: University of California Press, 1999.

Solomon, Richard H. *The Chinese Political Culture and Problems of Modernization*. Cambridge: Center for International Studies, MIT, 1964.

———. *Mao's Revolution and the Chinese Political Culture*. Berkeley: University of California Press, 1971.

Song, Shaopeng. "The State Discourse on Housewives and Housework in the 1950s in China." In *Rethinking China in the 1950s*, edited by Leutner, 49–63. Berlin: Lit Verlag, 2007.

Stapleton, Kristin. "Urban Politics in an Age of 'Secret Societies': The Cases of Shanghai and Chengdu." *Republican China* 22, no. 1 (November 1996): 23–64.

———. *Civilizing Chengdu: Chinese Urban Reform, 1875–1937.* Cambridge: Harvard University Asia Center, 2000.

Steinmüller, Hans. "The Moving Boundaries of Social Heat: Gambling in Rural China." *Journal of the Royal Anthropological Institute*, New Series, 17 (2011): 263–280.

Strand, David. *Rickshaw Beijing: City People and Politics in the 1920s.* Berkeley: University of California Press, 1989.

Strauss, Julia. "Morality, Coercion and State Building by Campaign in the Early PRC: Regime Consolidation and after, 1949–1956." *China Quarterly* 188 (December 2006): 891–912.

Sun, Yi. "Reading History in Visual Rhetoric: The Chinese Images of Chinese Women, 1949–2009." *Chinese Historical Review* 18, no. 2 (Fall 2011): 125–150.

Tan, Shen and Dun Li. "Urban Development and Crime in China," In *Urban Anthropology in China*, edited by Greg Guldin and Aidan Southall, 353–357. Leiden: Brill, 1993.

Tang, Wenfang, and William Parish. *Chinese Urban Life under Reform: The Changing Social Contract.* Cambridge: Cambridge University Press, 2000.

Tang, Xiaobing. "New Urban Culture and the Anxiety of Everyday Life in Contemporary China," In *In Pursuit of Contemporary East Asian Culture*, edited by Xiaobing Tang and Stephen Snyder, 107–122. Boulder: Westview Press, 1996.

Thøgersen, Stig. "Cultural Life and Cultural Control in Rural China: Where is the Party?" *China Journal* 44 (July 2000): 129–141.

Thurston, Anne F. *Enemies of the People: The Ordeal of the Intellectuals in China's Great Cultural Revolution.* Cambridge: Harvard University Press, 1988.

Trexler, Richard C. *Public Life in Renaissance Florence.* Ithaca: Cornell University Press, 1980.

Troyer, Ronald J., John P. Clark, and Dean G. Rojek, eds. *Social Control in the People's Republic of China.* New York: Praeger, 1989.

Tsai, Wen-hui. "Life after Retirement: Elderly Welfare in China." *Asian Survey* 27, no. 5 (May 1987): 566–576.

Tsang, Ka Bo. "Tiger Story: A Set of Chinese Shadow Puppets from Chengdu, Sichuan Province." *Oriental Art* 45, no. 2 (Summer 1999): 38–49.

Tsou, Tang. *The Cultural Revolution and Post-Mao Reforms: A Historical Perspective.* Chicago: University of Chicago Press, 1986.

U, Eddy. "The Making of Chinese Intellectuals: Representations and Organization in the Thought Reform Campaign." *China Quarterly* 192 (December 2007): 971–989.

Underdown, David, Susan Dwyer Amussen, and Mark A. Kishlansk, eds. *Political Culture and Cultural Politics in Early Modern Europe: Essays Presented to David Underdown.* Manchester: Manchester University Press, 1995.

Veeck, Ann. "The Revitalization of the Marketplace: Food Markets of Nanjing." In *The Consumer Revolution in Urban China,* edited by Davis, 107–123. Berkeley: University of California Press, 2000.

Vogel, Ezra F. *Canton under Communism: Programs and Politics in a Provincial Capital, 1949–1968.* Cambridge: Harvard University Press, 1969.

Wakeman, Frederic, Jr. "The Civil Society and Public Sphere Debate: Western Reflections on Chinese Political Culture." *Modern China* 19, no. 2 (April 1993): 108–138.

———. "Licensing Leisure: The Chinese Nationalists' Attempt to Regulate Shanghai, 1927–1949." *Journal of Asian Studies* 54, no. 1 (February 1995): 19–42.

———. "'Cleanup': The New Order in Shanghai." In *Dilemmas of Victory,* edited by Brown and Pickowicz, 21–58. Cambridge: Harvard University Press, 2007.

Walder, Andrew G. *Fractured Rebellion: The Beijing Red Guard Movement.* Cambridge: Harvard University Press, 2009.

Wang, Aihe. *Cosmology and Political Culture in Early China.* Cambridge: Cambridge University Press, 2006.

Wang, Di. "The Idle and the Busy: Teahouses and Public Life in Early Twentieth-Century Chengdu." *Journal of Urban History* 26, no. 4 (May 2000): 411–437.

———. *Street Culture in Chengdu: Public Space, Urban Commoners, and Local Politics, 1870–1930.* Stanford: Stanford University Press, 2003.

———. "'Masters of Tea': Teahouse Workers, Workplace Culture, and Gender Conflict in Wartime Chengdu." *Twentieth-Century China* 29, no. 2 (April 2004): 89–136.

———. "Mysterious Communication: The Secret Language of the Gowned Brotherhood in Nineteenth-Century Sichuan." *Late Imperial China* 29, no. 1 (2008): 77–103.

————. *The Teahouse: Small Business, Everyday Culture, and Public Politics in Chengdu, 1900–1950*. Stanford: Stanford University Press, 2008.

————. "Teahouses, Theaters, and Popular Education: Entertainment and Leisure Politics in Late Qing and Early Republican Chengdu." *Journal of Modern Chinese History* 2, no. 1 (June 2008): 1–20.

————. "Reorganization of Guilds and State Control of Small Business: A Case Study of the Teahouse Guild in Early 1950s Chengdu." *Frontiers of History in China* 7, no. 4 (December 2012): 529–550.

Wang, Gan. "Cultivating Friendship through Bowling in Shenzhen." In *The Consumer Revolution in Urban China*, edited by Davis, 250–267. Berkeley: University of California Press, 2000.

Wang, Jing. *High Culture Fever: Politics, Aesthetics, and Ideology in Deng's China*. Berkeley: University of California Press, 1996.

————, ed. *Chinese Popular Culture and the State: A Special Issue of Positions: East Asia Cultures Critique* 9, no. 1. Durham: Duke University Press, 2001.

————. "Culture as Leisure and Culture as Capital." In *Chinese Popular Culture and the State*, edited by Wang, 69–104. Durham: Duke University Press, 2001.

————. "The State Question in Chinese Popular Cultural Studies." *Inter-Asia Cultural Studies* 2, no. 1 (2001): 35–52.

————. "Bourgeois Bohemians in China? Neo-Tribes and the Urban Imaginary." *China Quarterly* 183 (September 2005): 532–548.

————. "Introduction: The Politics and Production of Scales in China: How Does Geography Matter to Studies of Local, Popular Culture?" In *Locating China: Space, Place, and Popular Culture*, edited by Jing Wang, 1–30. London: Routlege, 2005.

Wang, Meiyan. "Wage Arrears and Discrimination against Migrant Workers in China's Urban Labor Market." In *The China Population and Labor Yearbook, Volume. 1, The Approaching Lewis Turning Point and Its Policy Implications*, edited by Fang Cai and Yang Du, 153–175. Leiden: Brill, 2009.

Wang, Qingshu. "The History and Current Status of Chinese Women's Participation in Politics." In *Holding up Half the Sky: Chinese Women Past, Present, and Future*, edited by Jie Tao, Bijun Zheng, and Shirley L. Mow, 92–106. New York: Feminist Press at the City University of New York, 2004.

Wang, Shaoguang. "The Politics of Private Time: Changing Leisure Patterns in Urban China." In *Urban Spaces in Contemporary China*, edited by Davis,

Kraus, Naughton, and Perry, 149–172. New York: Cambridge University Press, 1995.

Wang, Xiaoping. "From Feminist to Party Intellectual? Identity Politics and Ding Lings 'New Woman Stories'." *Harvard Asia Quarterly* 14, no. 1–2 (Spring and Summer 2012): 35–43.

Wang, Yuefeng. "Urban Crimes in Mainland China: A Social Ecological Approach." *Issues and Studies* 29, no. 8 (1993): 101–117.

Wang, Zheng. "Dilemmas of Inside Agitators: Chinese State Feminists in 1957." *China Quarterly* 188 (December 2006): 913–932.

———. "Creating a Socialist Feminist Cultural Front: Women of China (1949–1966)." *China Quarterly* 204 (December 2010): 827–849.

Ward, Barbara E. "Regional Operas and Their Audiences: Evidence from Hong Kong." In *Popular Culture in Late Imperial China*, edited by David Johnson, Andrew J. Nathan, and Evelyn S. Rawski, 161–87. Berkeley: University of California Press, 1985.

Wasserstrom, Jeffrey N., and Elizabeth J. Perry, eds. *Popular Protest and Political Culture in Modern China*. Boulder: Westview, 1994.

Watson, James L. "Feeding the Revolution: Public Mess Halls and Coercive Commensality in Maoist China." In *Governance of Life in Chinese Moral Experience: The Quest for an Adequate Life*, edited by Everett Zhang, Arthur Kleinman, and Weiming Tu, 33–46. London: Routledge, 2011.

Wei, S. Louisa. "The Encoding of Female Subjectivity: Four Films by China's Fifth-Generation Women Directors." In *Chinese Women's Cinema: Transnational Contexts*, edited by Lingzhen Wang, 173–190. New York: Columbia University Press, 2011.

Weisband, Edward, and Courtney I. P. Thomas. *Political Culture and the Making of Modern Nation-States*. London: Routledge, 2014.

White, Gordon. "The Dynamics of Civil Society in Post-Mao China." In *The Individual and the State in China*, edited by Brian Hook, 196–221. New York: Oxford University Press, 1996.

White, Lynn T. *Policies of Chaos: The Organizational Causes of Violence in China's Cultural Revolution*. Princeton: Princeton University Press, 1989.

Whyte, Martin King. "Changes in Mate Choice in Chengdu." In *Chinese Society on the Eve of Tiananmen: The Impact of Reform*, edited by Deborah Davis and Ezra

Vogel, 181–213. Cambridge: Council on East Asian Studies, Harvard University, 1990.

———. "Urban Life in the People's Republic." In *The Cambridge History of China, Volume 15, The People's Republic, Part 2: Revolutions within the Chinese Revolution, 1966–1982*, edited by Roderick Macfarquhar and John K. Fairbank, 682–742. Cambridge: Cambridge University Press, 1991.

———. "Adaptation of Rural Family Patterns to Urban Life in Chengdu." In *Urban Anthropology in China*, edited by Guldin and Southall, 358–380. Leiden: Brill, 1993.

Whyte, Martin King, and William L. Parish. *Urban Life in Contemporary China.* Chicago: University of Chicago Press, 1984.

Whyte, William H. *The Social Life of Small Urban Spaces.* New York: Project for Public Spaces, 1980.

Wittman, Marlene R. "Shanghai in Transition? Implications of the Capitalist Intrusion." *Issues and Studies* 19, no. 6 (June 1983): 66–79.

Witzleben, J. Lawrence. "Jiangnan Sizhu Music Clubs in Shanghai: Context, Concept and Identity." *Ethnomusicology* 31, no. 2 (1987): 240–260.

Wong, Chun. "From 'Anti-Rightist Struggle' to Taking off Rightist's Hat." *Asian Outlook* 13, no. 7 (July 1978): 28–32.

Wong, Isabel K. F. "Geming Gequ: Songs for the Education of the Masses." In *Popular Chinese Literature and Performing Arts in the People's Republic of China, 1949–1979*, edited by McDougall, 112–143. Berkeley: University of California Press, 1984.

Wong, Kathy. "A Game for Gentlemen & Empire Builders: In Anticipation of War, a Peaceful Pastime." *Free China Review* 34, no. 3 (1984): 56–58.

Wu, Jieh-min. "Rural Migrant Workers and China's Differential Citizenship: A Comparative Institutional Analysis." In *One Country, Two Societies: Rural-Urban Inequality in Contemporary China*, edited by Martin King Whyte, 55–81. Cambridge: Harvard University Press, 2010.

Wu, Jinglian. "The Key to China's Transition: Small and Midsize Enterprises." *Harvard China Review* 1, no. 2 (1999): 7–12.

Wu, Ka-ming. "Tradition Revival with Socialist Characteristics: Propaganda Storytelling Turned Spiritual Service in Rural Yan'an." *China Journal* 66 (2011): 101–117.

Wu, Xiaoping. "The Market Economy, Gender Equality, and Women's Development from the Viewpoint of Women's Employment." *Chinese Education and Society* 33, no. 6 (November–December 2000): 44–54.

Wu, Yenna. "Satiric Realism from Jin Ping Mei to Xingshi Yinyuan Zhuan: The Fortunetelling Motif." *Chinese Culture Quarterly* 39, no.1 (1998): 147–171.

Wu, Yiching. *The Cultural Revolution at the Margins: Chinese Socialism in Crisis*. Cambridge: Harvard University Press, 2014.

Xu, Qiancheng. "Investigation of Crimes Committed by Local Hooligans in Hubei's Jingzhou Area (1984)." *Chinese Sociology and Anthropology* 27, no. 3 (March 1995): 50–56.

Yan, Yunxiang. "Of Hamburger and Social Space: Consuming McDonalds in Beijing." In *The Consumer Revolution in Urban China*, edited by Davis, 201–225. Berkeley: University of California Press, 2000.

———. *Private Life under Socialism: Love, Intimacy, and Family Change in a Chinese Village, 1949–1999*. Stanford: Stanford University Press, 2003.

———. "McDonalds in Beijing: The Localization of Americana." In *Golden Arches East: McDonald's in East Asia*, edited by James L. Watson, 39–76. Stanford: Stanford University Press, 2006.

Yee, Janice. "Women's Changing Roles in the Chinese Economy." *Journal of Economics* 27, no. 2 (2001): 55–67.

Yeh, Catherine Vance. "Playing with the Public: Late Qing Courtesans and Their Opera Singer Lovers." In *Gender in Motion: Divisions of Labor and Cultural Change in Late Imperial and Modern China*, edited by Bryna Goodman and Wendy Larson, 145–168. Lanham: Rowman & Littlefield, 2005.

———. "Shanghai Leisure, Print Entertainment, and the Tabloids, Xiaobao." In *Joining the Global Public: Word, Image, and City in Early Chinese Newspapers, 1870–1910*, edited by Rudolf G. Wagner, 201–233. Albany: SUNY Press, 2007.

Yeh, Wen-Hsin. "Corporate Space, Communal Time: Everyday Life in Shanghai's Bank of China." *American Historical Review* 100, no. 1 (February 1995): 97–122.

Yen, Benjamin, and Phoebe Ho. "PGL: The Entrepreneur in China's Logistics Industry." In *Small Business Management and Entrepreneurship in Hong Kong: A Casebook*, edited by Ali Farhoomand, 230–243. Hong Kong: Hong Kong University Press, 2005.

Yu, Haiqing. "Blogging Everyday Life in Chinese Internet Culture." *Asian Studies Review* 31, no. 4 (December 2007): 423–433.

Yu, Lucy C., and Minqi Wang. "Social Status, Physical, Mental Health, Well-Being, and Self Evaluation of Elderly in China." *Journal of Cross-Cultural Gerontology* 8, no. 2 (1993): 147–159.

Yung, Bell, Evelyn S. Rawski, and Rubie S. Watson, eds. *Harmony and Counterpoint: Ritual Music in Chinese Context.* Stanford: Stanford University Press, 1996.

Zang, Jian. "The Soviet Impact on 'Gender Equality' in China in the 1950s." In *China Learns from the Soviet Union, 1949–Present*, edited by Bernstein and Li, 259–274. Lanham: Lexington Books, 2011.

Zarrow, Peter. *Anarchism and Chinese Political Culture.* New York: Columbia University Press, 1990.

Zeng, Guohua. "The Transformation of Nightlife Districts in Guangzhou, 1995–2009: Globalization, Dynamism, and Control." *Chinese Sociology and Anthropology* 42, no. 2 (2009–2010): 56–75.

Zhang, Everett, Arthur Kleinman, and Weiming Tu, eds. *Governance of Life in Chinese Moral Experience: The Quest for an Adequate Life.* London: Routledge, 2011.

Zhang, Jishun. "Thought Reform and Press Nationalization in Shanghai: The Wenhui Newspaper in the Early 1950s." *Twentieth-Century China* 35, no. 2 (2010): 52–80.

Zhang, Li. "Contesting Crime, Order, and Migrant Spaces in Beijing." In *China Urban*, edited by Chen, Clark, Gottschang, and Lyn, 201–224. Durham & London: Duke University Press, 2001.

———. *Strangers in the City: Reconfigurations of Space, Power, and Social Networks within China's Floating Population.* Stanford: Stanford University Press, 2001.

———. "Urban Experiences and Social Belonging among Chinese Rural Migrants." In *Popular China*, edited by Link, Madsen, and Pickowicz, 275–300. Lanham: Rowman & Littlefield, 2002.

Zhang, Sheldon X. "Street Crime and Informal Social Control in an Anomic China." *Chinese Journal of Political Science* 1, no. 1 (1995): 73–100.

Zhang, Xiaoling. "Seeking Effective Public Space: Chinese Media at the Local Level." *China: An International Journal* 5, no. 1 (2007): 55–77.

Zhao, Bin. "Popular Family Television and Party Ideology: The Spring Festival Eve Happy Gathering." *Media, Culture & Society* 20, no. 1 (1998): 43–58.

Zheng, Tiantian. "From Peasant Women to Bar Hostesses: Gender and Modernity in Post-Mao Dalian," In *On the Move: Women and Rural-to-Urban Migration in Contemporary China*, edited by Arianne M. Gaetano and Tamara Jacka, 80–108. New York: Columbia University Press, 2004.

Zheng, X. "Chinese Business Culture from the 1920s to the 1950s." In *Economic Development in Twentieth-Century East Asia: The International Context*, edited by Aiko Ikeo, 55–65. London: Routledge, 1997.

Zheng, Yongnian and Liang Fook Lye. "Re-making the Party's Image: Challenges for the Propaganda Department." In *China into the Hu-Wen Era: Policy Initiatives and Challenges*, edited by John Wong and Hongyi Lai, 119–151. Singapore: World Scientific, 2006.

Zhong, Xueping. "Women Can Hold Up Half the Sky." In *Words and Their Stories: Essays on the Language of the Chinese Revolution*, edited by Ban Wang, 227–247. Leiden: Brill, 2011.

Zhong, Yang. *Local Government and Politics in China: Challenges from Below.* Armonk: M. E. Sharpe, 2003.

———. *Political Culture and Participation in Rural China.* New York: Routledge, 2012.

Zhou, Daming, and Xiaoyun Sun. "Research on 'Job Hopping' by Migrant Workers from the Countryside: A Second Study on Turnover among Migrant Workers Employed by Businesses." *Chinese Sociology and Anthropology* 43, no. 2 (2010): 51–69.

Zhou, Jinghao. "Chinese Prostitution: Consequences and Solutions in the Post-Mao Era." *China: An International Journal* 4, no. 2 (2006): 238–262.

後 記

2017年，在把本書英文版的最終稿交給康奈爾大學出版社之後，我便全力以赴地投入到翻譯和修改工作上。在當時起草的中文版序言中，我寫道：「當看到英文和中文兩種版本將分別在美國和中國出版的時候，內心有一種輕鬆感，猶如養了20年的孩子，終於要讓他走入社會去闖蕩。至於這個我養育了20年的孩子是否能夠成功，是否能夠得到社會的認可，本書出版後，便可以得到一個明確的答案了。」

但是沒有想到的是，這個項目始終沒有畫上句號。由於簡體中文版出版的擱淺，上述這篇序言也沒有派上用場。在2010年第一部《茶館》中文版問世以後，便不斷有讀者詢問後續研究的出版。自英文版於2018年順利問世後，如〈中文版序〉所説，簡體版的出版波折重重，也折射出在當前的大環境下，學術研究所面臨的困境。

本書幾乎所有章節都曾以論文的形式發表過早期的版本，但隨著研究的推進，不少材料和論述都有較大的修正。感謝澳門大學歷史系的研究助理焦洋、熊椰、黃蓉、于小川在不同階段和不同程度上協助我完成這個中文版。

　　同時，也要感謝最早發表這些論文的期刊和責任編輯們所提的建議。以下按照本書的章節順序，列出論文出處，有興趣的讀者可以找來和本書對照閱讀。

- 第一章：〈社會主義下的茶館：成都公共生活的衰落與復興，1950–2000〉，《中共歷史與理論研究》，2017年第1輯（總第5集）。北京：社會科學文獻出版社，2017。
- 第二章（部分內容）：〈成都茶社同業公會的消亡〉，《二十一世紀》，第115號（2009年10月）。
- 第二章（部分內容）：〈同業公會的改造與國家的行業控制：以1950–1953年成都市茶社業同業公會的重組為例〉，華東師範大學中國當代史研究中心：《中國當代史研究》，第3輯。北京：九州出版社，2011。
- 第三章：〈國家控制與社會主義娛樂的形成：1950年代前期對成都茶館中的曲藝和曲藝藝人的改造和處理〉，華東師範大學中國當代史研究中心：《中國當代史研究》，第1輯。北京：九州出版社，2009。
- 第四章：〈成都茶館業的衰落：1950年代初期小商業和公共生活的變遷〉，《史學月刊》，2014年第4期。
- 第五章：〈茶館、日常生活與社會交往：對20世紀後期成都茶館業的實地觀察〉，《南國學術》，2019年第4期。
- 第六章（部分內容）：〈公共生活的恢復：改革開放後的成都茶館、民眾和國家〉，《開放時代》，2018年第5期。
- 第六章（部分內容）：〈農民工的城市經歷：改革開放後的茶館觀察〉，《社會科學研究》，2018年第6期。
- 第七章：〈成都麻將訴訟引起的思考：城市日常生活的衝突〉，《南京大學學報》，2014年第2期。

- 第八章：〈社會主義國家的空間政治：中國城市公共生活的萎縮和擴張〉，《澳門理工學報》，2018 年第 4 期。

令人欣慰的是，雖然簡體版出版受挫，幸得香港中文大學出版社支持，為本書的繁體中文版付出了巨大努力。尤其感謝本書的責任編輯張煒軒先生仔細編輯書稿，在本書出版的各個階段皆展示了非常高的專業素質，保證了本書的高品質出版。本書書稿曾蒙張晗先生的認真編輯，謹此感謝他為此書所傾注的心血。

最後我想特別提到的是，香港中文大學出版社在國際和中國內地、港、澳、台都享有很高的學術聲望，這是因為它的出版始終堅持學術的高標準、思想的獨立性、書籍製作的精益求精。它在學人的心目中，具有不可取代的特殊位置。在目前這個學術大環境劇烈變化、未來缺乏確定性的大形勢下，深願它能夠堅守一貫的原則和風格，依靠已經打好的堅實的基礎，以及非常優秀的作者群和讀者群，繼續為中文世界的學術出版和廣大的讀者，提供更多高品質的優秀作品。

王笛

2022 年 2 月 22 日於澳門大學